Johann Wolfgang von Goethe

Goethes Briefe vom August 1827 bis Februar 1828

Johann Wolfgang von Goethe

Goethes Briefe vom August 1827 bis Februar 1828

ISBN/EAN: 9783742889591

Hergestellt in Europa, USA, Kanada, Australien, Japan

Cover: Foto ©Thomas Meinert / pixelio.de

Manufactured and distributed by brebook publishing software (www.brebook.com)

Johann Wolfgang von Goethe

Goethes Briefe vom August 1827 bis Februar 1828

Goethes Werke

Herausgegeben

im

Auftrage der Großherzogin Sophie von Sachsen

IV. Abtheilung
43. Band

———————

Weimar
Hermann Böhlaus Nachfolger
1908.

Goethes Briefe

43. Band

August 1827 — Februar 1828.

Weimar
Hermann Böhlaus Nachfolger
1908.

Inhalt.

(Ein * vor der Nummer zeigt an, daß der Brief hier zum ersten Mal oder in bedeutend vervollständigter Gestalt veröffentlicht wird.)

		Seite
1.	An Friedrich Jacob Soret 9. August 1827	1
2.	An den Großherzog Carl August 10. August 1827	4
3.	An Samuel Thomas v. Sömmerring 12. August 1827	5
4.	An Alois Ludwig Hirt 12. August 1827	6
*5.	An den Großherzog Carl August 13. August 1827	8
*6.	An den Kronprinzen Friedrich Wilhelm von Preußen 14. August 1827	9
*7.	An Johann Jacob Otto August Rühle v. Lilienstern 12. [14.] August 1827	11
*8.	An Christian Gottfried Daniel Nees v. Esenbeck [13.(?) August 1827]	13
9.	An Carl Friedrich Zelter 14. August 1827	15
*10.	An Abraham Mendelssohn-Bartholdy [14. August 1827]	17
*11.	An Johann Heinrich Meyer 14. August 1827	17
*12.	An Adolph Friedrich Carl Streckfuß 14. August 1827	18
*13.	An J. J. Ellan 15. August 1827	20
14.	An Carl Gustav Börner 16. August 1827	20
*15.	An Wilhelm Reichel 17. August 1827	20
16.	An Carl Gustav Carus 16. August 1827	21
*17.	An Friedrich Theodor Adam Heinrich v. Müller 16. August 1827	23
*18.	An C. G. Börner 17. August 1827	24
19.	An Georg Wilhelm Friedrich Hegel 17. August 1827	25

		Seite
20.	An C. F. Zelter 17. August 1827	27
*21.	An Marianne v. Willemer, geb. Jung 17. [18.] August 1827	29
*22.	An Johann Jacob Lechner 18. August 1827	30
23.	An Johann Carl Gottfried Wagner 18. August 1827	31
24.	An Carl Emil Helbig? 18. August 1827	31
*25.	An A. F. C. Streckfuß 18. August 1827	32
*26.	An A. Mendelssohn-Bartholdy [18.(?) August 1827]	35
*27.	An Johann Christian Rembe 21. August 1827	36
*28.	An J. H. Meyer 21. August 1827	37
*29.	An den Präsidenten v. Brenn 21. August 1827	37
*30.	An J. H. Meyer 22. August 1827	38
*31.	An Alois Joseph Büssel 15. [23.] August 1827	39
*32.	An Gustav Friedrich Constantin Parthey 25. August 1827	39
33.	An Amalie Theodore Caroline v. Levetzow, geb. v. Brösigke 29. August 1827	39
*34.	An den Großherzog Carl August 30. August 1827	42
35.	An Carl Begas [1. September 1827]	43
36.	An C. F. Zelter 1. September 1827	44
37.	An C. F. Zelter 6. September 1827	48
38.	An Eduard Joseph d'Alton 6. September 1827	50
39.	An Johann Sulpiz Melchior Dominicus Boisserée 6. September 1827	52
*40.	An C. G. D. Nees von Esenbeck [6.(?) September 1827]	53
41.	An Gerhard Friedrich Ludwig Wagener 7. September 1827	55
*42.	An Friedrich August Freiherrn v. Fritsch 8. September 1827	56
*43.	An Carl Ernst Schubarth 9. September 1827	56
*44.	An C. G. Börner 11. September 1827	57
*45.	An Heinrich David August Ficinus 11. September 1827	58
*46.	An Henriette Ottilie Ulrike Freifrau v. Pogwisch, geb. Gräfin Henckel v. Donnersmarck 11. September 1827	60
*47.	An Friedrich v. Müller 15. September 1827	60
*48.	An die Cottaische Buchhandlung 17. September 1827	61

Inhalt. VII

	Seite
49. An W. Reichel 18. September 1827	62
*50. An Johann Friedrich v. Cotta 18. September 1827	63
51. An Alfred Nicolovius 18. September 1827	65
52. An Christian Daniel Rauch 18. September 1827	67
53. An C. F. Zelter 18. September 1827	69
54. An den Grafen Carl Friedrich Moritz Paul v. Brühl 18. September 1827	70
55. An Sulpiz Boisserée 21. September 1827	71
*56. An J. F. v. Cotta 21. September 1827	74
*57. An Frau Dreyßig 23. September 1827	75
*58. An Martin Christian Wilhelm Töpfer 23. September 1827	76
*59. An Carl Wilhelm Lieber 24. September 1827	76
60. An Sulpiz Boisserée 25. September 1827	77
*61. An den Großherzog Carl August 25. September 1827	80
*62. An Carl Jacob Ludwig Iken 27. September 1827	80
63. An Marianne v. Willemer 27. September 1827	85
64. An C. F. Zelter 29. September 1827	87
65. An J. H. Meyer 30. September 1827	92
66. An A. Nicolovius [2. October 1827]	95
*67. An den Patriarchen von Venedig, Johann Ladislav Pyrker v. Oberwart 2. October 1827	96
*68. An J. J. Ellan 2. October 1827	97
*69. An Johann Georg Lenz 3. October 1827	98
70. An Carl Wilhelm Göttling 3. October 1827	99
71. An Justus Christian v. Loder 6. October 1827	99
72. An Christoph Ludwig Friedrich Schulz 8. October 1827	100
*73. An Johann Wilhelm Schneider 9. October 1827	104
*74. An Friedrich v. Müller 10. October 1827	104
*75. An Pierre Charles François Baron Dupin 12. October 1827	105
76. An Sulpiz Boisserée 12. October 1827	106
77. An Nicolaus Meyer 15. October 1827	109
*78. An C. E. Schubarth 17. October 1827	110
79. An C. F. Zelter 11. März [17. October] 1827	111
80. An C. J. d'Alton 18. October 1827	113
*81. An das Postamt in Weimar 18. October 1827	114

		Seite
82.	An C. D. Rauch 21. October 1827	114
83.	An Christian Dietrich v. Buttel 23. October 1827	117
*84.	An J. F. v. Cotta 24. October 1827	119
85.	An C. F. Zelter 24. October 1827	122
86.	An C. W. Göttling 24. October 1827	124
87.	An Friedrich Wilhelm Joseph v. Schelling 26. October 1827	125
*88.	An J. H. Meyer 26. October 1827	126
*89.	An Heinrich Carl Friedrich Peucer 26. October 1827	127
90.	An W. Reichel 26. October 1827	127
91.	An Friedrich v. Müller 27. October 1827	128
92.	An C. F. Zelter 27. October 1827	132
*93.	An A. F. C. Streckfuß 26. [27.] October 1827	135
*94.	An Ernst Fleischer 29. October 1827	137
*95.	An J. H. Meyer 29. October 1827	137
96.	An Gottlob Heinrich Adolph Wagner 29. October 1827	138
*97.	An Treuttel und Würtz 29. [30.] October 1827	139
*98.	An Friedrich Johannes Frommann 30. October 1827	139
*99.	An C. E. Helbig 30. October 1827	140
100.	An Alessandro Poërio 1. November 1827	140
101.	An C. D. Rauch 3. November 1827	141
*102.	An Peter Christian Wilhelm Beuth 3. November 1827	145
103.	An C. F. Zelter 6. November 1827	147
*104.	An J. J. Lechner 6. November 1827	150
105.	An Friedrich v. Müller 7. November 1827	151
106.	An A. Nicolovius 7. November 1827	153
107.	An Carl August Varnhagen v. Ense 8. November 1827	155
108.	An C. G. Börner 8. November 1827	157
*109.	An Carl Cäsar v. Leonhard 9. November 1827	158
*110.	An J. J. Elkan 8. [9.] November 1827	159
*111.	An A. Nicolovius 9. November 1827	160
112.	An F. J. Soret 11. November 1827	161
113.	An S. Boisserée 11. November 1827	162
114.	An Carl Ludwig v. Knebel 14. November 1827	166
*115.	An J. H. Meyer [14.(?) November 1827]	169

Inhalt.

		Seite
*116.	An Johann Friedrich Ludwig Wachler (14.(?) November 1827	170
117.	An Louise Adele Schopenhauer 16. November 1827	171
118.	An C. W. Göttling 17. November 1827	173
*119.	An Friedrich Carl 17. November 1827	174
*120.	An den Großherzog Carl August 17. November 1827	175
121.	An C. G. Börner 21. November 1827	176
122.	An C. F. Zelter 21. November 1827	176
*123.	An W. Reichel 24. November 1827	180
124.	An F. J. Frommann 24. November 1827	181
125.	An C. D. v. Buttel [25. November 1827]	182
*126.	An A. F. C. Streckfuß 26. November 1827	182
127.	An den Grafen Kaspar v. Sternberg 27. November 1827	184
128.	An Leopold Dorotheus v. Henning 27. November 1827	190
129.	An Friedrich Ludwig v. Froriep 28. November 1827	193
*130.	An Dr. Schumacher [?] 28. November 1827	194
131.	An C. F. Zelter 4. December 1827	194
*132.	An J. J. Lechner 4. December 1827	197
*133.	An J. J. Elkan 4. December 1827	198
*134.	An Friedrich v. Müller 5. December 1827	199
*135.	An Johann Peter Kaufmann 5. December 1827	199
*136.	An Friedrich v. Müller 6. December 1827	200
*137.	An W. Reichel 7. December 1827	201
*138.	An F. J. Frommann 8. December 1827	201
*139.	An Friedrich v. Müller 13. December 1827	202
*140.	An Carl Friedrich Ernst Frommann 14. December 1827	203
*141.	An Johann August Gottlieb Weigel 14. December 1827	204
*142.	An J. J. Elkan 14. December 1827	205
*143.	An Carl Wilhelm Freiherrn v. Fritsch [16.] December 1827	206
*144.	An den Geheimen Rath v. Braun [16.] December 1827	207
145.	An J. F. v. Cotta 17. December 1827	208
*146.	An Friedrich v. Müller 18. December 1827	210
*147.	An J. H. Meyer 19. December 1827	211
*148.	An den Grafen Leopold Cicognara 27. December 1827	211

Inhalt.

		Seite
*149.	An M. C. B. Töpfer 28. December 1827	212
*150.	An Johann Wilhelm Hoffmann 28. December 1827	213
*151.	An W. Reichel 29. December 1827	213
152.	An C. W. Göttling 29. December 1827	215
*153.	An Friedrich v. Müller 29. December 1827	216
154.	An F. J. Frommann 29. December 1827	218
155.	An Friedrich Wilhelm Riemer 29. December 1827	219
*156.	An P. A. Sterl 31. December 1827 [1. Januar 1828]	219
157.	An Thomas Carlyle 1. Januar 1828	221
*158.	An Johann Friedrich Röhr 2. Januar 1828	224
*159.	An Johann Joseph Schmeller 2. Januar 1828	225
*160.	An J. J. Elkan 2. Januar 1828	225
161.	An Marianne v. Willemer, geb. Jung 3. Januar 1828	226
*162.	An Ludwig Wilhelm Cramer 4. Januar 1828	228
*163.	An Johann Schell 4. Januar 1828	229
*164.	An den Großherzog Carl August 5. Januar 1828	230
*165.	An F. J. Frommann 9. Januar 1828	231
166.	An Friedrich August Schmid 10. Januar 1828	231
*167.	An J. J. Schmeller 10. Januar 1828	232
*168.	An F. J. Frommann 12. Januar 1828	233
169.	An A. Nicolovius 12. Januar 1828	233
170.	An C. C. v. Leonhard 12. Januar 1828	237
171.	An Th. Carlyle 15. Januar 1828	239
172.	An den Grafen C. F. M. P. v. Brühl 17. Januar 1828	243
173.	An C. Semler 17. Januar 1828	245
174.	An J. H. Meyer 17. Januar 1828	248
175.	An F. J. Soret 17. Januar 1828	249
176.	An den Grafen K. v. Sternberg 18. Januar 1828	249
*177.	An F. J. Frommann 19. Januar 1829	251
*178.	An Friedrich Constantin v. Stein [19. Januar 1828]	252
*179.	An Auguste Pattberg, geb. v. Kettner 14. [20.] Januar 1828	253
*180.	An den Grafen Ernst August v. Beust 13. [20.] Januar 1828	253
*181.	An Carl Christian Friedrich Glenck [20. Januar 1828]	254
*182.	An die Direction des deutsch-amerikanischen Bergwerk-Vereins 17. [20.] Januar 1828	256

Inhalt.

	Seite
*183. An Christian Parish und Comp. 21. Januar 1828	257
184. An F. J. Soret 21. Januar 1828	258
*185. An Friedrich v. Müller 21. Januar 1828	259
*186. An F. J. Frommann 22. Januar 1828	259
*187. An W. Reichel 22. Januar 1828	260
188. An C. F. Zelter 24. Januar 1828	261
*189. An F. W. Riemer 24. Januar 1828	263
190. An den Grafen C. F. M. P. v. Brühl 26. Januar 1828	264
191. An Carl Friedrich v. Reinhard 28. Januar 1828	265
192. An C. W. Göttling 1. Februar 1828	269
*193. An Friedrich v. Müller 1. Februar 1828	270
*194. An den Großherzog Carl August 1. Februar 1828	271
195. An F. J. Frommann 3. Februar 1828	272
*196. An C. E. Helbig 3. Februar 1828	273
*197. An C. W. Freiherrn v. Fritsch 6. Februar 1828	273
*198. An J. J. Elkan 6. Februar 1828	274
199. An den Grafen L. Cicognara 12. Februar 1828	274
200. An C. W. Göttling 12. Februar 1828	275
*201. An den Großherzog Carl August 14. Februar 1828	276
*202. An Carl v. Holtei 15. Februar 1828	277
*203. An F. J. Frommann 15. [16.] Februar 1828	278
204. An C. F. Zelter 16. Februar 1828	278
*205. An W. Reichel 16. Februar 1828	279
*206. An Johann Lorenz Schmidmer 18. Februar 1828	281
207. An C. A. Varnhagen v. Ense 19. Februar 1828	281
208. An den Grafen C. F. M. P. v. Brühl 20. Februar 1828	283
209. An C. F. Zelter 20. Februar 1828	283
*210. An den Großherzog Carl August 22. Februar 1828	285
211. An C. G. Börner 26. Februar 1828	287
*212. An J. J. Elkan 26. Februar 1828	288
213. An Friedrich Siegmund Voigt 26. Februar 1828	288
*214. An den Großherzog Carl August [26. Februar 1828]	289
215. An C. F. Zelter 28. Februar 1828	290
216. An C. F. Zelter 29. Februar 1828	294
217. An Joseph Sebastian Grüner [29. Februar 1828]	295

	Seite
Lesarten	299
*An den Großherzog Carl August Anfang September 1827	318
*An K. A. Varnhagen v. Ense Anfang November 1827	367
Promemoria über Schillers Beisetzung in der Fürstengruft 16. November 1827	375
*An F. J. Soret 23. November 1827	379
August v. Goethe an den Grafen K. v. Sternberg 25. November 1827	381
*An den Grafen K. v. Sternberg Mitte Januar 1828	410
Tagebuchnotizen	437

1.

An Friedrich Jacob Soret.

Auf Ihr gehaltreiches höchst willkommenes Schreiben erlauben Sie mir, mein Werthester, wenn auch nur Einiges zu erwidern.

Vor allem gönn ich Ihnen von Herzen den freyen Anblick jener herrlichen Gegend, den Aufenthalt in einer so bedeutenden Stadt und die Umgebung von angeborenen und erworbenen Freunden. Dankbar erkenn ich, daß Sie sich meiner so freundlich erinnern wollen, und kann dagegen von unsern theuern verehrten Persönlichkeiten manches Erfreuliche melden. In Belvedere geht alles, wie ich vernommen und zum Theil selbst Zeuge war, aus dem Guten in's Bessere. Unserm Fürsten ist die Töplitzer Badecur sehr wohl bekommen, so daß ein leichter Katarrh als Folge einer Erkältung auf der Rückreise nicht als von Bedeutung angesehen werden darf. Gleichermaßen verhält sich's mit der Gesundheit unsrer Frau Großherzogin. Und so dürfen wir denn auch uns wohl erfreuen, daß es in häuslicher Umgebung ganz leidlich aussieht.

Wenn sich nun hierauf meine Nachrichten beschränken, so sehen Sie daraus, daß ich, gerade im Gegensatz von Ihnen, wenig oder nichts von Äußerlichkeiten zu sagen weiß. Füge ich nun hinzu, daß Fräulein Ulrike sich mit Frau Gräfin Henckel in Töpliz befindet, Demoiselle Pallard von Jena aus uns manchmal besucht, so sehen Sie, daß ich immer wieder zu geliebten Personen zurückkehre.

Auch von Berlin kommen immerfort die besten Nachrichten, welches alles meinem Gemüth sehr zu Gute kommt, da meinen Augen, außer den Malven im Garten, nichts Erfreuliches begegnet. Gebaut wird freylich viel, von Architektur wüßt ich wenig zu sagen; doch werden Sie manches reinlicher und freundlicher finden, als Sie es verlassen haben, besonders wenn Sie hinter dem Ettersberg kein Genf und keinen See zu suchen kommen.

Wenn ich nun aber die vorliegenden weißen Räume meines Briefpapiers nicht ungenutzt soviel Meilen weit versenden soll, so muß ich mich zu denen uns sonst so beliebten Capiteln der Oryktognosie und Geognosie hinwenden und berichten, daß die Anwesenheit des Herrn Grafen Sternberg unsern Sammlungen viel Vortheil gebracht hat; denn indem dieser edle Freund die Flora subterranea, wie wir sie in schönen Exemplaren besitzen, richtiger benamsete und methodischer ordnete, so hat dieses Fach zuerst einen eignen Werth erlangt und eine gewisse Anziehungs-

kraft erworben. Durch die Gefälligkeit des Herrn
v. Sömmerring haben wir ein treffliches Facsimile
des berühmten Ornithocephalus erhalten, welcher sonst
in dem Mannheimer Kabinett sich befand, nun in
München aufbewahrt wird, erst von Collini, dann
aber von Sömmerring commentirt und entfaltet wurde.
Es ist vielleicht das Merkwürdigste unter allen Resten
von Solnhofen; der Gypsabguß aber so genau und
schön gefärbt, daß man das Original vor sich zu
sehen glaubt.

Anderes, zwar nicht in dem Grad, aber doch
immer Merkwürdige sey bis zu Ihrer willkommenen
Rückkehr verspart; doch darf ich nicht verhehlen, daß
mein Sohn, seitdem er durch Ihre Geneigtheit mit
dem Mont Salève bekannt geworden, die Hoffnung
nicht aufgibt, mit noch einigen Exemplaren von dorther bereichert zu werden.

Hier will ich aber, damit das Blatt nicht liegen
bleibe, für dießmal schließen, in der Erwartung, daß
Sie meiner guten Tochter Gelegenheit geben, Ihnen
von den geselligen Tagen das Bedeutende zu vertrauen.

Aus meinem Briefe sehen Sie dagegen leider,
indessen Sie sich in dem lebendigen Genf erfreuen,
daß ich mich zunächst mit antediluvianischen Carcassen
beschäftige, welches doch eigentlich nur als ein pis
aller angesehen werden kann.

In treuster Theilnahme
Weimar den 9. August 1827. J.W.v.Goethe.

2.
An den Großherzog Carl August.

Ew. Königliche Hoheit
geruhen sich unterthänigst vortragen zu lassen, wie
wir, besorgt, der Großherzoglichen Bibliothek einigen
nützlichen Zugang zu verschaffen, den Buchhändler
und Verleger Wagner in Neustadt veranlaßt, auch
die Verpflichtung der übrigen Druckherren im Groß-
herzogthume zu übernehmen und ein Exemplar von
seinem jedesmaligen Verlag anher zu übersenden.

Es hat derselbe nicht allein für die Zukunft sich
willig erklärt, sondern auch Exemplare seines bisherigen
ganzen Verlags ungesäumt übersendet und seine Ob-
liegenheit respectsvoll anerkannt.

Nun ist Höchst Denenselben nicht unbekannt, daß
die Unternehmungen dieses Mannes nicht blos mercan-
tilisch nützlich, sondern auch allgemeiner Bildung
förderlich sind, indem die von ihm ausgegangenen
Schriften durchaus dem sittlichen und religiösen Unterricht gewidmet sind, auch derselbe sonst als ein wohl-
geordneter Haushalter und schätzbarer Bürger bekannt
ist: so glauben wir keine Fehlbitte zu thun, wenn
wir den Wunsch äußern, Höchst Denenselben möge es
gefallen, durch irgend eine Auszeichnung, vielleicht
den Titel eines Commissionsraths, auch Höchst Ihren
Beyfall zu erkennen zu geben, wodurch nicht nur er
sich höchlich geehrt fühlen, sondern auch seine Mit-

bürger, welche bisher gut von ihm zu denken alle
Ursache gehabt, höchlich erfreut seyn würden.
Weimar den 10. August 1827.

3.
An Samuel Thomas v. Sömmerring.

Das unschätzbare Facsimile, welches wir, hochver-
ehrter Freund, Ihrer Geneigtheit verdanken, hat uns,
mir und meinem Sohn, das größte Vergnügen verschafft. Bey'm ersten Anblick überrascht, bildet man
sich ein, das Original in Händen zu haben; enttäuscht,
vergnügt man sich über die glückliche Nachbildung.
    Dieses Geschöpf ist fürwahr, wie mehrere der ur-
weltlichen Thiere, sinnverwirrend, man weiß nicht
gleich was sie mit ihren Gliedern anfangen sollten;
so hier, was der verlängerte Finger soll? In dieser
Unwissenheit wandte man sich sogleich an die Wissen-
den. Die erste Darlegung Collini's, die eigentliche
Auslegung, die wir Ihnen durch Rectification und
Vervollständigung schuldig geworden, besonders aber
zuletzt die Herstellung der beiden Thiervögel-Skelette in
ihren natürlichen Zustand gaben völlige Klarheit, ver-
doppelten, verdreyfachten das Interesse. Abzeichnungen,
besonders der zuletzt gemeldeten Restaurationen, werden
in dem Kabinett mit aufbewahrt und so das Andenken an den würdigen alten Freund für und für
geehrt und erhalten.

Denn wo hat derselbe auf einem langen thätigen Lebensgange nicht hingewirkt? Und Sie verzeihen gewiß, wenn ich frage: Haben Sie nicht von dem, was Sie leisteten und förderten, sich selbst und Theilnehmenden einige nähere Notizen aufgesetzt? Ist doch sogar mir nicht alles bekannt, was Sie durch Erfindung, Fortleitung und Aufmunterung in's Jahrhundert gewirkt. Der Welt bleibt vieles unbekannt, von der Nachwelt wird das Bekannte vergessen, engherzige Mitlebende und anmaßliche Nachkömmlinge verdüstern und obliteriren vieljährige folgenreiche Bemühungen, bis zuletzt historisches Interesse, wenn es nicht gar unruhige Spätgierde zu nennen ist, mit der Anfrage nach Memoiren, Lebensnotizen, Briefen und sonstigen Papierschnitzeln nicht enden kann.

Gedenken Sie Ihrer selbst, der Mitlebenden und der Folgewelt. Was Ihnen vielleicht nicht beliebt, möge dem Sohn zur Pflicht werden. Lassen Sie uns hinfort einiger Mittheilung genießen.

treu anhänglich
Weimar den 12. August 1827. J. W. v. Goethe.

4.
An Alois Ludwig Hirt.

Wenn man Freude an einem eigenen verlängerten, folgerechten Leben haben darf, so wird sie erst vollständig durch die Erfahrung, daß andern Zeitgenossen

das Gleiche zu Gute gekommen. Und zwar liegt
hierin der beste Beweis, daß man sich nicht unwürdig
und umsonst bestrebt; deshalb wird man sich am
liebsten des wechselseitig Gelungenen erfreuen.

Nun erinnert mich das übersendete Werk auf's
angenehmste an gemeinsamen Eintritt in das Kunst-
gebiet; es gibt Zeugniß von fortwährendem parallelen
Handeln und Bemühn, von convergirendem und be-
gleitendem Thun und Wirken.

Auch gibt Ihre werthe Sendung für den Augenblick architektonischer Betrachtung des Alterthums
einen neuen Schwung, indem ich manchen Abend mit
unserm Ober-Baudirector Herrn Coudray Tafeln
und Erklärungen durchgehe und wir ein lebendiges
Anschauen in der Erinnerung wieder aufzufrischen
geschäftig sind.

Läugnen will ich jedoch nicht, daß bey dem ab-
zustattenden lebhaften Dank ein Bedauern sich anfügt,
daß man nicht wenigstens von Zeit zu Zeit, durch
persönlichen Umgang und einiges Zusammenleben,
im fortschreitenden Gange theilnehmend sich ermuntern
könne, da man es jetzt schon als höchstes Glück schätzen
muß, wenn man sich an den Resultaten erbaut und
noch spät daraus einen bedeutenden Nutzen zieht.

Danckbar, treu verbunden

Weimar b. 12. August 1827. J. W. v. Goethe.

5.
An den Großherzog Carl August.

[Concept.] Weimar den 13. August 1827.

Schon als, nach erhaltenem gnädigsten Rescripte vom 3. April dieses Jahrs, submissest Unterzeichneter das dadurch bewiesene höchste Vertrauen verehrend anerkannte, überfiel ihn jedoch sogleich der Zweifel, ob in so hohen Jahren, bey verminderten Kräften, wiederkehrenden körperlichen Übeln und zugleich mannichfaltigen Obliegenheiten es möglich seyn sollte, einem so bedeutenden Geschäfte vorzustehen. Demungeachtet hielt er für Pflicht, seine bis an's Lebensende Höchst Denenselben gewidmete Thätigkeit vorerst auch an dieser Sache zu prüfen und, wie zu Aufklärung und Einleitung hierin allenfalls zu verfahren sey? vorläufig zu erforschen.

Was nun in diesem Sinne vorzunehmen räthlich erachtet worden, ist in beiden angeschlossenen Acten-Fascikeln niedergelegt, woraus Höchst Dieselben sich geneigtest vortragen zu lassen geruhen, auf welche Weise man den Zustand des Geschäfts zu erforschen und zu erhellen getrachtet, auch nach welchen Mitteln und Einleitungen man sich umgesehen, um zu einem erwünschten Zwecke zu gelangen.

Hierüber wüßte nun der devoteft Unterzeichnete gegenwärtig nichts hinzuzufügen, alles höchster Prüfung schuldigst unterwerfend. Für ihn ist jedoch persönlich das Resultat auf's klärste hervorgegangen, daß seine Kräfte nicht hinreichen, eine Aufgabe, welche den frischesten literarisch-praktischen Arbeitsmann genugsam beschäftigen würde, fernerhin zu lösen und durchzuführen, deshalb er denn mit dem Wunsche: sein bisheriges Benehmen möchte nicht ohne Beyfall angesehen werden, die unterthänigst-bringende Bitte hinzufügt: Höchst Dieselben möchten ihn von der Führung dieser Angelegenheit gnädigst dispensiren und ihm die Erlaubniß ertheilen, seine Thätigkeit [in] jenen Geschäften, welche ihm schon seit so vielen Jahren vertrauensvoll übertragen sind, im Verlauf der Tage die ihm noch gegönnt seyn sollten auch fernerhin treulichst zu erproben.

In tiefster Ehrfurcht pp.

Ew. Königlichen Hoheit

6.
An den Kronprinzen Friedrich Wilhelm
von Preußen.

[Concept.]

Durchlauchtigster Kronprinz,
gnädigster Fürst und Herr.

Ew. Königlichen Hoheit wünschte mit wenigen gebiegenen Worten schuldigst ausdrücken zu können, welche Freude mir die unvergleichlich schöne Gabe gewährt hat. Wenn ich jedoch, wie dieses zu bewirken seyn möchte, mir überlege: so kommt mir einerseits die

Überzeugung zu Hülfe, daß Höchst Dieselben im Absenden selbst empfunden, wie sehr ich bey'm Empfang,
bey'm Eröffnen beglückt seyn würde; dann aber sey
mir vergönnt, jenes gläsernen Schreines zu gedenken,
welchem Ew. Königliche Hoheit selbst einige günstige
Blicke zugewendet. Die Mannichfaltigkeit der darin
aufgestellten Erzbildchen erinnert mich, indem sie
meinen Kunst= und Sammlersinn gradweise befriedigt,
an die verschiedenen Epochen meines Lebens, und es
ist keines derselben, bey dem ich mir nicht die Gelegen=
heit, den Zufall, die Umstände zu vergegenwärtigen
wüßte, die mir freundlich dazu verholfen. Am
liebsten aber gedenke ich dabey des Gebers, dessen
entschiedene Gunst ich daran erkenne, daß er etwas
mich vorzüglich Ansprechendes mitfühlend mir zu=
eignen wollte.

Diese Wirkung hat aber die bildende Kunst überhaupt, daß sie uns unmittelbar in die Zustände, die
Gesinnungen, Empfindungen, Fähigkeiten und Fertig-
keiten der Weltepoche versetzt, worin das Product
entstanden. Höhe und Tiefe, Freymuth und Be-
schränktheit, Edelsinn und Kleinheit, Ehrfurcht und
Frechheit und was nicht alles sprechen sich augenblicklich, laut und deutlich zu uns aus und machen uns
unwiderstehlich zu ihren Zeitgenossen.

Wenn jedoch Vorstehendes nicht ganz zusammenhängend und folgerecht erscheint, so möge die Entfernung
deshalb angeklagt werden, welche da, wo wir uns

ernstlich und herzlich auszudrücken wünschten, ein Hinderniß bleibt, die Mitglieder, die Hülfsglieder unserer Gedanken, die sich in Gegenwart so flüchtig wie Blitze wechselseitig entwickeln und durchweben, nicht in augenblicklicher Verknüpfung und Verbindung vorführen und vortragen zu können.

Wollte ich jedoch alles dasjenige, was mir bey Empfang jenes verehrten Geschenkes in den Sinn gekommen, in einigem Zusammenhang ausdrücken, so müßte ich zu einer stillern Fassung, zu einer reineren Haltung gelangen als mir in diesen Tagen möglich war und ist. Sey deßhalb dieses Blatt, wie es liegt, abgesendet in dem sichern Vertrauen, daß die gütige Hand, unter deren Bezeichnung ich das Geschenk unmittelbar empfangen, auch Gegenwärtiges geneigt aufnehmen und der Geist, der mir soviel Wohlwollen erzeigt, auch Entschuldigung für den schwachen Ausdruck finden möge.

In unverbrüchlicher Treue und Verehrung.
Weimar am 14. Aug. 1827.

7.
An Johann Jacob Otto August Rühle v. Lilienstern.

[Concept.]   [14. August 1827.]

Wenn in so vielen Fächern, besonders im geschichtlichen, die Materialien sich anhäufen, auch dieselben zu überschauen und zu ordnen sich einzelne glückliche Ansichten hervorthun, so bleibt doch beides dem Freunde des Wissens und der Wissenschaft, besonders in höheren Jahren, nicht immer zugänglich. Großer Dank gebührt daher dem Zusammenfassenden und Zurechtstellenden, und diesen habe ich gegenwärtig Ew. Hochwohlgeboren abzutragen.

Durch das mir geneigt übersendete Werk, so Text als Tafeln, gelange ich erst zur Einsicht in die Schwierigkeiten, welche mich bisher von der Theilnahme am ägyptischen Alterthum abhielten. Ich erfreue mich, nun aufmerksamer geworden zu seyn auf die für die Geschichte so nöthige Landesabtheilung, auf gleichzeitige Ereignisse so wie auf vor- und nachzeitige, auf innere schaffende und zerstörende Begebenheiten, auf Wirkungen nach außen und von außen her. Dieses alles durch einen klaren Vortrag erlangt zu haben, ist mir besonders dankenswerth, da weder Kunst noch Natur mich eine lange Reihe von Jahren her sonderlich veranlaßten, meine Aufmerksamkeit nach Ägypten zu wenden, einem allzuernsten Lande, welches die wunderlichsten Bild- und Schriftzüge für ewig zu versiegeln schienen.

Nach dem Bewußtseyn eines mühseligen Studiums werden Sie selbst am besten zu schätzen wissen, welche Erleichterung wir Ihnen schuldig geworden; sie wird um so bedeutender, als die Fortwirkung von dorther und dahin uns immer einzeln wieder einmal in der

Weltgeschichte beunruhigte und die Kenntniß des Zu-
sammenhangs wünschenswerth machte dessen, was wir
nur gelegentlich erfuhren.

Ich müßte mich weiter als billig ausbreiten, wenn
ich fortfahren wollte, im Besondern anzuerkennen,
wie sehr ich Ihrer Arbeit im Allgemeinen Kenntniß
und Übersicht schuldig geworden. Sie haben, ich darf
es wohl gestehen, meine Abneigung gegen jenes wüste
Todtenreich wo nicht besiegt, doch gemildert; ich mag
an Ihrer Hand gern durch jene gränzenlose Trümmer
gehn, welche wieder herzustellen die mächtigst wirkende
Einbildungskraft zu schwach seyn möchte. Ich erfreue
mich, daß Sie meiner sich wieder erinnern und sich
überzeugen wollen, daß ich auch an diesen Fortschritten
unsrer Zeit den freudigsten Antheil nehme.

b. 12. Aug. 1827.

8.

An Christian Gottfried Daniel Nees v. Esenbeck.

[Concept.]   [13. (?) August 1827.]

Die durch Serenissimi lange Abwesenheit verspätete
Ausfertigung der Decoration für Herrn Blume wird
nun aus der Ordens-Canzley an Dieselben gelangt seyn.
Ich hoffe, daß durch dieses Zaudern der Werth der
Gabe sich für den wackern Mann nicht soll vermindert
haben.

Genau besehen, trägt diese Retardation auch die
Schuld meiner stockenden Correspondenz und ich beeile

mich nun, die schönen Aufsätze über die Fliegenver=
stäubung und deren Folgen im Trocknen und Feuchten
anbey zurückzusenden. Mannichfaltige Arbeiten anderer
Art und sonstige Ablenkungen hindern mich, meine
Blicke nach der hehren heiligen Natur unmittelbar
hinzuwenden. Ein morphologisches Heft darf ich nicht
hoffen sobald herauszugeben; wollten Sie daher diese
schönen Aufsätze in den Acten oder sonst zu Tage
fördern, würden Sie mich und gewiß auch andere
erfreuen.

An Herrn Müller, der wohl derselbe ist, welcher
mir sein Buch: [Zur vergleichenden Physiologie des
Gesichtssinnes des Menschen und der Thiere] über=
sendete, haben wir einen treu=fleißigen Mitarbeiter
in den köstlichsten Fächern; grüßen Sie ihn und danken
zum schönsten. Freylich muß man sich in die jungen
Leute zu finden wissen. Von seinen chromatischen
Aufsätzen sagt er: sie seyen in meinem Sinne gedacht
und geschrieben; ich möchte lieber sagen: durch meine
Arbeiten angeregt. Denn auch bey ihm zeigt sich die
Eigenheit deutscher Individuen, von irgend einem ge=
bahnten Wege abzuweichen, anstatt sich des dargebotenen
Vortheils zu bedienen und die Angelegenheit schneller
in's Praktische zu führen. . . .

9.
An Carl Friedrich Zelter.

Nicht einen Augenblick säum ich zu melden, daß der willkommenste Gast im Bilde glücklich angelangt ist und große Freude gebracht hat, aber für jetzt nur mir allein, denn er wird bis zum 28. secretirt und alsdann ehrenvoll ausgestellt.

Vor allem aber Dank dem Künstler, welcher in dem würdigen Freund zugleich den aufmerkenden und dirigirenden Meister wahrhaft und kunstreich überlieferte. Dank und Segen.

       treu freudig
        Der Deine
Weimar den 14. August 1827. Goethe.

Fortsetzung.

So eben als ich siegeln will, kommt Herr La Roche und bringt mir Gruß, Brief und Paquet. Deshalb ist nothwendig noch einiges hinzuzufügen.

Zuvörderst also der Dank für die Silbermünzen, welche um desto willkommener sind als gerade in diesen Tagen ein ganz neuer, wohlüberdachter Münzschrank angekommen ist, wo sie denn, an Ort und Stelle rangirt, gleich einen doppelten und dreyfachen Werth gewinnen.

Des guten Rösels zwiefache Sendung ist freylich bey mir angekommen, der Dank aber bey meiner gränzenlosen Expeditionsnoth, obgleich wohl empfunden, doch leider zurückgeblieben. Hält er, wie du sagst, fest im Glauben und sendet einiges zum Geburtstage, so nehm ich davon Veranlassung, ihm ein paar Medaillen zu schicken und ein freundliches Wort zu sagen.

Unser La Roche kann mit seinem Berliner Aufenthalt sehr wohl zufrieden seyn; auch deine Worte über ihn werden, wenn ich sie mittheile, ihm und seinen hiesigen Gönnern große Freude machen. Dein Bild hab ich wieder zugenagelt, es hat es außer mir niemand gesehen; indem ich dir für deinen persönlichen liebevollen Gedulds-Antheil daran herzlich danke, muß ich gestehen: daß ich es sehr brav und tüchtig finde; es wird schwerlich eine solche Übereinstimmung zwischen Gestalt und Sinn, zwischen Bewegung und Bedeutung, zwischen Absicht und Ausführung so bald wieder gefunden werden. Herr Begas, der mir bisher ein bloßer Name war, ist mir nun erst ganz eigentlich zu einem mitlebenden vorzüglichen Künstler geworden. Danke ihm vorläufig zum besten.

Ich läugne nicht, daß es mich manchmal peinigt, in den Jahren, wo man etwas zu verstehen anfängt, von einer nur wenig entfernten Mitwelt ausgeschlossen zu seyn und mich mit Namen, historischen Daten und Relationen begnügen zu müssen. Indessen habe den besten Dank für deine Theaterandeutungen; da ich auf diesen Sinnengenuß Verzicht thue, so ist es mir dagegen wahrhaft wohlthätig, wenn man mir dergleichen vor den Verstand, zur innern Anschauung bringt.

Das Kärtchen an Herrn Mendelssohn-Bartholdy besorgst du gefällig; nächster Tage schreibe ich ihm ausführlicher, so wie ich manches Andere in diesem Monat zu vollbringen hoffe, worunter einiges dir künftighin Freude machen soll.

wie oben und überall
Weimar den 14. August 1827.　　　　G.

10.
An Abraham Mendelssohn-Bartholdy.

[Concept.]　　　　　　　　　　　　[14. August 1827.]

Herrn Mendelssohn-Bartholdy, Stadtrath, wünsche benachrichtigt, daß den Weimarischen Kunstfreunden die Katalogen der bedeutenden Antikensammlung zugekommen, nicht weniger, daß ein Durchreisender mehrere Zeichnungen darauf bezüglich übergeben und dadurch das Interesse an derselben um ein Großes vermehrt hat.

11.
An Johann Heinrich Meyer.

Ich erbitte mir den Bartholdischen Katalog; heute sind mir sehr schöne darauf bezügliche Zeichnungen in's Haus gekommen, welche mit dem Verzeichniß zu vergleichen ungeduldig bin. Morgen hoff ich Sie, mein Theuerster, damit zu regaliren.

Weimar den 14. August 1827.　　　　G.

12.
An Adolph Friedrich Carl Streckfuß.

[Concept.]

In der Überzeugung, daß Ew. Hochwohlgeboren das neue Werk unseres Freundes vor allen anderen Lesern genießen und schätzen würden, übersendete ich den ersten Band. Es ist gewiß eine merkwürdige originale Production; der Verfasser hat seine ganze Jugendliebe an der Localität nachempfunden und diese mir auch wieder vorgeführt; die Persönlichkeiten sind wahr und deshalb einzig hervortretend; auch die Fabel ist sehr glücklich. Was brauch ich deshalb mehr zu sagen, da Sie das alles selbst vollkommen wissen.

Daß Ihre Geschäfte Sie abhalten, eine Übersetzung zu unternehmen, die wie mit Liebe, so mit Fassung gearbeitet werden müßte, sehe ich wohl ein. Haben Sie einen jungen Mann gefunden, dem Sie die Arbeit anvertrauen und freundliche Anleitung gönnen mögen, so ist es sehr schön. Man könnte sich hiezu des dortigen Exemplars bedienen; sobald ich diesen Band zurückerhalte, sende den zweyten, welcher gleich verdienstlich ist; doch gegen das Ende desselben macht sich eine Bemerkung nöthig, welche noch bedeutender für den dritten gilt. Hier muß der Übersetzer zum Redacteur werden und ein freylich schon bedenklicheres Geschäft übernehmen.

Wir kennen schon aus den seinen Trauerspielen beygefügten Abhandlungen die historische Tendenz des Dichters; diese wird im Laufe des Romans immer sichtbarer, und im dritten Theile hat den werthen Mann der Stoff so überwältigt, daß er dadurch ganz formlos wird und uns die Freude an seiner Arbeit verdirbt. Darüber mehr, sobald es nöthig wird; doch ist es gut, vorläufig davon unterrichtet zu seyn.
Weimar den 14. August 1827.

Die Übersetzung des Abelchi hat uns bey freundschaftlichen Abendunterhaltungen viel Freude gemacht; es ist sehr angenehm auch in der Muttersprache zu vernehmen, wie ein so zartes Gemüth sich in einem heroischen Kreise bewegt und Situationen aufspürt die so wahr als kräftig sind. Das für den Autor bestimmte Exemplar ist dieser Tage mit der Frommannischen Ausgabe nach Mailand abgegangen.

Übrigens mehren sich über den Alpen wie über dem Rhein die jungen Talente gegen den Classicismus. Ich erhalte besonders von Süden die wunderlichsten Productionen, die ich nicht mittheilen mag, weil sie unerfreulich sind. Es ist wie bey uns Deutschen immer das willkürliche Subject, das sich gegen Object und Gesetz wehrt und sich einbildet, dadurch etwas zu werden und wohin zu gelangen. Die Franzosen machen es schon besser, denn ihre praktische Natur treibt sie immer wieder in's Wirkliche; und wenn sie auch das

Gesetz nicht anerkennen, so halten sie doch auf Regel
und damit kommen sie weit. Verzeihung dieser Inter-
jection, welche eigentlich eines großen Commentars
bedürfte.

13.
An J. J. Elkan.
[Concept.]

Herr Banquier Elkan wird hiedurch höflichst ersucht, an Herrn Mahler und Kunsthändler C. G. Börner
in Leipzig die Summe von 33 rh. auszahlen zu lassen,
die Erstattung folgt sogleich.

Weimar den 15. August 1827.

14.
An Carl Gustav Börner.

Unterzeichneter sendet in beygehender Kiste, ein-
ballirt in grauer Leinwand, signirt H. C. G. B.
Leipzig, an Herrn Kunstmahler Börner in Leipzig
Kupferstiche zurück, an Werth 30 rh.

Weimar den 16. August 1827.   J. W. v. Goethe.

15.
An Wilhelm Reichel.

Euer Wohlgeboren
die Ankunft der unter dem 12. August von dort unter
Kreuzband abgegangenen Sendung hiedurch dankbar
anzeigend, verfehle ich nicht zu melden, daß in dem

X. Band folgende Stücke abgedruckt werden und zwar
in der Ordnung, wie sie hier folgen:
>Elpenor
>Clavigo
>Stella
>Claudine
>Erwin.

Was bey dem IV. Bande zu bemerken war und
der Octav-Ausgabe zu Gute kommen wird, erfolgt
nächstens. Wie ich denn auch zu erfahren wünschte,
wie weit der Abdruck der größeren Ausgabe gelangt ist.

Mich und die Angelegenheit zu fortwährender
geneigter Theilnahme bestens empfehlend.

ergebenst

Weimar den 17. August 1827.   J. W. v. Goethe.

16.
An Carl Gustav Carus.

Es ist für ein großes Glück zu achten, wenn wir
das alte Wort auf uns anwenden können: Was man
in der Jugend wünscht, hat man im Alter genug.
In vielen Fächern ist mir das gute Geschick geworden,
besonders auch in diesem, welches Ew. Wohlgeboren
mit soviel vorzüglichem Talent bearbeiten.

Mit sehr angenehmen Gefühl erinnere ich mich
der achtziger Jahre, als die vergleichende Zergliederung
mir das höchste Interesse und die Überzeugung ein=

flößte, daß nur auf solchem Wege Einsicht in die lebende, ja in alle Natur, wie sie auch erscheinen möchte, zu erwerben sey. Camper hatte mächtig gewirkt; ich stand kurz vor seinem Ableben mit ihm in einigem Verhältniß; Sömmerrings rasche Thätigkeit berührte mich mehr; Merck war auch in dieser Liebhaberey mein Geleitsmann. Und so darf ich mich meiner treuen, wenn auch unzulänglichen Bemühungen gern erinnern, jene Epoche mir klar und gegenwärtig denken, nach deren Verlauf ich das Geschäft in den besten Händen sah, um allmählich von der Mitwirkung abzulassen.

Welchen großen Gewinn aber bringen mir nicht jene Arbeiten, da sie mich zur Theilnahme alles dessen was in der Wissenschaft gefördert wird aufrufen, mich befähigen, solche zu prüfen, zu schätzen und mir zuzueignen; besonders mich an allem dem, was Ew. Wohlgeboren durch Meisterhand fördern und ausbilden, zu erquicken und zu beleben.

Höchst erwünscht erschien mir so Ihr zweytes Heft, indem es eine wissenschaftliche Augensalbe enthält, die mich klarer und frischer in die Thierwelt hineinsehen macht, nachdem ich dieses Frühjahr und Sommer über veranlaßt worden, auf das ewige Bilden und Umbilden der Pflanzenwelt meine Aufmerksamkeit zu erneuen.

Auch muß ich noch hinzufügen, daß ich durch neue und erneute Verhältnisse zu Graf Sternberg, Cuvier, Sömmerring in die organischen Reste der

Vorzeit wieder aufmerksam hineinzusehen gedrängt
ward, da mich denn immer Ihre Lehre von den Ur-
erscheinungen begleitete. Faßt man sie recht, so wird
uns mit dem Begriff ein stilles heimliches Anschauen
des Werdens und Steigerns, Entstehens und Ent-
wickelns immer zugänglicher und lieber.

Persönliche Gegenwart und eine freylich nicht
vorübergehende Unterhaltung über diese Gegenstände
würde mich schneller dahin führen, wohin zu gelangen
kaum hoffen darf. Indessen geschieht ja das viele
Gute, Trefflihe, wenn ich es auch nicht in seinem
ganzen Umfange mir zueignen kann.

Mit den eifrigsten Wünschen eines fortdauernden
Gelingens.
treu theilnehmend

Weimar d. 16. August 1827.   J. W. v. Goethe.

17.

An Friedrich Theodor Adam Heinrich v. Müller.

Da man in Berlin sich sehr für den italiänischen
Roman interessirt, auch Anstalt zu einer Übersetzung
macht; so darf ich mir wohl den zweyten Theil aus-
bitten, den man freylich auch haben muß, um sich
für den ersten in die echte Stimmung zu versetzen.
gehorsamst
Weimar den 16. August 1827.   J. W. v. Goethe.

18.
An C. G. Börner.

[Concept.]

Die Kiste mit den zurückkehrenden Zeichnungen und Gemählden ist sorgfältig gepackt an Sie zurückgegangen und wird hoffentlich glücklich ankommen. Ich hätte diese Kunstgegenstände früher zurückgeschickt, hätt ich nicht die Hoffnung gehegt, einige bisher abwesende Freunde für dieselben zu interessiren, welches mir jedoch nicht gelingen wollen. Wegen des mir mitgetheilten wichtigen Katalogs kann ich nur soviel sagen, daß ich gegenwärtig nicht gerade in dem Falle bin, einen bedeutenden Aufwand für solche Gegenstände zu machen. Die Gemählde sind weder für mich noch für die Liebhaber in meiner Nähe Gegenstände, worauf man reflectiren könnte. Auf Zeichnungen würde ich allenfalls einiges verwenden, z. B. auf

S. 136 Nr. 178 Joh. Phil. Hackert
— 149 — 403 Franz Schütz
— 168 — 745 Wenn auch nicht von diesem
                Meister, doch gut;

weshalb ich Ihnen überlassen würde, diese Blätter um einen billigen Preis zu erstehen. Wollten Sie jedoch als einsichtiger Kenner mir von andern vorzüglichen Blättern Notiz geben und ohngefähr den Preis andeuten, wofür sie wahrscheinlich zu erhalten wären, so würde mich vielleicht zu einiger Anschaffung entschließen. Aus denen von mir bisher ausgewählten

Zeichnungen werden Sie leicht beurtheilen, wohin meine Neigung geht.

Das Beste wünschend und nur bedauernd, daß ich diese kostbare Sammlung [nicht,] noch ehe sie zerstreut wird, an Ihrer Seite und unter Ihrer Anleitung betrachten kann.

Weimar den 17. August 1827.

19.
An Georg Wilhelm Friedrich Hegel.

Mit aufrichtigem Dankgefühl für den Antheil den Sie an dem Schicksal Schubarths nehmen habe ich diesen vorzüglichen, obgleich durch gewisse Eigenheiten verkürzten Mann hievon benachrichtigt. Wie dankbereit und willig er sich finden läßt, von der ihm zugewendeten Gunst Gebrauch zu machen, geht aus beyliegendem Briefe hervor.

Inwiefern nun die von demselben geäußerten Wünsche zu erfüllen räthlich seyn möchte, überlasse geneigter Beurtheilung, indem ich deßhalb um einige gefällige Weisung bitte. Die bisherige Verzögerung wird zugleich dadurch erklärt und, ich hoffe, entschuldigt. Haben Sie die Gefälligkeit, die für ihn eingeleitete geneigte Gesinnung auch fernerhin zu erhalten. Er ist einer von den jüngeren Männern, die ich noch gern in das bürgerliche Tagesleben eingeführt zu sehen wünsche.

Ihre literarischen Blätter lese ich mit großem Antheil, ob ich gleich, wie Sie, meine Gesinnungen und Ansichten kennend, sich leicht vorstellen werden, hie und da den Kopf schüttele. Diese gerühmte Heautognosie sehen wir schon seit geraumer Zeit nur auf Selbstqual und Selbstvernichtung hinauslaufen, ohne daß auch nur der mindeste praktische Lebens=vortheil daraus hervorgegangen wäre.

Die Weimarischen Literatur= und Kunstfreunde bereiten einiges, das ich früher oder später um so mehr mitzutheilen Ursach habe, als bey überhäuften Arbeiten das nächste Stück von Kunst und Alterthum länger als gewöhnlich zaudern wird.

Von Herrn v. Henning wünschte wohl wieder einmal etwas Gefördertes und Förderndes zu ver=nehmen. Ganz eigen aber bin ich in diesen Tagen durch einige Ihrer und seiner Schüler erfreut worden. In Jever, der Ultima Thule, hat sich eine Gesell=schaft junger Männer sehr glücklich meiner Farbenlehre bemächtigt, die wegen einiger Zweifel und Anstöße bey mir anzufragen den Entschluß faßten. Leider darf ich mich jetzt in jenes geliebte Fach nicht wagen und konnte deßhalb nur im Allgemeinsten antworten und auf Weg und Stege deuten.

Erfreuen Sie mich bald mit eigner Arbeit; ich halte meinen Sinn möglichst offen für die Gaben des Philosophen und freue mich jedesmal, wenn ich mir zueignen kann, was auf eine Weise erforscht wird, welche die Natur mir nicht hat zugestehen wollen.

In treuster Theilnahme
ergebenst

Weimar d. 17. Aug. 1827.   J. W. v. Goethe.

20.
An C. F. Zelter.

Die Schlegelischen Vorlesungen, wie sie im Auszuge bey mir anlangen, sind alles Dankes werth; man recapitulirt mit einem verständigen unterrichteten Mann dasjenige, woran man sich selbst heraufgebildet hat und woran man glücklich mit heranlebte. Das jüngere Publicum besonders kann gar wohl damit zufrieden seyn, wenn es die nächste Vorzeit vernünftig anzusehen Lust hat. Er ist seine guten 60 Jahr alt und weiß die Mühe zu schätzen, die es ihm und andern gekostet hat auf diesen Punct zu gelangen.

Hie und da müßte man derber aufftoßen, wenn das Ey stehen sollte. Auch sind in der Geschichte der Kunst zwey Betrachtungen nie außer Augen zu lassen: 1) daß alle Anfänge nicht kindlich und kindisch genug angesehen werden können, und 2) daß in der Folge die Wirklichkeitsforderung immer mit Sinn und Geschmack im Streit liegt.

Du erwähntest neulich der Basreliefe; ihre Entstehung ist ganz einfach: Ein Bild soll nicht allein durch Linien begränzt, sondern auch auf irgend eine Weise vom Grund ab- und dem Auge entgegengehoben werden. Zeichnet man eine Figur auf roth zu brennenden Thon, so füllt man das Körperliche mit schwarzer Farbe aus; umreißt man eine Figur mit dem Griffel auf weichen Thon, so nimmt man den Grund weg. Auf diesem Wege sind die ältesten noch übrigen Basreliefe entstanden. Das war nicht genug, man färbte den Grund sowohl hinter Figuren als Zierrathen, wie uns die neuesten Entdeckungen an den Tempeln von Selinunt Zeugniß geben.

Vorstehende, sogleich bey Lesung der ersten Schlegelischen Blätter in dem Berliner Conversationsblatte mir zugegangene Bemerkungen sollten nach weiteren Vorschritten fortgesetzt werden; da mich aber der Tag schon unterbricht und fortreißt, so mag das Blatt lieber alsogleich seinen Weg zu dir antreten.

Die Gegenwart deines Bildnisses hat mir so wohl gethan, daß ich nunmehr den 28. August ungeduldig erwarte, um es wieder eröffnen zu können. Einige in dieser Zeit darüber gehegte Betrachtungen werden auch dir und dem wackern Künstler willkommen seyn.

Gruß und Dank!

Weimar den 17. August 1827.   Goethe.

21.
An Marianne v. Willemer, geb. Jung.

[Concept.]   [18. August 1827.]

    Eben war ich im Begriff, mich den Freunden wieder einmal vorzustellen, als Ihre stachlich=süße Gabe bey mir einlangt. Ich wollte Ihren Zögling und Günstling anklagen. Das liebe Wesen verschwand
5 auf einmal aus der Berliner Zeitung, und hier wurden die Passanten= und Gastwirthsberichte Morgens und Abends treulich durchgesehen, um sie ja nicht vorbey zu lassen. Es war aber nichts von ihr zu hören noch zu sehen und ich muß vermuthen, daß sie
10 durch einen andern Weg nach Cassel gelangt sey.

    Eberweins waren glücklicher sie anzutreffen; ich danke schönstens für so gute Aufnahme dieses werthen und verdienten Paars. Hat der Gesang einer freylich nicht ganz mehr frischen Künstlerin einige anmuthige
15 Erinnerung wecken können, so freut es mich herzlich; wenn ich von mancherley Obliegenheiten auszuruhen wünsche, so bin ich wenigstens im Gedanken fleißig auf der Mühle.

    Die mir überschickten grünen Früchte gereichen mir
20 dießmal nicht allein zum Genuß, sondern ich stolzire auch damit gegen meine Gäste, indem nicht allein mir, sondern fast allen Gemüsgärtnern dieß Erzeug= niß heuer nicht gelingen wollen, so daß ich freundlichst noch um eine Sendung bitte.

Sagen Sie mir doch, wie sich Freund Riese befindet;
ich höre, er soll sehr unwohl gewesen seyn.

Mehr als jemals fühle ich in diesen Tagen und
Stunden, wie höchst wünschenswerth es wäre, geprüfte
Freunde, und wär es nur auf kurze Zeit, wiederzu=
sehen. So vieles Vorübergehende macht das Dauernde
immer werther und werther. Gedenken Sie mein zu
guter Stunde.

d. 17. Aug. 1827.

22.

An Johann Jacob Lechner.

[Concept.]

Ew. Wohlgeboren
vermelde hiemit schuldigst, daß die Platte von floren=
tinischem Marmor glücklich angekommen und der dafür
angerechnete Ertrag von 8 fl. 24 Kr. mit der fahrenden
Post nächstens erfolgen soll, worüber ich mir Quittung
und zugleich einige Nachricht erbitte, inwiefern von
der Seite 10 gemeldeten Forderung für die sämmt=
lichen Majolikagefäße noch ein Rabatt zugestanden
werde. Melden Sie mir Ihren letzten Preis, damit
ich den Entschluß eines allenfallsigen Liebhabers so=
gleich befördern könne. Wegen anderer in gedachtem
Katalog angebotener Stücke würde sich vielleicht in
der Folge auch einige Übereinkunft treffen lassen.

Der ich zu Ihrem bedeutenden Geschäft auch gute
Gesundheit wünsche und mich theilnehmend unterzeichne.

d. 18. Aug.

23.
An Johann Carl Gottfried Wagner.
[Concept.]
Ew. Wohlgeboren!

Hier beykommendes Zeichen höchster landesherrlicher Anerkennung Ihrer mannichfaltigen Verdienste wird Ihnen gewiß zu besonderem Vergnügen und zu freudiger Aufmunterung in so vielfacher Thätigkeit gereichen. Mir aber gibt es die erwünschte Gelegenheit, auch meinerseits auszusprechen: wie gern ich an allem Theil nehme, was in sittlich-religiös-literarischer Hinsicht in den Großherzoglichen Landen auch durch Ew. Wohlgeboren geschehen und geschieht. Wie ich denn hiernach alles Heil und Glück für die Zukunft wünsche und mich zu geneigtem Andenken bestens empfehle.

Weimar den 18. August 1827.

24.
An Carl Emil Helbig?

Ew. Hochwohlgeboren
bin auf das angenehmste verpflichtet für gefällige Einleitung, daß die von unserm gnädigsten Herrn dem Buchhändler Wagner zu Neustadt an der Orla gegönnte Auszeichnung durch mich an denselben gelangen solle. Einem verdienten Mann im Staate

freundlich Glück wünschen zu können ist ein erfreulicher Auftrag.

In vorzüglichster Hochachtung mich unterzeichnend
Ew. Hochwohlgeb.
ganz gehorsamsten
Diener

Weimar den 18. August 1827.   J. W. v. Goethe.

25.
An A. F. C. Streckfuß.

[Concept.]

Ew. Hochwohlgeboren
bemerken geneigt in Bezug auf Manzoni's Roman das Folgende:

In der französischen Zeitschrift: Le Globe, Tom. V, Nr. 49 steht eine Anzeige der Promessi Sposi, entlehnt aus der Mailänder Zeitung. In dem neusten Blatte Nr. 56 findet sich ein Auszug, theils als Relation, theils als Übersetzung, wovon ich den Eingang hier abschriftlich mittheile. Diese höchst zarte Ansicht und Bemerkung wird unserm deutschen Übersetzer gewiß zu Gute kommen; auch wünsche, da der Globe in Berlin wohl nicht fehlen wird, daß Sie und der junge Mann die oftermähnten Stücke durchsehen. Sie dienen vorzüglich, den Sinn für's Ganze theils aufzuschließen, theils unsere Theilnahme, unsern Beyfall zu bestätigen und zu beleben.

Indem ich nun aber dieses überdenke, so geht mir auf, daß der Übersetzer, um sich von seinem Geschäft vollkommen zu penetriren, nothwendig den zweyten Theil müsse gelesen haben, deshalb werde ich ihn mit der fahrenden Post zusenden. Hiezu werde ich aber vorzüglich dadurch angeregt, daß Ew. Hochwohlgeboren mir melden, der erste Band sey in den Händen Ihrer verehrten Kronprinzessin. Nun muß bey Höchst Derselben nothwendig der Wunsch entstehen, dieses wichtige Werk ferner zu kennen.

Sollte bey Vorlegung desselben schicklich seyn, auch meiner Devotion und Anhänglichkeit zu gedenken, so würde mich glücklich fühlen.

Hinderten nicht die wachsenden Jahre und so manche zudringende Obliegenheiten, so thät ich gern an diesem Werke was ich für Cellini gethan habe. Möge, da Ew. Hochwohlgeboren das Geschäft gleichfalls ablehnen, es einem Jüngern glücken.

Noch manches andere bedeutende neue Interesse hat mich indessen angefaßt, wovon jedoch eine schriftliche Mittheilung zu weit führen würde.

Mit dem Wunsche eines frohen Lebens und glücklichen Gelingens.

Weimar den 18. August 1827.

[Beilage.]

Nous avons annoncé à nos lecteurs que nous leur donnerions la traduction de quelques morceaux du roman de Manzoni. Nous allons essayer de leur tenir parole; mais ce n'est point sans quelque crainte. Manzoni n'est pas comme Walter Scott; on ne peut pas le traduire sans lui faire beaucoup perdre. Toutes ses compositions sont revêtues d'une certaine fleur de style qui lui est propre, qu'il tire de son âme, et dont il empreint naturellement la forme sous laquelle lui vient sa pensée, mais qu'on ne peut lui prendre, et transporter dans une expression qui n'est pas la sienne et que n'a pas animée son sentiment. On a beau faire, on voit toujours que son âme n'a pas passé par là, et qu'il y manque tout ce qu'elle y aurait mis de génie, d'art et de soin. On ne peut prendre son idée, pour la traduire, qu'à l'extérieur, et dans le mouvement physique qui l'exprime, tandis que lui il l'a puisée à la source, et la répand pure et vive dans le discours qui la produit: le discours en est plus pénétré d'esprit, de vie intime et de vérité; il en est d'autant plus difficile à traduire. Nous avions besoin d'indiquer ces réflexions, qui du reste mériteraient développement, avant de donner à nos lecteurs les extraits que nous leur avons promis. Celui que nous leur offrons aujourd'hui est *la conversion de l'Inconnu.*

Hiebey bemerke nur daß ich nicht billigen kann, wenn die Herrn vom Globe den Innominato mit l'Inconnu übersetzen; ich weiß nicht, warum sie dem

ganz eigentlich correspondirenden Wort l'Anonyme
ausgewichen sind; der Deutsche wird auf alle Fälle:
der Ungenannte zu setzen haben.

26.
An A. Mendelsfohn-Bartholdy.
[Concept.] [18.(?) August 1827.]
Ew. Wohlgeboren
danke verpflichtet für den mir übersendeten bedeutenden
Katalog, bey dessen Durchsicht ich nur schmerzlich
empfunden habe, daß der werthe und verdiente Sammler
sich eines so edlen Besitzes nicht länger erfreuen können.

Allerdings würde dieses Museum, an und für sich
aufgestellt, überall Ehre machen und, eingeschaltet in
größere Sammlungen dieser Art, zu entschiedener
Bereicherung dienen. Da aber ein solcher Ankauf im
Ganzen kaum zu erwarten steht, so möge denn dieser
Schatz, auch zerstreut, manchen Liebhaber ergötzen und
belehren.

Das nächste Stück von Kunst und Alterthum kann
wegen dringender Obliegenheiten nur später ausgegeben
werden; indessen da bis zur Entscheidung dieses Geschäfts noch einige Zeit hingehen wird, so wünsche,
daß eine anderweitige Anzeige desselben zum Nutzen
und Vortheil desselben gereichen möge.

Einer solchen Erwähnung wird jedoch eine kurze,
aber bestimmte Notiz von dem Leben und Wirken

eines so wackern Kenners und Beförderers der Kunst nothwendig beyzufügen seyn, womit ich mich also gefällig zu versehen bitte.

Nicht weniger wünsche von den literarischen Arbeiten des zu früh Hingeschiedenen unterrichtet zu seyn. Derselbige hat, wie ich vernommen, einiges über Kunst geschrieben und gewiß dadurch seine Einsicht in dieses Fach bethätigt. Auch kann für irgend eine Sammlung nichts ein besseres Zeugniß geben, als wenn sich beweis't, daß der Besitzer selbst Kenner gewesen und mit Geschmack und Sinn die Gelegenheiten genutzt habe, die ihm an Ort und Stelle in einer sonst glücklichen Lage hiebey günstig geworden.

Wollten Ew. Wohlgeboren mich hievon baldigst unterrichten, so ließ sich vielleicht ein Ausweg finden, Ihren Wünschen früher auf eine oder die andere Weise entgegen zu kommen.

27.
An Johann Christian Rembe.
[Concept.]

Bey meinen so mannichfaltigen Obliegenheiten ist es mir unmöglich, ein dramatisches Werk, besonders einen Operntext, mit gehöriger Aufmerksamkeit durchzulesen, um ein Urtheil darüber fällen zu können, besonders da ein der Musik gewidmetes Drama in doppelter Rücksicht zu betrachten ist. Daher sende,

dankbar für das gehegte Vertrauen, das Manuscript
zurück, nebst der schönen Gabe, wozu ich auf jede
Weise Glück wünsche.
 Weimar den 21. August 1827.

28.
An J. H. Meyer.

Ergäbe sich Gelegenheit, so sprechen Sie treulich
aus: daß ich das heutige Fest . im Stillen herzlich
mitfeyre. Die Stammbücher bringen Sie mir morgen
mit.
 Das Beste⸗
 W. d. 21. Aug. 1827. G.

29.
An den Präsidenten v. Brenn.

Hochwohlgeborner,
 insonders hochgeehrtester Herr.

Ew. Hochwohlgeboren haben den Mahler Schmeller
bey seinem Aufenthalte in Merseburg auf eine so
ausgezeichnete Weise begünstigt, daß er das ihm aufgetragene Geschäft nach Absicht und Wunsch unsers
gnädigsten Herrn glücklich ausführen und dadurch
seiner Geschicklichkeit sowohl, als der erwiesenen Geneigtheit Ehre machen können; deshalb ich denn nicht
verfehle, im Namen Seiner Königlichen Hoheit die
lebhafteste Anerkennung auszudrücken, wie denn auch

von meiner Seite verbindlicher Dank nicht ermangeln darf, da Sie dem Künstler einige Stunden schenkten, um Ihr werthes Bildniß meiner Sammlung hinzufügen zu können.

Der ich, das Beste wünschend, mich des Herrn Grafen Henckel fernerem Wohlwollen zu empfehlen, auch solches bey sich geneigt zu erhalten bitte.

Ew. Hochwohlgeb.

ganz gehorsamster Diener

Weimar den 21. August 1827.   J. W. v. Goethe.

30.
An J. H. Meyer.

[Concept.]

Meines Erachtens würden alle solche Zudringlichkeiten in der Regel abgewiesen und nur in einem bedeutenden geprüften Falle gnädig aufgenommen. Dergleichen Anträge bedrohen unsere Herrschaften nächstkünftig zu Hunderten und ist deshalb wirklich mit Ernst und Vorsicht zu verfahren.

In Hoffnung, Sie baldigst zu sehen, bitte um gefällige Besorgung des Beykommenden.

Weimar den 22. August 1827.

31.
An Alois Joseph Büssel.

[Concept.]   [23. August 1827.]

Das Trauerspiel Winckelmanns Tod ist angekommen, auch darauf in Kunst und Alterthum hingedeutet worden. ...

Weimar den 15. August 1827.

32.
An Gustav Friedrich Constantin Parthey.

Wollten Sie, mein Theurer, heute und die übrige Zeit Ihres Hierseyns an unserm Familientische Platz nehmen; so sind Sie herzlich eingeladen.

W. d. 25. Aug. 1827.   G.

33.
An Amalie Theodore Caroline v. Levetzow, geb. v. Brösigke.

Sogleich nach Empfang Ihres lieben und liebenswürdigen Briefes, meine theuerste Freundin, bereite ich mich dafür zu danken, da ich Sie noch in Carlsbad weiß. Unvergeßlich gewiß sind die von Ihnen so lebhaft bezeichneten Tage! Die Anmuth jener Zustände war von der Art daß sie uns immer gegenwärtig bleiben müssen; wie die Sommertage eintreten wünsch ich sie jedesmal wiederhohlt und auch in der Zwischenzeit werden meine Gedanken und Erinnerungen oft genug in Ihre Nähe geführt. Diesmal haben mich schon wiederkehrende Freunde von Ihrem Wohlbefinden unterrichtet, aber leider nur oberflächlich, nicht näher wie ich wünschte.

Gestehen will ich denn auch daß gerade diesen Sommer wo ich das Marienbader Gestein abermals durchsah und ordnete, mir jene schönen Stunden wieder auf's lebhafteste hervortraten, als die lieben Freundinnen sogar der starren Neigung des Bergkletterers und Steinklopfers freundlichst zulächelten und auch liebenswürdig auflachten wenn die duftenden, genießbaren Tafelförmigen Kristallisationen sich hie und da eingereihet fanden.

Unendlich hat es mich gefreut auch von Ulrikens lieber, zarter Hand einige Züge geneigten Erinnerns zu sehen. Wie glücklich waren die Stunden die ich an ihren holden Fingern abzählen durfte.

Die sonst so genannte liebe Kleine möcht ich nun auch herangewachsen, unter den Augen der guten Mutter ausgebildet sehen. Der neckischen Mittleren, der ich zu ihrem gegenwärtigen ernsten Zustand alles Glück wünsche bin ich noch zum Ehrentage etwas Freundliches schuldig das nicht ausbleiben wird.

Meine nachsichtigen Lieben nehmen mich ja wie ein, in Reifen geschloßnes Gefäß, ruht es auch im Finstern ganz im Stillen, so verbessert sich doch sein Inhalt. Möge es mir gelingen von Zeit zu Zeit hievon Beweise zu geben.

Das mit Rahmen und Andencken so reich verzierte
Glas steht mir immer zur Seite verwahrt, nur bey
ganz besondern Gelegenheiten wird es hervorgenommen,
und giebt mir jederzeit den erfreulichsten Anblick.

Wenn Sie den Ort verändern haben Sie die Güte
mir es anzuzeigen.

Beygehendes glaube ich meinen Entfernten schuldig
zu seyn.

treu angehörig

Weimar b. 29. Aug. 1827.   J. W. v. Goethe.

[Beilage.]

Ich erwartete mit Freuden meinen Geburtstag,
wo sich werthe Freunde, wie mir wohl bekannt war,
zu einem anmuthigen Fest herkömmlich bereiteten;
aber es sollte mir eine Überraschung werden, die mich
beynahe aus der Fassung gebracht hätte und doch
immer eine Empfindung zurückließ, als wäre man
einem solchen Ereigniß nicht gewachsen.

Des Königs von Bayern Majestät kamen den
27. August in der Nacht an, erklärten am folgenden
Morgen, daß Sie ausdrücklich um dieses Tages willen
hergekommen seyen, beehrten mich, als ich grad' im
Kreise meiner Werthen und Lieben mich befand, mit
Ihro höchster Gegenwart, übergaben mir das Großkreuz des Verdienstordens der Bayerischen Krone und
erwiesen sich überhaupt so vollständig theilnehmend,
bekannt mit meinem bisherigen Wesen, Thun und

Streben, daß ich es nicht dankbar genug bewundern und verehren konnte. Ihro Majestät gedachten meines Aufenthaltes zu Rom mit vertraulicher Annäherung, woran man denn freylich den daselbst eingebürgerten fürstlichen Kunstfreund ohne weiteres zu erkennen hatte. Was sonst noch zu sagen wäre, würde mehrere Seiten ausfüllen.

Die Gegenwart meines gnädigsten Herrn des Großherzogs gab einem so unerwarteten Zustand die gründlichste Vollendung, und jetzt, da die Erscheinung vorüber geflohen ist, habe ich mich wirklich erst zu erinnern, was und wie das alles vorgegangen und wie man eine solche Prüfung gehöriger hätte bestehen sollen. Was man aber nicht zweymal erleben kann, muß wohl so gut als möglich aus dem Stegreif durchgelebt werden. Die überbliebenen schönsten Gefühle und bedeutendsten Zeugnisse geben auf alle Fälle die Versicherung daß es kein Traum gewesen.

W. d. 29. Aug. 1827.   G.

34.
An den Großherzog Carl August.
[Concept.]

Durchlauchtigster pp.

Da mir das hohe Glück zu Theil geworden, daß Ihro des Königs von Bayern Majestät mir das Großkreuz des Civil-Verdienst-Ordens der Bayerischen

Krone allergnädigst verliehen, so finde mich verpflichtet, Ew. Königlichen Hoheit hievon schuldigste Anzeige zu thun; wobey ich mir zugleich die gnädigste Vergünstigung zu erbitten habe, mich mit diesem Ehrenzeichen auch öffentlich schmücken zu dürfen.

Der ich in lebenswieriger Verehrung mich unterzeichne.

Weimar den 30. August 1827.

35.
An Carl Begas.

[1. September 1827.]

Ew. Wohlgeboren
haben zu meinem dießmaligen Fest eine große Gabe gesendet. Nun weiß aber der echte Künstler selbst am besten, was er leistete, und so wage ich nicht von dem Verdienste Ihres Werkes zu reden; von der Wirkung jedoch hört der Meister gerne Liebhaber, Dilettanten und die Menge sprechen.

Hiernach also habe ich zu vermelden, daß das Bild den glücklichsten Eindruck macht; es überrascht, wir staunen bey'm ersten Anblick, es waltet in der Einbildungskraft nach, man erinnert sich dessen gern und lebhaft; auch wohl unwillkürlich tritt es im Innern hervor, dann eilt man wieder in dessen Gegenwart, um das Imaginirte frisch zu verwirklichen, wobey das Werk immer gewinnt.

Auf diese Weise könnte ich noch länger fortfahren, wenn ich mittheilen wollte, wie es mir und den Meinigen und allen Freunden vor diesem Bilde ergangen. Nehmen Sie daher meinen vollsten Dank; alle, die mit mir mein Fest feyerten, haben Ihre Kunst reichlich mitempfunden und dankbar anerkannt.

Ich aber darf kaum hinzufügen, was Sie bey dem Unternehmen und unter der Arbeit selbst so lebhaft empfunden haben: von welcher Bedeutung es sey, daß Sie mir einen Freund vergegenwärtigt, von welchem entfernt zu leben mir höchst schmerzlich bleibt, und mir zugleich einen mitlebenden Künstler vertraut gemacht, dessen Namen ich künftighin jederzeit mit wahrhafter Anerkennung auszusprechen alle Ursache habe.

Mit dem gefühltesten Danke
       ergeben
         Goethe.

36.
An C. F. Zelter.

Was zu meinem dießmaligen Geburtsfest sich Wundersames ereignet, wird dir die behende Fama schon zugebracht haben, ehe du Gegenwärtiges erhältst. Ich aber kann weiter nichts hinzufügen, als daß uns in unsern alten Tagen des Guten beynahe zu viel zugemuthet wird. Es gehörten wirklich jüngere Sinne

und Schultern dazu, dergleichen alles aufzufassen und
zu tragen.

Nun zu dem Inhalt deiner letzten Briefe: Dr.
Parthey kam eben zu rechter Stunde, um an öffentlichen und häuslichen Tafeln sich zu unterhalten und
zu ergötzen. Professor Gans langte zu gleicher Zeit
an; auch er ward manches Erfreulichen theilhaftig.

Rösels vorzüglich schönes Blatt fand mich auch
gerade in gutem Humor, und ich konnte ihm etwas
Freundliches erwidern, das er dir gewiß gleich vorzeigen wird.

Die Münzen erhielt ich durch La Roche schon
längst; dein erklärendes Briefchen durch die artige
Jüdin erst gestern. Danke dem Geber zum schönsten;
es sind Silberrupien, die sich neben einer goldenen,
die ich besaß, recht hübsch ausnehmen. Sie waren
doppelt willkommen, weil mein Sohn eben für einen
eleganten, geräumigen Münzschrank gesorgt hatte, wo
man denn erst neben einander und zusammen sieht
was vorhanden ist. Bedeutende Dubletten habe ich
nicht zum Austausch anzubieten; wäre aber die Medaille von Booy in Silber angenehm, so könnte ich
damit dienen.

Den guten Förster beschwichtige mir. Ich würde
ihm wohl von Zeit zu Zeit etwas mittheilen; wie
ich denn z. B. nichts dagegen habe, wenn Rösel sein
kleines Gedicht dort will abdrucken lassen. Aber die
guten Menschen verlangen gleich, daß man sich asso-

citiren soll, und dafür hat man sich denn doch zu hüten,
weil sie mitunter tactlos und indiscret sind. Auch
wirst du dich erinnern, wie Gleim in seinen alten
Tagen sein Talent auf diesem Weg zuletzt trivialisirte;
ich erinnere mich, damals auf ein Stück Mercur geschrieben zu haben:
>In's Teufels Namen,
>Was sind denn eure Namen!
>Im deutschen Mercur
>Ist keine Spur
>Von Vater Wieland,
>Der steht auf dem blauen Einband;
>Und unter dem verfluchtesten Reim
>Der Name Gleim.

Das Erst' und Letzte, wovon ich aber reden soll,
bleibt immer dein Bildniß. Es hat an sich sehr viel
Verdienst und so auch den allgemeinsten Beyfall gefunden. Bleibt dem gebildeten Kenner bey'm Anblick
noch etwas Problematisches, bey näherer Untersuchung
ein zu Wünschendes, so liegt es daran, daß dieser
Mann, von so vorzüglichem Talent, wie alle unsere
neuen bildenden Künstler nicht einen Sebastian Bach
zum Urvater haben, den sie anerkennen, dessen Lehren
und Thun sie respectiren müssen. Daher kommt
denn, wie es Begassen ja auch gegangen ist, daß sie
sich in allen Arten und Weisen versuchen, wodurch
sie denn nicht früh genug dazu gelangen, die rechte
Weise auszubilden und sich mit ihr vollkommen zu
einigen. Daher kommt's denn, daß das Publicum

nicht weiß, was es aus manchen redlichen Bemühungen machen soll, wenn auch ein Kunstwerk angelegt und noch so sorgfältig ausgeführt ist, weil, der Künstler stelle sich wie er wolle, eine falsche Conception auf
5 den natürlichen Menschen ohne Wirkung bleibt. Wie sehr ihm aber durch deine Geduld und Mitwirkung dießmal gelungen ist, kannst du aus beyliegendem Blättchen sehen. Es wird dich freuen, was ein geistreicher Mann aus dem Bilde herausgesehen oder
10 hineingelegt hat. Gib mir einen Wink, was ich dem braven Künstler, den du schönstens dankend grüßen magst, irgend Freundliches erweisen könnte.

Ein Brief an ihn geht mit diesem zugleich ab. Das oben Gesagte theilst du niemand mit, es kann
15 nichts helfen; denn die Deutschen werden sich mit ihrem Unabhängigkeitsgefühl noch eine Weile abquälen.

Die Fortsetzung folgt. Rösels Blättchen liegt bey.

angehörig
W. d. 1. Sept. 1827. Goethe.

[Beilage.]

20 Bey jedem neuen Anblick scheint es lebendiger zu werden, geistig bedeutender sich auszusprechen. Der abgebildete, nicht zu verkennende Würdige horcht auf, er hört zu mit Vergnügen und Befriedigung; doch gibt er sich dem Genuß nicht hin, sondern er ist zu-
25 gleich Richter; er hebt unwillkürlich den Zeigefinger der rechten Hand, die obwaltenden Töne begleitend,

auch allenfalls einzugreifen, wo der Chor schwanken sollte. In diesem Sinne scheint der dargestellte Meister sich vorwärts zu neigen, und sich doch wieder zurückzuhalten, woraus wirklich für den Blick eine Art von Bewegung entsteht. Aufmerksamkeit und Behagen spricht sich aus in den verjüngten liebenswürdigen Gesichtszügen des erfahrnen, durch und durch gebildeten Mannes; hiezu harmoniren alle Glieder, Formen und Umrisse.

37.
An C. F. Zelter.

|: Fortsetzung. :|

Eben so muß man von der andern Seite die Schweizer und alle, welche durch Multiplication große Kunstwirkungen hervorbringen wollen, ihren Gang gehen lassen. Freylich wirkt die Masse viel, besonders eine Masse von Canonen und Zuschlagenden; in den Künsten aber, wenn man es genau besieht, wirken die Massen zuletzt auch nur stoffartig, und wer sich dabey verklärt fühlt, der weiß doch nicht, was dem Menschen zugetheilt und erlaubt ist, auch nicht, was er in dieser Art vertragen und ertragen kann.

Was du über die Molltonleiter im Sinne hast, bringe ja zu Papiere, es käm gerade zur rechten Zeit; ich habe mit Riemern auch darüber etwas ausgesonnen, das will ich dictiren, zusiegeln und deine Sendung abwarten, alsdann aber sogleich abschicken. Es wäre sehr schön, wenn wir auf verschiedenen Wegen zu demselben Ziel gelangten.

Den Berlinern werde ich nun wohl Schlegels Vorlesungen abandonniren müssen. Sie halten freylich bey näherer Prüfung nicht Stich. Die ersten Blätter lesend, war ich zufrieden, das Alte zu hören, weil mir das Neue gar zu oft ärgerlich wird. Freylich aber will man das Alte immer vollständiger haben, geordneter, zusammengefaßter, übersichtlicher, und das ist denn hier nicht geleistet. Und wie will auch einer eine Geschichte schreiben dessen, was nicht sein Metier ist? Ich hab es oft bemerkt: wenn ich etwas zu redigiren hatte, was ich nicht von Grund aus verstand, so mußte ich Phrasen machen, es mochte mir Ernst seyn wie es nur wollte.

Dein: O Jemine! möcht ich wohl, wenn wir mündlich zu verhandlen hätten, als Text einer langen bedeutenden Predigt unterlegen. Ich habe die Vermuthung, daß allem und jedem Kunstsinn der Sinn für Musik beygesellt seyn müsse; ich wollte meine Behauptung durch Theorie und Erfahrung unterstützen.

Eure theatralische Überfülle bewundre höchlich. Meine alte Überzeugung wird durch jene jungen Auftretenden bestärkt. Mimische Talente werden immer geboren, und zu unserer Zeit haben sie eine viel leichtere und bequemere Entwickelung: die Musik hält ihre Schüler zusammen, sie dürfen aus Ton und

Maaß nicht weichen. Der recitirende Schauspieler dagegen muß durch Übung nach und nach zu einer gewissen Einheit seiner selbst gelangen und sich ohne Wissen und eigentliches Wollen, so weit seine Natur verstattet, hervorbilden. Wenn wir nehmen, was für wunderbare Dinge eine deutsche Schauspielerin durch= arbeiten muß, so würde sie zuletzt ganz aus einander fallen, wenn ihr Innerstes nicht zusammenhielte. Und so ist denn auch, wegen des angebornen Eigensinns, von Frauen in diesem Fach immer mehr zu hoffen als von Männern, die gar leicht Pedanten oder Phantasten werden.

So weit gelangte ich vor meinem Geburtstag, wo sich werthe Freunde, wie mir wohl bekannt war, zu .... u. s. f. wie 41,13 — 42,17 ....
die Versicherung daß es kein Traum gewesen.

Und so sey dir dieses meinem mehr als jemals nahen Freunde gewidmet, dessen Bildniß all und überall gegenwärtig blieb.

W. d. 6. Sept. 1827.   Goethe.

38.
An Eduard Joseph d'Alton.

Für die mir neuerdings übersendeten Hefte meinen freudigen Dank auszusprechen will ich nicht länger säumen! Wie sehr kommen mir nicht meine frühern Bemühungen zu statten, da ich mich dadurch befähigt sehe, als treuer Liebhaber und redlicher Dilettant

mein Verhältniß zum Meister zu empfinden. Vor
allem aber will ich Ihnen Glück wünschen, daß Sie
an Ihrem werthen Sohne einen so glücklichen Mitarbeiter gefunden haben; auch gebe ich vollkommenen
Beyfall, daß Sie ihn nach Paris gesendet. Ein geselliges Bestreben fördert den Franzosen auf die schönste
Weise, welches von den Deutschen nicht zu erwarten
ist; ihre Vereine gehen zwar auf löbliche, aber auf
solche Zwecke hinaus, wo ein jeder mitwirken kann, er
sey, wer er wolle, der König und der Vagabund, der
Gelehrte wie der Schüler, der Greis wie das Kind,
alle können ihr Gold, Silber und Kupfer, wie sie es ver-
mögen, auf Wohlthätigkeit, Monumente und fromme
Stiftungen gleich willig hergeben; aber die höheren
Zwecke, wozu Geist und Kraft nöthig ist, in den
Regionen der Wissenschaft und Kunst muß jeder für
sich allein zu erreichen suchen; es kommt selten der
Fall, daß er wahrhaft gefördert werde. Dagegen
fühlt sich wohl ein jeder gehindert durch Engherzig-
keit seiner Zeitgenossen und durch Anmaßlichkeit seiner
Nachfahren.

Doch wollen [wir] uns darüber nicht beklagen,
das mannichfaltige Gute, das uns geboten wird, im
Stillen zu nutzen trachten und uns solcher Mit-
wirkungen erfreuen, wie die Ihrige mir jederzeit gewesen ist. Möge das, was noch fernerhin von mir
ausgeht, auch Ihnen Freude bringen und sich Theilnahme gewinnen.

So weit gelangte ich vor meinem Geburtstag, wo sich werthe Freunde, wie mir wohl bekannt war, zu . . . . u. s. f. wie 41,13 — 42,17 . . . . die Versicherung daß es kein Traum gewesen.

Soviel also für diesmal, in treuster Theilnahme
W. d. 6. Sept. 1827. Goethe.

39.
An Johann Sulpiz Melchior Dominicus Boisserée.

Es ist sehr schön und läßt eine ahnungsreiche Gemüthlichkeit glauben, daß ich gerad heute früh, Sonntag den 26. August, Ihren lieben Brief empfange, eben da ich mich eingeschlossen hatte, um versäumte Pflichten nachzuholen und mich bey Ihnen um Ihre näheren Zustände zu erkundigen. Das Schreiben vom 9. Juli hab ich nicht erhalten, auch den englischen Mahler nicht gesehen, mich aber über alles beruhigt, was Sie unternehmen und was Ihnen begegnen könnte, da ich Ihre Handelsweise kenne, obschon das Unternehmen einer solchen Umsiedelung bedenklich genug war.

Mir in meiner Einsiedeley macht der gegenwärtige Münchner Zustand wirklich bange, doch werden Sie auf diesem Elemente sich zu bewegen daraus die erwünschten Vortheile ziehen und in das Ganze wirken. Ich freue mich zum voraus auf gute Nachrichten von Zeit zu Zeit.

So weit gelangt ich vor meinem Geburtstag, wo sich werthe Freunde, wie mir wohl bekannt war, zu . . . . u. s. f. wie 41,13—42,17 . . . . die Versicherung daß es kein Traum gewesen.

Hiermit aber sey für heut geschlossen; sagen Sie mir bald ein freundliches Wort; sobald ich zu einiger Besinnung komme, gebe ich Ihnen eine Art Recapitulation meines bisherigen Lebens, da sich denn auch die nähere Ursache meines bisherigen Schweigens entwickeln wird.

treu anhänglich

W. d. 6. Sept. 1827.   Goethe.

40.
An C. G. D. Nees von Esenbeck.

[Concept.]   [6. (?) September 1827.]

Fortsetzung.

Zu großer Freude und lebhafter Anregung, mich naturwissenschaftlichen Betrachtungen eine Zeitlang zu widmen, war die Gegenwart des Herrn Grafen Sternberg. Es ist bewundernswürdig, wie dieser Treffliche mit Ernst und Bedacht in diesen Studien fortfährt und, indem er zu Hause auf's kräftigste in Fortbildung und Einigung wirkt, sich von Zeit zu Zeit im Auslande umzusehen weiß und von da den schönsten Gewinn wieder zurückbringt. Ich habe ein

Schreiben von demselben, das er, zurückgelangt, aufsetzte, worin er von seinen Untersuchungen der Köstritzer Knochenbreccie an Ort und Stelle spricht und Nachricht gibt von seinem Aufenthalt in Halle, besonders auch in Berlin, von welchem letzten Orte er sich mit höchster Zufriedenheit äußert. Er wird den Münchner Congreß besuchen, und wenn die Monatschrift der Gesellschaft des Vaterländischen Museums in Böhmen, wovon jetzt sechs Hefte in meinen Händen sind, noch nicht zu Ihnen gekommen seyn sollte, so widmen Sie ihr einige Aufmerksamkeit. Man blickt in den Kreis eines mäßigen, verständigen, für Ort und Zeit wohl passenden Unternehmens. Wie es denn überhaupt sonderbar genug ist, daß in den östreichischen Staaten, die wir so gern als ein europäisches China darstellen möchten, im Inneren eine weit zweckgemäßere Cultur statt findet als anderer Orten, wo man nicht immer das Was und Wozu recht bedenken mag. Hat doch Dupin zuletzt ausgemittelt, daß der Elementarunterricht in diesen Reichen weiter ausgebreitet und ernstlicher eingeleitet sey als in manchen andern, nach außen viel glänzenderen Erdstrichen, deßhalb ich mich denn der Kürze halber auf den Globe beziehe: Tome V. Nr. [56], ein Blatt, wo Sie es wahrscheinlich schon gelesen haben.

In Meteorologicis fördert der edle Mann mich auch, und das ist der einzige Punct, wo ich nach seiner Abreise noch im Beobachten, Denken und Über-

legen fortfahre (wie ich denn incidenter bitte, mir
ben Barometerstand vom 4. August bis 4. September
aufzeichnen zu lassen, wobey ich den Mittelstand
Ihres Quecksilbers bemerkt wünschte).

Übrigens hat die Sorge für die neue Ausgabe
meiner Werke mich bald wieder ergriffen; sie ist nicht
gering, da ich, wie Sie aus der ersten Lieferung sehen,
nicht allein das Frühere, Bekannte wiederbringen,
sondern manches Nahvollendete doch noch abschließen
und mittheilen möchte, wobey mein Wunsch ist, ent-
fernteren Freunden immer gegenwärtig zu bleiben
und gegenwärtiger zu werden.

41.
An Gerhard Friedrich Ludwig Wagener.

Sie haben mich an einen alten werthen Bekannten
erinnert, mit dem ich in andern Tagen vielen brief-
lichen Verkehr gehabt habe, und bey genauem Nach-
suchen finde ich unter mehreren Briefen von ihm auch
seinen letzten vom 19. April 1804, der von mir un-
beantwortet geblieben ist. Ich bitte Sie, versöhnen
Sie mir den braven Mann und überliefern Sie ihm
zugleich die Anlage, die ihm ein Beweis seyn möge,
daß ich ihn, wie vormals, herzlich schätze. Ihnen
Dank für Mühe und Aufmerksamkeit.

[Weimar] den 7. September 1827. *Goethe.*

42.
An Friedrich August Freiherrn v. Fritsch.

[Concept.]

Ew. Hochwohlgeboren
verzeihen freundlichst, wenn ich meine Gevatterpflichten so schlecht erfülle; das Blättchen worauf die Namen aufgezeichnet waren wüßte im Augenblick nicht zu finden, eben so wenig will mir das Gedächtniß nachhelfen. Indessen werde ich mich für eine neue Generation vorbereiten, die doch auch nicht ausbleibt und wozu ich alles Glück wünsche.

Mit den bekannten treuen Gesinnungen.

Weimar den 8. September 1827.

43.
An Carl Ernst Schubarth.

[Concept.]

Hier kommt, mein Werthester, das Concept Ihres Bittschreibens wieder zurück. Beliebter Kürze wegen habe den Anfang und das Ende desselben mit einiger Einschaltung zusammengerückt. Das zwischen den rothen Strichen, fol. 1 und 5, Verfaßte wäre als Beylage zu behandeln, wie etwa das curriculum vitae bey sonstigen akademischen Angelegenheiten. Fertigen Sie nun das Mundum aus, legen die ausführlichen Attestate bey und halten alles bereit, bis ich wieder schreibe.

Des Herrn Minister von Altenstein Excellenz sind noch auf einer Sommerreise begriffen; die Rückkunft desselben, wovon ich alsobald Nachricht ertheile, ist abzuwarten.

Guten Erfolg dieser Schritte wünschend und hoffend, füge ich die besten Segnungen hinzu, in der Aussicht, auch zunächst gedeihliche Wirkungen zu erfahren.

Weimar den 9. September 1827.

44.
An C. G. Börner.
[Concept.]
Ew. Wohlgeboren
erwidere auf das neuerliche Schreiben vom 22. August Folgendes: Wenn ich schon in meinen Angelegenheiten möglichst Ordnung zu halten suche, so fällt doch manchmal ein kleiner Irrthum vor, der jedoch wie der gegenwärtige leicht zu heben ist. Die von Ihnen vermißten Blätter hatte besonders gelegt, um sie einem auf Reisen befindlichen Freunde vorzuzeigen. Dieß zu melden war bey'm Absenden der übrigen vergessen worden, weshalb ich mich gern zu dem bey mir schon notirten Betrage von 11 rh. 4 gr. als Schuldner bekenne.

Außer denen in meinem Vorigen bezeichneten Blättern, die ich aus der eröffneten Auction wünsche, wüßte nichts anzugeben. Erstehen Sie jedoch einiges

Wohlfeile nach eigenen Zwecken, so bitte, mir solches zur Auswahl zuzusenden.

Auch ist mir ein Katalog zugekommen einer Auction von dergleichen Kunstwerken aus der Stöckel'schen Verlassenschaft, welche Montags den 15. October angehen soll. Hievon würde dasselbige gelten, nur daß ich die Hackert'schen Handzeichnungen pag. 119 von 88 bis 93 incl. wo nicht sämmtlich, doch wenigstens die vorzüglichsten, wenn solche um einen billigen Preis weggehen, zu besitzen wünsche.

Möchten Sie mir, da noch Zeit bis dahin ist, Ihre Meynung sagen, wieviel man allenfalls daran wenden müßte, so könnte ich meinen Auftrag näher und sicherer stellen.

Alles Gute wünschend, mich zu geneigtem Andenken empfehlend.

Weimar den 11. September 1827.

45.
An Heinrich David August Ficinus.
[Concept.]

Ew. Wohlgeboren
schätzbares Werk habe mit Vergnügen erhalten und zwar bis jetzt nur flüchtig überlaufen können, dabey jedoch soviel ersehen, daß ich Ihnen allen Dank schuldig bin, auf meine naturwissenschaftlichen Bemühungen soviel Aufmerksamkeit gerichtet und dasjenige

was ich für wahr und nützlich halte aufgenommen und andern mitgetheilt zu haben. Sie benutzen den großen Vortheil eines Lehrvortrags, wodurch wir genöthigt werden, dasjenige was uns interessirt immer mehr zu
5 bearbeiten, die Erfahrung vollständiger, die Methode reiner und übersichtlicher zu machen. Und so werden Sie gewiß eine höchst erfreuliche und in ihren Anwendungen Vortheil bringende Lehre auch fernerhin befördern.

10 Dringende Obliegenheiten hindern mich, gegenwärtig in diesem mir höchst werthen Felde zu verweilen. Sobald es mir möglich wird, meine Aufmerksamkeit wieder dahin zu lenken, gedenke ich auch Ihr Werk näher zu betrachten und meine Gedanken darüber zu
15 eröffnen. Verharren Sie auf diesem Wege, umgeben Sie sich mit den Phänomenen wie ich es auch thue, denn auf diese Weise kommt man oft unvermuthet in den Fall, der ewig unerschöpflichen Natur immer wieder einmal eine Seite des Millionecks abzugewinnen,
20 die sich uns gerade in einem gewogenen Augenblicke zuwendet.

Möge Sie in diesem so wie in allen übrigen Geschäften Geist und Glück begünstigen!

Weimar den 11. September 1827.

46.

**An Henriette Ottilie Ulrike Freifrau v. Pogwisch,
geb. Gräfin Henckel v. Donnersmarck.**

[Concept.]

Wenn ich nicht irre, so habe ich Frau v. Pogwisch ersucht, auf den Wiederabdruck der beiden ersten Bände des Le Globe zu subscribiren. Bey wem ist es geschehen? Sie sind nunmehr herausgekommen; wo müßte man anfragen? woher sie beziehen? und wohin das Geld senden?

Auch frag ich an, ob Frau v. Pogwisch nicht wollte das wichtige Werk von Dupin, Sur les forces productives et commerciales de la France kommen laßen, auf die bekannten Bedingungen, die Hälfte zu erstatten; es sind zwey Bände in 4° mit Kupfern und Atlas; der Preis 25 Franken.

Weimar den 11. September 1827.

47.

An Friedrich v. Müller.

Auf Ew. Hochwohlgeboren gestrige Anregung habe nachsehen laßen und es findet sich, daß ein Exemplar Velin der ersten Ausgabe in zwanzig Bänden abzugeben wäre. Es könnte dieses gegen den Subscriptions- und Ladenpreis 46 rh. 8 gr. sächsisch um so lieber geschehen, als mir eben ein Kunstwerk für eben diese

Summe vorliegt, auf dessen Besitz ich sonst verzichten
müßte. Machen Sie hievon beliebigen Gebrauch und
disponiren über das Angebotene zu jeder Stunde.
gehorsamst
Weimar den 15. September 1827.   J. W. v. Goethe.

48.
An die Cottaische Buchhandlung.

Ew. Wohlgeboren
Anfrage erwidere sogleich mit Folgendem: Die Vermuthung, daß Faust nicht im Laufe der angezeigten Bände herauskommen werde, ist dadurch entstanden, wie ich auf beyliegendem Blättchen bemerke, daß zwischen Faust und Puppenspiel das Komma fehlt. Sie werden also die Gefälligkeit haben, der anfragenden Handlung zu erwidern: daß nicht allein der erste Theil des Faust wie er bekannt ist in der nächsten Lieferung zum Vorschein kommen werde, sondern daß ich auch geneigt sey, den Anfang des zweyten Theils unmittelbar in demselben Bande folgen zu lassen, wodurch ich das Publicum nicht wenig zu verbinden glaube.

Mich geneigtem Andenken bestens empfehlend.
ergebenst
Weimar den 17. September 1827.   J. W. v. Goethe.

49.

An W. Reichel.

Ew. Wohlgeboren
habe hiedurch noch zu vermelden, daß die letzte Sendung, datirt vom 2. September, seiner Zeit glücklich angekommen, wobey denn abermals zu danken habe, daß Ihre Aufmerksamkeit einige eingeschlichene Fehler des Originals zu tilgen gewußt.

Anbey sende die Austheilung der verschiedenen poetischen Arbeiten in die fünf Bände der dritten Lieferung; das meiste ist nun schon in Ihren Händen, das Original zum XIV. und XV. Bande folgt nächstens. Die beiden ungedruckten Anfügungen zum XII. und XV. Band sende später. Besonders wünschte den Anfang von Faustens zweytem Theil am längsten zu behalten. Da es gleichgültig ist, welcher Theil zuletzt gedruckt wird, so wünschte, daß Sie die Einleitung träfen, diesen erst gegen das Ende vorzunehmen. Haben Sie bey der von mir intentionirten Eintheilung noch irgend etwas zu erinnern, so bemerken Sie solches gefällig.

Der ich diese Angelegenheit Ihrer ferneren Theilnahme auch hiermit zum besten empfohlen haben will.

Ew. Wohlgeb.
ergebenster Diener
Weimar den 18. September 1827.   J. W. v. Goethe.

50.

An Johann Friedrich v. Cotta.

Ew. Hochwohlgeboren
auf's freundlichste begrüßend und das beste Wohl-
seyn bey so vielen wichtigen Geschäften wünschend,
übersende die seit einigen Jahren wegen Kunst und
Alterthum obwaltende Rechnung mit dem Ersuchen, sie
mit Ihren Büchern zu vergleichen und, insofern
unsere beiden Ansätze übereinstimmen, dasjenige was
ich schuldig bleibe von dem dießmaligen Termin abzuziehen und die nöthige Ordre deshalb an Herrn
Frege zu stellen.

Zugleich liegt der Inhalt der dritten Lieferung
bey, wie solche nach Ew. Hochwohlgeboren Wunsch
eingerichtet worden. Meine Absicht ist, wie Sie ersehen werden, durch einiges bedeutende Neue derselben
einen höheren Werth zu geben.

Das Meiste des Originals ist schon in den Händen
des Herrn Factors bis auf den Inhalt der zwey
letzten Bände, welcher so eben an denselben abging.

Die folgenden fünf Bände liegen auch zur Absendung bereit, wenn sie gleich erst Ostern nothwendig
seyn dürften. Bey dieser vierten Lieferung ist jedoch
zu bemerken, daß die fünf Bände ungetheilt und
ungetrennt abzudrucken sind und also die Bogenzahl
stärker werden müßte. In den folgenden Lieferungen

würde man Ihren Absichten sich wieder nähern können, wie ich schon vorläufig überdacht habe.

Einer geneigten Erwiederung entgegensehend

Ew. Hochwohlgeb.

gehorsamster Diener

Weimar d. 18. Sept. 1827.   J. W. v. Goethe.

[Beilage.]

Dritte Lieferung
von Goethe's Werken.

XI.

14 { Jery und Bätely.
Lila.
Die Fischerin.
Scherz, List und Rache.
Der Zauberflöte zweyter Theil.

8 { Paläophron und Neoterpe.
Was wir bringen.
Was wir bringen.
Theaterreden bis Essex.

22

XII.

15   Faust, erster Theil.
5   Faust, zweyter Theil, Anfang.

20

XIII

12 Puppenspiel bis Ende des IX. Bandes voriger Ausgabe.
3 Maskenzüge.
3 { Carlsbader Gedichte.
    Epimenides Erwachen.
───
18

XIV.

20 { Triumph der Empfindsamkeit.
     Die Vögel.
     Der Groß-Cophta.
     Der Bürgergeneral.
───
20

XV.

5 Die Aufgeregten.
11 Die Ausgewanderten.
2 Die guten Weiber.
4 Die Novelle.
      (Letztere noch ungedruckt.)
───
22

51.

An Alfred Nicolovius.

[Concept.]

Dir, mein lieber Neffe, nicht blos mit Worten, sondern auch einiger That zu danken war bisher meine Absicht; ich wollte dir, mein Theurer, für die merkwürdige Gabe gehaltig danken, womit du meinen

Geburtstag verschönt hast. Zwar mußte ich deine Sendung in diesen Augenblicken bedenklich finden, indem sie die Betrachtung erregte, wie im Leben sich alles ausgleicht und daß man alle Ursache hat, zufrieden zu seyn, wenn der Verdruß, den uns Feinde zu machen belieben, durch edle Freunde abgewendet und getilgt wird.

Die letzten vierzehn Tage waren so stürmisch, daß ich selbst jetzt mich zu besinnen Mühe habe. Durch mannichfaches Interesse hin- und hergezogen und zerstreut, muß ich mich erst wiederfinden, ehe ich leisten kann, was schon gethan seyn sollte. Lebe daher wohl mit dem Gefühl, daß deine Freunde mit soviel Neigung und Artigkeit alle Ursache haben, sich immerfort deiner dankbar zu erinnern.

Empfiehl mich deinem Herrn Vater auf's angelegenste und laß von Zeit zu Zeit vernehmen, daß dir's wohl geht.

Wenn du einem jungen Mahler, Herrn Zahn aus Cassel, begegnest, sey ihm freundlich und dienstlich; es ist ein guter, angenehmer, geschickter und fleißiger Mann, wie er sich dir persönlich gar bald legitimiren wird.

Lebe wohl und bleibe mir gleichgesinnt!
Weimar den 18. September 1827.

52.
An Christian Daniel Rauch.

Ew. Wohlgeboren
Geneigtheit gegen die hübsche, kunstreich geborene Facius thut sich sehr klar aus der eingesendeten Büste hervor und man sieht gar deutlich, wie sie das Glück hat, sich einem reichen Kunstelemente zu nähern und von des Meisters belebender Sonne erleuchtet und gefördert zu werden. Nehmen Sie auch von meiner Seite den schönsten Dank dafür, so wie für manches andere, das durch Ihre ausgebreitete Thätigkeit auch auf mich Einfluß hat, ohne daß es Ihnen gerade selbst bekannt würde.

Nun aber habe noch in einem ähnlichen Falle mich an Ihre Gefälligkeit zu wenden und Ihnen, wär es auch nur zum Überfluß, den Sohn eines Freunds zu empfehlen, der Ihnen, soviel ich weiß, schon angemeldet ist und den Sie, wie ich vermuthen darf, in Ihre lebens- und kunstreiche Umgebung gern aufnehmen werden.

Es ist nämlich der Sohn des Herrn Regierungsrath Dr. Nicolaus Meyer aus Minden, von welchem ich schon einige Jahre her zwar unzulängliche und unbehülfliche Bemühungen in Umrissen und sonstigen Zeichnungen mitgetheilt erhielt, woraus mir aber doch ein entschiedenes Talent für bildende Kunst hervorzugehen schien.

Diesen seinen Sohn wünscht mein Freund nach Berlin, ganz eigentlich zu Ihnen zu senden; er hat den Knaben schon angemeldet, glaubt aber in dem Grade an Ihr Wohlwollen für mich, daß er sich überzeugt hält, eine Erwähnung von meiner Seite könne seinen Wünschen und Hoffnungen vortheilhaft seyn. Wäre es daher Ihren übrigen Zuständen und Geschäften angemessen, so würde ich bitten, sich dieses jungen Mannes gefällig anzunehmen und ihn zu prüfen, da sich denn freylich das in ihm wohnende Talent noch sehr unentwickelt zeigen würde. Der ältere Bruder befindet sich schon als Studierender auf der Berliner Universität und ich kann dem zwar wohlhabenden, aber durch eine starke Familie bedingten Hausvater nicht verargen, wenn er sich von der ökonomischen Seite einigermaßen erleichtert zu sehen wünschte, wozu Ew. Wohlgeboren bey Ihrem weitumfassenden Wirkungskreis einige Rücksicht zu nehmen vielleicht die Geneigtheit hätten.

Ich würde Dieselben bey so vielen wichtigen Obliegenheiten nicht mit einem solchen Ansinnen behelligen, wenn nicht eben eine ausgebreitete Thätigkeit den wohlwollenden Mann gerade in den Fall setzte, dasjenige, was in beschränkteren Umständen nicht geleistet werden könnte, zu überschauen und zu bewirken.

Schließen aber kann ich nicht ohne wiederholten Dank für die Begünstigung unsrer jungen Künstlerin, wozu ich die Bemerkung füge, daß bey meinem dießmaligen Geburtsfest unter manchen andern köstlichen Gaben mir auch ein höchst gelungenes Porträt meines vortrefflichen Zelter zugekommen, worin ich das bedeutende Künstlerverdienst des Herrn Begas entschieden anzuerkennen und mich meines vielfach schönen und glücklichen Verhältnisses zu Berlin auf neue Weise in täglicher Anschauung zu erfreuen habe.

Eben da ich schließen will, verläßt uns nach einem Besuche von einigen Tagen, um nach Berlin zu gehen, Herr Zahn aus Cassel. Sie werden sich mit allen Kunstfreunden ergötzen, wie wohl er seinen Aufenthalt, besonders in Pompeji, zu nutzen gewußt, und sicher wird er dort wie hier durchaus wohl aufgenommen seyn.

Mich fernerem geneigtem Wohlwollen empfehlend, in aufrichtigster Theilnahme

Ew. Wohlgeb.

ergebenster Diener

Weimar den 18. September 1827. J. W. v. Goethe.

53.

An C. F. Zelter.

Dießmal nur mit wenigen Worten empfehl ich den sich selbst empfehlenden Herrn Zahn, Mahler aus Cassel, welcher seinen Aufenthalt in Italien, besonders Neapel und Pompeji, eifrigst zu nutzen gewußt hat. Nimm an dem Schönen und Guten Theil, dessen er

vieles des Wünschenswerthesten mit sich führt. Laß
ihn dagegen an dem Besten Theil nehmen, welches
du so reichlich spendest.

Gedenke mein und laß bald wieder etwas vernehmen.
Der Deine

Weimar den 18. September 1827.   J. W. v. Goethe.

54.
An den Grafen
Carl Friedrich Moritz Paul v. Brühl.

Lassen Sie mich, verehrter Freund, wieder einmal
eine Gelegenheit ergreifen, Sie auf's herzlichste zu
begrüßen und zugleich auf's lebhafteste Glück wünschen,
des glänzenden Zustands gedenkend, in welchen Sie
die nächst vergangene Zeit her Ihre Theater zu setzen
gewußt. Fürwahr man konnte von der reichen
Mannichfaltigkeit Ihrer vielfachen Darstellungen durch
öffentliche Nachrichten und vertrauliches Melden so
vieles und Vorzügliches nicht vernehmen, ohne den
Wunsch zu empfinden, man möge an solchen Genüssen
auch seinen Theil freudig genommen haben.

Den Überbringer des Gegenwärtigen habe eigentlich
nicht zu empfehlen; es ist ein Mahler, aus Cassel ge-
bürtig, namens Zahn, von angenehmer Gegenwart,
welcher Zeugnisse genug vorlegen kann, wie gut er
seinen Aufenthalt in Italien, besonders in Neapel und

Pompeji, genutzt hat. Und wer wüßte mehr als
mein verehrter Freund zu schätzen, wie hoch man die
Bemühung eines jungen Künstlers anzuschlagen habe,
der über Zeiten und Räume uns in die frembesten
Zustände hinauszuführen weiß. Ist dieß nicht auch
der schöne und eble Zweck unsrer theatralischen Bemühungen?

Hiemit sey mir vergönnt zu schließen, mich Ihnen
und den theuren Ihrigen zu empfehlen und mich
wie immer treu-angehörig zu nennen

unwandelbar

Weimar den 18. September 1827.   J. W. v. Goethe.

55.
An Sulpiz Boisserée.

Um abermals den Grund zu einem Briefe an
Sie, mein Theuerster, zu legen, muß ich mich entschließen auszusprechen, daß zwey angefangene Schreiben
in dieser Zeit zum Feuer verdammt worden; ich hatte
mich über das verlegerische Betragen unseres würdigen
Freundes zu beschweren, der mich durch eine Art von
Überraschung nöthigte, die einmal beliebte und angekündigte Ordnung der Ausgabe meiner Werke durchaus abzuändern, wobey derselbe die Einleitung zu
treffen wußte, daß meinen Entschluß mit umgehender
Post zu eröffnen nöthig ward. Hierüber druckte ich
mich in den ersten Tagen vertraulich gegen Sie allzu

lebhaft aus, ward aber nachher durch den alten
Spruch: „man solle keinen Verdruß über Feld schicken",
wieder beschwichtigt; denn wir beunruhigen nur die
Freunde zu einer Zeit, wo wir selbst schon wieder
beruhigt sind. Auch hab ich überhaupt gegen jenen
nicht dergleichen gethan, um der Angelegenheit den
möglichst schicklichen und wenigst auffallenden Gang
zu erhalten. Nun aber ist mir bey dieser Sache nichts
unangenehmer, als daß dieß Zwischenspiel gemeldeter-
weise unsere Mittheilungen unterbrach.

Für Sie also, mein Werthester, immer in gleichem
Sinn und wahrhaftestem Antheil verharrend, möchte
gegenwärtigen Blättern einigen Gehalt geben, welches
nicht besser zu bewirken wüßte, als wenn ich historisch
verfahre.

Am 22. April also, als dem Datum meines vor-
letzten Briefes, besuchte uns Herr Ampère der Jüngere,
von Paris kommend, der schönen Literatur befliffen,
zu den raschen und umsichtigen Männern gehörend,
welche sich, am Kreise des Globe theilnehmend, lebhaft
und kräftig genug bewegen. Er ward gut aufgenommen und wenn er nach seinem Abschiede durch
eine kleine Indiscretion unser Publicum verletzte, so
war das bald wieder geheilt und er würde, von
Norden, wohin er sich begab, wieder zurückkehrend,
auf alle Weise gern gesehen seyn.

Mit ihm vertraulicher conversirend, sah man sich in
dem Falle, in jenen Kreis etwas tiefer hineinzublicken

und gewisse Verhältnisse mit mehr Sicherheit anzu-
knüpfen. Kurz nachher, zufällig von anderer Seite
her, kam die zweyte Auflage von des Baron Charles
Dupin Reise nach England, die ich wirklich nach
vierzehn Tagen von meiner Seite verbannen mußte,
um nicht in ein meinen gegenwärtigen Pflichten ganz
entgegengesetztes Interesse gezogen zu werden. Von
Zeit zu Zeit nehm ich wieder ein Capitel vor, das
mir den Vortheil gewährt, eine glückliche und nützliche
Gesprächs-Unterlage zu finden mit Reisenden, deren
ich dorther gar viele zu sprechen habe.

Ich arbeitete indessen anhaltend an den Wanderjahren, deren höchst verschiedene Capitel ich mitunter
als ungezogene Kinder anzusehen habe, mit denen
man sich liebend abgibt, vielleicht eben deswegen,
weil sie einiger Erziehung bedürfen.

Herrn v. Schlegels Gegenwart eröffnete uns
manchen Ausblick nach Indien; und ich will gern
gestehen, daß ich mich nicht unwillig wohl einmal
dort hinüber führen lasse; wenn ich mich auch mit
den leidigen hochmüthig-häßlichen Frömmlingen so
wie ihren vielköpfig-vielarmigen Göttern keineswegs
befreunden kann, so sind doch ihre Apsaren in dem
Grade liebenswürdig, daß man sie gern mit den Augen
verfolgt, wo nicht gar wie ihre himmlischen Bewun-
derer um ihretwillen ganz zu Auge werden möchte.

Nun ward ich zufällig der bildenden Kunst, besonders der Mahlerey wieder zugeführt. Der Restau-

rator Palmaroli arbeitete in Dresden mit großem Beyfall; Ihro Königliche Hoheit der Großherzog befahl, den hiesigen Mahler und Zeichenmeister, namens Lieber, hinzusenden, einen genauen und man möchte sagen eigensinnigen Künstler. Dieser gewann des Italiäners Gunst, welcher ihn mit in sein Quartier nahm und ihm von den Kunstgriffen dieser artistischen Technik, wie wir uns überzeugen konnten, manches offenbarte; sogar das Übertragen eines Ölbildes von der alten Leinwand auf eine neue ist glücklich gelungen. Mehrere Bilder von verschiedenem Werth in dem schlechtesten Zustande wurden hingesendet, deren wir uns bey

|: Die Fortsetzung nächstens. :|

Weimar d. 21. Sept. 1827. G.

56.
An J. F. v. Cotta.

Ew. Hochwohlgeboren

verfehle nicht zu melden, daß kurz nach Abgang meines letzten Briefes ich Gelegenheit gefunden, hier am Orte die mir zukommende Summe mit Bequemlichkeit und Vortheil zu beziehen, weshalb ich denn eine Assignation auf die Herren Frege in Leipzig von 7400 rh. sächsisch ausgestellt habe, 100 rh. zu Berichtigung meiner in übersendeter Rechnung bemerkten Schuld zurücklassend.

In der Überzeugung, daß dieses Ihnen auch genehm seyn möchte, habe die Ehre, mich wie immer hochachtungsvoll zu unterzeichnen

Ew. Hochwohlgeb.

gehorsamsten Diener

Weimar den 21. September 1827.   J. W. v. Goethe.

57.
An Frau Dreyßig.

[Concept.]

Sie haben, meine Wertheste, durch Übersendung eines schönen Blumenstockes zu meinem dießmaligen Geburtstage mir ein besonderes Vergnügen gemacht, und nachdem ich mich daran mit mehreren Freunden diese Zeit her ergötzt, so sende den verblühenden nunmehro dankbar zurück. Es geschieht deshalb, weil ich nur Ihnen die fernere Pflege desselben anvertrauen möchte. Habe ich das Glück, jene Epoche im nächsten Jahre wieder zu erleben, so erbitte mir solchen abermals als ein Zeichen Ihres geneigten Andenkens. Bewahren Sie indessen beykommende Medaille zu meinem Gedächtniß und fahren in Ihrem lebhaften Geschäfte fort, andern und sich selbst angenehm und nützlich zu wirken.

Weimar den 23. September 1827.

58.
An Martin Christian Wilhelm Töpfer.

[Concept.]

Ew. Wohlgeboren
nehme mir die Freyheit um eine kurze Notiz zu ersuchen.

In einem der Eisenachischen Ämter steht ein runder Thurm von guter Bauart, ziemlichem Umfang und geringer Höhe, den ich früher gesehen und für römisch gehalten. Vielleicht erinnern sich Dieselben des Amtes und Dorfes, wo derselbe zu finden, oder könnten doch durch Ihre Eisenacher Freunde das Nähere erfahren, wodurch Sie mich besonders verbinden würden.

Geneigtem theilnehmendem Andenken mich bestens empfehlend.

Weimar den 23. September 1827.

59.
An Carl Wilhelm Lieber.

Frau Räthin Vulpius ist avertirt daß H. Lieber bey ihr einsprechen und wegen des Quartiers das weitere bereden werde.

Montag d. 24. Sept. 1827.   G.

60.
An Sulpiz Boisserée.

Rücksendung zu erfreuen hatten; und so kann nach seiner Wiederkehr an gar manchem im öffentlichen und Privatbesitz vorhandenen guten Bilde die nöthige Nachhülfe geschehen.

Von den Wirkungen meiner Farbenlehre erfahr ich manches Merkwürdige, aber nicht durchaus Erfreuliche. Die alte aristokratische Stockung der Zunftgenossen dauert wie billig fort; sie wiederholen ihr Credo wie es zu erwarten ist. Dieses Geschlecht muß aussterben und zwar in gewisser Zeit, wie Charles Dupin ausgerechnet hat. Den wohlmeynend-strebenden jüngeren Männern steht zweyerley entgegen: die herkömmliche Terminologie, die sie wenigstens theilweise fortbrauchen müssen, sogar wenn sie es auch schon besser verstehen, weil sie sich doch der Mitwelt verständlich machen und es mit der Zunft nicht ganz verderben möchten. Das zweyte Hinderniß liegt in der unbezwinglichen Selbstigkeitsluft der lieben Deutschen, so daß jeder in seinem Fache auch auf seine Weise gebahren will. Niemand hat einen Begriff, daß ein Individuum sich resigniren müsse, wenn es zu etwas kommen soll; da ist denn nicht leicht ein Begleiter, der nicht rechts und links abweiche und so wie vom Weg auch vom Ziel abkäme.

Professor v. Henning in Berlin ist bey der Klinge geblieben und hat in dem rein gezogenen Kreise einige schöne Entdeckungen gemacht, Lücken ausgefüllt, Vollständigkeit und Fortschritt bewirkt. Er trägt unsere Chromatik diesen Sommer abermals vor. Einige seiner Schüler haben sich in Jever an der Nordsee niedergelassen und haben als dort Angestellte einen Kreis gebildet, worin sie diese Studien sehr glücklich und gehörig fortsetzen. Das mag sich denn so in der Folge fort- und ausbilden, bis es einmal greift und Mode wird; worauf aber alles ankommt ist, daß man gewahr werde, welche praktische Vortheile aus dieser Ansicht und Methode sich entwickeln.

Die Verlobung unserer Prinzeß Maria ward uns vielbedeutend und aufregend [durch] das öftermalige Erscheinen des hohen Bräutigams und seiner königlichen Brüder, mir besonders [durch] das Wohlwollen Ihro Königlichen Hoheit des Kronprinzen, der mir durch Übersendung einer sehr schön gearbeiteten Copie eines kleinen Jupiters in Bronze, der sich in den Oberbrüchen gefunden hatte, die zarteste Aufmerksamkeit bewies. So kam der May heran und ich ward gelockt in den Garten am Park zu ziehen, wovon ich großen Nutzen hatte; denn ich förderte manches Alte, ergriff einiges Neue und gewann gar vieles von einer reineren, obgleich auch öfters unterbrochenen Ruhe.

Indessen näherte sich die Abreise unserer geliebten Prinzeß, die ich mit ihren hohen Eltern an einem schönen Tage nochmals in meinem Garten sah und nachher bey ihrer feyerlichen Abfahrt in der Allee des Webichts, durch herzlichen Trieb dorthin geführt, begrüßte. Dieß geschah den 22. May und so zog denn dieses liebe Wesen von uns in einen neuen Zustand, wo es ihr, wie wir durchaus vernehmen, wohl und erfreulich geht.

Indessen war mir aus Edinburg eine Sendung zugekommen, mit einem Schreiben von einem Manne, der im mittlern Alter seyn mag und sich mit der deutschen Literatur auf eine wundersam-innige Weise bekannt gemacht hat. Eine Biographie Schillers zeugt von dem reinsten Antheil, von einer warmen und zugleich einsichtigen Verehrung dieses außerordentlichen Mannes.

Ein Werk in vier Bänden eben dieses Herrn Thomas Carlyle, German Romance, liefert Übersetzungen aus den Werken unserer deutschen Erzähler: Musäus, Tieck, La Motte Fouqué, Hoffmann, mit kurzen Lebensnotizen von diesen sämmtlichen; der vierte Band enthält meine Wanderjahre und von meinem Leben eine freundliche Darstellung.

Überhaupt ist hier zu bemerken, was schon früher von der Schillerischen Biographie dieses Verfassers gesagt worden; alle diese kurzen Biographien sind mit Neigung, aber mit Klarheit geschrieben; was er als Mängel seiner Autoren tadeln könnte, das behandelt er als Eigenschaften und Eigenheiten, und so entsteht doch zuletzt das Bild eines lebendigen, wenn auch nicht durchaus lobenswürdigen Menschen.

So endete der May, Junis Anfang soll nicht außen bleiben. Alles treulichst zu melden bestrebt.

W. 25. S. 1827. Goethe.

61.
An den Großherzog Carl August.

[Concept.]

Ew. Königlichen Hoheit
höchst erwünschter Anordnung gemäß wird das bewußte theure Haupt zur Form genommen. Sobald von unserer Seite das Nöthige und Schickliche geschehen, vermelde solches alsobald mit Bitte, die weitere Verfügung an das Hofmarschallamt gnädigst ergehen zu lassen.

Zu dem schönen Jagdwetter, woran auch gestern in Berka und Tonndorf Theil zu nehmen schnelle Resolution faßte,

Mich zu ferneren Gnaden und Hulden angelegentlichst empfehlend.

Weimar den 25. September 1827.

62.
An Carl Jacob Ludwig Iken.

Ew. Wohlgeboren
auf Ihren freundlichen Brief zu antworten habe bisher gezögert, weil ich die Ankunft der beiden ver-

kündeten Werke vorerst erwartete. Da sie aber wahr‑
scheinlich später mit Meßgelegenheit ankommen, so
benutze einen freyen Augenblick, vorläufig schönstens
zu danken und einiges zu vermelden. Zuerst also
lege die gewünschte Erklärung zweyer Ausdrücke bey,
welche, seltner vorkommend, allerdings einiger Aus‑
legung bedürfen. Ich thue dieses gegenwärtig um so
lieber, als das nächste Stück von Kunst und Alter‑
thum sich verzögern wird. Die Ausgabe meiner
Werke erfordert viele Aufmerksamkeit, besonders da
ich in der Folge manches Neue fernerhin zu geben
gedenke.

Lassen Sie mich nun zuerst das Vergnügen aus‑
drücken, welches Sie durch den Antheil an Helena
mir gewährt haben. Bey der hohen Cultur der
Bessern unsres Vaterlandes konnte ich zwar ein solches
beyfälliges Eingreifen gar wohl erwarten, allein die
Erfüllung solcher Hoffnungen und Wünsche bleibt doch
immer das Vorzüglichste und Nothwendigste. In
solcher Aussicht habe ich denn diese längst intentio‑
nirte und vorbereitete Arbeit vollendet und den Auf‑
wand von Zeit und Kräften, das strenge Beharren
auf diesem einen Puncte mir schon während der Arbeit
zum Gewinn gerechnet.

Ich zweifelte niemals, daß die Leser, für die ich
eigentlich schrieb, den Hauptsinn dieser Darstellung
sogleich fassen würden. Es ist Zeit, daß der leiden‑
schaftliche Zwiespalt zwischen Classikern und Roman‑

tikern sich endlich versöhne. Daß wir uns bilden ist die Hauptforderung; woher wir uns bilden wäre gleichgültig, wenn wir uns nicht an falschen Mustern zu verbilden fürchten müßten. Ist es doch eine weitere und reinere Umsicht in und über griechische und römische Literatur, der wir die Befreyung aus mönchischer Barbarey zwischen dem 15. und 16. Jahrhundert verdanken! Lernen wir nicht auf dieser hohen Stelle alles in seinem wahren, ethisch = ästhetischen Werthe schätzen, das Älteste wie das Neuste!

In solchen Hoffnungen einsichtiger Theilnahme habe ich mich bey Ausarbeitung der Helena ganz gehen lassen, ohne an irgend ein Publicum noch an einen einzelnen Leser zu denken, überzeugt, daß wer das Ganze leicht ergreift und faßt, mit liebevoller Geduld sich auch nach und nach das Einzelne zueignen werde. Von einer Seite wird dem Philologen nichts Geheimes bleiben, er wird sich vielmehr an dem wiederbelebten Alterthum, das er schon kennt, ergötzen; von der andern Seite wird ein Fühlender dasjenige durchbringen, was gemüthlich hie und da verdeckt liegt:

Eleusis servat quod ostendat revisentibus

und es soll mich freuen, wenn dießmal auch das Geheimnißvolle zu öfterer Rückkehr den Freunden Veranlassung gibt. Hiebey darf nicht unerwähnt bleiben, daß ich mit der vierten Lieferung meiner Werke zu Ostern die ersten Scenen des zweyten Theils von Faust mitzutheilen gedenke, um auf manche Weise ein frisches

Licht auf Helena, welche als der dritte Act des Ganzen anzusehen ist, zurückzuspiegeln.

Auch wegen anderer dunkler Stellen in früheren und späteren Gedichten möchte ich Folgendes zu bedenken geben: Da sich gar manches unserer Erfahrungen nicht rund aussprechen und direct mittheilen läßt, so habe ich seit langem das Mittel gewählt, durch einander gegenüber gestellte und sich gleichsam in einander abspiegelnde Gebilde den geheimeren Sinn dem Aufmerkenden zu offenbaren.

Da alles, was von mir mitgetheilt worden, auf Lebenserfahrung beruht, so darf ich wohl andeuten und hoffen, daß man meine Dichtungen auch wieder erleben wolle und werde. Und gewiß, jeder meiner Leser findet es an sich selbst, daß ihm von Zeit zu Zeit bey schon im Allgemeinen bekannten Dingen noch im Besonderen etwas Neues erfreulich aufgeht, welches denn ganz eigentlich uns angehört, indem es von einer wachsenden Bildung zeugt und uns dabey zu einem frischen Gedeihen hinleitet. Geht es uns doch mit allem so, was irgend einen Gehalt darbietet oder hinter sich hat.

Die angekündigten Werke sollen mir willkommen seyn, um so mehr als Ihre frühere schriftliche Sendung mir genugsames Interesse abgewonnen. Leider, nach so vielen Seiten hingezogen, ja hingerissen, versäumt ich in Kunst und Alterthum daran zu gedenken; in einem nächsten Stücke, dessen Erscheinung ich möglichst zu beeilen gedenke, kann es dagegen im Zusammenhange geschehen. Die Aufschlüsse die uns das interessante Werk: Cours de la littérature grecque moderne, par Jacovaky Rizo Néroulos, Genève 1827, verleiht, geben hiebey die beste Richtschnur.

Und so will ich mich denn für dießmal Ihrer ferneren geneigten Theilnahme bestens empfohlen haben; denn durch das Mitwirken solcher jüngerer Männer kann ich allein aufgeregt werden, meine höhern Jahre, statt in Ruhe und Genuß, mühsam und bewegt hinzubringen. Bey der Herausgabe meiner Werke hätte ich freylich voraussehen sollen, zu welchen Obliegenheiten ich mich verpflichtete, indem ich nicht nur das Bekannte zu wiederholen sondern auch Unbekanntes hervor[zu]suchen und Unvollendetes zu vollenden unternahm. Indessen da es mir mit Helena geglückt ist, daß diese Production auf den Gebildeten einen guten Eindruck macht und selbst von scharfsichtigen Kritikern als aus Einem Gusse hervorgegangen angesprochen wird, so möchte es an dem Übrigen auch nicht fehlen. Ich habe so oft in meinem Leben auf ein für meine neuen Productionen stumpfes Publicum getroffen, daß es mich dießmal höchlich erfreut, so schnell und unmittelbar aufgefaßt worden zu seyn.

Und so sey denn dieses, durch mannichfaltige Zerstreuung unterbrochene Blatt endlich geschlossen und unter Versicherung wahrhafter Theilnahme fortgesendet.

ergebenst

Weimar den 27. September 1827.   J. W. v. Goethe.

[Beilage.]

[Concept.]

Aureole ist ein im Französischen gebräuchliches Wort, welches den Heiligenschein um die Häupter göttlicher oder vergötterter Personen andeutet. Dieser kommt ringförmig schon auf alten pompejanischen Gemählden um die göttlichen Häupter vor. In den Gräbern der alten Christen fehlen sie nicht; auch Kaiser Constantin und seine Mutter erinnere ich mich so abgebildet gesehen zu haben. Hieburch wird auf alle Fälle eine höhere geistige Kraft, aus dem Haupte gleichsam emanirend und sichtbar werdend, angedeutet; wie denn auch geniale und hoffnungsvolle Kinder durch solche Flammen merkwürdig geworden. Und so heißt es auch in Helena:

Denn wie leuchtet's ihm zu Haupten? Was erglänzt ist schwer zu sagen,
Ist es Goldschmuck, ist es Flamme übermächtiger Geistes-
kraft.

Und so kehrt denn diese Geistesflamme, bey seinem Scheiden, wieder in die höhern Regionen zurück.

63.
An Marianne v. Willemer.

In Eile muß ich nur vermelden daß Herr v. Ekendahl und seine Verdienste mir gar wohl bekannt sind; daß er ein knappes Leben führt blieb mir nicht verborgen; haben Sie Dank daß Sie mir enthüllen, auf welchen Grad. Wo ich etwas für ihn thun kann weiß ich nicht, es drängt sich hier so viele Thätigkeit zusammen, daß sie sich selbst den Markt verdirbt; die Forderungen werden wie überall größer und größer, die Mittel aber schmäler und schmäler; ich habe Mühe, es in meinem Kreise am Nothwendigsten nicht fehlen zu lassen. Auf alle Fälle den besten Dank daß Sie mir Gelegenheit geben, mich näher nach dem Manne zu erkundigen und durch Erwähnung seines Verdienstes an bedeutenden Orten ihm vielleicht nützlich zu werden.

Nun aber darf ich der kostbaren küchlichen und kellerlichen Gaben nicht vergessen, die mir zu diesen reiselustigen Zeiten, wo mein Tisch fast täglich mit hin= und herwandernden Freunden besetzt ist, auf's erfreulichste zu Hülfe kommen. Ob die Artischocken dieses Jahr, durch die Witterung begünstigt, besser sind als je, oder ob es in der glücklichen Disposition der Gäste liegt, will ich nicht entscheiden; genug, man versichert, von dergleichen Zartheit und Süßigkeit noch niemals genossen zu haben. Der Wein behauptet seine alten Vorrechte, und so steht alles zum besten.

Da ich mich nun auch besser befinde als lange Zeit her, so will ich doch gern gestehen daß ich lieber Gast in der wasserreichen Mühle seyn möchte als Wirth in dem trocknen Thüringen. Ich fahre bey diesem schönen Wetter öfter als sonst im Lande umher, blicke jedoch bey einer noch so weiten Aussicht von der Höhe des Ettersberges in ein fruchtbares, aber von keinem Wasserspiegel noch Rauschbach belebtes Land, nach Südwesten hinüber, wo dergleichen reichlich zu finden ist.

Sodann überzeugen Sie sich gewiß, daß bey dem verunglückten Dampfschiff bey Bingen ich lebhaft erinnert worden an die Freunde die vor kurzem jene leidigen Felsen glücklich vorbeygefahren; nicht ohne Art von nachgefühlter Bangigkeit: es hätte auch ihnen dergleichen begegnen können.

Da wir nun aber, Dank sey es dem guten Geschicke, auf dieser, besonders in gegenwärtigen schönen Herbsttagen höchst erfreulichen Erde zusammen wandeln: so lassen Sie uns in Treue und Liebe auch fernerhin verharren und von Zeit zu Zeit freundliches Wort und Gabe, wie es die Veranlassung gibt, wechselseitig mittheilen.

treu angehörig

W. d. 27. Sept. 1827.   J. W. v. Goethe.

64.
An C. F. Zelter.

Sey mir also auch dießmal in München gegrüßt, da deine Reisen für mich durchaus immer so fruchtbar sind. Deinen zweyten Brief erhielt ich am achten Tag und so wird auch dieser dich auf's baldigste finden.

Zuvörderst also will ich dir Auftrag geben, die schönsten Grüße auszurichten, erstlich an Herrn Director v. Schelling und ihm dabey für den herrlichen Brief zu danken, den mir Gräfin Fritsch von Carlsbad mitbrachte; ich schreibe ihm, sobald ich zu einiger Fassung komme; denn es wird immer bunter um mich her, je mehr ich wünschen muß, mir selbst und meinen Obliegenheiten zu leben. Sodann erneuere auf die freundlichste Weise mein Andenken bey Herrn v. Martius, dem Botaniker und Brasilianer; du wirst an ihm den herzlichsten trefflichsten Mann finden. Entschuldige mein langes Schweigen, ich darf die Liebe zu der weiten und breiten Natur bey mir nicht aufkommen lassen; ersuche ihn um einige Zeilen. Sodann wirst du Herrn v. Cotta schönstens grüßen; er ist so beschäftigt, daß man sich mit ihm nur von Geschäften unterhalten kann. Herrn v. Klenze sage gleichfalls das Freundlichste; auch versäume es bey Herrn Cornelius nicht; und wo hätte ich überhaupt noch hinzublicken und hinzudeuten.

Gedenke meiner überall im Besten. Wäre der Gruß eines Guelfen an den Ghibellinen nicht immer verdächtig, so würde ich dir auch einen an Herrn v. Buch auftragen. Wie du bist, hast du unter Menschen eine gar schöne Stelle gefunden, verträgst dich mit allen, wehrst dich gegen alle, und so kömmst du denn männlich durch Freud' und Leid.

Nun auch von mir einiges Bedeutende: Höchst

erfreulich war mir die Ankunft des Herrn Geheimen
Rath Streckfuß; ich machte mit ihm vor Tische eine
Spazierfahrt; er speis'te mit uns und Riemer, und
da du ihn kennst, so brauche ich nicht zu sagen, wie
seine Gegenwart höchst wohlthätig gewesen. Die
Schärfe und Besonnenheit des Geschäftsmanns, der
als solcher an Welt und Staat durchaus Theil nimmt,
die Milde eines poetisch-praktischen Sinnes, der gerade
nicht Stoff und Gehalt aus sich selbst nehmen, sondern
lieber dem vorhandenen Auswärtigen eine vaterländische Form geben und sich und andere damit
gründlich erfreuen will: dieses, in einer Individualität
zusammen, macht den angenehmsten Eindruck und
hinterläßt eine wohlthätige Erinnerung.

Wenige Zeit vorher war ein junger hessischer
Mahler namens Zahn aus Italien, besonders aus
Neapel und Pompeji zurückgekommen und brachte
einen unglaublichen Schatz von Durch= und Nach-
zeichnungen der am letzten Orte neuerlich ausgegrabe-
nen Gemählde mit. Frage hiernach in München, dort
werden Umrisse im Kleinen lithographirt, wie sie
Herr v. Cotta zu verlegen übernommen hat. Be-
trachte sie ja sämmtlich mit Geist und Ruhe; sie
halten sich dem Sinne nach neben allem, was uns
aus jenen Paradiesen übrig geblieben.

Hast du dich dem Herrn Grafen Sternberg noch
nicht vorgestellt, so thue es alsobald, und gedenke
meiner zum schönsten; sprich aus daß ich fortfahre,

dankbar zu seyn für die so höchst wohlthätige und
wirksame Gegenwart, die er uns vor kurzem genießen
ließ. Wenn man bey der Jugend soviel Anmaßlich-
Fahriges, bey dem Alter soviel Eigensinnig-Stockendes
sich muß gefallen lassen, so ist es erst wahres Leben
mit einem Manne, der mit soviel Maaß und Ziel,
mit immer gleichem Antheil den edelsten Zwecken ent-
gegengeht.

Merke doch ja auf andere in dieser großen Versammlung und melde, wer dir zusagt, es sey nun
im Umgange oder im Vorlesen. Horche doch auch
hin, wie sie von einander denken, inwiefern sie sich
vertragen, besonders auch, inwiefern einer von dem
andern etwas lernen möchte. Nicht weniger sieh dich
unter Protestanten und Katholiken um; es sind soviel Elemente in München zusammengerufen, daß
nothwendig eine Gährung vorhergehen muß, ehe dieser
Most sich zu Wein veredelt. Da ich alle Ursache
habe, dem König das schönste Gelingen zu wünschen,
so würdest mir mit jeder guten Nachricht die größte
Freude machen.

Nun kehr ich zu mir in mein beschränktes Wesen
zurück und denke gern an meinen vierwöchentlichen
Aufenthalt im Garten am Park. Wenn man gleich
in frühere Zustände weder zurücktreten kann noch soll,
so hätte ich, wenn schon vom Wetter keineswegs begünstigt, dennoch ausgehalten und bessere Tage erwartet, aber die Ankunft des Herrn Grafen veranlaßte

mich, in die Nähe der Societät wieder zurückzukehren; und so muß ich denn schon mit dem Gewinn der kurzen dort verbrachten Zeit zufrieden seyn. Davon wirst du denn auch, wenn du, wie Fräulein Ulrike behauptet, auf der Rückreise zu uns kommst, dein reichliches Theil dahin nehmen. Unter anderm wird zur Begleitung eines Liedes ein Chor von Aeolsharfen verlangt. Ob dergleichen schon ausgeführt worden, ist mir nicht bekannt. Diese Gelegenheit aber, etwas Wundersames hervorzubringen, solltest du dir nicht entgehen lassen.

Meine Schwiegertochter sieht ihrer Entbindung, und wir mit ihr, um desto sehnsuchtsvoller entgegen, als sie dießmal in ihrem Zustand mehr als billig zu leiden hat. Werden wir von diesem Hauskreuz glücklich erlös't, und du kommst zur rechten Zeit an, so könnten wir noch einmal einer christlich-kirchlichen Function zusammen beywohnen, welches doch auch ein ganz artiger passus in unsrer Lebensgeschichte seyn würde. Und nun zum Schluß: schreibe viel und eilig, wenn du auch manchmal übereilte Stellen wieder auslöschen solltest, und sende jedes Blatt einzeln wie es trocknet.

Also gescheh es!
Der Deine

Weimar den 29. September 1827. J. W. v. Goethe.

65.

An J. H. Meyer.

Ich wünschte wohl, mein Theuerster, daß Sie wie Freund Zelter, welcher sich gegenwärtig in München befindet, ein Tagebuch gehalten und mir gesendet hätten. Denn gerade durch dieses Beyspiel ist mein Verlangen, zu wissen, wie es Ihnen geht, gar sehr gesteigert worden. Setzen Sie mich davon, und wenn auch nur lakonisch, in einige Kenntniß. Dieses will ich besonders verdienen dadurch, daß ich vermelde, daß die Frau Erbgroßherzogin, höchst zufrieden mit ihrer Cur, von Carlsbad zurückgekommen, so wie kurz vorher unser Soret, wirklich auch in bedeutend besserm Zustande als er abreis'te.

Mir ist es auch diese Zeit her ganz wohl gegangen. Ein junger hessischer Künstler, namens Zahn, brachte die neustausgegrabenen Bilder aus Pompeji sogar im Großen durchgezeichnet: Hercules und Telephus, ein älteres, mein Favoritbild, ganz unschätzbar, in wirklicher Größe, auch eine kleine Copie in Öl, in einer ernsten Farbe, sie sey nun ursprünglich oder der braunrothe Hercules habe nachgedunkelt.

Das Opfer der Iphigenie in wirklicher Größe ist eben so hoch zu schätzen, und manches andere, besonders Kinder auf Delphinen u. s. w., Candelaber aus den Wandbecorationen, an benen, wie in den großen Laub-

werken, eine Art von Ahnung der Metamorphose zu
beobachten war. Das bunte Fries aus dem Tempel
der Isis, über alle Begriffe anmuthig; das große
Wandgemählde dorther, eine gräcisirende Parodie in's
Schöne von Isis, Osiris, Typhon, Horus und dergleichen. Sodann viele Figuren in's Kleine gezeichnet,
ein Reichthum aller Art. Die schönen Dinge, die
wir Terniten schuldig sind, und was wir durch Gell,
Gandy, Goro und sonst erfuhren, alles sehen wir
dadurch vervollständigt und belebt. Das Velociferische
des Jahrhunderts verläugnet auch hier sich nicht.

Ich habe über dem Complex dieser Dinge nach-
gedacht, um in Kunst und Alterthum davon Rechen-
schaft zu geben; bis ich mit dem was meines Bereichs
ist fertig werde, kommen Sie ja wohl zurück.

Herr Beuth hat mir vier Figuren aus der Apotheose des Homers gesendet; herrliche Dinge, welche
zu neuer Betrachtung dieses wundersamen Kunstwerks
aufrufen. In welche Zeit wäre es wohl zu setzen?
Über die Darstellung glaube ich etwas Eignes, Neues
gefunden zu haben.

Lieber ist glücklich von Dresden zurück und in
das Eckzimmer bey Frau Rath Vulpius eingezogen;
auch sind die letzten Bilder von Dresden angekommen,
aber noch nicht eröffnet, und wird sich nach und nach
alles zeigen und weisen, ich hoffe, zu Ihrer Zu=
friedenheit. Was die Schule betrifft, so geht sie mit
neuen Vorschriften ihren alten Gang.

Notiren Sie ja manches was zu Kunst und Alterthum brauchbar wäre. Riemer treibt mich. Er und Eckermann wollen eingreifen mehr als bisher; mit dem Druck soll ich nicht beschwert seyn u. s. f. Auf diese Weise ließe sich wohl auf Weihnachten noch ein Stück ausgeben. Unsere Freunde, deren wir viele haben, beklagen sich über den langsamen Gang; auch möchte mancher wo nicht gelobt, doch erwähnt seyn. Bringen oder senden Sie ja einen Beytrag.

Nun aber wünscht ich meinem Sohne eine Freude zu machen durch einige Fossilien aus der Schweiz und Umgegend. Sollte nicht bey soviel Naturlustigen sich ein Mineralienhändler in Zürch hervorgethan haben? Haben Sie die Güte, sich umzusehen und besonders etwas von Versteinerungen, welcher Art es auch sey, zu senden oder mitzubringen. Besonders wären einige schöne Fische von Öhningen am Bodensee, auch anderes dorther, denn es kommt vielerley daselbst vor, höchst willkommen. Jede Auslage ersetze gern. Da mein Sohn auf dieses Fach passionirt ist und die vorhandene bedeutende Sammlung in der besten Ordnung hält, so mag ich ihm gern nachhelfen.

Sonst ist noch manches Gute zu Genuß und Besitz gekommen. Herr v. Reutern hat eine schöne kräftige Waldzeichnung zurückgelassen; ein merkwürdiges Bild von Carus drückt die ganze Romantik dem bewundernden Blick aus; so wie jener Hercules und Telephus vollkommen das Classische. Eine Durch=

zeichnung, Telephus mit der Ziege, in wirklicher
Größe, hat mir der freundliche, freundlich empfangene
Zahn zurückgelassen. Auch diese einzelne Gruppe stellt
das ganze Alterthum dar.

Die erfreuliche Ankunft Ihres lieben Schreibens
vom 20ten Sept. habe nur noch Zeit danckbar anzuzeigen.

treuverbunden

Weimar d. 30. Sept. 1827. Goethe.

66.
An A. Nicolovius.

[Concept.] [2. October 1827.]

Ich werde dir nun bald, mein lieber Neffe, und
zwar nach und nach, einen gründlichen Dank für dein
wundersam unternommenes Werk sagen können. Die
hiesigen Freunde lesen es mit Aufmerksamkeit und
versichern, du habest einen bedeutenden Beytrag zur
deutschen Literarkritik gegeben, indem du den Charakter
der verschiedenen Beurtheiler in deinem Werke an's
Licht stellst.

Solltest du nun nicht auch, zu eben diesem Behufe,
alles dasjenige sammeln, was gegen mich gesagt ist?
wenn du es auch nur zu deiner und der Freunde
Belehrung thätest. Die Menschen haben viel, mit
Recht und Unrecht, an mir getadelt, und da es ja
hier darauf ankommt, mich und das Jahrhundert
kennen zu lernen, so ist eben so gut als das pro

auch das contra nöthig. Du siehst, daß ich dir und beiner Arbeitsluft gar vieles zutraue; doch macht es dir geringere Mühe als jedem andern, da du zu deinem Zweck doch immer die Werke durchgehen mußt, worin eines wie das andere enthalten ist.

Die Auction der Graf Lepel'schen Verlassenschaft ist zwar den 1. October schon angegangen, doch wird beyliegender Auftrag noch zeitig genug kommen. Kannst du nicht selbst gegenwärtig seyn, so laß es durch einen zuverlässigen Freund besorgen. Unmöglich wär es, ben Preis der einzelnen Werke zu bestimmen. Keins ist worauf man einen unbedingten Werth legte; sind sie um mäßige Preise zu erlangen, so wird es angenehm seyn; man wünscht nicht mehr als 50 Thaler dießmal auszugeben, wodurch die Commission wenigstens einige Limitation erhält.

Der zweyte Termin ist an Herrn Reinhardt besorgt, welches du ihm melden wirst.

Empfiehl mich deinem Herrn Vater und erhalte mir ein freundlich-thätiges Andenken.

67.
An den Patriarchen von Venedig,
Johann Ladislav Pyrker v. Oberwart.

[Concept.]

Verehrungswürdigster!

Vor einiger Zeit glaubte ich meinen Sohn, welcher eine Reise in jene herrlichen Gegenden zu unternehmen gedachte, mit einem zuversichtlich empfehlenden Schreiben an Ew. Excellenz ausrüsten zu können. Unvermuthet eingetretene Hindernisse jedoch beraubten mich des Vergnügens, Hoch Dieselben auf diese Weise an mich und an die mir gegönnte Geneigtheit dankbar zu erinnern.

Nun aber ergreife die sich mir darbietende Gelegenheit, durch eine so liebenswürdige als bedeutende Dame, die Frau Fürstin Scherbatoff, jene Absicht demohngeachtet zu erreichen, indem ich dieselbe ersuche, die Versicherung eines fortdauernden Andenkens und aufrichtiger Theilnahme dorthin zu befördern, wo ich am liebsten selbst eine tief empfundene Verehrung in Person aussprechen möchte. Ja ich wage die Bitte hinzuzufügen, daß auch künftighin Hoch Dieselben nur um desto geneigter bedeutende Personen nach gewohnter Güte und Neigung empfangen und aufnehmen mögen, wenn sie zugleich die Versicherung überbringen, daß ich unausgesetzt sey und verbleibe

Weimar den 2. October 1827.

68.
An J. J. Elkan.

[Concept.]

Herr Banquier Elkan wird hieburch höflichst ersucht, an Herrn Reinhardt, Hof-Baudepot-Verwalter in Berlin, abermals

50 Thaler preußisch

gegen alsbaldige Erstattung gefällig auszahlen zu lassen.

Weimar den 2. October 1827.

69.
An Johann Georg Lenz.

Ew. Wohlgeboren
vermelde hierdurch mit Vergnügen, daß durch die
Gefälligkeit des Herrn Grafen Alexander Stroganoff
eine schöne Folge von sibirischen Mineralien an Serenissimum eingelangt, welche nächstens wieder einpacken
und übersenden werde.

Haben Sie indessen die Gefälligkeit, ein Diplom
als Ehrenmitglied unserer Societät für diesen Herrn
auszufertigen und mir zu weiterer Beförderung zu
übersenden.

Der ich alles was Ihren und unsern Geschäften
Gutes und Glückliches begegnet mit meinen besten
Wünschen auch für die Fortdauer begleite und mit
wahrer Theilnahme mich zu unterzeichnen erfreut bin

Ew. Wohlgeb.
ergebenster Diener
Weimar den 3. October 1827. J. W. v. Goethe.

70.
An Carl Wilhelm Göttling.

Ew. Wohlgeboren
erhalten hiebey das Heldengedicht Rudolph von
Habsburg, welches ich bitte mit Aufmerksamkeit
zu lesen und sich dadurch zu einem Besuch bey dem
Dichter zu bereiten, indem ich Ihnen bey Ihrer vor-
stehenden Reise ein Schreiben an den hochwürdigsten
Verfasser mitzugeben gedenke, welches Ihnen und
Ihrem werthen Weggenossen, wie ich hoffe, eine
günstige Aufnahme bereiten soll.

Mit dem Wunsche, Sie bald wieder in unserm
Familienkreise zu sehen,
ergebenst
Weimar den 3. October 1827.   J. W. v. Goethe.

71.
An Justus Christian v. Loder.

Hochwohlgeborner,
insonders hochgeehrtester Herr.

Die Nachricht, daß Ew. Hochwohlgeboren Ihr
Jubiläum vor kurzem glücklich feyerten, hat, wie sie
zu uns gelangte, alle Ihre Freunde und Verehrer
höchlich erfreut und an die schönen Tage erinnert,
die wir zusammen in jugendlich-männlicher Thätigkeit
höchst vergnüglich wirkend zugebracht. Glücklicherweise
geht so eben ein Courier nach Petersburg ab, durch

welchen wir unsere aufrichtige Theilnahme ungesäumt aussprechen können.

Setzt uns das Glück, ein hohes Alter zu erleben, in den unvermeidlichen Nachtheil, soviel Würdige, Gute zu überleben, so finden wir es um so tröstlicher, wenn wir noch manche werthe, hochgeachtete Freunde als auf diesem Erdenrund mit verweilend begrüßen können.

Gern erging ich mich weiter über manches, was wir früher gemeinschaftlich begonnen und was, verhältnißmäßig, bis auf die letzte Zeit getreulich fortgesetzt worden; aber die Abreise des Boten, welcher Gegenwärtiges befördern soll, drängt zur Kürze, und ich eile nur, im Auftrag meines gnädigsten Herrn beykommendes Schreiben und Paquetchen, auch einiges von mir, zu geneigter Aufnahme mit wenig Worten zu begleiten, wobey ich, alles Gute wünschend, mich wohlwollendem Andenken für die Folgezeit bestens empfehle.

Verehrend wie vertrauend
gehorsamst
Weimar den 6. October 1827.   J. W. v. Goethe.

72.
An Christoph Ludwig Friedrich Schultz.

Das werthe Schreiben aus Ems, verehrter Freund, hat mir eine ganz besondere Freude gemacht; denn ich erhalte zwar von Berlin wöchentlich, ich möchte manchmal sagen täglich, die angenehmsten Mittheilungen, doch in den Fächern, in den wir uns begegneten, ist durch Ihre Abreise eine Lücke entstanden, die sich schwerlich ausfüllen wird. Auch hat jedermann soviel mit den Obliegenheiten zu thun, die der Tag von ihm fordert, daß er weder rechts noch links hinsehen kann, sondern sich auf sein eigentlichstes Geschäft beschränken muß. Auch mich nöthigt die Herausgabe meiner Werke zu großer Sparsamkeit der Stunden; die dadurch entstehenden Forderungen zu leisten waren wohl nur jüngere Tage hinreichend. In Physicis und Chromaticis ist mir manches aufgegangen, doch darf ich mich von den Ansichten nicht hinreißen lassen und die Aussichten nicht verfolgen.

Lassen Sie mich an Ihren gegenwärtigen Betrachtungen und Studien Theil nehmen. Aphoristisch sage Folgendes: Der viereckte Thurm auf der Eger Citadelle ist vielleicht das Festeste an Gestein und Bauart; dagegen ist mir der runde in Kinsberg als das Eleganteste vorgekommen, was ich in dieser Art gesehen habe. Eine Stelle aus meinem gedruckten Tagebuche stehe hier zu bequemerer Übersicht:

„Wir begaben uns auf das Schloß Kinsberg am Fuß der Höhe von Laurette; es ist auf stark durchquarztem Thonschiefer gegründet. Der ganz erhaltene, auf dem Fels unmittelbar aufruhende runde Thurm ist eines der schönsten architektonischen Monumente dieser Art, die ich kenne, und gewiß aus den besten römischen Zeiten. Er mag hundert Fuß hoch seyn und steht als prächtige toscanische Colossal-Säule, unmerklich kegelförmig abnehmend.

Er ist aus Thonschiefer gebaut, von welchem sich verschiedene Reihen gleichförmiger Steine horizontal herumschlingen, der Folge nach, wie sie der Bruch liefern mochte; kleine röthliche, die man fast für Ziegel halten könnte, behaupten ringförmig die mittlere Region; graue plattenartige größere bilden gleichfalls ihre Cirkel oberwärts, und so geht es ununterbrochen bis an den Gipfel, wo die ungeschickt aufgesetzten Mauerzacken neuere Arbeit andeuten.

Den Diameter wage ich nicht zu schätzen, doch sage ich soviel, daß auf dem Oberboden des anstoßenden Wohnhauses durch eine ursprüngliche Öffnung sich in den Thurm nothdürftig hineinschauen läßt, da man denn innerlich eine eben so schöne Steinsetzung wie außen gewahr wird und die Mauer schätzen kann, welche zehn Fuß Leipziger Maaß halten mag. Wenn man nun also den Mauern zwanzig Fuß zugesteht und den innern Raum zu vierzig annimmt, so hätte der Thurm in der Mittelhöhe etwa sechzig Fuß im Durchmesser; doch hierüber wird uns ein reisender Architekt nächstens aufklären: denn ich sage nicht zu viel, stünde dieser Thurm in Trier, so würde man ihn unter die vorzüglichsten dortigen Alterthümer rechnen; stünde er in der Nähe von Rom, so würde man auch zu ihm wallfahrten."

Kinsberg finden Sie auf jeder Charte und Sie
werden bemerken, wie dieser Thurm gerade auf der
Gränze von Böhmen und Bayern stand. Vielleicht
ist Ihnen schon bekannt, was rechts und links, nach
Franken und Bayern zu von dergleichen Befestigungs-
werken gebaut war. Ich habe versäumt, mich hiernach
zu erkundigen, doch wünschte ich Ihre Andeutung,
und werde mich wegen des letztern bey meinen böhmischen Freunden erkundigen.

Wie beurtheilen Sie die Arbeiten Dorows, besonders sein Werk über das Neuwieder Castrum?
dieses scheint sehr früh angelegt und sich lange erhalten zu haben. In welche Zeit würden Sie die
Gründung desselben setzen?

Nun aber bitte um einige Andeutung: wie der
Verdacht auf Pomponius Mela gefallen, daß das
nach demselben genannte Werk ein untergeschobenes
sey? Wie verschwinden so wunderbar die Autoritäten
nach und nach oder werden wenigstens zweifelhaft!
Das Studium der Kunstwerke scheint am Ende noch
die größte Sicherheit zu gewähren, doch muß man es
still für sich treiben, wie so manches Andere. Wie
denn die neuere Zeit, statt Theilnahme zu erzeugen,
Widerspruch aushedt.

Vorstehendes blieb länger liegen als billig, da ich
Sie noch immer auf der Reise glaubte und solches,
nebst dem das vorige Mal zurückgebliebenen Stein,
Fräulein Froriep mitgeben wollte. Nun aber möge

dieses Sie zu Hause begrüßen, mir eine baldige Nachricht von Ihrem Befinden bringen, zugleich auch, ob Sie nach einer so langen Reise noch Lust empfinden, uns im Laufe des Herbstes zu besuchen? Kein Zimmer kann ich Ihnen anbieten, aber in meiner Nachbarschaft steht eine ganz artige Wohnung bereit. Wahrscheinlich kommen Sie gerade zu Erneuung meiner Großvater-Würde.

Alles Gute und Erwünschte!

treu verbunden

Weimar den 8. October 1827.   Goethe.

73.
An Johann Wilhelm Schneider.

[Concept.]

Herr Staatsminister v. Goethe wünscht

1) eine Gänseleber-Pastete von mittlerer Sorte in Fayence-Terrine;

2) ein Original - Körbchen Perigord - Trüffeln, mittlere Sorte;

3) Strachino di Lodi zur Probe.

Baldigste Ankunft dieser Bestellung wünschend.

Weimar den 9. October 1827.

74.
An Friedrich v. Müller.

Fürtrefflich

Gestern Abend und heute früh

W. d. 10. Octbr. 1827.   G.

75.
An Pierre Charles François Dupin.
[Concept.]

 Monsieur le Baron.

 Je ne saurois trouver des termes asses expressifs pour Vous peindre la sensation agreable que m'a causee Votre aimable épitre en ce qu'elle me fournit l'occasion tant souhaittée de Vous assurer directement que depuis bien des années, j'ai su apprecier vos ouvrages qui m'ont toujours eté d'une grande utilité. Il y a déjà plusieurs mois que la lecture de Votre vojage en Angleterre m'occupe, ouvrage d'autant plus precieux pour moi qu'il me dedommage de n'avoir pu visiter en personne cet interessant royome. Je ne passerai pas non plus sous silence Votre ouvrage le plus recent: „Force productive et commerciale de la France" qui en repandant une vive lumiere sur les interets les plus importants de l'humanité, nous facilite la connoissance des mojens pour arriver au but le plus desirable.

 Si, d'après Votre jugement, j'ose me flatter que mes ecrits ont aussi contribué en partie a realiser l'objet des voeux et de l'esperance des ames honetes, je me trouve plus que recompensé d'avoir suivi d'un pas ferme ce que, dès ma plus tendre jeunesse j'avois jugé digne d'etre entrepris.

Voudries Vous avoir la complaisance de faire noter a l'expedition du Globe ma souscription pour dix exemplaires a cinq francs pour la medaille intentionnee, je ne Vous en serois que plus redevable; me soussignant avec l'estime la plus sentie.
Weimar. 12. Octbr. 1827.

76.
An Sulpiz Boisserée.

Hiebey läßt sich ferner die Bemerkung machen, daß dasjenige was ich Weltliteratur nenne dadurch vorzüglich entstehen wird, wenn die Differenzen, die innerhalb der einen Nation obwalten, durch Ansicht und Urtheil der übrigen ausgeglichen werden.

Aufgeregt durch vorstehende Werke, zugleich auch durch die mehrfachen Gedichte auf die Verlobung und Abschied und Vermählung unserer theuren Prinzeß kam mir der Gedanke, unsere lebenden weimarischen Dichter auf gleiche Weise zu behandeln, und ich vergegenwärtigte mir schnell ihre Lebensgeschichte, die allgemeine Tendenz, die besondern Talente und die Fähigkeiten der Einzelnen; auch machte das wirklich ein hübsches, nicht ungünstiges Bild und sprach unsere Stellung zu dem jetzigen dichterischen Jahrhundert recht freundlich aus. Dieser flüchtige Gedanke, der mich einige Tage beschäftigte, konnte leider bey soviel Ablenkungen zu keiner weiteren Folge gelangen.

Hier hatte ich, durch manche Vorkommenheiten abgelenkt, den Auszug aus meinem Tagebuche stocken lassen. Ihr lieber Brief vom 1. October, so manche vertrauliche Mittheilung enthaltend, regt mich wieder auf und so fahre fort.

———

Ende May und Anfang Juni war das ununterbrochene Regenwetter für meinen Gartenaufenthalt höchst unerfreulich, doch hätte ich es überstanden und bessere Tage gehofft, wäre nicht die Communication mit der Stadt dadurch höchst beschwerlich geworden; da denn zuletzt die Ankunft des Herren Grafen Sternberg mich entschied, wieder hineinzugehen. Dieser treffliche Mann verweilte bey uns mehrere Tage und die mannichfaltigen Unterhaltungen mit demselben, besonders über naturhistorische Gegenstände, waren höchst förderlich. In unserm Fossilien-Kabinett hatte er die Gefälligkeit, eine schöne vorhandene Sammlung von Pflanzen der Urwelt in Ordnung zu bringen, wodurch sie erst ihren wahren Werth erhielt; auch über böhmische Angelegenheiten, alte und neue, historische und praktische, [gab er] gar vielfache Aufklärung.

Hierauf besuchte uns Herr v. Matthisson und zeigte, zwar als kluger Reisender, aber doch auch mit wahrem sentirten Antheil, sein Vergnügen an Helena.

Sodann kamen unzählige Engländer und Engländerinnen, die bey meiner Schwiegertochter gute

Aufnahme fanden, und die ich denn auch mehr oder weniger sah und sprach. Weiß man solche Besuche zu nutzen, so geben sie denn doch zuletzt einen Begriff von der Nation, ja so zu sagen von drey Nationen. Jüngere Männer aus den drey Königreichen leben hier in Pensionen, und so kommt man gar nicht aus der Gewohnheit, über sie nachzudenken. Eigentlich finden die Irländer in meinem Hause am meisten Beyfall.

Und so kam mir denn anfangs Juli des Baron Dupin Reise nach England sehr gelegen, ob mir gleich ein solches Werk mit gar zu großer Ableitung droht; auch mußte ich es wirklich bey Seite legen. The Prairies von Cooper führte uns in's westliche Amerika. Die französischen Werke: Les jours des barricades und Les états de Blois erinnerten an die verworrensten Zeiten. Ich aber ward durch eine Sammlung schottischer Balladen aufgeregt, einige zu übersetzen. So darf ich denn auch die schwedische Geschichte [zu erwähnen nicht vergessen], welche ein Hauptmann v. Ekendahl, jetzt bey uns gegenwärtig, höchst lobenswürdig geschrieben hat.

Was meine Werke betrifft, so arbeitete ich fort an den nächsten Lieferungen, besorgte die Correcturen der ersten zum Besten der Octavausgabe, arbeitete an den Wanderjahren und, was mehr ist, an Faust; da ich denn zur dritten Lieferung den Anfang des zweyten Theils zu geben gedenke. Die gute Wirkung der Helena ermuthigt mich, das Übrige heranzuarbeiten; Helena bestünde zuletzt als dritter Act, wo sich denn freylich die ersten und letzten würdig anschließen müßten. Das Unternehmen ist nicht gering, das Ganze erfunden und schematisirt; nun kommt es auf's Glück der einzelnen

Fortsetzung nächstens.

W. d. 12. Oct. 1827.
treulichst
Goethe.

77.
An Nicolaus Meyer.

Ihr lieber Sohn, mein theuerster Herr und Freund, traf recht zur guten Stunde bey uns ein. Er fand sich mit Herrn Zelter im Schwan zusammen; wir sahen darauf beide zu Tisch und ein schönes Verhältniß knüpfte sich alsobald an. Möge alles dem guten jungen Mann gleicherweise gelingen, woran nicht zu zweifeln ist, denn schon hier hat seine schöne Gestalt und sein anmuthiges Betragen ihm alle Herzen gewonnen. Da er, wie er mir sagte, an Herrn Professor Lichtenstein adressirt ist, so wird dieser ihn vorerst am besten zu leiten wissen und ihm seine Studien tag- und stundenweise einrichten helfen. Vernehm ich in der Folge seine Stellung, so kann ich ihn auf manche Weise an wohlwollende und bedeutende Männer empfehlen. An Herrn Rauch habe nach Ihren Wünschen umständlich geschrieben und man wird nun sehen, wie sich alles einleitet.

Der wegen seiner eigenen Darstellung so werthe Ring hat sich mir durch das zierlich-schmeichelnde Sonett nur um so werther gemacht, deshalb ich denn meinen Dank wiederholend verdoppele.

Das Sonntagsblatt und die Gesellschaft für vaterländische Cultur gehen in schöner Eintracht zusammen vorwärts. Mir ist besonders angenehm zu sehen, daß Sie und Ihre Freunde umsichtig auf dasjenige wirken, was zunächst erfordert wird, was Ihrer unmittelbaren Umgebung Nutzen bringt. Hierdurch unterscheidet sich Ihr Bestreben von so manchen deutschen Zeitblättern, die nichts Besonderes, Eigenthümliches beabsichtigen, vielmehr in's Allgemeine gehen und dadurch einander völlig ähnlich werden, anstatt daß sie sich zu wechselseitiger Einwirkung bemühen sollten, ihren Charakter verstehend, ihre Bedürfnisse so wie ihre Leistungen anschaulich zu machen.

Mich angelegentlichst empfehlend
ergebenst
Weimar den 15. October 1827. J. W. v. Goethe.

78.
An C. E. Schubarth.
[Concept.]

Ich säume nicht, mein Werthester, Ihnen anzuzeigen, daß des Herrn Minister v. Altenstein Excellenz, nicht weniger die Personen welche Ihre Angelegenheit begünstigen, in Berlin wieder eingetroffen sind, weshalb denn das projectirte Schreiben alsobald abzusenden wäre.

In Hoffnung eines glücklichen Erfolgs spreche ich den Wunsch aus, daß Sie mir von dem ferneren Verlauf geneigte Nachricht ertheilen mögen.

Weimar den 17. October 1827.

79.
An C. F. Zelter.

Freylich, mein Theuerster, ist es eine starke Aufgabe, wenn wir dem guten Tagemenschen zumuthen, solche Gedichte zu singen und etwas dabey zu denken. Forderte man von mir einen Commentar, so würde ich mich erbieten, ein anderes Gedicht zu schreiben desselben Inhalts und Gehalts, aber faßlich und dem Verstande zugänglich. Gelänge es mir, so würde ich dich ersuchen, es gleichfalls für die Liedertafel zu componiren und solches, ohne den Zweck zu offenbaren, gleichfalls in Gang zu bringen, alsdann aber die Aufgabe auszusprechen, man möge sich in diesem Sinne jenes Abstruse zu verdeutlichen und zuzueignen suchen. Dergleichen heitere und doch im Grund nutzbare und bedeutende Verfuren könnte man sich erlauben, wenn man zusammenlebte; in die Ferne sind solche Wirkungen kaum denkbar.

Ich erinnere mich nicht, daß zwischen uns von den serbischen Gedichten die Sprache gewesen; versäume nicht, dich mit diesen merkwürdigen, für uns auch nach und nach grünenden, blühenden, fruchtenden Productionen unsrer südöstlichen Nachbarn bekannt zu machen. Sagt dir eins oder das andere der kleineren Lieder zu, so gönn ihm deinen durchdringenden harmonischen Ausdruck. Überhaupt sind die östlichen Sprachen, die einen so ungeheuren Raum einnehmen, mit ihren Leistungen auf dem Wege uns zu interessiren. In Prag kommt eine Zeitschrift heraus, die mich mit Vergnügen in jene Zustände, die mich sonst so nah berührten, hineinblicken läßt. Es ist ein so männlich ruhiger Sinn in diesen Dingen, ein stilles Fortschreiten, Schritt vor Schritt, daß, wenn sie das Glück haben, noch zehn bis zwanzig Jahre auf dieselbe Weise fortfahren zu können, so gelangen sie zu philosophisch-literärischer Freyheit ohne Revolution und bewirken die Reformation im Stillen. Inzwischen verliert niemand dabey, denn ich kenne die hochcultivirten Männer die dieses bedächtig zu leiten wissen.

Wegen Ternite's farbigen Bildern habe ich mir nichts anders vorgestellt. Daß der Ankauf dortigerseits nicht geschehen, nicht entschieden sey, hatte ich von Herrn v. Müffling vernommen, das Nähere gibt mir dein und des Künstlers Schreiben. Ich sende daher alles nächstens zurück; mag er mir für guten Willen und nächste Erwähnung eine Copie von Phrixus

und Helle, auf dem famosen Widder über den Helles-
pont strebend, zukommen lassen, so werde ich es zum
Andenken als ein Beyspiel einer trefflichen Kunstzeit
werth halten und vorzeigen. Die zweyte Hälfte von
Kunst und Alterthum bringt unsre redliche Meynung;
die an mich bisher geschehenen Fragen werden dadurch
erledigt. Es freut uns, ohne phrasenhafte Wendung
das Beste von diesen Arbeiten sagen zu können.

   Weimar   treulichst
 geschrieben den 11. März,   Goethe.
mitgetheilt den 17. October 1827.

80.
An E. J. d'Alton.

Sie haben, mein Theuerster, mir einen ganz vorzüglichen Dienst geleistet, indem Sie mein letztes Schreiben
einem Freunde mittheilten, durch welchen dasselbe unserm
allerhöchsten Gönner zur Hand gelangen konnte. Denn
indem ich täglich und stündlich nachsinne, wie ich meine
Dankbarkeit für so hohe Gaben auf eine schickliche,
nicht anmaßliche Weise wiederholt aussprechen möchte,
so leistet durch Ihre Vermittlung ein in freyem und
treuem Sinn ohne alle Absichten geschriebenes Blatt
den besten Dienst, indem es bezeugt, daß ich nicht nur
für mich jene hohe Wohlthat anerkenne, sondern daß
es mir auch zu Lust und Freude gereicht, die werthesten
Freunde an meinen Empfindungen Theil nehmen zu
lassen.

Somit werde Gegenwärtiges eilig abgesendet, damit Sie jeder Sorge deshalb überhoben seyn mögen. Lassen Sie von Ihrer fortgesetzten schönen Thätigkeit auch mich fortwährenden Nutzen ziehen und bleiben überzeugt, daß ich in aufrichtigster Theilnahme verharre.

Zu edlen allgemeinen und besondern Zwecken treu mitwirkend

Weimar den 18. October 1827.   J. W. v. Goethe.

81.
An das Postamt in Weimar.

[Concept.]

Sonnabend den 29. September ist ein Brief an Herrn Professor Zelter von Berlin, damals in München, dahin abgegangen, hat ihn aber, weil er früher abgereis't, nicht mehr getroffen. Da die bisher erwartete gewöhnliche Rücksendung dieses Schreibens nach Weimar nicht erfolgt ist, so ersucht man das löbliche Postamt, deshalb die nöthige Nachricht gefällig einzuziehen und die Rücksendung gedachten Briefes von München zu bewirken.

Weimar den 18. October 1827.

82.
An C. D. Rauch.

Daß Sie, theurer verehrter Mann, im Augenblick eines herben Schmerzens Ihre Gedanken mir zuwenden und, mit mir sich unterhaltend, einige Erleichterung

fühlen, dieß gibt die schönste Überzeugung eines innig
geneigten Wohlwollens, eines zarten traulichen Verhältnisses, wie ich von je auch gegen Sie empfinde. Sie
beweisen dadurch, daß Sie gewiß sehen meines treusten
Mitgefühls, einer wahren Theilnahme an jenem Unheil, das eine geistreiche Thätigkeit, ein schönes edles
Ausüben des glücklichsten Talents in seinen wertheſten
Bezügen verletzt und in seinem tiefſten Grunde be-
ſchädigt. Auch mir, bey dem ſchmerzlichſten Mit-
empfinden Ihres Kummers, will es eine Linderung
ſcheinen, wenn ich ſogleich erwidernd Gegenwärtiges
an Sie abgehen laſſe.

Auch mir in einem langen Leben ſind Ereigniſſe
begegnet, die, aus glänzenden Zuſtänden, eine Reihe
von Unglück mir in andern entwickelten; ja es gibt ſo
grauſame Augenblicke, in welchen man die Kürze des
Lebens für die höchſte Wohlthat halten möchte, um eine
unerträgliche Qual nicht übermäßig lange zu empfinden.

Viele Leidende ſind vor mir hingegangen, mir aber
war die Pflicht auferlegt, auszubauern und eine Folge
von Freude und Schmerz zu ertragen, wovon das Einzelne wohl ſchon hätte tödtlich ſeyn können.

In ſolchen Fällen blieb nichts weiter übrig als alles,
was mir jedesmal von Thätigkeit übrig blieb, abermals
auf das regſamſte hervorzurufen und, gleich einem, der
in einen verderblichen Krieg verwickelt iſt, den Kampf
ſo im Nachtheil als im Vortheil kräftig fortzuſetzen.

Und ſo hab ich mich bis auf den heutigen Tag

durchgeschlagen, wo dem höchsten Glück, das den Menschen über sich selbst erheben möchte, immer noch soviel Mäßigendes beygemischt ist, welches mich von Stund zu Stunde mir selbst angehörig zu seyn ermahnt und nöthigt. Und wenn ich für mich selbst, um gegen das, was man Tücke des Schicksals zu nennen berechtigt ist, im Gleichgewicht zu bleiben, kein ander Mittel zu finden wußte, so wird es gewiß jedem heilsam werden, der, von der Natur zu edler, freyschaffender Thätigkeit bestimmt, das widerwärtige Gefühl unvorgesehener Hemmung durch eine frisch sich erprobende Kraft zu beseitigen und, insofern es dem Menschen gegeben ist, sich wieder herzustellen trachtet.

Vorstehendes, aus eigensten Erfahrnissen Hergeflossenes möge bezeugen, daß bey dem traurigen Fall, der Sie betroffen, das Andenken früherer Leiden durchaus in meiner Seele rege geworden und daß zugleich alles, was mir hülfreich gewesen, mein Geist wieder hervorrief. Möge diese herzlichste Theilnahme Ihren Schmerz, den sie nicht heilen kann, wenigstens augenblicklich zu lindern das Glück haben. Mit Erwiderung aller freundlichen höchst willkommenen Grüße.

Von Künstlern und Kunstwerken, von Meistern, Gesellen und Schülern lassen Sie mich nächstens reden, und in manchen Anfragen, Wünschen und Hoffnungen meine Theilnahme aussprechen.

treulichst

Weimar den 21. October 1827.   J. W. v. Goethe.

83.
An Christian Dietrich v. Buttel.

Ew. Hochwohlgeboren
verfehle nicht alsogleich zu vermelden, daß die angenehme Sendung, mit dem geneigten Schreiben vom 12. October, glücklich am 21. angekommen und mir wie meinem Sohne bey'm Auspacken eine heitere Stunde verliehen hat, nicht weniger, wie sie jetzt gesondert und geordnet vor uns liegt, zu nicht geringem Vergnügen gereicht. Sodann fordert die höchst anschauliche Darstellung des merkwürdigen Felsens, begleitet von ausreichenden Belegen, den lebhaften Dank der Naturfreunde, besonders in der Mitte des Continents, von mir am meisten, der ich nach klarer Ansicht solcher Dinge immer mehr Verlangen trage, je weniger ich mich vom Orte zu bewegen die Freyheit habe.

Zuvörderst aber will ich bemerken, daß die mir früher zugekommene Notiz: als bestehe die Insel Helgoland aus Porphyr oder gründe sich auf demselben, sich wohl aus einer flüchtigen Beschauung des rothen Sandgesteins herschreiben mochte, wogegen Ihre genaue Beobachtung und Nachforschung den Granit als Unterlage eines mergelartigen Sandgesteins nunmehr höchst wahrscheinlich macht. Die wunderlich ausgespülte Westseite, die sanfter sich absenkende Ostseite, die kalkartige Vorlage, alles wird recht deutlich und anschaulich.

Besonders werden die übersendeten Musterstücke dank-

barlichst anerkannt, denn ich will nicht läugnen, daß
in meinen geologischen Träumen ein Porphyr an
dortiger Stelle mich einigermaßen incommodirte.

Die Reste früherer Organisationen des alten Oceans
rufen immer zu neuen Betrachtungen auf; die ver-
tief'ten Ammoniten, die umkief'ten Belemniten mit
den gleichfalls mineralisch ergriffenen Holzresten deuten
allerdings dahin, daß Eisen und Schwefelsäure sich
so gern und heftig vermählen, wenn sie nur irgend
einen Thalamos finden, wo sie sich in einander fügen
und gestalten können.

Wie nun zu gleicher Zeit der saure Kieselstoff, sich
mit dem Kalk verbindend oder sich davon scheidend,
den Feuerstein an und vor sich, am liebsten aber an
und in einem organischen Wesen hervorbringen mag;
solches werden wir, wie vieles andere, sehr gern mit
Augen schauen, ohne es durchaus begreifen zu wollen.

Nehmen Sie sodann den besten Dank für die hin-
zugefügten organischen Gebilde, wo sich Leben auf
Leben erzeugt und vom Verlebten sich nährt. So ist
denn auch das letzte Frischlebendige, der wohleingepackte
Igel, mit allen seinen Stacheln auf das vollkommenste
zu uns gelangt.

Manche Bemerkungen laß ich nun bey Seite, damit
das Gegenwärtige nicht verspätet werde, und gedenke
nur, daß im Laufe dieses Monats Herr v. Henning,
sodann Herr Professor Hegel bey mir einsprachen,
welche ich noch immer unter die thätigen chromatischen

Freunde rechnen darf, wie sie denn mich auch dießmal
auf einige bedeutende Phänomene aufmerksam zu machen
die Gefälligkeit hatten und mit Beyfall vernahmen, daß
am Rande der Nordsee sich gleiche Neigung unablässig
bewähre.

Hierbey kommt mir in Gedanken, daß es einige
Schwierigkeit hat, meine Farbenlehre im Buchhandel
zu beziehen; deswegen hoffe ich, es wird dortigen
Wohlwollenden nicht unangenehm seyn, wenn ich ein
Exemplar übersende; es geschieht irgend einem dortigen
Freunde hierdurch wohl einiger Dienst.

Überhaupt wenn Sie, bey Ihrer Entfernung von
literarischer Circulation, irgend etwas für Ihre Zwecke
zu wünschen hätten, so würde solches sehr gern besorgen.
Ihr Kästchen ist in 12 Tagen zu mir gekommen, die
Mittheilungen aus der Ferne werden immer schneller
und leichter, und es sollte mir sehr angenehm seyn,
für die übrige Zeit meines Lebens, für mich wie für
Freunde, behenderen Genuß und bequemere Vortheile
zu bewirken.

In treuer Theilnahme verharrend

Weimar den 23. October 1827. J. W. v. Goethe.

84.
An J. F. v. Cotta.

Ev. Hochwohlgeboren

danke zum allerbesten daß Sie aussprechen wollten,
wovon ich zwar schon überzeugt war: daß Sie den

größten Antheil nehmen an der hohen Gnade, welche mir durch Ihren jetzigen Landesherrn geworden ist. Einem solchen außerordentlichen Manne an irgend einem Orte, auf irgend eine Weise persönlich aufzuwarten, wäre jederzeit ein erwünschter Vorzug gewesen. Die Art aber, wie ich mich Seiner Gegenwart erfreute, übertrifft doch alles was die kühnste Hoffnung und der verwegenste Wunsch sich hätten ausdenken können. Sie haben, wie ich höre, auf eine höchst bedeutende Weise den Antheil erklärt, den Sie an den Unternehmungen dieses merkwürdigen Herrn zu nehmen gedenken; ich erfreue mich darüber und wünsche den besten Erfolg auf's herzlichste.

Nun aber lassen Sie mich bey nochmaliger Durchsicht Ihres Schreibens vom 12. April aufrichtig eine Eigenheit, einen Fehler gestehen, über welchen man sich im Laufe meines Lebens öfters beklagt hat. Ich habe nämlich, wenn zwischen Freunden, nothwendig Verwandten und Verbundenen sich einige Differenz hervorthat, immer lieber geschwiegen als erwidert; denn in solchen Fällen bleibt ein jeder doch einigermaßen auf seinem Sinn, und so entstehen aus gewechselten Äußerungen neue Differenzen und die Mißverstände verwickeln sich anstatt sich aufzuklären. Dagegen habe ich gefunden, die Zeit sey die eigentlichste Vermittlerin; in derselben entwickeln sich Handlungen, die einzige Sprache, die zwischen Freunden giltig ist, um das wahre Verhältniß auszudrücken. In dem

gegenwärtigen Falle darf ich versichern: daß wenn ich
hätte voraussehen können, Sie würden jene Äußerung,
daß ein Mitwirken des lebenden Autors der Ausgabe
seiner Schriften vortheilhaft seyn müsse, sich zu Ge-
müthe ziehen und als einen Vorwurf ansehen, [ich] sie
sehr gerne zurückgehalten hätte und deshalb mit Ihnen
vorher conferirt zu haben wünschte. Daß ungünstige
Umstände die Mängel jener so verschrieenen Schillerschen Ausgabe hervorgebracht, war ich längst überzeugt.

Lassen Sie also beiderseitigen guten Willen fernerhin unserm neuen Unternehmen zu Gute kommen;
die veränderte Eintheilung ist nach Ihren Wünschen
geschehen, das Publicum sieht sich durch unerwartete
Einschaltungen überrascht, und ich werde sorgen daß
die dritte Lieferung abermals etwas der Art enthalte.
Der erst bewiesene Unwille verliert sich nach und nach,
und so wird es mir angenehm seyn von Zeit zu Zeit
zu vernehmen, wie sich die gute Mehnung auch durch
reichlichere Subscription auszeichnet.

Was von hiesiger Seite gegen den gothaischen Nach-
druck geschehen können, ist ersichtlich aus beykommen-
dem Wochenblatte. Leider ist in Deutschland hierüber
sobald noch nichts Allgemeines zu hoffen; Preußen
und Hannover haben ein Specialcartell geschlossen, die
Regierungen überhaupt sind immer nur gewohnt, das
Industriell-Technische was ihnen Nutzen bringt zu
beachten, Autor und Verleger sind dagegen wenig ver-
mögend. Indessen werde eben beykommendes Publi-

candum zum Anlaß nehmen, bey dem Herzoglich
Coburgischen Ministerium geziemende Vorstellung zu
thun.

Herr Professor Zelter welcher, von München
kommend, höchstvergnügt und gestärkt bey mir ein=
kehrte, dankt nochmals zum allerschönsten für die
freundliche Aufnahme und empfiehlt sich mit mir
zugleich Ihnen und Ihrer theuren Frau Gemahlin
auf das allerbeste.

So hochachtend als vertrauend
              unwandelbar
Weimar den 24. October 1827.   J. W. v. Goethe.

85.
An C. F. Zelter.

Wenn es gleich höchst löblich und erfreulich ist, daß
alte Freunde sich wieder begegnen und auf's neue
vereinigen, so scheinen sie doch gleich wieder unter
Einfluß und Gesetzen des Tags zu stehen, so daß sie
gleichfalls der Nichtigkeit vorüberfliehender Stunden
ausgesetzt sind. Diese Betrachtungen macht ich nach
deiner Abfahrt, einigermaßen verdrießlich, im Be=
merken, daß gerade das Wichtigste mitzutheilen ver=
säumt worden. Die Reliquien Schillers solltest du
verehren, ein Gedicht das ich auf ihr Wiederfinden al
Calvario gesprochen, ferner eine Novelle der eigensten
Art, kleiner Gedichte mancherley, drunter eine Samm=

lung mit der Rubrik: Chinesische Jahreszeiten, und was diesem noch alles sich hätte anschließen können und sollen.

Vielleicht ist es nicht wohlgethan, daß ich dergleichen hinterdrein sage und klage; warum sollte man aber nicht auch des Versäumten gewahr werden, wenn des Gewonnenen und Genossenen so viel ist.

Erfolge dir also der beste Dank für deine liebwerthe Gegenwart, daher mir manches Gute und Liebe geworden und geblieben ist. Danke Herrn Hegel für seinen Besuch, denn ich darf nicht sagen, wie tröstlich es mir erscheint, daß mir, an meine Wohnung Gefesselten, von allen Orten und Enden her soviel Klares und Verständiges zu Theil wird; denn kaum ist mir durch genannten Freund so manche Aufklärung über die Pariser Zustände geworden, so trifft Herr Graf Reinhard ein, von Christiania in Norwegen zurückkehrend, und überliefert mir einen hellen Begriff von jenen nordischen Zuständen. Von Westen kommt mir zugleich eine Beschreibung der Insel Helgoland mit schönen Belegen unorganischer und organischer Natur, consolidirte Reste des Urlebens und noch ganz frische Beweise des Fortlebens und Wirkens des ewigen Weltgeistes. Und so ward mir eine schöne Fortsetzung dessen, was eure Gegenwart mir so reichlich gewährt hatte.

Und so bleibe Gegenwärtiges nicht länger zurück. Vermelde mir bald etwas von deinen Zuständen,

auch kläre mich auf über das Unglück was Rauchs
betroffen hat; ich habe mir darüber als Welt- und
Menschenkenner einige Hypothesen gemacht und bin
neugierig, wie nah ich das Ziel berührt habe.

       Eilig und treulich
 Weimar den 24. October 1827.   Goethe.

86.
An C. W. Göttling.

Ew. Wohlgeboren
bemerkten neulich, als ich das Vergnügen hatte, Sie
bey uns zu sehen, daß es wohl gerathen seyn möchte,
wenn in Kunst und Alterthum einiges über das hohe
Verdienst der zweyten Ausgabe der römischen Geschichte
von Niebuhr gesprochen würde. Ich bin derselbigen
Überzeugung, nur daß ich nicht im Stande bin, mich
gegenwärtig auf den Grad zu sammeln, um über
diesen Gegenstand etwas wahrhaft Würdiges auszusprechen. Nun haben aber Ew. Wohlgeboren als
Meister dieses Fachs gedachtes Werk gewiß schon durch
und durch geschaut und erprobt, und ich dürfte daher
wohl die Gefälligkeit hoffen, daß Sie in Kürze zu-
sammenfassen möchten, was besonders in diesem Werke
hervortritt, wovon Sie neulich schon einige Winke
gaben, denn es wäre hier weder von Anzeige noch
Recension die Rede. Auf Ostern war meine Absicht
abermals ein Heft hervortreten zu lassen in möglichst

prägnantem Inhalt, und hiebey würde ein Aufsatz von Ihrer Hand gewiß willkommen seyn. Sie würden dadurch auch in Abwesenheit freundlich auf Ihr Vaterland einwirken.

Mich bestens empfehlend und mir und den Meinigen geneigte Theilnahme auch forthin wünschend.

Hochachtungsvoll
ergebenst

Weimar den 24. October 1827.   J. W. v. Goethe.

87.
An Friedrich Wilhelm Joseph v. Schelling.

Gräfin Fritsch hat mir schon einigemal höchst angenehme Gaben von ihren Reisen mitgebracht, die letzte war höchst erwünscht, ein Schreiben von Ihrer Hand, mein theurer verehrter Freund. Denn seit den früheren Anfängen einer gemeinsamen Bildung sah ich mich gar oft nach Ihrem Thun und Treiben um, woraus ich jederzeit eine freundliche und glückliche Anregung erfuhr. Lange haben Sie sich vor uns verborgen gehalten, und es freut mich Sie nun wieder auftreten zu sehen, berufen von einem Fürsten, der die Thätigkeit des Jahrhunderts zu beschleunigen und zu benutzen weiß.

Wäre mir irgendwo das Glück bereitet gewesen, ihm persönlich aufzuwarten, so hätte mir schon dieß zum größten Vortheil gereichen müssen; nun aber macht die Art, wie er sich uns zu nähern geneigt war, eine Epoche in meinem Leben, glänzend wie die, welche ihm in der Weltgeschichte bereitet ist. Mehr darf ich nicht hinzufügen, als daß ich Sie glücklich schätze, zu seinen hohen Zwecken mitwirken zu können.

Willkommen ist mir gar mancher Reisende, der von Ihnen und Ihren Zuständen zu erzählen hat. Grüßen Sie zum allerschönsten die theure Gattin, deren liebes Andenken in der Form schmackhaft vegetabilischer Gaben mir vor einiger Zeit höchst angenehm gewesen und dankbarlichst aufgenommen worden. Lassen Sie mich von Zeit zu Zeit vernehmen, wie Sie in Ihrem Geschäft fortschreiten, damit die spätern Jahre den früheren ähnlich und die gemeinsame Wirkung erfreulich werde. Die schon früher angedeuteten und nun akademisch angezeigten und zugesagten Weltalter behalte ich sehnsuchtsvoll im Auge.

Treuanhänglich
unwandelbar

Weimar den 26. October 1827.   Goethe.

88.

An J. H. Meyer.

Mögen Sie, mein Theuerster, durch Betrachtung des Homerischen Bildes, durch Lesung meines kleinen Aufsatzes sich bewogen fühlen, Ihre früheren Notamina deshalb aufzusuchen. Heute Mittag hoffe ich

Sie bey uns zu sehen und das Weitere so wie manches Andere zu besprechen.

treulichst

Weimar den 26. October 1827.   G.

89.
An Heinrich Carl Friedrich Peucer.

Ew. Hochwohlgeboren
haben mich durch Übersendung des für uns Weimaraner wichtigen Zeitungsblattes ganz besonders verpflichtet; mein Dank jedoch würde sich verdoppeln, wenn Sie mich vor dem androhenden Vierteldutzend frauenzimmerlicher Tragödien beschützen und diesen Kelch ablenken wollten. In Hoffnung baldiger mündlichen Unterhaltung

gehorsamst

Weimar den 26. October 1827.   J. W. v. Goethe.

90.
An W. Reichel.

Ew. Wohlgeboren
vermelde schleunigst die glückliche Ankunft der vollständigen zweyten Lieferung meiner Werke Sedezausgabe unter Kreuzband, so wie der begonnenen Octavausgabe.

Was Sie hie und da bemerkt und wie Sie nachgeholfen, erkenne durchaus dankbar. Den Mangel auf dem Titel habe freylich und ungern gesehen;

weil man aber in alten Tagen manches hingehen läßt, was man in jüngeren gerügt haben würde, so unterließ ich's anzuzeigen, und thut mir leid, daß auch ich in diesem Sinne Schuld an dem mehreren Aufwand habe.

Hiebey folgen noch einige Desiderata zu dem dritten Bande, Bemerkungen zu dem vierten, welche sich glücklicherweise auf wenig Druckfehler beziehen.

Für mich ist es große Beruhigung, diese Angelegenheit in Ihren Händen zu wissen; sie ist überhaupt von so bedenklicher Art, daß ich wohl wünschen darf, die noch übrigen drey Viertel mit Ihrem treuen Beystand durchgeführt zu sehen. Senden Sie mir doch auch, wie ein Band der Octavausgabe beysammen ist, ein Exemplar auf Schweizerpapier mit der fahrenden Post; ich würde es sauber binden lassen und vorzeigen. Es ist überall viel Nachfrage nach der Octavausgabe.

Mit den besten Wünschen und Hoffnungen, vertrauend fernerer Theilnahme, empfehle mich geneigtem Andenken.

Ergebenst

Weimar den 26. October 1827. J. W. v. Goethe.

91.
An Friedrich v. Müller.

Wenn schon Ew. Hochwohlgeboren dießmal nicht ganz aus freyem frohen Willen sich in München befinden, so begrüße doch Dieselben daselbst auf's beste und wünsche Glück, daß Sie in dem Falle sind, Ihro Majestät dem Könige persönlich lebhaft unsern Dank auszusprechen; auszudrucken, wie sehr wir empfinden, daß er durch theilnehmende Gnade unser Thun und Streben auf's innigste und kräftigste gefördert und seinen so großen und herrlichen Wirkungskreis auf's neue weit und würdig ausgebreitet hat.

Durchdringen Sie sich von allem dem was dort geschieht, damit wir in der Ferne immer mehr einen klaren gründlichen Blick dorthin wenden, wo so vieles geschieht was den größten Einfluß auf unsre hoch= bewegte Zeit hat und haben muß. Gar manches vernahm ich durch Vermittlung Zelters und anderer Freunde, und nun hoffe ich durch Sie, mein Theuer= ster, eine recht vollständige Erfüllung. Können Sie mir das auf einem Beyblättchen bezeichnete Werk gefällig mitbringen, so geschieht mir ein großer Dienst; ich habe solches durch den Buchhandel bisher nicht erhalten können.

Übrigens war diese Tage her Ihre Gegenwart durchaus vermißt: die Herren Zelter und Hegel, der junge Meyer und sonstige bedeutende Gäste hätten durch Ihre Gegenwart an Unterhaltung auf jede Weise gewonnen und dagegen auch manches wieder zu Gute gegeben. Wenn nun aber zuletzt Graf Reinhard mit Gattin und Sohn aus Norden eintraf, so ward der Mangel Ihrer Gegenwart erst besonders fühlbar.

Ihre Frau Gemahlin wird freundlich berichten, wie es bey dem frohen, leider einzigen Mittagsmahl zugegangen. Vater und Sohn haben zu Gattin und Stiefmutter ein gar zartes liebevolles Verhältniß, das sie alle Unbilden einer schweren und gefährlichen Reise gefaßt übertragen ließ. So hat auch das Kleeblatt bey Hof und durchaus den besten Eindruck gemacht. Ich habe nicht zu sagen, daß die Dame sich in Heiterkeit und Anmuth immer gleich bleibt und auf jede Umgebung günstig wirken muß.

Die zweyte Lieferung meiner Werke ist, wenigstens in Aushängebogen, angelangt; neue Forderungen aber entwickeln sich täglich; ein Heft von Kunst und Alterthum bereite vor, es soll mich freuen, wenn Sie mir irgend etwas auch zu diesem Zwecke von Süden zurückbringen. Hofrath Meyer ist wohl und munter aus dem Vaterlande in Weimar gern und mit Vergnügen eingetroffen; er gesteht, daß er sich dort wie ein erwachender Epimenides gefühlt, und ob er gleich alles lebendig, thätig und bestrebsam gefunden, doch gern in das Thüringen zurückgekehrt sey, wo das Industrielle zwar auch in Ehren, aber doch vom Geiste einigermaßen im Gleichgewicht gehalten wird.

Zwey Übersetzungen der Verlobten beschäftigen mich und Riemern an den herkömmlichen Abenden; wir vergleichen sie mit dem Original, welches durch diese Folien erst recht in seinen höchsten Glanz hervorgehoben wird. Von wieviel andern Dingen hätte ich nicht noch zu sprechen; da möge denn auch für die Rückkehr manches aufbewahrt seyn.

Gibt es die Gelegenheit, so wünscht ich, Sie gäben eine meiner Medaillen an Herrn v. Martius mit meinen besten Grüßen. Durch eine wunderliche Complication hat, soviel ich weiß, dieser werthe Mann noch keine derselben empfangen, da sie ihm doch unter den ersten zugedacht war.

Nun aber, indem ich schließe, muß ich vermelden, daß Ottilie sich noch in demselben Zustand befinde, wie Sie solche verlassen haben. Vor alten Zeiten behauptete man, auf eine so langsame Weise würde sich der Antichrist in die Welt schleichen, und mir scheint bedenklich, daß das rationalistische Weimar sie in diesem Augenblick mit noch größerm Unheil bedrohen dürfte.

Möge allen alles gelungen seyn, wenn wir uns wiedersehen.

Eiligst wie treulichst

Weimar den 27. October 1827.   J. W. v. Goethe.

Schließlich bemerke noch ausgesprochener als im Vorigen: daß es sehr schön wäre wenn Sie mir eine Correspondenz daselbst in literarisch-artistischem Sinne einleiten könnten; was vor Weihnachten anlangt, kann in das nächste Stück von Kunst und Alterthum aufgenommen werden. Es sollte mich freuen, etwas Angenehmes dorthin zurückklingen zu lassen.

92.

An C. F. Zelter.

Du kannst dir nicht vorstellen, mein Theuerster, welch einen hübschen Abschluß zu deinem harmonischen Reisegesang diese verdrießliche Coda zu genießen gibt; laß dich's nicht reuen wie so manches andere; wobey ich aber gern gestehe, daß es mich doch einigermaßen gewundert hat, im Flor des neunzehnten Jahrhunderts einen Philosophen zu sehen, der den alten Vorwurf auf sich lud, daß nämlich diese Herren, welche Gott, Seele, Welt (und wie das alles heißen mag was niemand begreift) zu beherrschen glauben, und doch gegen die Bilden und Unbilden des gemeinsten Tages nicht gerüstet sind.

Inliegend*) ein Paquet an Herrn Geh. Rath Streckfuß. Nach einigen vorläufigen Notizen ersuche ich ihn um Beyträge zu Kunst und Alterthum. Da mir so vieles an- und aufliegt und ich aufgefordert, ja gedrängt werde, diese Hefte fortzusetzen, so habe ich alle Ursache, mich nach wackern Theilnehmern umzusehen.

Hast du irgend etwas das du dem Druck übergeben möchtest, so theile es mit, ich werde es wie immer mit Ernst und Fleiß durchsehen. Habe ich etwas dabey zu erinnern oder daran zu mäkeln, so

---

*) NB. Eine an dich gerichtete Sendung ist auf die fahrende Post gegeben.

meld ich es zu fernerem Berathen. Bis Weihnachten
haben wir Zeit, alsdenn denk ich abzuschließen.

Laß mich nun auch von etwas Widerwärtigem
sprechen: Doris Brief an Ulriken gibt mir einen
Blick in den traurigsten Zustand des schönen und
guten Mädchens; hier ist nicht an Heilung eines
großen Übels, sondern nur an Linderung zu denken,
und du hast wohl selbst bey dem Verweilen in unserm Kreise gefühlt, welches peinliche Stören und
Entbehren aus Ulrikens gleich unheilbarem Zustande
hervorgeht.

Aber was soll ich zu dem Rauchischen Falle sagen?
dieser scheint sittlich verletzend zu seyn und um desto
schlimmer zu erdulden. Ich empfinde ihn sehr peinlich.
Sage das Nähere!

Du thatest wohl, die Welt einmal wieder in ihrer
verwegenen Regsamkeit zu beschauen, das geht denn
immer fort und vorwärts wie eine Belagerung; niemand kümmert sich, wer in den Tranchéen oder bey
einem Ausfalle zu Grunde geht; was zuletzt erstürmt
wird wollen wir nicht genau erforschen.

Daß mein Brief nach München zu dir gelangt
ist, freut mich sehr; bey demselben will ich nur bemerken, daß der Blut- und Circulations-Schulze sich
bey mir keineswegs empfohlen hat, indem er auf eine
recht anmaßlich-jugendlich-ungeschickte Weise meiner
früheren Bemühungen im botanischen Fach gedenkt
und mir zum Vorwurf macht: daß ich vor vierzig

Jahren nicht völlig gethan habe was bis jetzt noch nicht geleistet ist.

Andererseits hat euer Link, den ich nicht schelten will, weil du ihm gewogen bist, neuerlich [bey] einem gewissen Anlaß, wo er nothwendig meiner Metamorphose der Pflanzen hätte gedenken sollen, dieselbe mühsam verschwiegen und einen alten Linnéischen, zwar geistreichen aber nicht auslangenden Einfall wieder hervorgehoben. Es ist mir doch als wenn selbst gute und vorzügliche Menschen an gewissen Tagen, unter gewissen Umständen, nichts zu taugen verdammt wären.

Hätte ich mich nicht in die Naturwissenschaften eingelassen, so wäre ich nie zu dieser Einsicht gelangt; denn in sittlichen und ästhetischen Dingen läßt sich das Wahre und Falsche niemals so in die Enge treiben; im Wissenschaftlichen aber, wenn ich redlich gegen mich selbst bin, muß ich es gegen andere seyn, und so gereut mich die undenkliche Zeit nicht, die ich auf dieses Fach verwendet habe; denn nach meiner Behandlung muß jeder Tag, muß Gönner und Widersacher mich fördern, sie mögen sich stellen wie sie wollen.

In Eile treulichst.

Weimar den 27. October 1827.   J. W. v. Goethe.

93.
An A. F. C. Streckfuß.

[Concept.]   [27. October 1827.]

Ew. Hochwohlgeboren
angenehmes Schreiben drückt meine ganze Überzeugung
aus: daß die persönliche Bekanntschaft, das Siegel
eigentlich auf jedes wahre sittliche Verhältniß zu
drucken, gefordert werde, und ich zweifelte nicht, daß
Sie von mir mit gleicher Empfindung scheiden würden.
Lassen Sie es fortan also bleiben und [uns] eine
lebendige Thätigkeit gemeinsamlich befördern.

Sie haben in dem Försterischen Tagesblatt so wie
in einem Briefe an mich über die Verlobten so rein
und treulich gesprochen, daß man es Ihnen nachzuthun
nicht hoffen darf. Mögen Sie mir für Kunst und
Alterthum einen solchen Aufsatz zusenden, der die Verdienste dieses uns so werthen Romanes ausdrückte, so
würden Sie mich sehr verbinden. Ich sammle zu
einem neuen Stücke von Kunst und Alterthum, das
ich recht prägnant machen möchte, und habe deshalb
schon mehrere Freunde zu Hülfe gerufen.

Der erste Theil des Romans ist nun zweymal über-
setzt in meinen Händen, von Leßmann und Bülow.
Ich vergleiche nun Abends mit Riemer diese beiden
Arbeiten mit dem Original; dieß ist eine der schönsten
und fruchtbarsten Unterhaltungen. Wie Geschichts-
erzählung mit episch-dramatischer Darstellung sich im

Conflicte zeigt, ist in diesem Falle höchst merkwürdig zu sehen. Freylich wenn ein Werk wie dieses, woran Manzoni einen großen Theil seines Lebens, ja man darf wohl sagen, von Jugend auf gearbeitet hat, nun mit Verlegerschnelle in ein fremdes Idiom hinübergetrieben wird, da ist freylich das Höchste nicht zu fordern. Möge das was wir darüber zu sagen haben für eine zweyte Auflage zum Nutzen gebracht werden.

Zugleich sende ein neues Trauerspiel: Antonio Foscarini, welches angenehm seyn wird, wenn Sie es noch nicht kennen sollten. Möchten Sie gleichfalls in einer kurzen Anzeige Ihre Gedanken über den Werth desselben aussprechen, so geschähe mir ein besonderer Gefallen. Ich muß meine Gedanken jetzt anderer Orten zusammenhalten und darf sie auf nichts Fremdes, am wenigsten auf Tragödien hinwenden.

Haben Sie irgend ein Werk in ausländischer Literatur, worüber Sie mit wenigem Ihre Gesinnung aussprechen möchten, so thun Sie es und geben mir Kenntniß davon. Die Producte der verschiedenen Nationen gehen jetzt so velociferisch durch einander, daß man sich eine neue Art, davon Kenntniß zu nehmen und sich darüber auszudrucken, verschaffen muß. Können Sie sich entschließen, hieran Theil zu nehmen, so sende den intentionirten Inhalt des nächsten Stückes, auf alle Fälle gegen Ende des Jahres. Wenn man auch nicht auf Universalität hinarbeitet, so scheint es mir im Augenblicke nöthig darauf hinzudeuten.

Mit den besten Wünschen und Hoffnungen vertrauend und theilnehmend.

Weimar den 26. October 1827.

94.
An Ernst Fleischer.

[Concept.]

Ew. Wohlgeboren
sowohl als Herrn Adolph Wagner bin ich viele Verpflichtung schuldig für die schöne Gabe die ich beiden verdanke. Möge Beyliegendes für Sie den Werth haben, daß Sie sich gern dabey meiner und der Zustände erinnern, die mir in Ihrer Nachbarschaft glückliche Tage gewährten, wie ich sie allen Wohlwollenden von Herzen wünsche. Der ich, Ihrer ausgezeichneten Thätigkeit alle Begünstigung des waltenden Geschickes hoffend, geneigtem Andenken mich bestens empfehle.

Weimar den 29. October 1827.

95.
An J. H. Meyer.

Hiebey sende, mein Theuerster, das versprochene Büchlein mit der Bitte, die Seite zu bezeichnen, wo Sie den Namen Oudet, eines französischen Kriegsmannes, mit Lob genannt finden. Es ist auch sonst schon in manchem Sinne eine bedeutende Person. Vielleicht sprechen Sie heute Abend auf ein Stündchen bey mir ein.

Weimar den 29. October 1827. G.

96.
An Gottlob Heinrich Adolph Wagner.

Indem ich mich, mein Werthester, nach irgend einem Zeichen umsehe, womit ich besser als mit Worten den freudigen Dank ausdrückte, welchen ich bey'm Anblick der herrlichen Gabe empfinde, die Sie mir verleihen wollen, fällt mir ein Gefäß in die Augen, welches mich zu mancherley Gedanken veranlaßt. Ich habe mich dessen viele Jahre in Freude und Leid bedient und es erscheint mir als ein Zeuge der vielfachsten Ereignisse.

Bedienen Sie sich desselben gleichfalls und erfrischen mein Andenken bey'm Genusse des Getränks, das so wohl als die Poesie zu den schönsten Erzeugnissen gehört, durch welche des Menschen Geist und Witz die Natur zu überbieten trachtete.

Auch der köstliche Gehalt in würdiger Umgebung, den ich Ihrer und Herrn Fleischers Freundlichkeit verdanke, bleibt mir stets zur Seite; es ist eine vollständige Bibliothek, die wohl hinreichend wäre, ein ganzes Leben zu beschäftigen und den vollständigen Menschen auszubilden, daher ich Ihnen Glück wünsche, daß Ihre Thätigkeit bis in das Einzelne dieser geheimnißvollen Schätze sich zu versenken den Muth hatte.

Für jetzt und künftig Ihrem geneigten Andenken mich empfehlend

ergebenst

Weimar den 29. October 1827.   J.W.v.Goethe.

97.
An Treutel und Würtz.

[Concept.]   [30. October 1827.]

Ew. Wohlgeboren
erlauben daß ich in Nachstehendem Deroselben Gefälligkeit in Anspruch nehme. Schon im Juli dieses Jahrs vermeldete mir Sir Walter Scott, er habe Ihrer Handlung den Auftrag gegeben, mir ein Exemplar von dem Leben Napoleons zu übersenden, welches jedoch bis jetzt noch nicht bey mir eingelangt ist. Herr Münderloh, hiesigen Orts angesehener Kaufmann, übernimmt diese Angelegenheit in Erinnerung zu bringen und, insofern ihm gedachtes Exemplar überliefert wird, es mitzunehmen und mir einzuhändigen.

Der ich, mich zu geneigtem Andenken bestens empfehlend, die Ehre habe mich zu unterzeichnen.

Weimar den 29. October 1827.

98.
An Friedrich Johannes Frommann.

[Concept.]

Ew. Wohlgeboren
sende hiebey die Probedrücke der beiden kleinen Gedichte dankbar zurück; mein Sohn ist der Meynung, man möge die alten Überschriften beybehalten, um jener frohen Epochen sich jederzeit dabey zu erinnern. Durch weitere geneigte Besorgung verpflichten Sie uns auf's neue.

Der letzte kurze Aufenthalt hat mir das werthe Jena wieder so frisch und lebendig vor Sinn und Auge gebracht, daß, wäre die Jahrszeit nur nicht so vorgerückt, Sie mich gewiß schon wieder gesehen hätten. Freundschaftliche Unterhaltung und reichliche Belehrung würden mich wie sonst zu fesseln ihre Kraft ausüben.

Mit den besten Empfehlungen mich unterzeichnend.

99.
An C. E. Helbig.

[Concept.]

Ew. Hochwohlgeboren
lege hiebey eine Rechnung vor über neuerlichst und schon früher eingesendete Boisserée'sche Hefte, welche von mir an das Großherzogliche Museum abgegeben worden, mit Bitte, deren Auszahlung gefällig zu besorgen, da solche auf frühere an Rath Haage eingereichte Rechnungen nicht erfolgt ist.

Mich zu geneigtem Andenken bestens empfehlend.
Weimar den 30. October 1827.

100.
An Alessandro Poërio.

Mit Vergnügen und Dank habe Ihr Schreiben, mein werthester Herr, vom 17. September mit beygelegter Tragödie durch Vermittlung des Herrn v. Savigny erhalten, auch Ihre frühere Sendung war

zu rechter Zeit angekommen. Ich zweifle nicht, daß
bey der Aufführung die Verdienste des Antonio Foscarini mit Beyfall aufgenommen worden. Meine
Freunde, die sich mit mir nach auswärtiger Literatur
umthun, wissen das genannte Stück gleichfalls zu
schätzen und ich hoffe, nächstens davon ein günstiges
Zeugniß abzulegen.

Von den Promessi Sposi sind schon zwey Übersetzungen unter der Feder, ja die ersten Theile schon
aus der Presse. Empfehlen Sie mich dem werthen
Manne, wenn er sich noch in Florenz befindet; seine
liebenswürdigen Arbeiten verbreiten sich auch in
Deutschland immer mehr, sowohl durch den Abdruck
der Originale als durch Übersetzungen.

Leben Sie recht wohl und geben mir manchmal
Nachricht von sich und der neuen italiänischen Literatur. Glauben Sie daß Ihre Briefe richtig ankommen,
wenn ich auch nicht immer alsogleich zu antworten
im Stande seyn möchte. Auf alle Fälle werde ich
von Ihren Mittheilungen den besten Gebrauch machen.

Das Beste wünschend

ergebenst

Weimar den 1. November 1827.   J. W. v. Goethe.

101.
An C. D. Rauch.

Lassen Sie mich nun, theuerster Mann, von Künstlern und Kunstangelegenheiten das Weitere verhandeln:

Unsere junge Facius, die gewiß unter Ihren Augen am meisten gewinnen und zunehmen kann, bleibe Ihnen wie bisher empfohlen. Nach Verlauf des Winters wird sich ja ergeben, was für sie und einen längern Aufenthalt in Berlin weiter geschehen kann.

Der junge Meyer hat, wie Sie nun schon bemerkt haben, recht hübsche Anlagen; da er aber bisher ganz naturalistisch, ohne eines gründlichen Unterrichts zu genießen, verfahren ist, so wird er in Berlin für die erste Zeit auf genauere Kenntniß des menschlichen Körpers, auf inneres Verständniß der Glieder, die er von außen darstellen will, geleitet werden und Sie ihn deshalb am besten dirigiren können, wenn Sie ihn auch in Ihr Atelier aufzunehmen nicht im Fall wären. Er ist an Herrn Professor Lichtenstein adressirt und mit diesem könnte deshalb wohl auslangende Rücksprache genommen werden.

Von Herrn Brandt habe ich immer den besten Begriff gehabt und nur an ihm eine gewisse Stetigkeit seiner Kunstleistungen vermißt; wenigstens bey der Medaille war zu bemerken, daß er das Vorliegende nicht sowohl zu bessern, als vielmehr immer etwas ganz Anders zu machen geneigt war; da denn freylich zuletzt ein höchst Lobenswürdiges, aber gewissermaßen Unerwartetes zum Vorschein kam.

Sie kennen sein Verfahren Schritt vor Schritt und wissen es daher genauer zu beurtheilen. Hat er, wie gegenwärtig der Fall ist, ein würdiges Vorbild,

von dem er nicht weichen noch wanken darf, so wird
er gewiß etwas ganz Vorzügliches leisten und sich
dabey wohl selbst zu eigner Entschiedenheit ausbilden.
Was Sie mir irgend von seinen Arbeiten gefällig
mittheilen mögen und können, soll mich auf eine
höchst angenehme Weise von den Fortschritten Ihrer
dortigen großen Anstalten überzeugen.

Daß ferner Herr Tieck in angemessener Thätigkeit fortfährt, ist seinem schönen entschiedenen Talente
ganz gemäß. Könnten Sie mir eins der bemerkten
Modelle im Abguß zusenden, so würde Gelegenheit
finden, meinen guten Willen in Empfehlung solcher
Arbeiten zu bethätigen.

Daß der Tod des Herrn v. Bethmann der Ausführung jener Statue nicht, wie ich befürchten mußte,
gleichfalls schädlich, ja tödtlich sey, scheint mir aus
Ihren Worten, welche die Ursachen der Verzögerung
angeben, klar hervorzugehen; und es sollte mir freylich höchst angenehm seyn, in diesem Denkmal zugleich
ein Zeugniß Ihres Kunstverdienstes und Ihres Wohlwollens zu erleben.

Daß so viele auf einander folgende Gußarbeiten
diese Kunst nach und nach in Berlin sehr hoch steigern
müßten, war vorauszusehen; es erfüllt sich aber im
vollsten Maaße. Die Bestrebungen des Herrn Beuth
sind mir durch die Freundlichkeit des werthen Mannes
immerfort bekannt geblieben. Ich verdanke ihm die
anmuthigsten Abgüsse einiger Terracottas und einiger

Figuren aus der Vergötterung Homers. Haben Sie doch ja die Güte, mir auch manchmal irgend ein Kleines, welches in der Kunst niemals eine Kleinigkeit ist, gefällig zuzusenden zu einigem Trost für so viele Entbehrungen.

Nun aber von etwas Colossalem zu reden, so gestehe ich, daß ich den Kopf des Antinous von Monbragone, wie ihn Herr Kohlrausch zurückließ, gar gern besessen hätte. Sagen Sie mir auf folgende Frage ein trauliches Wort: Bey Ihren großen und herrlichen Besitzungen kann Ihnen dieser Kopf nicht wohl von solcher Bedeutung seyn, wie er mir wäre; könnten Sie mir ihn abtreten und um welchen Preis? Wo steht wohl das Original gegenwärtig? Ich habe es noch in Monbragone an Ort und Stelle gesehn und verwahre eine gelungene Zeichnung von Bury bis zum Maaß eines natürlichen Menschen verkleinert. Verzeihen Sie dieses Anmuthen, aber ich darf wohl sagen, es ist der einzige wahre Genuß der mir noch übrig blieb, mich an plastischer Kunst zu erquicken. Ich verdanke neuerlich den dortigen Anstalten die Abdrücke der Stoschischen Sammlung, die uns bequem in jene Zeiten versetzen, welche wieder herbeyzurufen die besten Kunstgeister unsrer Zeit beflissen sind. Und so erlauben Sie mir noch eine Frage: Wäre nicht irgend ein Abguß eines Theils Ihrer Basreliefe am Blücher'schen Monument zu erlangen?

Hier schließe ich ab, da unser Freund Alfred

Nicolovius so eben nach Berlin zurückkehrt. Die schönsten Empfehlungen an die werthen Freunde; die besten Grüße Ihrer liebwerthen Tochter und die Versicherung treuster Anhänglichkeit und Theilnahme.

unwandelbar

Weimar den 3. November 1827.   J. W. v. Goethe.

102.
An Peter Christian Wilhelm Beuth.

[Concept.]

Ew. Hochwohlgeboren
hat, wie ich hoffen kann, der theure Zelter schon zu melden Gelegenheit gehabt, wie die Weimarischen Kunstfreunde durch Ihre gefällige letzte Sendung in Thätigkeit gesetzt worden. Um alles auf die Vergötterung Homers, in jenem wichtigen Marmor dargestellt, Bezügliche sich vergegenwärtigen zu können, wurden die Nachbildungen des Santo Bartoli und Galestruzzi hervorgesucht, nicht weniger was durch Pater Kircher, Cuper, Polenus und andern darüber ausgesprochen worden, woraus denn ein kleiner Aufsatz entstand, welchen ich in dem nächsten Heft von Kunst und Alterthum mitzutheilen gedenke.

Der junge Mann namens Dinger, dessen Geschicklichkeit und Beförderung Sie mir anzeigen, ist mir durch den schönen Abguß in Bronce, den ich der Gnade Ihro Königlichen Hoheit des Kronprinzen verdanke, bekannt geworden, und ich wünsche ihm Glück, unter Ihrer Leitung seinen Weg zu gehen. Mehr als jemals hat man in diesen Zeiten Ursache, sogleich die rechte Schmiede zu kennen und zu suchen, wo ein Bestreben das andere treibt und eine Geschicklichkeit die andere zu überbieten trachtet. Ihre Reisen und ein ununterbrochenes Ausüben setzen Sie freylich mehr als jeden andern in den Stand, das Vorzüglichste gewahr zu werden und zu leisten. Deshalb ich zu der großen Förderniß Glück wünsche, die Ihnen von Seiten Ihro Majestät des Königs zu Theil worden. Ich freue mich zum voraus, auch von den Früchten derselben mitzugenießen.

Darf ich bitten, gelegentlich des gefällig zugesagten kleinen Basreliefs Hawkins zu gedenken? der Wunsch, solches in der Wirklichkeit zu sehen, war sogleich lebhaft und die Hoffnung, die Sie mir gaben, solches zu besitzen, höchst erfreulich.

Da ich Ew. Hochwohlgeboren schon früher mit dem Wunsch, auch Thiergestalten von tüchtigen Künstlern im höhern Styl ausgeführt zu sehen, beynahe unbequem geworden bin, so überzeugen Sie sich ohne weiteres, daß mir die Übersendung des so vorzüglich nachgebildeten Hundes höchst angenehm gewesen; er hält nun bey den übrigen Gaben, die ich Ihnen verdanke, getreulich Wache.

Wo mag das Original jener köstlichen Schale, worauf die göttlichen Wagenlenker zu sehen sind, welche Sie in Ihren Musterblättern mittheilten, zu finden seyn? Wer hat sie zuerst publicirt? Verzeihen Sie diese Fragen und fahren fort, mich von Zeit zu Zeit mit einiger Mittheilung zu erquicken.

Alfred Nicolovius, der mich so eben verläßt, um nach Berlin zurückzukehren, übernimmt, Gegenwärtiges zu überbringen; ich ergreife diese Gelegenheit um so lieber, als er mündlich bezeugen kann, wie sehr Ihre Gaben zu der belehrenden Behaglichkeit beytragen, in der ich mich durch manche versammelte Gegenstände zu erhalten wünsche.

Weimar den 3. November 1827.

103.
An C. F. Zelter.

Alfred Nicolovius, welcher sich eben hier befindet, hat nicht verfehlt, mir jene häßliche Novelle in ihren Einzelnheiten vorzutragen, die du nach meiner Überzeugung vollkommen einsichtig lakonisch darstellst.

In meiner Biographie muß eine Stelle vorkommen, wo ich ausspreche welche bange Wirkung mir, dem Jüngling, die Entdeckung solcher unterschwornen und übertünchten Familienverhältnisse gemacht; du hast ganz Recht, daß solcher Art manches im Finstern dahinschleicht, bis einmal der Zufall oder wie hier eine Art Wahnsinn das Ungebührliche an's Licht schleppt. Daß unser Bedauern dem Unheil gleich sey

bist du überzeugt. Habe Dank, daß du durch anmuthige
Relation die Anmuth der zierlichen Sängerin auch
mir hast vergegenwärtigen wollen; mein Ohr ist dieser
Genüsse längst entwöhnt, der Geist aber bleibt für sie
empfänglich. Die neuliche Vorstellung der Zauberflöte
ist mir übel bekommen, früher war ich empfänglicher
für dergleichen, wenn auch die Vorstellungen vielleicht
nicht besser waren. Nun kamen zwey Unvollkommen-
heiten, eine innere und äußere, zur Sprache, Anregungen
wie das Anschlagen einer Glocke die einen Sprung
hat. Gar wunderlich; wollte ja auch die Wiederholung
deiner geliebten Lieder nicht gelingen! Es ist besser,
dergleichen zu ertragen als viel davon zu reden oder
gar zu schreiben.

Dagegen fährt die bildende Kunst, besonders die
plastische, immer fort, mich glücklich zu machen. Die
Abbildungen der Stoschischen Sammlung unterhalten
mich auf's beste, auch Herrn Beuths höchst gefällige
Sendungen dienen mir und Meyern zu den besten
Entwickelungs- und Belehrungsgesprächen. Wir stellen
ein Heft Kunst und Alterthum zusammen, wobey ich
denn immer auch zunächst für dich zu arbeiten gedenke.

Die nähere Bekanntschaft mit Zahn und seinen
Arbeiten wird dir gewiß heilsam und ersprießlich seyn;
ich für meine Person bin in dem Falle, daß mich das
Anschauen des Alterthums in jedem seiner Reste in
den Zustand versetzt, worin ich fühle ein Mensch zu
seyn.

Bey dem herzlichsten Wunsche, daß deiner Louise Mißgeschick erst durch Linderung möge gebessert und sodann durch Jugendkraft wieder hergestellt werden, erwarte sehnlichst die Relation des Dr. Leo. Einige Recensionen von ihm in der Hegelischen Zeitschrift haben mir von ihm ein gutes Zeugniß gegeben.

Vorstehendes lag einige Zeit. Nun kommt dein Werthes vom 30. October und so mag dieses Papier nicht länger harren.

In meinem Hause leidet die Mutter, wie herkömmlich, an manchen Nachwehen, an verschiedenen, in Übles und Böses umschlagenden Naturnothwendigkeiten. Das schöne Kind gedeiht. Ich fahre fort, an Faust zu schreiben, wie es die beste Stunde gibt.

Sonst ist mir manche literarische Neuigkeit zugekommen, die mich aufregt, in Kunst und Alterthum etwas darüber zu sagen. Wie ich denn überhaupt dem nächsten Stücke einen besondern Ton und eigne Behandlung der Dinge zu geben gedenke.

Auch recht hübsche Zeichnungen, um mäßigen Preis, sind mir zugekommen und ich erwarte eine Sendung Majolika von Nürnberg; dieß ist eine Art Thorheit, in die mein Sohn mit einstimmt. Indessen gibt die Gegenwart dieser Schüsseln, Teller und Gefäße einen Eindruck von tüchtig-frohem Leben, das eine Erbschaft großer mächtiger Kunst verschwendet. Und wie man denn doch gern mit Verschwendern lebt, die sich und uns das Leben leicht machen, ohne viel zu

fragen, woher es kam und wohin es geht; so sind
diese Dinge, wenn man sie in Masse vor sich sieht,
von der allerlustigsten Bedeutung. Wie kümmerlich
sind dagegen unsere Porcellanservice, auf denen man
Blumen, Gegenden und Heldenthaten zu sehen hat;
sie geben keinen Totaleindruck und erinnern immer nur
an Botanik, Topographie und Kriegsgeschichte, die ich
nur im Garten, auf Reisen und [in] müßigen Stunden
lieben mag. Du siehst, wie man seine Thorheiten zu
beschönigen weiß, gepriesen aber sey jede Thorheit, die
uns dergleichen unschädlichen Genuß verleiht.

Möge denn auch dieses Blatt den Weg antreten
den ich so gerne selbst zurücklegte, und dich zu baldigem
Erwidern freundlichst aufregen.

So sey und gescheh es

Weimar den 6. November 1827. Goethe.

104.
An J. J. Lechner.
[Concept.]

Ew. Wohlgeboren
vermelden mir, daß die in Ihrem Katalog angezeigte
Majolika in zwey Kisten wohl verpackt sey und jeden
Augenblick abgehen könne. Hierauf erwidere kürzlich:
daß, wenn die Summe von hundertunddreyßig Thalern
sächs., welche sich ganz nah an Ihre Forderung stellt,
Ihnen genehm ist, Sie gedachte Kisten an den Handelsmann Herrn Carl nach Jena gefälligst absenden wollen.

Nach glücklicher Ankunft soll obgedachte Summe alsobald übermacht werden. Senden Sie mir noch einige Exemplare Ihres Katalogs, die ich an meine sich freylich immer vermindernden Freunde der darin enthaltenen Curiosa mittheilen und Ihnen dadurch vielleicht einigen Abgang verschaffen könnte.

Das Beste wünschend.

Weimar den 6. November 1827.

105.
An Friedrich v. Müller.

Ew. Hochwohlgeboren

wohlthätiges Schreiben vom 1. November gelangt zu mir am 7., eben als die nächsten Hausfreunde, zu der zweyten Wiederkehr dieses Festtags Glück wünschend, ein heiteres Gastmahl bey mir einnehmen, wobey wir Sie abermals zu vermissen haben. Dagegen freylich schwelgen Sie noch in diesem Augenblick an einer hohen und herrlichen Tafel, deshalb wir Sie allerdings beneiden. Hat Sie, theuerster Freund, ein neuliches Brieflein meines Sohns vom [Lücke] in der Zwischenzeit angetroffen, so werden Sie mit Vergnügen ersehen haben, daß Ihr Wunsch erfüllt worden und ein anmuthiges gesundes Mädchen auf die Welt gekommen sey. Daß die Mutter bey ihrer zarten Constitution an den natürlichen Folgen solcher Ereignisse mehr als andere zu dulden habe, müssen wir uns theilnehmend gefallen laſſen und dürfen es um ſo eher, als ihr wackerer Charakter auch in dieſen unangenehmen Zuſtänden treulich wirkſam iſt.

Wir fahren indeſſen fort zu arbeiten und zu ſinnen. Die Herren vom Globe nehmen treulich Notiz von uns und man muß trachten, hievon Vortheil zu ziehen. Ein Heft von Kunſt und Alterthum bereitet ſich vor, und wegen der Inſertion Ihres alle Anerkennung verdienenden Gedichtes wird ſich zunächſt verhandeln laſſen. Schon habe ich darüber gedacht, wie man es in allen ſeinen Theilen verſtändlich und anſchaulich machen könne. Noch neuerlich hat mich hierauf das Verfahren der Engländer aufmerkſam gemacht, das wir allerdings nachahmen ſollten, beſonders bey Gelegenheitsgedichten, wo alles darauf ankommt daß das poetiſch Dargeſtellte zugleich als wirklich vorhanden angeſchaut werde.

In Nürnberg können Sie mir einen großen Dienſt erzeigen; Herr Schmidmer, ſich auf ſein altes gutes Verhältniß beziehend, ſchickt mir ein großes Paquet zu vertheilender und verſchickender Subſcriptions-Anzeigen; die guten Menſchen bedenken nicht, daß ich in meinen hohen Jahren mich mit einem ſo complicirten Geſchäft nicht befaſſen, eine weitläufige Correſpondenz deshalb nicht führen kann. Hab ich doch kein zu ſolchen Zwecken eingerichtetes Comptoir, wie Zeitungs- und Tagesblätter ſich einrichten müſſen, was ihnen zukommt mechaniſch zu behandeln.

Da ich mit Herrn Rauch im besten Verhältniß stehe, so werde ich zunächst von jedem Vorschritt eines solchen Geschäftes unterrichtet; er wird ein treffliches Kunstwerk leisten und ich werde im Anfang und im Laufe der Arbeit das Beste davon sagen können. Von einem Zukünftigen zu sprechen habe ich nicht leicht unternommen.

Von dem größten Werth ist mir was Sie uns von München werden zu berichten haben. Da uns daran gelegen seyn muß, uns in jedem Sinne dorthin dankbar zu beweisen und wir es bey so großem echten Unternehmen und kräftiger Behandlung auch redlich und einfach thun dürfen, so ist es für uns ein großer Vortheil. Hiezu gehört aber die eigenste Kenntniß, um nicht in Phrasen und Allgemeinheiten sich zu ergehen und vielleicht durch etwas Falsches ein Unerfreuliches zu bewirken.

So viel ich noch zu sagen wünschte, muß ich schließen, um die Post nicht zu versäumen.

treulichst

Weimar den 7. November 1827. Goethe.

106.
An A. Nicolovius.

[Concept.]

Kaum bist du, mein lieber Neffe, einige Stunden fort, so fällt mir ein, daß ich versäumte, dich um einiges zu ersuchen, das den Abgang des Schwänchens, das ich dir bereite, eigentlich nicht erwarten sollte. Also bitte Folgendes geneigt zu beachten:

1) Als bey Reimer herausgekommen ist angekündigt: Neues Ophthalmophantom. Erfunden und beschrieben von Dr. Albert Sachs. Mit einer Kupfertafel. 5 Sgr. Sende mir dieses, da es kein sonderlich Volumen haben kann, durch die reitende Post.

2) Hab ich versäumt, dir einen jungen Meyer aus Bremen zu empfehlen, der wenige Tage vor dir bey uns war. Er hat Anlage zum Künstler, und in Berlin wird sich's bald ausweisen, inwiefern er sich durchzubilden fähig ist. Bey Rauch und Zelter bist du ihm vielleicht schon begegnet.

3) Biete die Zahlung beykommender Rechnung Herrn Oberbergrath Krigar mit meinem schönsten Dank für das besorgte kleine Geschäft an, da er sie in der Eisengießerey bezahlt zu haben scheint.

4) Empfiehl mich deinem Herrn Vater schönstens und entschuldige beyliegenden bescheidenen Vortrag.

[Beilage.]

Der Regierungs- [und] Medicinalrath in Minden Dr. Nicolaus Meyer meldet mir, daß er bey dem hohen Ministerium der geistlichen, Unterrichts- und Medicinalangelegenheiten um die Conferirung der in Aachen erledigten gleichen Stelle geziemend nachgesucht, und bittet mich hiernächst geeigneten Ortes seiner zu gedenken. Da nun hier von eigentlicher Empfehlung nicht die Rede

seyn kann, indem die Beförderung in dem hohen
Preußischen Staatsdienste auf Prüfung und Anerkennung beruht, so will ich doch einem alten Freunde
hierin nicht absagen, damit bey glücklichem Gelingen
ich auch mich ter Erfüllung eines geäußerten Wunsches
erfreuen könne.

Seit vielen Jahren ist er mir als ein strebsamer
und thätiger Mann bekannt geworden und wenn ich
seine ärztliche Wirksamkeit nicht beurtheilen kann, so
gab mir doch eine fortgesetzte Correspondenz mit ihm,
besonders auch die Redaction des Sonntagsblattes die
Überzeugung, daß er den Welt- und Staatspunct, wo
er hingesetzt war, und das, was darin allernächst zu
thun sey, einsichtig kannte und mit großer Mäßigkeit,
jedoch unermüdet zu bewirken suchte. Von einer entschiedenen menschlichen und bürgerlichen Rechtlichkeit
in allen Fällen haben mir vielfache Erfahrungen seit
mehr als dreyßig Jahren das treufte Zeugniß gegeben.

Soviel, um Verzeihung dieses bescheidenen Vortrags
geziemend bittend.

7. Nov. 1827.

107.
An Carl August Varnhagen v. Ense.
Ew. Hochwohlgeboren

machen mir durch meine früheren Briefe an den
trefflichen Wolf, von Ihrer eignen Hand geschrieben,
ein gar schönes Geschenk. Diese Blätter, wenn man

sie auch nicht von besonderer Bedeutung findet, geben
doch Zeugniß von einem freyen heitern Daseyn und
einem reinen wechselseitigen Vertrauen. Nehmen Sie
dafür meinen schönsten Dank und zeichnen mich unter
Ihre Schuldner.

Über die Berliner Jahrbücher hätte ich wohl gern
ein Wort gesprochen. Ganz ohne Frage ist es ein
großes Verdienst Ihrer Zeitschrift, daß die Recensenten
sich namentlich bekennen; besonders ist dieses mir gar
sehr viel werth. Denn da ich der fortschreitenden
Literatur in ihren Zweigen nicht durchaus folgen
kann, so werden mir, kraft solcher Vermittlung, die
bedeutenden Männer bekannt, die sich jetzt in den verschiedensten Fächern hervorthun und sowohl durch
eignes Verdienst als durch das Anschließen an Ihren
Kreis Aufmerksamkeit erregen und Würdigung gewinnen.

Eine hiebey unvermeidliche Gefahr ist jedoch nicht
leicht abzulehnen, daß nämlich einer und der andere
irgend etwas Falsches, zwar unter seinem Namen,
aber doch in so guter und stattlicher Gesellschaft vortragen und so auch das Verfängliche und Schädliche
sich Zutrauen und Beystimmung gewinnen könne.
Wenn z. E. Purkinje ganz unbekunden und zuversichtlich ausspricht: daß man die wahre, dem Menschen so
nöthige Heautognosie bey Hypochondristen, Humoristen, Heautontimorumenen lernen solle, so ist dieses
eine so gefahrvolle Äußerung als nur irgend eine;

denn nichts ist bedenklicher als die Schwäche zur
Maxime zu erheben. Leidet doch die bildende Kunst
der Deutschen seit dreyßig Jahren an dem Hegen und
Pflegen des Schwach- und Eigensinnes und des daraus
hervorgehenden Dünkels und einer dadurch bewirkten
Unverbesserlichkeit. Vor solchen schmeichelhaften Irr-
thümern fürchte ich mich, weil ich schöne Talente
daran untergehen sehe. Äußere ich dergleichen, so ist
dadurch Ihre Anstalt nicht gemeint, sondern namentlich
der Recensent. Verzeihen Sie das Gesagte, ich bin
es dem schönen offnen Verhältniß zu Ihnen schuldig.

Wie glücklich aber habe ich Sie zu preisen, daß
Ihnen auf die Stimme Hegels und Humboldts diesen
Winter zu horchen vergönnt ist. Die weimarischen
Freunde, die in aller Stille so gern Schönes und Gutes
aufnehmen, werden sich hoffentlich auf irgend einem
Wege auch ihren Theil bescheiden zueignen können.

Wiederholten Dank und die besten Grüße der
theuren Gefährtin Ihres Lebens.

treu theilnehmend
Weimar den 8. November 1827.   J. W. v. Goethe.

108.
An C. G. Börner.

Ew. Wohlgeboren
erhalten hierbey zwey Berechnungen, die sich zusammen
auf 51 Thaler belaufen; Sie werden durch Herrn
Banquier Elkan den Betrag derselben nächstens er-

halten; doch wünschte jede Summe besonders quittirt, da sie von verschiedenen Liebhabern bezahlt werden. Das Verzeichniß der Kupfer habe durchgesehen und finde bedeutende Blätter, aber auch zu sehr hohen Preisen; doch würde wohl einiges auswählen, wenn Sie mir die näher zu bezeichnenden zum Ansehen übersenden und den Betrag des alsdann zurückbehaltenen bis zur Jubilatemesse creditiren wollen.

Zu Ihren Geschäften und Unternehmungen das Beste wünschend.

ergebenst

Weimar den 8. November 1827.   J. W. v. Goethe.

109.
An Carl Cäsar v. Leonhard.

[Concept.]

Ew. Hochwohlgeboren
haben mir durch die Sendung, welche ich aus den Händen der werthen Mademoiselle Barbua erhielt, sehr viel Vergnügen gemacht; was kann mir, der ich schon einige Jahre das Bergsteigen aufgegeben habe, Angenehmeres begegnen, als wenn einsichtige Forscher, denen noch frische Glieder zu Gebote stehen, mir die vorzüglichsten Erwerbnisse ihrer Bemühungen mittheilen wollen. In Erwiderung übersende dagegen ein Mineral, das mir in dieser Gestalt noch nicht vorgekommen ist, mit der Bitte mir gefällig anzuzeigen, ob solches wohl irgend woher schon bekannt geworden. Es ist

ein Olivin, wenn Sie es dafür wollen gelten lassen, in mehr oder weniger gedrückter Eyform; auch ist das Gestein, worin er mit größeren und kleineren Parcellen seiner Art vorkommt, allerdings bedenklich und man ist geneigt zu glauben, es habe solches einen gewaltsamen Feuergrad ausgehalten. Dieses Mineral kommt vor zu Graslitz, einer Bergstadt in der Allodialherrschaft gleiches Namens im Elbogner Kreise an der Zwota, vier Meilen nordwärts von Falkenau. v. Färber, in seinen Beyträgen zur Mineralgeschichte von Böhmen, erwähnt dieser Bergstadt, doch ohne irgend eine Bemerkung, die mir nutzen könnte. Wäre es zu meiner Zeit entdeckt worden, so hätte ich mich gewiß an Ort und Stelle begeben, um die Nachbarschaft eines so wunderbaren Vorkommens im hohen Gebirg näher zu untersuchen. Haben Sie die Güte, mich durch Analogie und Beyspiele zu belehren; fahren Sie fort, an den wenn auch eine Zeitlang Schweigenden ununterbrochen zu denken und seiner fortdauernden Theilnahme in jedem Sinne gewiß zu seyn.

Weimar [den 9.] November 1827.

110.
An J. J. Elkan.

[Concept.] [9. November 1827.]

Herr Banquier Elkan wird hiedurch höflichst ersucht, an Herrn Börner, Kunstmahler in Leipzig, abermals zwey Posten

1) 29 rh. 4 gr. sächs.
2) 21 — 20 — —
Sa 51 rh sächs.

und zwar gegen abgesonderte Quittungen gefällig auszahlen zu lassen.

Weimar den 8. November 1827.

111.
An A. Nicolovius.
[Concept.]

Hiebey das meiste auf deiner Schedel Bemerkte. Voraus ein Paquet an Zelter; sodann
1) Genfer Medaille an Dr. Seibel;
2) Dergleichen an Justizrath Schulz;
3) Eine silberne Jubelmedaille für Vater Nicolovius; mit den besten Grüßen und Segnungen;
4) Brandts Medaille für Geh. Rath Rudolphi;
5) Ein Exemplar Faust;
6) Lieder vom 28. August 1827;
7) Unterzeichnete Blätter zur Feyer des 7. Novembers 1825.

Hiebey ist zu bemerken, daß von den Blättern zum 28. August 1826, wovon nur eines beyliegt, nächstens eine Mehrzahl folgt.

NB. Gleicherweise sollen die Medaillen für die Literarische Mittwochsgesellschaft und jenen wohlthätigen Verein nicht außen bleiben.

Gedenke unserer im Guten und Vernünftigen; besorge das Aufgetragene gefällig, und so möge dir alles Unternommene und zu Unternehmende wohlgelingen.

Weimar den 9. November 1827.

112.
An F. J. Soret.

Zum allerschönsten dank ich, mein theuerster Herr und Freund, daß Sie mich an meine Schuld erinnern, die ich längst gern abgetragen hätte. Hiebey erfolgen also

Siebenundachtzig Thaler 8 gr. Conventionsgeld, wogegen ich mir gefällige Quittung erbitte.

Die kleinen unscheinbaren Münzen werden in Reih und Glied unserer nun wohlgeordneten Sammlung sich ganz vortheilhaft ausnehmen, wo wir sie denn nächstens wieder in Augenschein zu nehmen bitten.

Die Recension des neusten Leonhardischen Werkes war mir gestern Abend gleich zu großer Erbauung. Man muß jung seyn, um sich in einen solchen innern Antagonism einer Wissenschaft zu finden und vorauszusehen, was denn doch zuletzt für Heil von einem solchen Conflict zu erwarten sey. Wer uns Alte hierüber aufklärt verdient großen Dank; indeß uns nichts weiter übrig bleibt, als von den einzelnen Naturkörpern für und für möglichste Kenntniß zu nehmen. Das Übelbefinden unsres theuren Prinzen hat mich diese Zeit her sehr bekümmert und doppelt geschmerzt, da es mir Ihren höchst angenehmen Besuch entzieht. Im mineralogischen und sonst naturhistorischen Fache ist übrigens manches Schöne und Mittheilungswerthe zu mir gelangt. Möge ich bald in dem Fall seyn, Sie damit zu begrüßen und zu unterhalten.

treu ergeben

Weimar den 11. November 1827.   J. W. v. Goethe.

113.
An S. Boisserée.

Ausführung an, wobey man sich denn freylich sehr zusammen nehmen muß.

Von Kunstwerken acquirirte ich bedeutende ältere Zeichnungen und verschaffte mir die Abbrücke der Stoschischen Sammlung, welche in Berlin sehr lobenswerth gefertigt und, nach dem alten Winckelmannischen Katalog geordnet, in zierlichen Kästchen ausgegeben werden; sie beschäftigten mich mehrere Tage und müssen noch immer von Zeit zu Zeit beachtet werden als ein ganz unerschöpflicher Schatz, dessen Einzelnheiten uns zu den höchsten, besten Gedanken aufregen.

Im Begriff des Technischen der Mahlerey hat mich Folgendes gar sehr gefördert: die Anwesenheit des Restaurator Palmaroli in Dresden bewog unsern gnädigsten Herrn, den hiesigen Zeichenmeister Lieber, der sich wegen seiner großen Genauigkeit und Gewissenhaftigkeit besonders dazu empfiehlt, dorthin zu senden, wo denn glücklicherweise der Italiäner seinen Kunstgenossen in Affection nahm und wir glauben können, daß er ihn wirklich in das Technische dieses Geschäfts völlig eingeleitet habe. Mehrere verdorbene, von hier nach Dresden gesendete Bilder sind zu allgemeiner Zufriedenheit von da zurückgekommen. Sieber hat sich nunmehr hier schon eingerichtet und wird seine Künste weiter sehen lassen. Vom Übertragen des Ölbildes von einer Leinwand auf die andere hat er schon hinreichende Probe gegeben. Und so folgt eins aus dem andern. Freylich wird gar manches bey aufgehobener Stockung der Communication schneller sich verbreiten und das Gute fernerhin leichter zu fördern seyn dem der's will und versteht.

Nun aber machte von ästhetischer Seite Alexander Manzoni's Roman: I Promessi Sposi bey mir wirklich Epoche. Lesen Sie gewöhnlich den Globe, welches kein Gebildeter versäumen sollte, der mit dem Treiben und Wirken unsrer westlichen Nachbarn in Verbindung bleiben will, so sind Sie schon mit diesem bedeutenden Werke genugsam bekannt; käme Ihnen aber das Original oder irgend eine Übersetzung zu Handen, so versäumen Sie nicht, sich mit genanntem Werk bekannt zu machen. Zwey deutsche Übersetzungen kommen heraus; die Berliner hält sich mehr an die Darstellungsweise des Originals und liefert uns ziemlich das Wie des Vorgehenden; die Leipziger gibt uns auf alle Fälle auch von dem was geschehen historische Kenntnisse. Wem das Original zugänglich ist und wer eine gewiß bald erfolgende französische Übersetzung zur Hand nimmt, wird sich freylich immer besser befinden.

Auch war mir plastisches Gebilde fortwährend günstig: Von Berlin erhielt ich fernere Gypsabgüsse von denen in England befindlichen antiken Terracottas, auch einzelne Figuren von dem berühmten Basrelief, die Vergötterung Homers vorstellend, zu meiner Zeit noch im Palast Colonna. Dergleichen Gegenstände treiben immer auf's neue in's Alterthum, zur Betrachtung der Gesinnungen, Sitten und Kunstweise jener Zeiten. Da man sich denn immer einrichten muß, in einem unerforschlichen Meere zu schwimmen.

Von da ward ich wieder in den äußersten Norden verschlagen, denn dort muß man wohl die Urfabel des Nibelungen-Liedes aufsuchen. Ein neuer Versuch, uns nah genug an dieses Gedicht, wie es in altdeutscher Form vor uns liegt, heranzuführen, von einem Berliner namens Simrock, verführte mich darauf einzugehen. Hier wird uns nun zu Muthe wie immer, wenn wir auf's neue vor ein schon bekanntes colossales Bild hintreten, es wird immer auf's neue überschwänglich und ungeheuer, und wir fühlen uns gewissermaßen unbehaglich, indem wir uns mit unsern individuellen Kräften weder dasselbe völlig zueignen noch uns demselben völlig gleichstellen können.

Das ist dagegen das Eigne der griechischen Dichtkunst, daß sie sich einer löblichen menschlichen Fassungskraft hingibt und gleichstellt; das Erhabene verkörpert sich im Schönen.

Zur Fortsetzung verpflichtet
Weimar den 11. November 1827.   J. W. v. Goethe.

Beykommendes, wegen Verspätung um Vergebung Bittendes, erfolgt hier mit den treusten Wünschen; um es nicht länger aufzuhalten, sage nur kürzlich: daß die letzte lithographische Sendung wohl angekommen, auch die Zahlung Großherzoglicher Rechnung bestens empfohlen ist. Diese Abtheilung Ihres löblichen Werkes hat uns abermals viel zu denken gegeben, hier ist wieder eine eigne Welt, deren Kenntniß wir Ihren großen Bemühungen schuldig sind.

Herr v. Cotta bringt die Schillerische Correspondenz wieder in Anregung, ohne die in solchen Fällen so nöthige Bestimmtheit. Er scheint eine partielle Ablieferung des Manuscriptes zu beabsichtigen, wobey denn freylich auch eine partielle Zahlung des Honorars erfolgen müßte. Ich werde ihm deshalb nächstens ausführlicher schreiben und wünsche ihm auch hierin zu Willen zu seyn, weil er benn doch am besten wissen muß, wie eine Sache anzugreifen ist und wie sie fortschreiten kann. Erhalten Sie mir ein wohlwollendes Andenken; ich nutze möglichst meine Tage, um das noch zu leisten was kein anderer thun könnte.

Da wird denn doch, unter uns gesagt, noch manches
zurück bleiben.

Und so fortan empfohlen zu seyn wünscht
der Ihrige
Weimar den 11. November 1827. G.

114.
An Carl Ludwig v. Knebel.

Es ist mir, theurer verehrter Freund, höchst wohlthätig, wenn ich erfahre, daß meine ältesten edelsten
Zeitgenossen sich mit Helena beschäftigen, da dieses
Werk, ein Erzeugniß vieler Jahre, mir gegenwärtig
eben so wunderbar vorkommt als die hohen Bäume
in meinem Garten am Stern, welche, doch noch jünger
als diese poetische Conception, zu einer Höhe herangewachsen sind, daß ein Wirkliches, welches man
selbst verursachte, als ein Wunderbares, Unglaubliches,
nicht zu Erlebendes erscheint.

Aus meinem Briefwechsel mit Schiller geht hervor, daß er schon zu Anfang des Jahrhunderts von
dieser Arbeit Kenntniß genommen und, als ich darüber
in Zweifel gerieth, mich darin fortzufahren ermuthigt
habe.

Und so ist es denn bis an die neuste Zeit herauf=,
herangewachsen und erst in den letzten Tagen wirklich
abgeschlossen worden. Daher denn die Masse von
Erfahrung und Reflexion, um einen Hauptpunct ver-

sammelt, zu einem Kunstwerk anwachsen mußte, welches, ungeachtet seiner Einheit, dennoch schwer auf einmal zu übersehen ist.

Die rechte Art, ihm beyzukommen, es zu beschauen und zu genießen, ist die, welche du erwählt hast: es nämlich in Gesellschaft mit einem Freunde zu betrachten. Überhaupt ist jedes gemeinsame Anschauen von der größten Wirksamkeit; denn indem ein poetisches Werk für viele geschrieben ist, gehören auch mehrere dazu, um es zu empfangen; da es viele Seiten hat, sollte es auch jederzeit vielseitig angesehen werden.

Mag dein theilnehmender Freund mir seine schriftlich verfaßten Gedanken mittheilen, so sollt es mich freuen und anregen, vielleicht noch ein und das andere Wort offen zu erwidern. Hier sage schließlich nur soviel: die Hauptintention ist klar und das Ganze deutlich; auch das Einzelne wird es seyn und werden, wenn man die Theile nicht an sich betrachten und erklären, sondern in Beziehung auf das Ganze sich verdeutlichen mag.

In Erinnerung, daß die deinem Clienten, dem Mahler Durst, für seinen Aufenthalt in Jena ertheilte Vergünstigung mit Michael abgelaufen ist und also solche auf's neue zu erlangen seyn möchte, so übersende Beykommendes, welches dem Herrn Obrist v. Lyncker mit meinen besten Empfehlungen einzuhändigen bitte. Derselbe wird bey genauer Übersicht unsrer gesetzlichen Zustände ermäßigen, ob die ausgesprochenen Bebingungen erfüllt oder auf welche Weise sie zu erfüllen sind, um den jungen Mann und seine Gönner für das nächste Jahr und auf längere Zeit zu beruhigen.

Hegels Gegenwart zugleich mit Zelter war mir von großer Bedeutung und Erquickung. Gegen Letzteren, mit dem ich so viele Jahre in stetigem Verkehr lebe, konnte freylich das Eigenste und Besonderste verhandelt werden; die Unterhaltung mit dem Ersteren jedoch mußte den Wunsch erregen, längere Zeit mit ihm zusammen zu bleiben: denn was bey gedruckten Mittheilungen eines solchen Mannes uns unklar und abstrus erscheint, weil wir solches nicht unmittelbar unserem Bedürfniß aneignen können, das wird im lebendigen Gespräch alsobald unser Eigenthum, weil wir gewahr werden, daß wir in den Grundgedanken und Gesinnungen mit ihm übereinstimmen und man also in beiderseitigem Entwickeln und Aufschließen sich gar wohl annähern und vereinigen könne.

Überdieß habe ich mit ihm, in Ansehung der Chromatik, ein glücklich harmonisches Verhältniß, da er, schon in Nürnberg mit Seebecken zusammenlebend und sich verständigend, in diese Behandlung thätig eingriff und ihr immerfort auch von philosophischer Seite her gewogen und mitwirkend blieb, welches denn auch sogleich förderlich ward, indem man sich über einige wichtige Puncte vollkommen aufklärte. Herr v. Henning lies't indeß die Chromatik in meinem Sinne fort. Freylich wird es noch eine Weile werden, bis man die Vortheile meiner Darstellung allgemeiner einsieht und die Nachtheile des alten verrotteten Wortkrams mit Schaudern einsehen lernt.

Verzeihung dieser schreibseligen Weitläufigkeit: bey'm Entbehren mündlichen Unterhaltens verfällt man zuletzt in diesen Fehler. Tausend Lebewohl!

treu angehörig

Weimar den 14. November 1827.   J. W. v. Goethe.

115.
An J. H. Meyer.

[Concept.]   [14.? November 1827.]

An Herrn Beuther nach Cassel.

Ew. Wohlgeboren
habe wegen der übersendeten Zeichnungen zu vermelden, daß die hiesigen Liebhaber die Preise, besonders gegen die letzten Leipziger Auctionen, zu theuer finden, deswegen auch nur weniges ausgesucht worden.

Indem man sich aber die Rechnung machen und das Übrige zurückschicken wollte, so ereignet es sich, daß das mitgesendete Verzeichniß verlegt worden, und ich bitte daher um Abschrift desselben, da denn alsobald die Zahlung und Rücksendung erfolgen wird.

Mögen Sie, mein Theuerster, Vorstehendes oder etwas dergleichen nach Cassel schreiben, so ließe sich dieses kleine Geschäft auch kürzlich abthun.

Was Sie über Romeo und Julie und Leonore notirt haben bitte mir gelegentlich zu senden und morgen Mittag uns das Vergnügen Ihrer Gegenwart zu gönnen.

116.
An Johann Friedrich Ludwig Wachler.
[Concept.]

Wenn Ew. Wohlgeboren ich bezeugen kann, daß das Handbuch der Geschichte der Literatur seit seinem Erscheinen mir nie von der Seite gekommen und seit geraumer Zeit von größtem Nutzen gewesen, indem es mir nicht allein wo etwas in den literarischen Fächern zu suchen sey, andeutete, sondern auch wie das Gefundene zu beurtheilen sey, einen redlichen Fingerzeig gab: so werden Sie ermessen, wie angenehm mir das Lehrbuch der Literaturgeschichte geworden, welches ich sogleich an ruhigen Winterabenden mit Ungeduld durchlief. Da ist es mir denn wie einem, der nach Jahren in eine früher wohlgekannte Stadt zurückkehrt, wo indessen die Bürger in architektonischer und polizeylicher Hinsicht fortgefahren, zu Erweiterung, Verschönerung und Bequemlichkeit das Möglichste zu leisten.

Gerade das mit soviel Sorgfalt behandelte Mittelalter zog mich vorzüglich an, und ich finde mich wie früher so auch jetzt durch die gehaltvollen Urtheile gefördert und erbaut.

Fürwahr, es muß ein Mann von großem Charakter
seyn, der die Charaktere zugleich so scharf und liebevoll, so ernst als wohlbenkend, so zweckfinnig und
nachsichtig bezeichnen kann. Und da ich nun einmal
5 in Gedanken, Worten und Werken auf den Kreis der
Literatur angewiesen bin, so fühlen Sie, welchen Dank
ich demjenigen entrichte, der mich in dem unentwirr-
baren Labyrinthe diejenigen Stellen mit Leichtigkeit
auffinden läßt, wohin ich Aufmerksamkeit und Thätig-
10 keit eigentlich zu wenden habe.

Möge die edle Genüge, aus dem Anschaun eines
anerkannten Verdienstes entspringend, Sie in höheren
Jahren erquicken und das Nachgefühl der Wunden
auslöschen, die uns der Wechsel einer bewegten Zeit
15 zu schlagen so manche Gelegenheit fand.

Wünschend und hoffend.

Weimar den [14.?] November 1827.

117.
An Louise Adele Schopenhauer.

Zum erstenmal seit langer Zeit befolg ich das
Beyspiel jenes berühmten Secretärs der englischen
20 Societät Hooke, der niemals einen Brief erbrach als
Feder, Dinte und Papier schon in Bereitschaft. Ich
rühme sehr oft diese Maxime und befolge sie selten, aber
unter dem heutigen Datum, wo ich Ihr liebes Schreiben
empfangen, soll auch Gegenwärtiges an Sie abgehen.

Möge sich Ihr liebes Innere an der herrlichen Rheinnatur, in sittlicher und künstlerischer Thätigkeit zum schönsten und liebenswürdigsten wieder herstellen. Freunde tragen hiezu nichts bey. „Das Herz ist für sich eine Welt und muß in sich selbst schaffen und zerstören."

Von unsern Zuständen das Nächste: Ottilie ist ganz eigentlich von und an diesem Kinde genesen. Ein schönes Mädchen, willkommen Vater und Mutter, so wie Großvater und Brüdern, vom ersten Augenblicke herangeputzt mit auserwähltem Schmuck, an ausländische so wie inländische Freunde wundersam erinnernd, so daß man eine Jenny oder sonst ein artiges Naturwunder, dergleichen schon geweissagt, vor sich zu sehen glaubt.

Sodann will ich lakonisch von uns allen versichern daß wir uns ganz leiblich befinden, doch gerade so, um nicht übermüthig zu werden. Gar manche liebe Freunde gingen bey uns vorüber, unter welchen Zelter vorzüglich genannt werden muß. Ich erinnere mich nicht einmal, ob Sie ein Bild von Begas gesehen haben, welches ihn in seinem liebenswürdigsten Augenblick, als aufmerksamsten Tonhorcher und Forscher zu jedermanns Zufriedenheit darstellt. Hegel besuchte mich auch, eher mündlich als schriftlich zu verstehen.

Zum Heil unserer tanzenden Lieblinge sind die besten Engländer angelangt. Indem sie bey Hofe begünstigt figuriren, weiß ich noch nicht, ob einer ober der andere schon capturirt ist oder wer Anstalt macht, diesen oder jenen sich anzueignen. Der alte treue Lawrence ist wieder angekommen, man behandelt ihn ohne Consequenz und macht daher von allen Seiten offne Jagd auf ihn. Wie und wo er sich bestimmen oder klüglich vielfache Gunst vorzuziehen geneigt seyn wird, davon wüßt ich noch nichts zu sagen.

Bey mir hat er sich besonders insinuirt, indem er ein aus Alabaster geschnittenes Bildniß Cannings, unter Glasglocke, in rothsammtgefüttertem Futteral, aufmerksam-anständig verehrte; es ist zugleich ein allerdings lobenswürdiges Kunstwerklein und eine sehr erfreuliche Erinnerung an dieses edle Bild, welches auch frühzeitig und voreilig zu Staub geworden.

Soviel für dießmal, mit dem Wunsche, Gegenwärtiges möge Sie erfreuen und [veranlassen,] mir von Ihrer Umgebung und Ihrem geselligen Leben, auch künstlerischem Thun recht anschauliche Nachricht zu ertheilen.

treu angehörig

Weimar den 16. November 1827.   Goethe.

118.
An C. W. Göttling.

Ew. Wohlgeboren haben mir durch die Entwickelung des Niebuhr'schen Werkes ein großes Geschenk gemacht; sie ist völlig nach meinen Wünschen und über meine Erwartung, dabey so vollkommen klar und schön, daß man glaubt, man habe sie selbst schreiben können; sie wird als höchste Zierde meines dießmaligen Heftes erscheinen. — Darf ich hiernächst bitten, beykommenden Divan noch einmal durchzugehen? Die Octavausgabe schreitet vor, die Correcturen zum vierten [Bande] sind abgegangen.

Nächstens überschicke das Exemplar der zweyten Lieferung, die Sendung ist mir als schon unterwegs angekündigt. Mögen Sie im Laufe dieses Winters dieselbe gelegentlich Bändchen für Bändchen durchgehen, so sind wir bis zu Ihrer glücklichen Rückkehr aus dem gelobten Lande gesichert und geborgen.

Die Octavausgabe, wovon ein Band in meinen Händen ist, nimmt sich ganz gut aus und wird Ihnen um desto mehr Freude machen, als Sie selbst an der Vollendung derselben den besten Antheil haben.

Alles Gute wünschend

ergebenst

Weimar den 17. November 1827.   J. W. v. Goethe.

119.
An Friedrich Carl.

[Concept.]

Ew. Wohlgeboren
halte für nöthig anzuzeigen, daß am 11. dieses zwey Kisten zerbrechlicher Ware an Dieselben von dem Nürnberger Buch- und Kunsthändler Lechner abgesendet worden.

Wie ich Dieselben aber ersuche, gedachte Kisten
vorsichtig in Empfang zu nehmen, auch auf gleiche
Weise anher zu senden, so werde nicht ermangeln, die
gehabten Auslagen und sonstige, anher gefällig zu
melbende Spesen alsobald zu erstatten.

Mit dankbaren Gesinnungen.

Weimar den 17. November 1827.

120.
An den Großherzog Carl August.

[Concept.]

Ew. Königlichen Hoheit
hätte schon längst bekommendes Werk dankbar zurück-
senden sollen; es that aber auf mich eine ganz eigene
zwiespältige Wirkung, es stößt ab und zieht wieder
an, man kann es nicht los werden. Auch bekommen-
der merkwürdiger Brief liegt schon allzulange bey mir;
doch wollte beides ohne anderweitige Mittheilung nicht
abgehen lassen.

Nun aber erhalte einen interessanten Brief vom
Grafen Sternberg, welchen beyfüge zugleich mit der
meteorologischen Abhandlung und einigen Heften der
Monatsschrift, worauf er sich bezieht, welchen Höchst
Dieselben wohl einige Blicke widmen. Nächstens verfehle nicht, mit der zweyten Lieferung der neuen Ausgabe meiner Werke aufzuwarten.

Höchst Ihro Huld und Gnade mich für und für
empfehlend.

Weimar den 17. November 1827.

121.
An C. G. Börner.

Ew. Wohlgeboren
werden zugleich mit diesem die Zeichnungen erhalten, wohl eingepackt und hoffentlich gut conditionirt. Was das Übrige betrifft, so möchte wohl in Anschaffung von dergleichen Kunstwerken bey mir einige Pause eintreten. Senden Sie mir indessen von Zeit zu Zeit Notiz von den Vorräthen zu allenfallsigem Entschluß. Sollte Ihnen etwas von Joh. Phil. Hackerts Umrissen oder ausgeführten Zeichnungen in die Hände kommen, so legen Sie mir solche bey Seite; um leiblichen Preis werde ich sie immer gern behalten, da sie mich an die Zeiten erinnern, wo ich mit diesem trefflichen Mann glückliche Tage verlebte und ihn nicht ohne wichtige Belehrung nach der Natur arbeiten sah.

Mich zu geneigtem Andenken bestens empfehlend.
ergebenst
Weimar den 21. November 1827.   J. W. v. Goethe.

122.
An C. F. Zelter.

So will ich denn auch vermelden daß unsere wandernde Nachtigall Sonntags den 11. Abends angekommen und, durch ein nicht zu entzifferndes Brouillamini, das aus Versehen, Versäumniß, Unwillen und Intrigue entstanden, nicht zur öffentlichen

Erscheinung gekommen. Sie sang Montags bey einem Frühstücke, welches die Frau Erbgroßherzogin veranstaltete, und erntete den größten Beyfall; nachher besuchte sie mich und gab einige Musterstückchen ihres außerordentlichen Talentes; für mich insofern hinreichend, daß ich den Begriff, den ich von ihr hegte, wieder an- und aufgefrischt empfand. Das hiesige Publicum schiebt die Ursache dieses Mißgeschicks auf unsern Capellmeister, welcher denn diese Last gar wohl zu tragen Schultern zu haben scheint.

Die Straflosigkeit der niederträchtigsten Handlungen, besonders wenn sie ganz außer Maßen und Geschick sind, haben wir der Läßlichkeit unserer Criminalisten zu danken, welche eigentlich nur berufen und angestellt zu seyn scheinen, um Mord und Todtschlag zu entschuldigen.

So ist bey uns die Infamie eines Zahnarztes, der einer jungen verstorbenen Frau im Leichenhause die Zähne heimlich ausbrach, ganz ohne weiteres mit heiler Haut davon gekommen. Dergleichen wird wie euer Fall endlich zur Erneuerung der Selbsthülfe gedeihen. Leidenschaftliche Gatten und Brüder werden sich in's Unglück stürzen, um der Rache nicht zu ermangeln.

Dieß ist denn doch wohl ein ziemlicher Mißklang auf jene lieblichen Anfänge. Um wieder einzulenken, ersuche dich ja, mir irgend etwas Schriftliches für Kunst und Alterthum mitzutheilen. Thust du es

nicht bald, so redigire das was du mir früher über die
Einwirkung der Atmosphäre und deren mehr oder
weniger elastischen Zustand auf die Stimme so be=
deutend schriebst, sende dir es aber erst wieder zu,
damit es ganz in deinem Sinn zucht= und ordnungs=
gemäß erscheine. Siehst du Geh. Rath Streckfuß, so
erinnere ihn an meinen Wunsch; ich sende ihm da=
gegen auch einige Italica, die zwar nicht neu sind,
aber doch jetzt erst durch die Franzosen zur Sprache
kommen.

Unserm Leibmedicus hab ich zum vorläufigen Ab=
trag deiner vel quasi Schuld die Hälfte der über=
sendeten Rübchen in deinem Namen verehrt. Schickest
du bey eintretender Kälte mir einige Sanders, so
geb ich ihm auch einen Theil davon; durch solche
successive culinarische Attentionen wird mit dem Mann
auch die Frau zufrieden gestellt, und so käme man auf
eine freundliche und schickliche Weise über diese An=
gelegenheit hinweg.

Welch eine große Gabe Napoleons Leben von
Walter Scott für mich seyn würde, habe ich seit
der ersten Ankündigung gefühlt und deshalb die
Menschen, wie sie auch sind, erst ausreden und aus=
klatschen lassen; doch enthalte ich mich nunmehr nicht
länger und nehme das Buch getrost vor. Er ist 1771,
gerade bey'm Ausbruch der amerikan'schen Revolution,
geboren, ihm ist, wie mir das Erdbeben von Lissabon,
so der Theekasten=Sturz bey Boston ein Jugendeindruck

geworden, und wieviel Wunderſames hat er als Engländer bey ſich müſſen vorüber gehen laſſen. Meine
Betrachtungen darüber theil ich gelegentlich mit.

Auch ſchon vorläufig fand ich das Publicum ſich
betragend wie immer. Die Kunden erlauben wohl
dem Schneider hier oder dort ein gewiſſes Tuch auszunehmen, den Rock aber wollen ſie auf den Leib gepaßt haben, und ſie beſchweren ſich höchlich, wenn er
ihnen zu eng oder zu weit iſt; am beſten befinden ſie
ſich in den polniſchen Schlafröcken des Tags und
der Stunden, worin ſie ihrer vollkommenſten Bequemlichkeit pflegen können; da ſie, wie du dich wohl
erinnern wirſt, ſich gegen meine Wahlverwandtſchaften
wie gegen das Kleid des Neſſus gebärdet haben.

Der zweyte Theil des Fauſt fährt fort ſich zu
geſtalten; die Aufgabe iſt hier wie bey der Helena:
das Vorhandene ſo zu bilden und zu richten, daß es
zum Neuen paßt und klappt, wobey manches zu verwerfen, manches umzuarbeiten iſt. Deshalb Reſolution dazu gehörte, das Geſchäft anzugreifen; im
Fortſchreiten vermindern ſich die Schwierigkeiten.

Sey alſo hiermit zum ſchönſten gegrüßt, ermahnt
und ermuntert, im Tüchtigen zu verharren, wozu uns
mitten im Frieden das widerwärtige Weltgetreibe
aufmahnt und nöthiget. Helfen wir uns ſelbſt, ſo
wird uns Gott helfen.

In Treu und Glauben verharrend
Weimar den 21. November 1827. Goethe.

123.
An W. Reichel.

[Concept.]

In Erwartung der mir in Ew. Wohlgeboren Schreiben angekündigten Sendung der zweyten Lieferung meiner Werke vermelde, daß das Paquet mit der fahrenden Post vom 8. datirt glücklich angekommen und der Inhalt desselben von mir dankbar aufgenommen worden.

Daß die Bände der Octavausgabe sich alle gleich denen der Taschenausgabe gestalten, ist gewiß die Absicht; Sie können also nicht fehlen, wenn Sie in dieser Maße fortfahren.

Finden Sie nöthig, die Bogenzahl der nächsten Lieferung noch weiter zu vermindern, so könnte es dadurch geschehen, daß der Bürgergeneral aus dem 14. in den 15. Band hinübergenommen und vor die Aufgeregten gestellt würde, daß aber aus diesem Bande die guten Weiber und die Novelle wegfielen, welche allenfalls anderswo unterzubringen sind. Weiter wüßte ich nichts zu kürzen und möchte wohl dabey sein Verbleiben haben. Wären Sie hiermit einstimmig, so wünschte die guten Weiber zurück, um solche künftig unterzubringen.

Vorstehendes war geschrieben, um bey Ankunft der erwarteten Sendung alsobald abzugehen. Nach

Einlangen Ihres Briefes vom 19. November vermelde
sogleich, daß Ihre Conjectur ganz richtig ist:
> das Vorspiel zu Eröffnung des Weimarischen
> Theaters am 19. September 1807

folgt allerdings unmittelbar auf:
> Was wir bringen

und ist nur im Verzeichniß vergessen worden.

Der ich, die Ankunft der zweyten Lieferung nunmehro stündlich erwartend, mich, für fortgesetzte Aufmerksamkeit bestens dankbar, unterzeichne.

Weimar den 24. November 1827.

124.

An F. J. Frommann.

Ew. Wohlgeboren
wäre schon längst der verbindlichste Dank für die
übersendeten wohlgerathnen Blätter zugekommen,
wenn ich nicht zugleich einen Beweis von dem löblichen Gebrauch, den ich davon zu machen gedenke,
beyzufügen beabsichtigt hätte.

Beykommende Unterschriften mögen als Zeugniß
dienen einer ruhigen Stunde, worin ich Ihrer und
der lieben Ihrigen mit freundlichster Neigung gedacht, und Gelegenheit geben, meiner auch fernerhin
im Guten zu gedenken, indem Sie mit Wohlwollen
sich freundlich desjenigen erinnern, der sich, dankbar

für so viele Neigung und Gefälligkeit, als verbunden und anhänglich unterzeichnet.

[Weimar den 24. November 1827.]

125.

An C. D. v. Buttel.

[25. November 1827.]

Dieser Sendung folgt nächstens ein ausführliches Schreiben.

Das Beste wünschend.

Goethe.

126.

An A. F. C. Streckfuß.

[Concept.]

Ew. Hochwohlgeboren haben durch die beiden übersendeten Aufsätze mich zu besonderer Dankbarkeit verpflichtet; sie entsprechen nicht allein meinen Überzeugungen und Gefühlen im Allgemeinen, sondern eignen sich auch vorzüglich zu den besondern Zwecken, wozu sie zu erbitten ich mir die Freyheit nahm. Mit der fahrenden Post erfolgt dagegen eine Sendung von einigen Werken, die, wenn sie Ihnen noch nicht bekannt seyn sollten, gewiß zur Freude gereichen. Jessonda liegt schon einige Jahre bey mir; die Franzosen fangen erst jetzt an, darauf aufmerksam zu werden. Ich sage darüber nichts weiter, als daß es in jedem Sinne als ein ultra-romantisches

Gedicht angesehen werden kann; ich durfte es nicht zum zweytenmale lesen, weil es mir Einbildungskraft und Gefühl zu sehr verletzte. Dabey aber konnt ich ein bedeutendes poetisches Talent, Fähigkeit und Fertigkeit, Situationen der mannichfaltigsten Art kräftig darzustellen, nicht verkennen.

Von dem epischen Gedicht wüßte ich kaum etwas zu sagen; Ew. Hochwohlgeboren werden beide mit weniger Apprehension und mehr Ruhe betrachten als ich; doch muß ich hienächst ausdrücklich bemerken, daß keine Zubringlichkeit dabey gemeint seyn kann. Für das nächste Stück Kunst und Alterthum bin ich vollkommen versehen und finde es nun durch Ihre Geneigtheit bereichert. Möchten Sie mir vielleicht nach Ostern wieder einige Blätter gönnen, so werden diese Bezüge durch eine höchst angenehme Folge fernerhin belebt bleiben.

Wie ich denn nichts mehr wünsche, als daß ein durch späteres Zusammentreffen bewirktes Vertrauen sich immer steigern und, nach Ihrem eigenen Gefühle, zu einer wahren Familieneinigkeit bestätigen möge, welches um so weniger fehlen kann, als ich bey so hohen Jahren den Gewinn eines neuen Freundes in dem weitesten Umfang und seinem innigsten Werth nach vollkommen zu schätzen weiß.

W. d. 26. Nov. 1827.

Die Kinder erwiedern die schätzbare Theilnahme auf das allerfreundlichste; das Kind ist wohl und munter und vergilt der Mutter so viele Last und Pein, mildert auch die unangenehmen Folgen eines zwar natürlichen, aber in cultivirten Zuständen schwerer zu übertragenden Ereignisses.

127.
An den Grafen Kaspar v. Sternberg.

Wenn ich schon von manchen Seiten her verschiedentliche Kenntniß erlangte von dem, was in München vorgefallen, so betraf doch solches mehr das Äußere, welches denn ganz stattlich und ehrenvoll anzusehen war, als das Innere, die Mittheilungen nämlich selbst. Hier kommen mir denn die Vorlesungen des würdigen Freundes, von deren Inhalt ich schon vorläufig unterrichtet war, als ein vorzüglich leuchtender Stern entgegen, wenn des Übrigen, mit wenigen Ausnahmen, nur als anmaßlicher Äußerungen und langweiliger Nachklänge gedacht wurde.

Um so erwünschter ist es mir, aus zuversichtlicher Quelle zu vernehmen, daß wenigstens der Hauptzweck des näheren Bekanntwerdens und zu hoffenden wahrhaften Vereinigens unserer Naturforscher nicht verrückt worden. Schon daß man sich über den Ort vereinigt, wo man das nächste Jahr zusammen zu kommen gedenkt, gibt die besten Hoffnungen, und gewiß ist die Versammlung in Berlin, unter den Auspicien des allgemein anerkannten Alexander v. Humboldt, geeignet, uns die besten Hoffnungen einzuflößen. Aus dem Norden werden auf alle Fälle mehrere Glieder sich einfinden; ließe sich's veranlassen, daß böhmische und österreichische Männer hinzuträten und alsdann für das folgende Jahr die Gesellschaft sich unter dem Vorsitz des verehrten Freundes in Prag versammelte, so wäre der größte Schritt gethan, welcher zur Annäherung der verschiedensten deutschen Völkerschaften und zu deren Zusammenwirken den gründlichsten Anlaß gäbe.

Was den politischen Punct betrifft, so würde ich einem Staatsmanne sagen: grade jetzt, da eine unselige Schrift (des Joh. Wit) die widerwärtigsten Geheimnisse aufdeckt und dergleichen noch mehrere folgen werden, ist es klug, die wissenschaftlichen Notablen einer Nation auch einmal bey sich zu versammeln, zu versuchen, inwiefern man Zutrauen zu ihnen gewinnen, ihnen Zutrauen einflößen könne; man würde gewiß Vortheil davon ziehen und, wenn man ihnen den Hellenismus nachgäbe, gar wohl bemerken: daß man in neuerer Zeit vor eigentlichen Verschwörungen und Erschütterungen bey uns wohl gesichert sey.

Indessen machen die Herren vom Globe meinen friedlichen und zutraulichen Gesinnungen ein böses Spiel. Ich hoffte, sie sollten sich der nach Auflösung der Deputirten=Cammer wieder eintretenden Preßfreyheit mit Mäßigung bedienen und wie zeither mit geistiger geschmackvoller Freyheit die Angelegenheiten behandeln, wie solches auch ihrer Stellung gar wohl geziemt hätte; aber man sieht aus dem Hergange, daß hier an keine Mäßigung, noch viel weniger an Composition zu denken sey; denn sie betragen sich seit dem 8. November außer allem Maaße, in einer Art, die auch ihr bester Freund nicht billigen kann. Indessen ergibt sich aus diesem Symptome, daß bey den vorsehenden Wahlen eine Art von Kampf auf Leben und Tod eintrete, wo wir denn den Erfolg freylich nur zu erwarten haben. So versank ja auch die ägyptische Flotte im Hafen von Navarin ohne unser Zuthun, so warfen vor so viel Jahren die Nordamerikaner die Theekisten in's Meer, und so wird es überall einen Bruch geben, wo der obschwebende Antagonism nicht aufzulösen oder noch eine Zeitlang hinzuhalten ist.

In denen mir übersendeten Heften der böhmischen Jahrbücher hat mich bis jetzt der kurze Abschluß über die so gründlich erfolgte und durchgearbeitete Angelegenheit unserer unterirdischen Flora am meisten ergötzt und erbaut; denn hier sehen wir doch einmal wieder Übereinstimmung und Mannichfaltigkeit, Gleich- und Nachzeitiges in großer Breite aufgehellt und wahrhaft belehrend.

Was die Versuche, die isothermen Linien zu bestimmen, betrifft, so bin ich völlig Ihrer Überzeugung. Es gibt Calculables und Incalculables, man stelle sich, wie man wolle, und es gehört mehr als Ein Maaßstab dazu, um sich in dem Unerforschlichen nur einigermaßen zu finden. Von der Nähe und Ferne

der Sonne hängt im Ganzen entschieden der Wärme-
grad ab, er steigt und fällt, sich ruhig auf- und ab-
bewegend, wie man an der graphischen Darstellung
eines Jahrs sich am besten versinnlichen kann, zunächst
folgt die Gebirgshöhe, und dann tritt eine Million
Nebenbedingungen ein. Geht doch der Thermometer
im gleichen Augenblicke verschieden in diesem und jenem
Schatten eines und desselben Gebäudes. Doch lassen
wir jene genauen Beobachter und Rechner ihr Geschäft
betreiben und benutzen ihre Arbeit nach unsrer Art
zu unsern Zwecken.

Von diesen und vielen andern Dingen mag ich
gerne schweigen, aber ich empfinde tief das Glück dessen,
der sich zu bescheiden und alles von ihm irgend Ent-
deckte zu irgend einem praktischen Lebensgebrauche hin-
zulenken weiß; wie denn die Engländer hierin unsre
unnachahmliche Muster sind. Man erinnere sich nur,
was seit Boulton und Watt von Kräften entdeckt und
angewendet worden, bis Perkins auf das Gränzenlose gelangt ist. Ich habe nichts dagegen, daß man
hier auch berechnet, aber zuletzt werden doch alle diese
Maschinen nur organisch durch den praktischen Men-
schengeist, der zur Wirkung und Richtung nur durch
Mäßigung sich befähigt.

Schade ist es fürwahr, daß man bey dem meteoro-
logischen Heftchen eine freylich noch unvollkommenere
Nachbildung der ersten unvollkommenen englischen
Bildchen geliefert hat; es sind dieselbigen, von denen

ich mich durch fortgesetzte Naturbetrachtung nur mit
Mühe befreyen konnte. Nicht leicht denkt man daran,
daß dergleichen Darstellung symbolisch seyn müsse.
Man tastet in der Natur herum und weiß vor dem
Vielen nicht das Eine, Nothwendige zu finden. Ich lege
meiner nächsten Sendung ein Dutzend Abdrücke der
von mir behandelten Darstellung bey, und hätte, wär
ich davon in Kenntniß gesetzt worden, gern Exemplare
nach Verlangen gespendet, da die Platte derselben noch
gar viele aushalten möchte. Freylich ist alles in's
Engste zusammengebracht. Schon lange geh ich damit um, mich mit Herrn v. Froriep zu associiren,
die Darstellung zwar ausführlich, aber doch nur so
weit als zur einfachsten Belehrung nöthig wäre, aus-
zuarbeiten und eine Klein-Folio-Platte auf einen
größern Foliobogen abdrucken zu lassen, um nebenbey,
wie man jetzt gar schicklich wieder thut, die eigentliche
geprüfte Lehre an den Rand zu drucken. Allein das
Schifflein geht so schnell den Strom hinab, daß man
gar bald wieder die Bucht aus den Augen verliert,
wo man zu landen gedachte.

Welch eine große Gabe Napoleons Leben von
Walter Scott für mich seyn würde, habe ich seit
der ersten Ankündigung gefühlt und deshalb die Menschen, wie sie auch sind, erst ausreden und ausklatschen
lassen; doch enthalte ich mich nunmehr nicht länger
und nehme das Buch getrost vor. Er ist 1771, gerade bey'm Ausbruch der amerikanischen Revolution,

geboren, ihm ist, wie mir das Erdbeben von Lissabon, so der Theekasten-Sturz bey Boston ein Jugendeindruck geworden, und wieviel Wundersames hat er als Engländer bey sich müssen vorübergehen lassen. Meine Betrachtungen darüber theil ich gelegentlich mit.

Auch schon vorläufig fand ich das Publicum sich betragend wie immer. Die Kunden erlauben wohl dem Schneider hier und dort ein gewisses Tuch auszunehmen, den Rock aber wollen sie auf den Leib gepaßt haben, und sie beschweren sich höchlich, wenn er ihnen zu eng oder zu weit ist; am besten befinden sie sich in den polnischen Schlafröcken des Tags und der Stunden, worin sie ihrer vollkommensten Bequemlichkeit pflegen können, da sie, wie wohl erinnerlich, sich gegen meine Wahlverwandtschaften wie gegen das Kleid des Nessus gebärdet haben.

Vorstehendes, welches schon einige Posttage liegen geblieben, möge denn, soviel auch noch zu sagen wäre, seinen Weg antreten und geneigtest aufgenommen werden. Der verehrte Freund weiß zu sichten, zu ordnen, zu suppliren und zu verzeihen.

So eben nimmt der Druck des neuen Heftes von Kunst und Alterthum seinen Anfang, wo ich abermals gar manches als Surrogat freundschaftlicher mündlicher Unterhaltung anzusehen bitte. Der böhmischen patriotischen Monatsschrift wird daselbst nach Würden zu gedenken seyn.

Darf ich bitten, den Barometerstand des nun ablaufenden Jahres am Schluſſe deſſelben, wie ſolcher auf Brzezina iſt bemerkt worden, mir in graphiſcher Darſtellung zu überſenden? die gleichzeitigen Erſcheinungen, auf der Sternwarte zu Jena aufgezeichnet, erfolgen ſodann baldigſt.

Die Vermehrung unſrer Familie um ein weibliches Mitglied wird mein Sohn zu vermelden und eine geziemende Bitte hinzuzufügen ſich die Freyheit nehmen.

treu angehörig

Weimar 27. Nov. 1827.   J. W. v. Goethe.

128.
An Leopold Dorotheus v. Henning.

Geneigteſt zu gedenken.

Ew. Hochwohlgeboren kann mit wahrem Vergnügen hiedurch vermelden, daß der Verſuch, auf welchen Dieſelben mich aufmerkſam gemacht, ſeine vollkommene Richtigkeit habe, und zwar verhält es ſich mit demſelbigen folgendermaßen.

Es ſtehe ein entoptiſches Glasplättchen ✠ auf einer Spiegelfläche und werde von A her, es ſey nun durch directes oder indirectes atmoſphäriſches Licht, beſchienen, ſo wird ſich auf der entgegengeſetzten Seite a für das Auge b das einfache Bild c abſpiegeln, indem das Durchſcheinen nur einfach war. Zugleich wird ſich aber das entoptiſche Bild aus dem Grunde der

a=Seite nach der Seite d zurückspiegeln und also bey
nochmaligem Durchgang für den Beschauer in f
eine doppelte Erscheinung in h hervorbringen, eben
wie ein doppelt starkes Plättchen bey'm einfachen
Erscheinen nach der Seite a hin hervorgebracht haben
würde. Machen Sie diesen Versuch an einem recht
heitern Herbstabende, so wird er vollkommen gelingen;
der Beschauer in f darf nur ein wenig bey Seite
treten, damit der einfallende Himmelsschein nicht gehindert werde.

Noch einer Merkwürdigkeit will ich gedenken; dem
Auge in b erscheint das abgespiegelte Bildchen c dem
Refractionsgesetze gemäß, als stünde die Glaswand g,
etwa in i, dahingegen dasselbe dem Auge in f an
unverrückter Stelle gleichsam wie in einem Kästchen
in k zu liegen scheint.

Der erste Versuch überhaupt, wie ich ihn dargestellt
habe, kann zugleich stattfinden, wenn zwey Beobachter
zu gleicher Zeit sich an beide Plätze b und f stellen.
Machen Sie sich den Versuch recht bequem, wiederholen ihn oft mit andern: er ist wirklich sehr bedeutend und führt zu immer weitern Aufschlüssen.

[Zeichnung.]

Auch will ich von einem Versuche sprechen, zu
welchem Herr Prof. Hegel mich veranlaßt hat. Sie
werden diesen Fall mit dem Freunde, dessen Gegenwart mir so erfreulich als belehrend war, des weitern
zu besprechen die Güte haben.

Derselbe stellte nämlich die Aufgabe: Ob man das im entoptischen Täfelchen sich erzeugende Bild nicht, in einer dunkeln Kammer, gleich wie das prismatische auch auf eine nicht spiegelnde Tafel projiciren könne?

Ich habe einen Versuch angestellt, finde aber Folgendes: Wenn man das entoptische Täfelchen vertical in die Öffnung einer dunkeln Kammer befestigt, so muß man die weiße Tafel unmittelbar horizontal darunter bringen, so nahe als wenn das Täfelchen auf dem Spiegel stünde. Da man aber in dieser Lage das durch das Täfelchen einfallende Licht von dem Papiere nicht ausschließen, solches also nicht dunkel werden kann, so ist die Erscheinung des Bildes auf diese Weise nicht zu bewirken.

Hierbey gebe ich zu bedenken, daß das bey dem prismatischen Versuch durch die Öffnung des Fensterladens einfallende Sonnenlicht ein energisches Bild bewirkt, welches durch den ganzen finstern Raum sich fortsetzt, überall aufgefangen und also auch an jeder Stelle durch das Prisma abgelenkt und gefärbt werden kann; das entoptische Bild aber ist ein schwaches Schattenbild, das sich eigentlich nicht fortsetzt, sondern nur durch Spiegelung in einiger Entfernung sich manifestiren kann.

Demohngeachtet aber scheint mir der Gedanke von großer Bedeutung, indem er uns zu mancherley Versuchen und Nachforschungen aufregt; denn da alle

Bilder sich in die Ferne abspiegeln und auf einer
weißen Fläche, wenn das Licht von ihr ausgeschlossen
wird, sich so gut wie im Auge darstellen: so wäre
die Frage, warum das entoptische Bild nicht eben
diese Rechte für sich fordern sollte. Der geistreiche
Experimentator findet entweder Mittel, dasjenige darzustellen was mir nicht gelingen wollte, oder findet
auf diesem Wege irgend etwas, woran man gar nicht
gedacht hat.

Weimar 27. Nov. 1827. Goethe.

So gerne ich auch Vorstehendem noch manches
hinzufügte, so muß ich doch abschließen, da das
Blatt schon viel zu lange bey mir liegen geblieben ist.
Ich eile nur noch, die schönsten Grüße und besten
Empfehlungen an die dortigen werthen und bewährten
Freunde angelegentlichst auszusprechen.

129.
An Friedrich Ludwig v. Froriep.

Ew. Hochwohlgeboren
haben ja wohl die Geneigtheit, auf meine ergebenste
Bitte beykommendes einheimische Mergeltäfelchen litho-
graphisch prüfen zu lassen.

Mich zu geneigtem Andenken empfehlend.

gehorsamst

Weimar den 28. November 1827. J. W. v. Goethe.

130.
An ?

[Concept.]

Bey der Unmöglichkeit, vorliegendes Manuscript zu entziffern, folgt solches ungesäumt zurück.

Weimar den 28. November 1827.

131.
An C. F. Zelter.

Wegen Walter Scotts Napoleon habe ich soviel zu sagen: Wenn du Zeit und Lust hast, den bedeutenden Gang der Weltgeschichte, in dem wir seit fünfzig Jahren mit fortgerissen werden, bey dir im Stillen zu wiederholen und darüber noch einmal nachzudenken: so kann ich dir nichts Bessers rathen, als gedachtes Werk von Anfang bis zu Ende ruhig durchzulesen. Ein verständiger, wackrer, bürgerlicher Mann, dessen Jünglingszeit in die französische Revolution fiel, der als Engländer in seinen besten Jahren diese wichtige Angelegenheit beobachtete, betrachtete und sie gewiß vielfach durchsprach, dieser ist noch überdieß der beste Erzähler seiner Zeit und gibt sich die Mühe, uns die ganze Reihe des Verfolgs nach seiner Weise klar und deutlich vorzutragen.

Wie er auf seinem politisch=nationalen Standpunct sich gegen das alles verhält, wie er, übern

Canal herüberschauend, dieses und jenes anders ansieht als wir auf unserem beschränkten Platz im Continent, das ist mir eine neue Erfahrung, eine neue Welt-Ein- und -Ansicht.

Durchaus bemerklich ist aber, daß er als ein rechtlicher bürgerlicher Mann spricht, der sich bemüht, in frommem gewissenhaften Sinne die Thaten zu beurtheilen, und sich streng vor aller Machiavellischen Ansicht hütet, ohne die man sich freylich kaum mit der Weltgeschichte abgeben möchte.

In diesen Bezügen bin ich, bis jetzt sehr mit ihm zufrieden, bis zum vierten Bande gelangt und werde ruhig so fortlesen und ihn als Referenten betrachten, der das Recht hat, seinen Actenauszug, seine Darstellung und sein Votum vorzulegen, um sodann die Abstimmung der versammelten Richter zu erwarten.

Erst also, wenn ich mit dem Werke durch bin, welches freylich mit seinen neun Theilen gerade zur rechten Zeit kommt, um die traurigen langen Abende zu erhellen und zu verkürzen, werde ich mit gleichem Antheil beachten was man gegen ihn vorbringt. Dieß kann nicht anders als höchst interessant seyn. Man wird sehen, ob er Facta anzuführen versäumt, ob er sie entstellt, ob er sie parteiisch ansieht, einseitig beurtheilt oder ob man ihm Recht lassen muß. Voraus aber sage ich mir: Man wird dabey die Menschen näher kennen lernen als den Gegenstand, und im Ganzen wird man es doch endlich bewenden lassen;

denn wenn man sich bey einer Geschichte nicht beruhigt wie bey einer Legende, so löst sich zuletzt alles in Zweifel auf.

Euer verrückter Ehstandsflüchtling hält sich in Jena auf, er war in diesen Tagen hier, doch ohne sich bey mir sehen zu lassen. So närrisch die Seuche ist, die eure Berliner verlobten Männer ergreift, so ist mir das Symptom im Leben doch schon vorgekommen, weil unter der Sonne nichts Neues geschieht. Ein Bekannter von mir saß bey seiner Braut im Wagen und fuhr nach der Kirche; da ergriff ihn eine solche Altar- und Bettscheue, daß er eine Ohnmacht vorspiegelte und umkehren ließ, wie denn auch der Handel rückgängig wurde.

Nach meiner Einsicht tritt in solchen Fällen eine Überzeugung eigener Ohnmacht wie ein Gespenst so fürchterlich vor dem Betheiligten auf, daß eine Art Wahnsinn entspringt, welcher das Bewußtseyn aller übrigen Verhältnisse verschlingt, ja sogar, wie bey dem ersten Berliner Fall, das Verbrechen einleitet. Gegenwärtiger zweyter wüthet wenigstens auch zugleich gegen sich selbst; wir wollen Acht geben, ob sich nicht nächstens abermals etwas Ähnliches hervorthut.

Denke meiner oben ausgesprochenen Hypothese nach! Um sich gewisse geheim-verwickelte Dinge zu erklären, muß man es an allerley Versuchen nicht fehlen lassen.

Deine Correspondentin aus Sanssouci mag ein liebenswürdiges Mädchen seyn, eine wahre Deutsche ist sie zugleich. Diese Nation weiß durchaus nichts zurechtzulegen, durchaus stolpern sie über Strohhalmen. Du hast die Frage sehr umständlich, freundlich und vernünftig beantwortet; man kann es auch geradehin als einen Zufall betrachten, der bey Freunden, die soviel herüber- und hinüberwirken, gar leicht vorkommen konnte. Eben so quälen sie sich und mich mit den Weissagungen des Bakis, früher mit dem Hexen-Einmaleins und so manchem andern Unsinn, den man dem schlichten Menschenverstande anzueignen gedenkt. Suchten sie doch die psychisch-sittlich-ästhetischen Räthsel, die in meinen Werken mit freygebigen Händen ausgestreut sind, sich anzueignen und sich ihre Lebensräthsel dadurch aufzuklären! Doch viele thun es ja, und wir wollen nicht zürnen, daß es nicht immer und überall geschieht.

Wie vieles wäre noch zu sagen und zu schreiben; manches zunächst und in der Folge. Hiemit sey denn die Fülle der treusten Wünsche redlichst ausgesprochen.

Weimar den 4. December 1827. G.

132.
An J. J. Lechner.
[Concept.]

Ew. Wohlgeboren
vermelde daß gestern, den 3. December, die übersendete Majolika glücklich angekommen ist. Man will zwar

dem alterthümlichen Werth dieser Teller und Gefäße nichts zu Ungunsten sagen, allein was das Kunstverdienst betrifft, so bleiben die meisten hinter denjenigen zurück die ich schon besitze.

Herr Banquier Elkan erhält so eben den Auftrag, Ihnen 131 Thaler sächsisch für gedachte Sendung auszuzahlen, welche Rimesse Sie also nächstens zu erwarten haben.

Die Verzeichnisse der gebundenen Bücher circuliren bey Liebhabern und ich kann hoffen, nächstens einige Bestellungen zu machen.

Der ich mich mit den besten Wünschen unterzeichne.
Weimar den 4. December 1827.

133.
An J. J. Elkan.

[Concept.]

Herr Banquier Elkan wird hiedurch höflichst ersucht, an Herrn Johann Jacob Lechner, Buch- und Kunsthändler in Nürnberg, die Summe von

    Hunderteinunddreyßig Thaler sächsisch;
ingleichen Herrn Alfred Nicolovius in Berlin die Summe von

    Dreyßig Thaler preußisch
gefällig auszahlen zu lassen und des schuldigen Ersatzes dagegen ungesäumt gewärtig zu seyn.

Weimar den 4. December 1827.

134.
An Friedrich v. Müller.

Ew. Hochwohlgeboren
darf wohl an das wohlgerathene Gedicht erinnern, mit welchem das neuste Stück von Kunst und Alterthum zu eröffnen und zu schmücken die Absicht war. Bleibt es bey diesem Vorsatz, so erbitte mir solches baldigst, indem Setzer und Drucker in Jena auf Manuscript harren und die Folge für mehrere Bogen schon bey mir bereit liegt.

Der ich mich und das Meinige hiedurch bestens empfohlen wünsche.

gehorsamst

Weimar den 5. December 1827.   J.W.v.Goethe.

135.
An Johann Peter Kaufmann.

[Concept.]

Herr Hofbildhauer Kaufmann erhält hiedurch den Auftrag, nach Obenstehendem ein Modell zu Serenissimi Büste zu fertigen und zwar, wie die Zeichnung ausweis't, mit Schultern, nicht als Herme, wie früher in Vorschlag gekommen war.

Weimar den 5. December 1827.

136.
An Friedrich v. Müller.

Ew. Hochwohlgeboren
übersende hiebey die verlangten Papiere. Da mir scheint, daß von dem gnädigsten Handbillette zu Eröffnung der allenfallsigen Acten in mehrerem Betracht nicht wohl dürfte Gebrauch zu machen seyn, so habe eine von mir zu unterzeichnende Registratur aufgesetzt, welche, gebilligt oder modificirt, von mir unterschrieben werden könnte, um die weiteren Fortschritte unserer Bemühungen einzuleiten. Mündliche Besprechung wird hierüber das Nähere bestimmen.

Dürfte ich um das zugesagte Gedicht etwa morgen bitten, da ich es denn Abends mit Riemer durchsehen und Sonnabends absenden könnte.

Mit einem irgend zu beliebenden prosaischen Nachtrag hat es Zeit, den ich ohnehin nicht gleich nach dem Gedicht, sondern auf irgend einen späteren Bogen würde abdrucken lassen. Vielleicht wären Sie so weit hergestellt, daß Sie uns Sonnabend das Vergnügen machten, bey einem Familien- und Freundesmahl zu erscheinen. Daß Sie unserm Vogel vertrauen, freut mich höchlich; haben Sie ja gegen sich und uns alle die Geneigtheit, ihm durchaus zu folgen und zu gehorsamen.

Mit den treusten Wünschen
Weimar den 6. December 1827.   Goethe.

137.
An W. Reichel.

[Concept.]

Ew. Wohlgeboren
benachrichtige, daß der Ballen, enthaltend die Exemplare der zweyten Lieferung meiner Werke, in diesen Tagen angekommen, worin die mir bestimmten Exemplare vollständig befunden worden, hingegen, wie beyliegendes Blättchen ausweis't, an den beiden andern Paqueten drey Exemplare gefehlt haben, welche ich sogleich ersetzte und gefällige Restitution erwarte.

Zugleich füge bey die Corrigenda zum fünften Bande; mir die fortgesetzte Sendung der Aushängebogen sowohl der Sedez= als Octavausgabe hiedurch erbittend; in Hoffnung fortgesetzter Theilnahme für das nächste Jahr, alles Gute wünschend.

Weimar den 7. December 1827.

138.
An F. J. Frommann.

[Concept.]

Ew. Wohlgeboren
übersende nunmehr den Anfang des neuen Stücks Kunst und Alterthum, und zwar mit folgenden Bemerkungen:

1) Wir wollen von nun an sowohl Schutz= als Haupttitel weglassen und die Seitenzahl an die des vorigen Heftes anschließen, wie wir es schon bey dem

zweyten Hefte des zweyten Bandes zur Naturwissenschaft gethan haben. Der Umschlag ist schon Titel genug und bey'm Abschluß eines Theiles die fortlaufende Nummer dem Register günstig.

2) Beygehendes Gedicht würde einen ganzen Bogen füllen, von welchem man auch einzeln Abdrücke nehmen könnte. Haben Sie die Güte, als maître en page die schickliche Austheilung der Stanzen zu besorgen; es sind genugsame Abtheilungen da, um solches bequem einrichten zu können.

Wenn wir auf diese Weise noch im alten Jahre einen gesegneten Anfang machen, so wird man ohne Unterbrechung fortfahren können, indem genugsames Manuscript vorhanden ist.

Der ich mich bey der neu eintretenden Jahresepoche wie bey so vielen vorhergehenden bestens empfohlen wünsche.

Weimar den 8. December 1827.

139.
An Friedrich v. Müller.

Ew. Hochwohlgeboren
erhalten hiebey, mit Sorgfalt gepackt und daher nicht zu eröffnen und mit morgen früh 11 Uhr abgehender Post gefällig abzusenden, ein Paquet, enthaltend Herrn v. Martius Album, sechs nach Anweisung überschriebene Jubiläums=Medaillen.

Die Münchner Freunde bitte schönstens zu grüßen. Im neuen Jahre hoffe auch dorthin meine Briefschulden zu tilgen.

gehorsamst

Weimar den 13. December 1827.   J. W. v. Goethe.

140.
An Carl Friedrich Ernst Frommann.

[Concept.]

Ew. Wohlgeboren

danke zuvörderst für den gar schön sich ausnehmenden Bogen; die Schrift ist wirklich recht heiter, so wie Austheilung auf die Seiten befriedigend und erfreulich.

Ihre so geneigt ausgesprochene Absicht, den besondern Abdrücken mehr typographischen Anstand zu geben, muß mir sowohl als dem Verfasser höchst angenehm seyn. Da der Gegenstand des Gedichtes von solcher Bedeutung ist und derjenige, an den es sich wendet, so hoch steht, so wird es freylich schicklich seyn, ihm und sonstigen bedeutenden Gönnern einen schönen und anständigen besondern Abdruck vorzulegen. In diesem Falle würden ein paar Dutzend Exemplare des kleinen Formats hinreichend seyn.

Ich freue mich, bey der Rückkehr Ihres lieben Sohnes auch vom Norden her einiges Interessante zu hören; von westlichen und südlichen Nachbarn sind wir diese Tage her genugsam unterrichtet worden.

Die Folge des Manuscripts liegt bey; wollten Sie die Revision an Herrn Prof. Göttling senden, welcher alsdann die Gefälligkeit hätte, mir sie zur Ansicht herüber zu senden.

Niebuhrs römische Geschichte würde zuerst, sodann die Recension italiänischer Werke gedruckt.

Weimar den 14. December 1827.

141.
An Johann August Gottlieb Weigel.

[Concept.]

Ew. Wohlgeboren
erhalten durch Herrn Banquier Elkan zunächst die Summe von 14 rh. 12 gr. sächsisch für Zeichnungen, welche nach beyliegender Liste von hiesigen Liebhabern zurückbehalten worden. Auch liegt das mir übersendete Verzeichniß bey, wornach bey dem Einpacken die Blätter revidirt worden.

Ich wünsche, daß in der Folge möge unter gegebenen Umständen ein reichlicherer Verkauf möglich werden. Der ich mich unterdessen zu geneigtem Andenken bestens empfehle.

Weimar den 14. December 1827.

[Beilage.]

Zurückbehaltene Handzeichnungen.	rh.	gr.
Guercino, 2 Bl. Köpfe	3	—
Raphael nach, Schlaf. Hirten . .	2	12
Zeemann, Schiffe	1	16
Aertsen, Herr des Weinb. . . .	—	20
Callot, Bandit	1	—
Umbach, Satyr	—	16
Bemmel, Landschaft	1	16
Breenbergh, Baumstudien . . .	1	16
Bloemaert, Landschaft	1	12
Sa.	14	12

142.

An J. J. Elkan.

[Concept.]

Herr Banquier Elkan erhält hieburch den Auftrag, an Herrn Auctionator Weigel in Leipzig die Summe von 14 rh. 12 gr. für Rechnung des Herrn Hofrath Meyer in Weimar gefällig auszahlen zu lassen und deren Erstattung von Unterzeichnetem sich alsobald versichert zu halten.

Weimar den 14. December 1827.

143.

An Carl Wilhelm Freiherrn v. Fritsch.

[Concept.]

Ew. Excellenz

nehme mir die Freyheit, beykommenden unterthänigsten Bericht nebst Beylage besonders zu empfehlen, mit dem Wunsche, daß Hochdieselben bey der allgemeinen Aufmerksamkeit, welche Sie so wichtigen anvertrauten Geschäften zu widmen gewohnt sind, dem vorliegenden auch noch um der Geneigtheit willen, welche Sie zu mir tragen, eine vorzügliche Betrachtung schenken möchten. Die Ausführlichkeit meines Vortrags wird sich durch die Wichtigkeit entschuldigen, mit der ich ein Geschäft anzusehen habe, dem ich viele Jahre eine ununterbrochene Sorgfalt gewidmet, für welches mir gegenwärtig nichts zu wünschen bleibt, als hinfüro, so lange mir solches zu behandlen gegönnt seyn möchte, daßelbe sowohl zu dauernder Zufriedenheit meiner höchsten Herrn Committenten als deren verehrlichen Ministerien fortzusetzen, auch dessen ersprießliche Behandlung für die Zukunft zu sichern.

Der ich mich

Weimar den [16.] December 1827.

144.

An den Geheimen Rath v. Braun.

[Concept.]

Hochwohlgeborner,
insonders hochgeehrter Herr!

Der Hoffnung, von Ihro des Herrn Herzogs von Altenburg regierender Durchlaucht gleicher Gnade gewürdigt zu werden, als mir von Höchst Ihren Vorfahren geworden, schließt sich unmittelbar der Wunsch an, auch Ihro hohen Ministerien gleichermaßen empfohlen zu seyn, und zur Versicherung in beidem ergreife ich die Gelegenheit, Ew. Excellenz um die Beförderung und Begünstigung beyliegenden unterthänigsten Berichtes schuldigst anzugehen. Die Umständlichkeit, womit ich solchen verfaßt, wird durch die Betrachtung entschuldigt werden, daß es mir höchst angelegen seyn muß, ein bedeutendes Geschäft, welches ich mehrere Jahre zu höchster Zufriedenheit der Herren Erhalter der jenaischen Akademie zu führen das Glück gehabt, gleicher Weise, so lange es mir vergönnt seyn möchte, fortzuleiten und selbiges für die Zukunft zu sichern.

Der ich diese Veranlassung mit Freuden ergreife, mich Hochdenenselben zu nähern und mich sowohl als gegenwärtige Angelegenheit geneigter Aufmerksamkeit zu empfehlen.

Weimar den [16.] December 1827.

145.

An J. F. v. Cotta.

Ew. Hochwohlgeboren
in irgend einem Punct durch ein offenes Geständniß
beruhigt zu haben ist mir vom größten Werthe, denn
welcher Freund möchte nicht gerne beytragen, Ihnen,
der in so große wichtige Geschäfte verschlungen ist,
etwas Unangenehmes aus dem Wege zu räumen.

Ich werde sorgen, daß wo möglich jederzeit über
die andere unserer Lieferungen etwas auffallend Neues
angeschlossen werde; eine immer lebhaftere Theilnahme
des Publicums muß uns freylich höchst erwünscht
seyn.

Hiezu wird die Schillerische Correspondenz gewiß
das Ihrige beytragen; es ist dieses wundersame Manuscript, wie es vor mir liegt, von größter Bedeutung;
es wird im Augenblick die Neugierde befriedigen und
für die Folge in literarischer, philosophischer, ästhetischer Hinsicht, ja nach vielen andern Seiten hin höchst
wirksam bleiben.

Da nun Ew. Hochwohlgeboren diese Angelegenheit
wieder in Erinnerung bringen, so habe ich jenes Aufsatzes zu gedenken, welchen im Januar des laufenden
Jahres durch Herrn Sulp. Boisserée an Dieselben gesendet und von welchem ich auf jeden Fall eine Abschrift beylege. Ihre Einstimmung in die gethanen
Vorschläge wird dem Geschäft sogleich die erwünschte

Richtung geben. Einer Assignation auf die verlangte Summe von Acht Tausend Thalern auf die Herren Frege und Comp. soll sodann die Absendung des Manuscripts nachfolgen, welches eine weit größere Masse enthält als ich jemals vermuthete.

Ich lege, damit sich Dieselben davon selbst überzeugen können, einige Blätter bey und bemerke, daß solcher einzeln gezählter Blätter 900 sind, nicht gerechnet die vielen späterhin nach und nach eingeschobenen; woraus denn hervorgeht, daß gar wohl 5 bis 6 schickliche Octavbände damit gefüllt werden.

Daß ich ohne vorgängigen Abschluß des Geschäftes das Manuscript nicht ausliefere, werden Dieselben in der Betrachtung billigen, daß ich den Schillerischen Erben, worunter sich zwey Frauenzimmer befinden, responsable bin und ich mich daher auf alle Fälle vorzusehen habe. Der hiesige Schillerische Antwalt, Herr Rath Kuhn, übernähme den jenseitigen Antheil am schicklichsten und ich würde, nachdem ich nicht allein selbst befriedigt, sondern auch von dorther gesichert wäre, das schon längst eingepackte Kästchen auf die Post geben, und ein Geschäft, das mir viele Mühe, Sorgen und Kosten gemacht, käme doch endlich zu Stande.

Denn ich will nur gestehen, daß mir ein gutmüthiger Leichtsinn bey unentgeltlicher Übernahme der Redaction zu einem unberechenbaren Zeitaufwand und zu einem nicht geringen Schaden gereichte.

Von einer frühern Übereinkunft mit Frau v. Schiller, welche blos Bezug auf die Schillerische Familie hätte, findet sich nichts unter meinen Papieren. Ich übernahm ohne weiteres die gemeinsame Angelegenheit und führte sie treulich einem gedeihlichen, nunmehr zu hoffenden Abschluß entgegen. Möge derselbe durch Ew. Hochwohlgeboren Zustimmung uns zunächst erfreuen.

Mit den treuesten Wünschen Ew. Hochwohlgeb. gehorsamster Diener

Weimar d. 17. Dez. 1827.   J. W. v. Goethe.

146.
An Friedrich v. Müller.

Ew. Hochwohlgeboren
erhalten hiebey einen Revisionsabdruck des belobten Gedichtes; ein anderes Exemplar ist in den Händen Riemers, an welchem uns beiden der mit einiger Buchstabenveränderung gedruckte Titel besser gefällt. Wollen Sie auch den Bogen näher ansehen und Ihre Gedanken darüber eröffnen. Ich wünsche solchen morgen früh nach Jena abgehen zu lassen. Nachschuß ist bestellt.

Mich bestens empfehlend
        gehorsamst

Weimar den 18. December 1827.   J. W. v. Goethe.

147.

An J. H. Meyer.

Hiebey, mein Theuerster, erhalten Sie den verspäteten Brief an Grafen Cicognara; mögen Sie ihn mit meiner Entschuldigung Ihro Kaiserlichen Hoheit zustellen und den Band Manzoni hinzufügen, wornach die Dame gefragt hat, so daß es wohl schicklich seyn möchte, ihr ein Exemplar anzubieten. Mögen Sie heute etwas zeitiger kommen; es ist wieder etwas Neues und nicht Unbedeutendes eingelangt. Was Sie gefällig übernehmen sollten liegt beysammen. Wir besprechen es noch einmal der Reihe nach.

Weimar den 19. December 1827. G.

148.

An den Grafen Leopold Cicognara.

[Concept.]

Monsieur le Comte.

Son Altesse Imp. Mdme la Grand-Duchesse, Princesse hereditaire de Saxe Weimar, n'auroit pu m'honorer d'une commission plus agreable que celle d'exprimer a Votre Excellence combien elle applaudit a la reconnoissance des Contemporains pour le merite d'un artiste des plus distingués du siecle.

Conjointement a la presente Vous recevres trente Ducats, destinés de Sa part au monument erigé par Vos soins a la memoire du celebre Canova.

Permettes moi Monsieur le Comte de saisir cette occasion pour me rappeller a Votre souvenir et pour Vous assurer que les beaux jours sont encore presents a notre memoire, qui nous mettoient a même de Vous temoigner l'interet que nous avons pris de tout tems a Vos Ouvrages instructivs, fruits de recherches precieuses.

Oserais [-je] en finissant Vous prier de vouloir bien aider de Vos conseils et de Votre protection quelqu'un de mes amis artiste ou literateur que je croirois digne de Vous etre connu, Vous obligeres par cela infiniment celui qui avec l'estime la plus sentie se nomme
de Votre Excellence

b. 27. Dec.

149.
An M. C. B. Töpfer.

[Concept.]

Ew. Wohlgeboren
nehme mir die Freyheit, an den Wittichischen Commentar der Weissagungen des Bakis zu erinnern, zugleich mit dem Wunsche, Sie möchten gefällig die Bemerkungen schriftlich aufsetzen, die Sie mir mündlich mitgetheilt. Ich würde gern des guten Mannes freundliche Bemühung öffentlich erwidern und glaubte mich nicht besser ausdrücken zu können, als Sie es im Gespräch mit Einsicht und Neigung gethan haben.

Zugleich folgt ein Blättchen, welches in der Hoffmannischen Hofbuchhandlung vorzuzeigen und mit dem Exemplar des Morgenblattes nach Abrede zu verfahren bitte.
Weimar den 28. December 1827.

150.
An Johann Wilhelm Hoffmann.
[Concept.]

Herr Commissions-Rath Hoffmann wird höflichst ersucht, das Exemplar Morgenblatt, welches bisher an mich gelangte, für das nächste Jahr Herrn Landes-Directions-Rath Töpfer einzuhändigen.
Weimar den 28. December 1827.

151.
An W. Reichel.

Ew. Wohlgeboren
zeige hiedurch an, wie das unter'm 20. December Gemeldete heute den 27. wohl angekommen; ich wiederhole den Inhalt nicht, da Sie solchen gewiß ordnungsgemäß notiren. Alles was Sie zu Berichtigung manches Verfehlten und Übersehenen von Ihrer Seite thun mögen, wird dankbarlichst anerkannt, wie ich denn auch die Theilnahme derer Herren Lebret und Stegmann gewiß zu schätzen weiß.

Daß der Bürgergeneral bey'm vierzehnten Band bleibe, bin ich völlig Ihrer Überzeugung, ja ich halt es unter den eintretenden Umständen für höchst nöthig, daß wir die Novelle zum Schluß des fünfzehnten Bandes bringen; sie soll etwa in acht Tagen mit der fahrenden Post abgehen, und so erhalten Sie solche in der Mitte Januars.

Im Publicum fängt es, wie bedauerlich vorauszusehen war, wegen der schmächtigen Bändchen sich an zu rühren. Wenn man sich über den Mangel an Bogenzahl beklagt, so ist es durchaus erforderlich, daß wir dem Gehalt ein Gewicht zulegen, wozu ich von meiner Seite bereit bin.

Das Manuscript vom zweyten Theil des Faust wünsche so lange als möglich zu behalten; gerade in den drey ersten Scenen, die ich mittheile, finden sich Lücken, die sich nicht durch den guten Willen ausfüllen lassen, welches nur zur glücklichsten Stunde gelingt. Melden Sie mir daher den letzten Termin wenn Sie das Heft brauchen, so kann das Fehlende, obgleich ungern, doch allenfalls mit einigen Worten angedeutet werden.

Die aufrichtigen Wünsche, die Sie mir von Ihrer Seite gönnen, erwidere dankbarlichst und will gern gestehen, daß, wenn ich auch in meinen hohen Jahren mich jede Stunde bereit halten muß, aus dieser Aufgabe des Lebens und Wirkens zu scheiden, ich doch bey dem wichtigen Abschluß meines literarischen Wandelns gegenwärtig zu bleiben wünsche, denn es möchte sich sonst, besonders bey Abänderung der Eintheilung, in der Folge mancher schwer zu lösende Zweifel hervorthun.

Und so wollen wir denn jeder an seiner Stelle wirken, so lange es Tag bleibt! Es ist ein günstiges Geschick, daß Sie sich der Angelegenheit so ernstlich und kräftig annehmen, ja Ihre Sorgfalt auf das Einzelne erstrecken, wodurch allein die Störung, die aus der weiten Entfernung entspringen müßte, beschwichtigt und überwunden werden kann.

Zu geneigtem Andenken mich angelegentlichst empfehlend.

ergebenst

Weimar den 29. December 1827.   J. W. v. Goethe.

152.
An C. W. Göttling.

Ew. Wohlgeboren

erhalten in beygehendem Paquet das Ihnen gewidmete Exemplar der zweyten Lieferung, die Ihnen wie die erste so vieles verdankt. Beygefügt sind in duplo VII, VIII, IX (VI ist, soviel ich weiß, schon in Ihren Händen), da Sie denn die Güte hätten, das zu Bemerkende an die Seite zu bemerken, wodurch das Geschäft einigermaßen erleichtert würde.

Auf die Reise freu ich mich in Ihre Seele. Wenn ich einen Freund auf eine solche Fahrt sich bereiten sehe, ist es mir, als wenn ich selbst einpacken müßte, ihn zu begleiten, und so genieße ich denn auch zum voraus die Früchte, die Sie reichlicher als jeder andere für sich und uns einernten werden.

Zugleich aber muß ich Sie noch um eine Gefälligkeit bitten; um die mitkommende Rolle finden Sie ein Manuscript gewickelt, das ich Ihrer Durchsicht bestens empfehle, wobey ich nur wünsche, daß der Inhalt Sie für die zu übernehmende Mühe einigermaßen entschädigen möge. Es ist auch dieses eine von den vielen früheren Conceptionen, deren Ausführung immer verschoben worden und zuletzt ganz versäumt wäre, hätte ich mich nicht kurz entschlossen, sie in dieser Form zu überliefern, in welcher ich sie nunmehr Ihrer Gunst bestens empfehle.

ergebenst

Weimar den 29. December 1827.   J. W. v. Goethe.

153.
An Friedrich v. Müller.

Ew. Hochwohlgeboren
empfangen hiebey den Auszug aus einem Schreiben des Herrn Cattaneo, welches uns von der glücklichen Ankunft der Sendung und dem freundlichen Empfang derselben unterrichtet.

Möge denn auch im nächsten Jahre manches andere Begonnene und zu Beginnende fernerhin gelingen und Sie mir die geneigte Mitwirkung freundschaftlich erhalten.

Das Protokoll von Zwierlein ist eingelangt, sehr gut und bündig gefaßt; ich lege es vor bey nächster Zusammenkunft. Es ist gar schön, daß dieses wunderliche Geschäft vor Ende des Jahres noch auf eine so löbliche Weise vollbracht worden.

Mich angelegentlichst empfehlend.

gehorsamst

Weimar den 29. December 1827. J. W. v. Goethe.

[Beilage.]

Nous venons de recevoir, Monsieur Manzoni, Mylius et moi, un cadeau bien précieux de la part de l'aimable Monsieur Goethe, savoir un exemplaire chacun de l'édition des Oeuvres poétiques de Manzoni, faite à Jena, et de la médaille que V. A. R. a fait frapper en honneur de son ancien et respectable Ami. Pour ne pas parler de moi, qui ne suis que très secondaire dans ceci, je puis assurer V. A. que mon ami Manzoni a été sensible au dernier degré à cette preuve d'affection de la part d'un Homme, que depuis sa jeunesse il est habitué à vénérer comme maître dans sa noble carrière. J'ose me flatter que Monsieur Goethe jouira infiniment en voyant le succès étonnant que le Roman de Manzoni vient d'obtenir en Europe, car dans quatre mois il en a été fait douze éditions, savoir neuf italiennes, deux allemandes, une française et une anglaise. Cela peut d'autant plus lui faire plaisir, que c'est Lui qui a enseigné à l'Europe à apprécier ce talent extraordinaire qu'on s'efforçait de suffoquer. A présent aucune secousse ne pourra ébranler le piédestal solide où il est placé. Je sais qu'il se propose d'écrire incessamment à son noble Donateur, ce qu'il aurait fait bien auparavant, s'il n'eût fait une course de quelques mois en Toscane, où il a reçu l'accueil le plus flatteur même de l'intéressante famille du Grand Duc Léopold II.

154.
An F. J. Frommann.

Ew. Wohlgeboren bey'm eintretenden Jahreswechsel freundlichst zu begrüßen gibt mir ein Schreiben des Herrn Cattaneo aus Mailand die schönste Gelegenheit. Ein Auszug aus demselben wird Ihnen gewiß Vergnügen machen. Ich wünschte nur, daß der unserm Dichter gegönnte Beyfall auch Ihrem Unternehmen günstig seyn möge.

Dieses und alles andere Gute und Wünschenswerthe bethätige die nächste Zeit, in der ich mich zu fernerem Wohlwollen und Mitwirken bestens empfehle.

ergebenst

Weimar den 29. December 1827.   J. W. v. Goethe.

155.
An Friedrich Wilhelm Riemer.

Sie erhalten hiebey, mein Werthester, das fragliche wundersame Werk bis gegen das Ende; haben Sie die Gefälligkeit, es genau durchzugehen, die Interpunction zu berichtigen und allenfallsige Bemerkungen niederzuschreiben, vorzüglich aber Folgendes im Auge zu haben: Ich unterließ, wie Sie sehen, in prosaischer Parenthese das, was geschieht und vorgeht, auszusprechen und ließ vielmehr alles in dem dichterischen Flusse hinlaufen, anzeigen und andeuten, soviel mir zur
Klarheit und Faßlichkeit nöthig schien; da aber unsre lieben deutschen Leser sich nicht leicht bemühn, irgend etwas zu suppliren, wenn es auch noch so nah liegt, so schreiben Sie doch ein, wo Sie irgend glauben, daß eine solche Nachhülfe nöthig sey. Das Werk ist seinem
Inhalt nach räthselhaft genug, so möge es denn der Ausführung an Deutlichkeit nicht fehlen.

treulichst

Weimar den 29. December 1827. Goethe.

156.
An P. A. Sterl.

[Concept.] [1. Januar 1828.]

Wenn ich jede wackre Künstler=Bemühung von
meiner Seite gerne zu fördern trachte, so habe ich besonders auf diejenigen zu merken, die von einem

freundlichen Wohlwollen gegen mich das Zeugniß ablegen. Hätte der junge Künstler bey seinem Hiersehn mich um Rath gefragt, so würde ich ihm einiges mitgetheilt haben, wodurch seine Blätter noch gefälliger geworden wären. Da sie sich indessen auf diese Weise auch gar wohl beschauen lassen, so hab ich Ihren Wunsch nicht ablehnen wollen und sende beyliegend was zur Unterschrift der Bilder wohl schicklich seyn möchte.

In solchen Fällen gereicht das Facsimile zu besonderer Empfehlung; deshalb lege ein Blättchen handschriftlich bey. Da der beengte Raum mich im Schreiben genirte, so finden Sie es doppelt. Ein geschickter Schriftstecher wird sich daraus das Charakteristische und zugleich besser in die Augen Fallende auszuwählen wissen.

Wollten Sie mir einige Abdrücke mit leichter bräunlicher oder bläulicher Farbe machen lassen, um die Blätter allenfalls hier illuminiren zu können, so würde es mir ganz angenehm seyn. Noch angenehmer, wenn Sie zugleich ein Exemplar durch einen Ihrer Dresdener geschickten Künstler illuminiren ließen, so daß ich ein Musterblatt zur Nachahmung erhielte.

Gegenwärtigem und allem übrigen guten Unternehmen das beste Gedeihen wünschend.

Weimar den 31. December 1827.

157.
An Thomas Carlyle.

In diesen Tagen, mein Theuerster, geht abermals eine Sendung über Hamburg; sie enthält die zweyte Lieferung meiner Werke, worin Sie nichts Neues finden werden, der ich aber die alte Gunst auf's frische wieder zuzuwenden bitte. Dabey liegen fünf Bände Kunst und Alterthum, welche schwerlich vollständig in Ihren Händen sind; auch das erste Heft des sechsten Bandes. In dieser Zeitschrift, welche seit 1818 langsam vorschreitet, finden Sie manches, was für Sie und wohl auch für Ihre Nation interessant ist. Das Foreign Quarterly Review, wovon zwey Bände in meinen Händen sind, wird solche Notizen wohl aufnehmen.

In das Kästchen lege noch einige literarisch-sittliche Bemerkungen, und füge nur die Anfrage wegen eines einzigen Punctes, der mich besonders interessirt, hier bey; sie betrifft Herrn Des Voeux, dessen Übersetzung des Tasso nun auch wohl in Ihren Händen ist. Er verwendete seinen hiesigen Aufenthalt leidenschaftlich auf das Studium einer ihm vorerst nicht geläufigen Sprache und auf ein sorgfältiges Übertragen gedachten Dramas. Er machte mir durch eine gedruckte Copie seines Manuscriptes die Bequemlichkeit, seine vorrückende Arbeit nach und nach durchzusehen, wobey ich freylich nichts wirken konnte als zu beurtheilen, ob die Übersetzung, insofern ich englisch lese, mit dem Sinn, den ich in meine Zeilen zu legen gedachte, übereinstimmend zu finden wäre. Und da will ich gern gestehen, daß nach einiger Übereinkunft zu gewissen Abänderungen ich nichts mehr zu erinnern wußte, was mir für das Verständniß meines Werkes in einer fremden Sprache wäre hinderlich gewesen. Nun aber möcht ich von Ihnen wissen, inwiefern dieser Tasso als Englisch gelten kann. Sie werden mich höchlich verbinden, wenn Sie mich hierüber aufklären und erleuchten; denn eben diese Bezüge vom Originale zur Übersetzung sind es ja, welche die Verhältnisse von Nation zu Nation am allerdeutlichsten aussprechen und die man zu Förderung der vor= und obwaltenden allgemeinen Weltliteratur vorzüglich zu kennen und zu beurtheilen hat.

An Ihre theure Gattin werden Sie mit meinen schönsten Grüßen das Adressirte gefällig abgeben.

Ferner habe ich sechs Medaillen beygelegt, drey weimarische, drey Genfer, wovon ich zwey Herrn Walter Scott mit meinen verbindlichsten Grüßen einzuhändigen, die andern aber an Wohlwollende zu vertheilen bitte.

Da ich die hier übrigen Seiten nicht leer abschicken möchte, so füge noch einige vorläufige Betrachtungen über das Foreign Quarterly Review hier bey:

In diesem gleich vom Anfang solid und würdig erscheinenden Werke finde ich mehrere Aufsätze über deutsche Literatur: Ernst Schulze, Hoffmann und unser Theater; ich glaube darin den Edinburger Freund zu erkennen, denn es wäre doch wunderbar, wenn das alte Britannien ein Paar Menächmen hervorgebracht haben sollte, welche gleich ruhig, heiter, sinnig, sittig, gründlich und umsichtig, klar und ausführlich, und was dergleichen gute Eigenschaften sich noch mehr anschließen, eine fremde, geographisch, moralisch und ästhetisch abstehende Mittellandscultur liebevoll darstellen könnten und möchten. Auch die übrigen Recensionen, insofern ich sie gelesen habe, finde ich auf einem soliden Vaterlandsgrunde mit Einsicht, Umsicht und Mäßigung geschrieben. Und wenn ich z. B. Dupins weltbürgerliche Arbeiten sehr hoch schätze, so waren mir doch die Bemerkungen des Referenten S. 496, Vol. I, sehr willkommen. Das Gleiche gilt von manchem, was bey Gelegenheit der Religionshändel in Schlesien geäußert wird. In dem nächsten Stücke von Kunst und Alterthum denke ich mich über diese Berührungen aus der Ferne freundlich zu erklären und eine solche wechselseitige Behandlung meinen ausländischen und inländischen Freunden bestens zu empfehlen, indem ich das Testament Johannis als das meinige schließlich ausspreche und als den Inhalt aller Weisheit einschärfe: Kindlein, liebt euch! wobey ich wohl hoffen darf, daß dieses Wort meinen Zeitgenossen nicht so seltsam vorkommen werde als den Schülern des Evangelisten, die ganz andere höhere Offenbarungen erwarteten.

Das Weitere mit der in diesen Tagen abgehenden Sendung.

treu verbunden

Weimar den 1. Januar 1828.   J. W. v. Goethe.

Können Sie mir vertrauen, wer den Aufsatz: State of German Literature im Edinburgh Review, Nr. XCII, October 1827, geschrieben hat? Hier glaubt man, es sey Herr Lockhart, Herrn W. Scotts Schwiegersohn. Ernst und Wohlwollen sind gleich verehrungswerth.

158.
An Johann Friedrich Röhr.

[Concept.]   Ew. Hochwürden verzeihen einer treuen Gesinnung gegenwärtige Zubringlichkeit! Des Herrn Geh. Rath Schweitzers Krankheit beunruhigt mich nur zu sehr in diesem Augenblick, wo unser guter Huschke, sich selbst fühlend, außer Activität tritt.

Können Sie vermitteln, daß Hofrath Vogel mit zugezogen werde, so geschieht gewiß viel zu Beruhigung des Patienten, der Familie, aller Verehrer und Freunde, die Ihnen deshalb verbunden bleiben.

Der Zeit solle man eigentlich überlassen, das Vertrauen auf einen Arzt zu begründen; prägnante Momente jedoch sind geeignet, das höchst Wünschenswerthe zu beschleunigen.

In reinem Vertrauen.

Weimar den 2. Januar 1828.

159.
An Johann Joseph Schmeller.

[Concept.]

Herr Schmeller wird hiedurch ersucht, sich mit Herrn Geh. Referendar v. Walbungen wegen des Porträtirens zu besprechen, welche Stunde derselbe diesem Geschäft widmen könnte; er ist geneigt, einige Sitzungen zu gewähren.

Weimar den 2. Januar 1828.

160.
An J. J. Elkan.

[Concept.]

Herr Banquier Elkan wird hiedurch höflichst ersucht, an Herrn Hof=Baudepot=Verwalter Reinhardt in Berlin die Summe von

Funfzig preußischen Thalern,

ingleichen an Herrn Artaria in Mannheim die Summe von

Vierundvierzig Gulden rhein.

gefällig auszahlen zu lassen und einer alsbaldigen Wiedererstattung gewärtig zu seyn.

Weimar den 2. Januar 1828.

161.
An Marianne v. Willemer, geb. Jung.

Ihrem neulich ausgesprochenen Wunsche, theuerste Freundin, kann ich leider nicht entgegen kommen, denn die Platte von jenen angenehmen Bildchen hat sich verloren, kein Abdruck ist mehr vorhanden; doch kann ich meine Bereitwilligkeit durch ein paar andere Aussichten mit Vergnügen beweisen, die freylich keinen freyen Fluß, keine bedeutende Stadt darzustellen hatten, vielmehr von Einfalt und Beschränkung das bescheidenste Zeugniß geben; vielleicht aber kann abgesonderte Ländlichkeit und gemäßigt-städtisches Wesen nicht besser ausgedruckt werden. Auch sehen Sie einige Reimzeilen von meiner Hand darunter geschrieben. Und so wird denn wohl dem guten Kinde, dem Sie jenes Christgeschenk zudachten, durch Gegenwärtiges zum neuen Jahr noch einige Freude.

Das Abscheiden unseres guten Riese mußte mir zu weiten Rückblicken Veranlassung geben; er war bis jetzt als mein ältester Freund stehen geblieben, bis er nun auch aus diesem Gänsespiel scheidet. Schön war es und völlig in seiner alten treuen Art, daß er sein Vermächtniß durch Ihre Hand gehen läßt; er

spricht dadurch rührend aus was Sie ihm waren und
was Sie mir sind. Und so bleibe es auch fortan.

Eigentlich waren es uralte, redlich aufgehobene
Briefe, deren Anblick nicht erfreulich seyn konnte; hier
lagen mir eigenhändige Blätter vor Augen, welche
nur allzudeutlich ausdrückten, in welchen sittlich
kümmerlichen Beschränktheiten man die schönsten
Jugendjahre verlebt hatte. Die Briefe von Leipzig
waren durchaus ohne Trost; ich habe sie alle dem
Feuer überliefert; zwey von Straßburg heb ich auf,
in denen man endlich ein freyeres Umherblicken und
Aufathmen des jungen Menschen gewahr wird. Freylich
ist, bey heiterem innern Trieb und einem löblich geselligen Freysinn, noch keine Spur von woher? und
wohin? von woaus? woein? deshalb auch einem
solchen Wesen gar wundersame Prüfungen bevor-
standen. Sie können selbst davon einiges Zeugniß
abgeben, doch werden Sie ihm deshalb nicht feind
geworden seyn.

Es verdrießt mich, daß ich dem Wunsche des
Freundes nicht zuvor kam. Einleitung ist deshalb
getroffen und ich darf erwarten, daß irgend eine
Epoche zum Gelingen Gelegenheit gebe. Hiebey ein
bildliches und reimliches Grüßlein zum neuen Jahr.

  Wenn Phöbus Rosse sich zu schnell
  In Dunst und Nebel stürzen,
  Geselligkeit wird, blendend hell,
  Die längste Nacht verkürzen.

> Und wenn sich wieder auf zum Licht
> Die Horen eilig drängen,
> So wird ein liebend Frohgesicht
> Den längsten Tag verlängen.
>
> treu gewidmet
Goethe.
>
> Weimar d. 3. Januar 1828.

162.
An Ludwig Wilhelm Cramer.
[Concept.]

Ew. Wohlgeboren überzeugen sich, daß Brief und Sendung nach einer so langen Pause mir höchst angenehm gewesen. Das geognostische Heft zeugt mir von Ihren fortgesetzten Studien, die bedeutenden Mineralien von dauernder Neigung, mir etwas Angenehmes zu erzeigen; denn wenige Schubladen meiner Sammlungen kann ich aufziehen, ohne mich jener erfreulich-belehrenden Stunden zu erinnern.

Einen Absatz Ihres gewiß bedeutenden Kabinetts wüßt ich in dem Augenblick nicht zu vermitteln; wollen Sie mir jedoch eine etwas nähere Anzeige des Inhalts mittheilen, so könnte eher dem und jenem Liebhaber, jedoch vorzüglich öffentlichen Instituten davon Kenntniß geben, auch vor allen Dingen eine Anzeige in der Nationalzeitung veranlassen, um wenigstens einige dienstliche Erwiderung so mancher erwiesenen Gefälligkeiten zu erproben. Übrigens glaube ich leider zu bemerken, daß die Leidenschaft für diese schöne Natureinsichten, die uns so viele Jahre beherrschte, in Deutschland abzunehmen scheint. Es ist wunderbar, daß ein fernes und frembes politisches Interesse das Nächste verschlingt, wovon so mancher Nutzen jetzt und künftig zu hoffen wäre. In Amerika beschäftigen sich unsre Deutschen höchst lobenswürdig und setzen emsig fort, was Herr v. Humboldt so trefflich eingeleitet.

Mich bestens empfehlend und das Weitere nächstens zu vernehmen wünschend.

Weimar den 4. Januar 1828.

163.
An Johann Sckell.

[Concept.]

Ew. Wohlgeboren würden mir eine Gefälligkeit erzeigen, wenn Sie mir ein gesundes Blatt von Phönix dactylifera übersenden wollten, wäre es möglich, eines von denenjenigen, welche den von Serenissimo mir mitgetheilten halb monstrosen vorangingen, auch wenn in der Folge solche mißgestaltete Verbreiterungen vorkommen, mir solche geneigt abzugeben.

Weimar den 4. Januar 1828.

164.

An den Großherzog Carl August.

Königliche Hoheit!

Beyliegende Blätter geben mir die erwünschte Gelegenheit, Höchst Denenselben bey der eintretenden Epoche eines neuen Jahres in treuster Verehrung die reinsten Wünsche vorzulegen und mich Höchst Ihro Huld und Gnade für die Folgezeit angelegentlichst zu empfehlen.

Der Berg- und Gegenschreiber Schmid zu Altenberg hatte schon früher, indem er auf anbefohlene Sendung des Werkes von Villefosse den schuldigen Dank erwiderte, mich zugleich ersucht, die Erlaubniß von Ew. Königlichen Hoheit auszuwirken, sein Archiv für Bergwerkswissenschaften pp. Höchst Denenselben widmen zu dürfen. Wenn ich nun dieses Gesuch schuldigst anzubringen bis auf weiteres, den Umständen gemäß, ruhen ließ, so tritt nunmehr bey wirklich herannahender Erscheinung des gedachten Archivs der Fall ein, daß er nicht allein abermals geziemend anfragt, sondern auch ein Concept der Zuschrift beylegt, um vergewissert zu seyn, daß Höchst Dieselben diese Widmung und zwar in solcher Form zu billigen belieben.

Wenn nun hierauf, wie zu hoffen steht, eine gnädige Gewährung dieses löblichen Vorsatzes erfolgen dürfte, so würde ich nicht ermangeln, sie diesem wackern

Manne alsobald mitzutheilen und ihm mit den Seinigen
dadurch eine frische Erinnerung der diesen Sommer
genossenen frohen Stunden und zugleich die Aussicht
auf ein ferneres günstiges Andenken zu gewähren und
zu verschaffen.

Verehrend
unterthänigst

Weimar den 5. Januar 1828.   J. W. v. Goethe.

165.
An F. J. Frommann.
[Concept.]

Ew. Wohlgeboren
erhalten hieben die Revision des Bogens 16, nicht
weniger das fernere Manuscript.

Den Octavabdruck des Gedichtes an den König
halt ich noch einige Tage zurück; diese Ihre Geneigtheit gibt uns die glückliche Veranlassung zu noch
einer kleinen schicklichen Anfuge.

Mit den besten Wünschen und Grüßen.

Weimar den 9. Januar 1828.

166.
An Friedrich August Schmid.

Euer Wohlgeboren
habe hiedurch zu vermelden nicht unterlassen wollen,
daß Ihro Königliche Hoheit die Widmung Ihres für
die Geschichte des Bergbaues so wichtigen Werks mit

Vergnügen annehmen und erwarten. Dabey bedarf
es wohl nicht vieler Worte, um Dieselben zu versichern, daß Sie mir durch die übersendeten Stufen
und durch den Aufsatz über den jetzigen Zustand des
merkwürdigen, Ihnen anvertrauten Bergwerks vorzügliche Freude verschafft haben. Diese Gabe knüpft
sich auf das interessanteste an jene Zeit an, deren
Erinnerung mir immer werth bleiben muß, worin
das Andenken an Ihre Gefälligkeit so innig ver-
webt ist.

Wie ich nun den Vorschritten Ihres Werks mit
Antheil entgegensehe, so kann ich hoffen, bey dem
Erscheinen desselben von Ihrem und der werthen
Ihrigen Befinden abermals vergewissert zu werden.
Der ich die Ehre habe, mich hochachtungsvoll zu
unterzeichnen
  Euer Wohlgeboren
     ergebenster Diener
Weimar den 10. Januar 1828.   J. W. v. Goethe.

167.
An J. J. Schmeller.

[Concept.]

Herr Zeichenmeister Schmeller wird hiedurch benachrichtigt, daß Herr Geh. Regierungsrath v. Gerstenbergk so wie Herr Professor Weichardt einige Stunden
zu Fertigung ihrer Porträte freundlich zu gewähren

bereit sind, und wird derselbe deshalb ersucht, mit
genannten Personen das Weitere zu besprechen und
nach meinen Wünschen auszuführen.

Weimar den 10. Januar 1828.

168.
An F. J. Frommann.
[Concept.]

Ew. Wohlgeboren
übernehmen gefällig die Besorgung beygehender Ein=
schaltung wie angedeutet und senden mir sodann noch
eine Revision. Die allenfallsige Zahl der Abdrücke
melde sodann.

Mich bestens empfehlend und um Verzeihung
bittend.

Weimar den 12. Januar 1828.

169.
An A. Nicolovius.
[Concept.]

Schreibe es, mein theurer Neffe, dem vielfachen
Drang zu, mit dem ich am Ende des Jahres und
dem Anfange des neuen zu kämpfen hatte, wenn du
auf deine vielfachen guten Ausrichtungen und treu-
lichste Besorgung bisher keine Antwort und Nachricht
erhalten. Jetzt, da ich mich einigermaßen erleichtert
fühle, verschiebe ich meinen Dank nicht länger, sondern
entrichte ihn desto treulicher und lebhafter.

Der wackre Heinrich, der uns durch seine Gegenwart sehr wohlthätig war, da wir aus seinen vertraulichen Mittheilungen so wie aus seinem Betragen das Beste für dessen Zukunft hoffen durften, indeß wir ihn in der Gegenwart liebten, wird schon von unsern bekannten und wenig veränderten Zuständen manches erzählt, besonders aber auch deinem Herrn Vater die bringende Bitte vorgetragen haben: es möge derselbe im Laufe des Jahres, etwa zu schöner Frühlings- oder Sommerzeit, sich zu einem geneigten Besuche bey uns die nöthige Muße bereiten. Dieser längst gehegte Wunsch ist mir durch den Besuch des Herrn Geheimbe Rath Streckfuß erst wieder recht lebendig geworden, da ich durch persönliche Bekanntschaft zu diesem vorzüglichen Manne unmittelbar ein wahres Verhältniß gewonnen und dadurch für meine übrige Lebenszeit beruhigt bin. Da fand ich es doppelt und dreyfach wünschenswerth, in gleichem Sinne meinen Bezug zu einem nächsten Verwandten vollendet zu sehen, der mir schon so vielfach verbunden, werth und theuer war und nun durch seine Söhne mir und den Meinigen ganz eigentlich vereint worden. In einem früheren bewegten Leben entbehrt man manches und läßt es gut seyn; späterhin, wenn man tiefer fühlt und gründlicher einsicht, was besser hätte seyn können und sollen, wünscht man, daß das Ermangelnde wo möglich nachgebracht werde. Thue das Deinige zu diesem frommen Werke.

Nun wieder zu unseren kleinen Geschäften. Herr
Reinhardt ist nunmehr durch die Zahlung des dritten
Termins für seine Forderung, die Stoschischen Abbrücke betreffend, völlig befriedigt, laß dir deshalb
ein kurzgefaßtes schriftliches Bekenntniß ausstellen,
die einzelnen Quittungen sind in meinen Händen.
Zugleich möcht ich wohl in dem nächsten Stück Kunst
und Alterthum etwas über seine neusten Fortschritte
und Leistungen aussprechen. Es liegen zwar hiezu
verschiedene von dir früher gesendete Blätter in meinen
Tecturen, daraus müßt ich nun aber erst das Behufige ausziehen und zusammenschreiben und doch
ginge das Neuste mir ab. Sage also das bündig
und kürzlich, wie es um ihn steht, so wird mir dieß
angenehm und ihm kein Schaden seyn. Über die
große Sammlung, deren Verdienst, Nutzen u. s. w.
werde ich mich besonders herauslassen, einige Beyspiele geben, wie ich mich deren zu meinen Zwecken
bedient.

Alsdann habe die Gefälligkeit, einen Mann aufzusuchen, der sich G. Gerber unterschreibt, sich
Plastiker nennt und Neu-Kölln am Wasser Nr. 21
wohnt. Dieser hat mir schon im Monat August
mein Profilbild in Elfenbein geschickt, und ich habe
ihm hierauf, wie so vielen Zuschreibenden, nichts
vermelden können. Nun wollte ich dich ersuchen, ihm
die Medaille von Bovy einzuhändigen (ich schicke dir
ein ander Exemplar) und ihn zu fragen, was er für

einen solchen Kopf in Elfenbein zu schneiden verlangt, da ich ihm denn vielleicht einige Bestellung machen, auch seine frühere Sendung vergüten könnte.

Ferner sollst du den schönsten Dank haben für die Granitmuster, auch für den lithographirten großen Felsblock; gib mir doch auch einige ausführliche Notiz von der Fabrik, in welcher man diesen festen Stein bearbeitet; man hat, wenn ich nicht irre, Säulen in's neue Museum daraus gedreht; eine Schale, sagst du, sey nach England bestellt. Fertigen sie wohl auch größere und kleinere Tischplatten? und um welche Preise? Auch solche Notizen würde ich in's nächste Stück von Kunst und Alterthum inseriren.

Noch aber sind meine Aufträge nicht alle; denn ich habe ferner zu wünschen, daß du den Herren Rauch und Tieck für die bedeutende Sendung dankest, womit sie mir das neue Jahr ausschmücken wollen. Herren Beuth würdest du das Gleiche ausrichten und so einem schuldigen Erwidern einige Stundung zu verschaffen wissen.

Hiemit sey denn geschlossen; manches Andere nächstens. Auch sende etwas Geld, damit du zu deinen freundlichen Bemühungen nicht auch noch Gläubiger werdest. Deinem Herrn Vater empfiehl mich wiederholt zum allerschönsten und gedenke mein zu guter Stunde.

Weimar den 12. Januar 1828.

170.
An C. C. v. Leonhard.

Ew. Hochwohlgeboren
will sogleich zum neuen Jahre in freundlich-treuster
Erwiderung des geneigten Schreibens vom 1. Januar
zu vermelden nicht verfehlen, daß die mir gegönnte
Sendung von einigen bedeutenden Feuerproducten
glücklich seiner Zeit angekommen, kein Dolerit aber
dabey gefunden worden, weshalb ich bitte, mir zunächst ein zugesagtes instructives Stück geneigtest zu
übersenden.

Ob ich mich nun gleich, auf mannichfaltige Weise
nothgedrungen beschäftigt, gegen die liebwerthe Natur
kaum augenblicklich hinwenden kann, so rieselt doch,
althergebrachter Weise, aus nie versiegenden Quellen
immer etwas Zufluß in mein Bassin. Von den
mexikanischen Bergwerkszuständen ist mir durch die
Gunst der niederrheinischen Societät eine nähere Kenntniß geworden. Meine auf die Zinnformation angelegte Sammlung hat sich angenehm vermehrt. Mein
Sohn, dessen Liebhaberey auf Fossilien vorzüglich gerichtet ist, hat durch eine treue Ordnung nach Ihren
früheren Lehrschriften sich selbst zu einer rationellen
Ausstattung unserer längst begonnenen Sammlung
befähigt und verdient, daß Herr Graf Sternberg bey
seinem letztern Aufenthalt das Capitel der unterirdischen Flora epochenweis' zu ordnen die Geneigt-

heit haben konnte. Können Sie zu solchem Behuf uns auch manchmal etwas Merkwürdiges, entweder Neues oder sonst Unterrichtendes, zuweisen, so würde auch gern eine mäßige Summe darauf verwenden. Sollte z. B. nichts von den Öhninger Schiefern und den darin enthaltenen organischen Resten irgendwo käuflich zu erlangen seyn? Mich muß es um so mehr freuen, an meinem Sohne die Fortsetzung meiner Studien zu erleben, da, wie ich leider zu bekennen habe, in Weimar das Studium der Mineralogie nach und nach völlig verlischt und in Jena nur durch die leidenschaftliche Thätigkeit unsres guten Lenz noch aufrecht erhalten wird.

Lassen Sie mich hierbey bemerken, daß die Forderungen der Crystallographie und Chemie jüngere Männer abschreckt, die wohl einigen Zutritt zu diesem schönen Weltrevier erlangen mochten, aber freylich durch die übrigen strengen und eiligen Forderungen des Welt- und Geschäftslebens verhindert sind, jenen Mysterien mit anhaltendem Ernst und ununterbrochener Zeitverwendung sich zu widmen. (Ich füge hinzu: doch das wird sich gleichfalls geben, wenn diese wichtigen Grunderfordernisse der Wissenschaft nach und nach in's Einfache und Faßliche geleitet werden.)

Herr Soret brachte von seiner letzten Reise mir sehr angenehme Exemplare von der Gegend um Genf, auch aus Savoyen mit. Die Unterhaltung mit diesem so werthen, wohlunterrichteten Manne über solche Gegenstände ist höchst erwünscht, und so oft wir uns zusammen finden, sind Ew. Hochwohlgeboren in Kraft Ihrer Werke jederzeit in unsrer Mitte.

Womit ich mich bestens auf jede Zeit, besonders aber wenn der Frühling die Felsarten zugänglicher macht, zum allerschönsten empfehle.

gehorsamst

Weimar den 12. Januar 1828. J. W. v. Goethe.

171.
An Th. Carlyle.

Fortsetzung
des mit der Post abgegangenen Briefes.

Sehen Sie Herrn Walter Scott, so sagen Sie ihm auf das verbindlichste in meinem Namen Dank für den lieben heitern Brief, gerade in dem schönen Sinne geschrieben, daß der Mensch dem Menschen werth seyn müsse. So auch habe ich dessen Leben Napoleons erhalten und solches in diesen Winterabenden und Nächten von Anfang bis zu Ende mit Aufmerksamkeit durchgelesen. Mir war höchst bedeutend zu sehen, wie sich der erste Erzähler des Jahrhunderts einem so ungemeinen Geschäft unterzieht und uns die überwichtigen Begebenheiten, deren Zeuge zu seyn wir gezwungen wurden, in ruhigem Zuge vorüberführt. Die Abtheilung durch Capitel in große zusammengehörige Massen gibt den verschlungenen Ereignissen die reinste Faßlichkeit, und so wird denn auch der Vortrag des Einzelnen auf das unschätzbarste deutlich und anschaulich. Ich las es im Original, und da wirkte es ganz eigentlich seiner Natur nach. Es ist ein patriotischer Britte der spricht, der die Handlungen des Feindes nicht wohl mit günstigen Augen ansehen kann, der als ein rechtlicher Staatsbürger zugleich mit den Unternehmungen der Politik auch die Forderungen der Sittlichkeit befriedigt wünscht, der den Gegner im frechen Laufe des Glücks mit unseligen Folgen bedroht und auch im bittersten Verfall ihn kaum bedauren kann.

Und so war mir noch außerdem das Werk von der größten Bedeutung, indem es mich an das Miterlebte theils erinnerte, theils mir manches Übersehene neu vorführte, mich auf einen unerwarteten Standpunct versetzte, mir zu erwägen gab, was ich für abgeschlossen hielt, und besonders auch mich befähigte, die Gegner dieses wichtigen Werkes, an denen es nicht fehlen kann, zu beurtheilen und die Einwendungen, die sie von ihrer Seite vortragen, zu würdigen. Sie sehen hieraus, daß zu Ende des Jahrs keine höhere Gabe hätte zu mir gelangen können. Es ist dieses Werk mir zu einem goldnen Netz geworden, womit ich die Schattenbilder meines vergangenen Lebens aus den letheischen Fluthen mit reichem Zuge heraufzufischen mich beschäftige.

Ungefähr dasselbige denke ich in dem nächsten Stücke von Kunst und Alterthum zu sagen, wo Sie auch einiges Heitere über Schillers Leben und German Romance finden werden. Melden Sie mir die Ankunft des Kästchens und sagen Sie mir dabey, was Ihnen sonst zu Ihren Zwecken allenfalls wünschenswerth wäre; denn so schnell bewegen sich jetzt die Mittheilungen, daß mir wirklich die Anzeige von dreyßig deutschen Taschenbüchern für das Jahr 1828 im zweyten Bande des Foreign Review ein Lächeln abgewinnen mußte.

Wenn nun Bücher und Zeitschriften gegenwärtig Nationen gleichsam auf der Eilpost verbinden, so tragen hiezu verständige Reisende nicht wenig bey. Herr Heavyside hat Sie besucht und uns von Ihren Um- und Zuständen das Angenehmste berichtet, so wie er denn auch von unserm weimarischen Wesen es an Schilderung gewiß nicht fehlen ließ. Als Führer der jungen Hope's hatte er in unserm zwar beschränkten, aber doch innerlich reich ausgestatteten und bewegten Kreis glückliche Jahre nützlich verlebt; auch ist, wie ich höre, die Hope'sche Familie mit der Bildung zufrieden, wozu die jungen Männer hier zu gelangen Gelegenheit fanden. Es kommt freylich vieles hier zusammen, Jünglingen, besonders Ihrer Nation, vortheilhaft zu seyn; der Doppelhof der regierenden und Erbgroßherzoglichen Personen, wo sie allgemein gut und mit Freysinnigkeit aufgenommen

werden, nöthigt sie durch Auszeichnung zu einem
feinen Anstand bey mannichfaltigen Vergnügungen.
Die übrige gute Gesellschaft hält sie gleichmäßig in
heiterer Beschränkung, so daß alles Rohe, Unschickliche
nach und nach beseitigt wird; und wenn sie in dem
Umgange mit unsern schönen und gebildeten Frauen=
zimmern Beschäftigung und Nahrung für Herz, Geist
und Einbildungskraft finden, so werden sie abgehalten
von allen den Ausschweifungen, denen sich die Jugend
mehr aus langer Weile als aus Bedürfniß hingibt.
Diese freye Dienstbarkeit ist vielleicht an keinem
andern Orte denkbar; auch haben wir das Vergnügen,
daß dergleichen Männer, die es in Berlin und Dresden
versuchten, gar bald wieder hieher zurückgekehrt sind.
Wie sich denn auch eine lebhafte Correspondenz nach
Britannien unterhält, wodurch unsere Damen wohl
beweisen, daß die Gegenwart nicht ausdrücklich nöthig
ist, um einer wohlgegründeten Neigung fortwährende
Nahrung zu geben. Endlich darf ich auch nicht un=
bemerkt lassen, daß vieljährige Freunde, wie z. B.
gegenwärtig Herr Lawrence, von Zeit zu Zeit wieder=
kehren und sich glücklich finden, den schönen Faden
früherer Verhältnisse ungesäumt wieder aufzufassen.
Herr Parry hat einen vieljährigen Aufenthalt mit
einer anständigen Heirath geschlossen.

Fortwirckender Theilnahme sich selbst, freundlicher
Aufnahme die Sendung lebhaft empfelend
  Weimar d. 15. Jan. 1828.   Goethe.

Inhalt
der gegenwärtigen Sendung.

1) Zweyte Lieferung von Goethe's Schriften, 6.—10. Band incl.

2) Kunst und Alterthum, fünf Bände, des sechsten Bandes erstes Heft;

3) Vorwort zu Alexander Manzoni's poetischen Schriften;

4) Der 28. August 1827;

5) Hermann und Dorothea, für Madame Carlyle;

6) Ingleichen Almanach des Dames;

7) Auch ein Kästchen für dieselbe;

8) Ein Päckchen für Herrn Thomas Wolley — ein junger Mann, der vergnügte und nützliche Tage bey uns verlebte und in gutem Andenken steht, sich gegenwärtig in Edinburg befinden soll;

9) Sechs Bronze-Medaillen;

10) Fortsetzung des Schreibens vom 1. nebst einigen poetischen und sonstigen Beylagen im Couvert.

Weimar den 15. Januar 1828. G.

172.
An den Grafen C. F. M. P. v. Brühl.

Zum neuen Jahr haben Sie mir, theuerster Herr und Freund, ein ganz besonderes Vergnügen durch Ihre werthe Zuschrift verschafft, indem ich daran er-

kenne, daß Sie noch, meiner in alter Freundlichkeit
gedenkend, sich überzeugt halten, ich könne und wolle
noch wie jederzeit Ihnen irgend etwas Dienstlich-
Angenehmes erweisen. Da ich nun voraussetzen konnte,
daß Sie nach Kenntniß Ihres Publicums es für
schicklich und thunlich hielten, jene meine frühere
belobende Darstellung Hans Sachsens und seiner
Verdienste von Ihrem Theater herab vortragen zu
lassen, so hab ich mir bezeichnetes Gedicht mit der
größten Gemüthsruhe vorgetragen, wie es allenfalls
von dem Beauftragten vor dem Publicum gesprochen
werden könnte. Es dauerte diese Recitation etwa
zwölf Minuten, welche man, da an dem Gedicht
nichts verändert werden kann, demselben zu widmen
hätte. Allein da das Gedicht die Beschreibung eines
Gemähldes enthält, so wäre wohl an einige Einleitung
zu denken, damit man nicht unverständlich durch unerwartetes Eintreten werden möge. Dazu kommt
noch, daß die ersten Worte oft durch Geräusch und
sonst unterbrochen und dem Ohr entwendet werden.
Ich erbiete mich daher, eine kurze Einleitung in
gleichem Sinn und Styl niederzuschreiben, worin
Vorhaben und Absicht erklärt würden und zugleich
der übrige Vortrag anschaulicher. Und so könnte das
Ganze ohngefähr in einer Viertelstunde abgethan seyn,
ein Zeitraum, während dessen die Aufmerksamkeit der
Zuhörer wohl gefesselt würde. Sagen Sie mir hierüber Ihre durch Einsicht in die näheren Umstände

bestimmtere Meynung. Auch wünscht ich zu erfahren,
wem Sie dieses artige Geschäft übertragen wollen;
da mir die Eigenschaften des Berliner Theaterperso=
nals wenigstens im Allgemeinen bekannt sind, so
wär ich dadurch in den Stand gesetzt, einigermaßen
gehöriger in die Ferne zu wirken.

Mich Ihnen, Ihrer theuren Frau Gemahlin und
auch Ihrem lieben Sohne, dessen Bildniß uns noch
oft an die schnell vorübergehende, höchst angenehme
Gegenwart erinnert, bestens empfehlend.

Unwandelbar
treu angehörig

Weimar den 17. Januar 1828.   J. W. v. Goethe.

173.
An C. Semler.

Ew. Wohlgeboren
sind versichert, daß ich jedes Merkmal von Zutrauen
und Neigung, welches mir von Berlin zu Theil wird,
zu würdigen und zu schätzen weiß. Mit gleich dank-
barem Sinne habe ich das Schreiben gelesen, welches
Dieselben unter'm 10. Januar an mich erlassen wollen;
allein ich muß zugleich gestehn, daß ich solches zu
beantworten bedeutend schwierig finde. Zwar habe ich
über zwanzig Jahre einem Theater vorgestanden und
habe meine Bemühung mit Beyfall belohnt gesehn,
wie denn Schauspieler, die von uns ausgegangen,
auch in Berlin mit Geneigtheit aufgenommen worden.

Eben diese lange Erfahrung jedoch hat mich überzeugt, daß vielleicht kein ander Geschäft so vom Tage, ja vom Augenblick abhängt als dieses; es macht nur einen Theil des großen Weltwesens und participirt, willig oder unwillig, an dem guten oder verdorbenen Geschmack der Menge, welche wiederum ihrerseits von den mehr oder weniger energischen und Beyfall gewinnenden Autoren bestimmt wird; es hat den Neigungen und Eigenheiten des Publicums sich einerseits zu bequemen, indem es andererseits denselben widersteht; es leidet und zieht Vortheil von der allgemeinen Richtung der vaterländischen, ja der ausländischen Sinnesart und ist den Forderungen ausgesetzt, die es selbst erregt. Dieß alles ist so unstät und dahinfließend, daß es am Tag, an der Stunde schwierig ist zu beurtheilen, wo und wie man eingreifen soll, wie dasjenige was man möchte mit dem was man kann einigermaßen in Einstimmung zu bringen wäre. Dieß alles ist von so großer Mannichfaltigkeit und Bedeutung, daß ich es gegenwärtig nicht wagen würde, an der Führung des weimarischen Theaters, das mir doch immer zur Seite geblieben ist, wieder Theil zu nehmen, weil in dem Verlauf so weniger Jahre Ansicht und Ausübung, dramatische Werke und theatralische Erfordernisse auf einen solchen Grad sich verändert haben, daß ich nicht wüßte, wo mich anzuschließen, daß ich mich im Fall fände, wieder von vorn anfangen zu müssen.

Ew. Wohlgeboren sind der Berliner Bühne, ihren Leistungen und Wirkungen seit einer langen Zeit gefolgt, und es werden Ihnen soviel besondere Maaßregeln an Hand gehn, die mir, der ich diese Angelegenheit nur im Allgemeinen überschaue, nicht zu entdecken wären. Ob die Wahl der Stücke durch eine Jury, durch einen Verein mehrerer zu bestimmen sey, wie es mit der Austheilung zu halten, die sich unmittelbar an die Wahl anschließt, indem die Möglichkeit einer Ausführung noch immer vom gegenwärtigen Personal abhängt, davon ist im Allgemeinen nichts zu sagen. In der besten und thätigsten Zeit unserer Bühne geschah alles im Einklang mit Schiller, ferner dem thätigen und einsichtigen Regisseur Genast und dem strengen Cassenführer Kirms, von welchen Verhandlungen gar manches Heitere in meinem zum Druck bereit liegenden Briefwechsel mit Schiller zu lesen seyn wird.

Wie der Autor zu honoriren, ließe sich eher etwas Behufiges vorschlagen. Man gestehe ihm die Einnahme der dritten Vorstellung zu, ohne Abzug der Kosten; von den ferneren Vorstellungen gewähre man ihm ein gewisses Procent. Die Franzosen sind uns hierin gesetzlich vorgegangen, man mache sich mit ihren Einrichtungen bekannt und befolge was räthlich und den besonderen Umständen gemäß ist. Beide Theile haben hiervon den billigen Vortheil: die Direction honorirt nur Stücke, die sich halten, und es ist des Autors

Angelegenheit, sein Publicum für den Augenblick zu gewinnen und sich in dessen Gunst zu befestigen.

Ew. Wohlgeboren verzeihen, wenn diese meine Antwort Ihren Anfragen und Wünschen nicht entspricht; ich mußte wagen, aus dem Stegreife das Vorliegende aufzusetzen, bey längerem Nachdenken würde man es immer bedenklicher finden, über eine so mißliche Sache sich auszulassen. An diesen meinen Äußerungen überzeugen Sie sich jedoch von meinem besten Willen und von meinen redlichen Wünschen, daß es Ihnen gelingen möge, Ihre durch vieljährige Erfahrung erworbenen schönen Einsichten auch zu den löblichen Zwecken, denen Sie entgegensehen, glücklich zu verwerthen.

Ew. Wohlgeb.

ergebenster Diener

Weimar den 17. Januar 1828.   J. W. v. Goethe.

174.

An J. H. Meyer.

Nichts Nothwendiges liegt vor. Nur der Wunsch nach freundlicher Unterhaltung und die Absicht das Sicilianische Werck nochmals durchzugehen ließ mich die Einladung senden. Möge es bey Hofe wohl ergehen.

d. 17. Jan. 1828.   G.

175.

An F. J. Soret.

Ew. Wohlgeboren
übersehbe abgeredetermaßen die mexikanischen Bergwerkscharten und füge die Exemplare der Felsarten hinzu, damit Sie solche bey Tage noch näher beschauen und bestimmen können und unsre Kenntniß jener interessanten Gegenden durch Ihre gefällige Aufmerksamkeit recht festen Grund fasse.

Mich einer fernern Unterhaltung hierüber im voraus erfreuend.

ergebenst

Weimar den 17. Januar 1828. J. W. v. Goethe.

176.

An den Grafen K. v. Sternberg.

Gegenwärtiger Sendung füge nur weniges hinzu mit dem Wunsche, daß das darin enthaltene Alte und Bekannte nicht veraltet und unbedeutend möge geworden seyn. Von dem Augenblicke aber habe ich zu vermelden, daß wir heute, den 18. Januar, bey 28½ Barometerstand, also beynah dem höchsten unseres Ortes, 20° Kälte haben, welches sehr empfindlich absticht gegen bisherige laue Witterung. Nun würde ich bitten vorerst um die Barometer- und Thermometerstände des Januars von Prag oder Brzezina, sodann aber um die Barometerstände des letzten Ortes von 1827 allenfalls in graphischer Darstellung, wogegen ich die dießseitigen im Parallelism zu erwidern nicht ermangeln würde; wie sich denn auch die graphischen Darstellungen der nächst vergangenen Jahre nach und nach einstellen werden.

Bey der Unmöglichkeit, die Naturbetrachtung anders als im Einzelnen fortzusetzen, habe doch einiges Bedeutende im Laufe dieser Monate erhalten: durch die Vermittlung der Elberfelder deutsch-amerikanischen Bergwerks-Direction erhielt ich jenseitige geologische Charten, sowohl als Darstellung der Fläche wie auch der Durchschnitte. Man ist auf dem v. Humboldtischen Wege mit Vorsicht weiter gegangen und hat uns dadurch ein wahrhaft erfreuliches Geschenk gemacht. Nicht weniger hat man mir ein Dutzend Bergarten, meist Porphyre, mitgetheilt, wodurch denn eine gewünschte Kenntniß immer mehr erweitert wird.

Ferner muß ich von einer artigen Pflanze sprechen, die gewiß auch schon in Ihren Besitz gekommen, ein Blümchen füge bey. Die Stengelblätter verläugnen die Lilienart nicht, man hält sie dem Anthericum verwandt, konnte aber noch nichts Genaues bestimmen. Die Pflanze treibt einen fadenartigen Blüthenstengel, an welchem die Blümchen erst seltener, dann gedrängter vorkommen, bis sie sich endlich quirlartig entwickeln und ganz abschließlich einen Blätterbüschel treiben. Aus diesem entwickelt sich eine derbe Masse Luftwurzeln, und wenn sie der neuen Pflanze Nahrung gegeben haben, treibt auch diese im Schweben abermals einen Fadenstengel u. s. w. Es kommen also gewissermaßen Luftstolonen zur Erscheinung, deren verbindende Fäden jedoch blühen und an ihrem Geburtsort wohl Frucht tragen. Der Botaniker, der diese Pflanze selbst beobachtet hat, wird über meine Beschreibung lächeln; ich habe mir die botanische Terminologie, so sehr ich sie bewundere, niemals zueignen können.

Manches Andere mitzutheilen verspare, damit diese Sendung nicht aufgehalten werde. Nur füge noch hinzu, daß unsre gnädigsten Herrschaften sich für den Moment sämmtlich wohl befinden, wobey wir uns desto zuverlässiger beruhigen, als ein erprobter Arzt überall zur Seite steht und die Folgen unvermeidlicher Zufälligkeiten klüglich abzuwehren weiß.

Mich zum allerbesten und schönsten empfehlend
treu angehörig
Weimar den 18. Januar 1828.   J. W. v. Goethe.

177.
An F. J. Frommann.
[Concept.]

Ew. Wohlgeboren
erhalten anbey den siebzehnten Bogen revidirt zurück, auch das Gedicht an den König, mit vielem Dank für eine so aufmerksam fortgesetzte Bemühung. Wegen dieses letztern bitte aber um eine kleine Note, was

wir schuldig geworden, damit wir nicht allzu tief in's Debet gerathen.

Anerkennend Ihre zuvorkommende Bereitwilligkeit, zum schönsten dankend, empfehle mich Ihnen und den lieben Ihrigen zum allerbesten.

Weimar den 19. Januar 1828.

178.
An Friedrich Constantin v. Stein.

[Concept.] [19. Januar 1828.]

Sie haben, mein Theuerster, meinen Wunsch, die früheren Skizzen zu erhalten, vollkommen richtig ausgelegt. Es ist und war allerdings nur die Rede von solchen Blättern, die als Supplemente von Tages- und Reiseheften konnten von einiger Bedeutung seyn. Ich danke daher verpflichtet für die gefällige Übersendung und freue mich, daß Sie [sie] den übrigen Bildern, auf welchen so lange der Blick Ihrer verehrten Mutter geruht, in Ihrer Umgebung gleich werth schätzen und so wohl der theuren Frau als meiner dabey zum besten gedenken.

Den Breslauer Freunden, die meiner auch in ihrer literarischen Laufbahn gedenken wollen, die aufrichtigsten Grüße. Ich bitte noch um einige Stundung, um meine Dankbarkeit auf irgend eine Weise ausdrücken zu können.

179.
An Auguste Pattberg, geb. v. Kettner.

[Concept.]   [20. Januar 1828.]

Die Unmöglichkeit, ein Geschäft, auch nur das kleinste, bey meinen hohen Jahren und sonstigen Obliegenheiten von frischem zu übernehmen, möge zur Entschuldigung dienen, wenn das Übersendete uneröffnet hiebey wieder zurückkommt.

Weimar den 14. Januar 1828.

180.
An den Grafen Ernst August v. Beust.

[Concept.]   [20. Januar 1828.]

Hochgeborner Graf,
hochzuehrender Herr!

Ew. Hochgeboren habe verpflichteten Dank abzustatten für die geneigte Mittheilung der mexikanischen geologischen Charte. Es ist eine Freude zu sehen, wie die nun überfunfzigjährige Wirkung der sächsischen Bergschule sich immer ferner und ferner bethätigt und unsre Kenntnisse nach und nach über den ganzen Erdball verbreitet. Möge diese gute Einsicht der Angestellten dem Unternehmen selbst zu Gute kommen und alle die Hindernisse beseitigt werden, welche größer sind bey einem durch Krieg und Unruhen beschädigten und unterbrochenen Bergbau als bey einem neu anzugreifenden.

Die verehrliche Elberfelder Gesellschaft hat mir in diesen Tagen auch einige Beyspiele der gewünschten Felsarten zugesendet; ich werde sie in Vergleichung mit den übrigen mir bekannten und in meiner Sammlung befindlichen aufmerksam betrachten und solche alsbann zurückzusenden nicht ermangeln, wobey ich mir vorbehalte, einige Anfragen hinzuzufügen, deren Beantwortung mir zu weiterer Aufklärung dienen würde. Erlauben Ew. Hochgeboren, daß ich Hochdenenselben sie gleichfalls mittheile und zu fernerer geneigter Mitwirkung bestens empfehle.

Alles Glück und Gedeihen den bedeutenden Anstalten wünschend, denen Sie so muthig und kräftig vorstehen.

In vollkommenster Hochachtung, der ich zur Ehre rechne, mich unterzeichnen zu können.

Weimar den 13. Januar 1828.

181.
An Carl Christian Friedrich Glenck.

[Concept.] [20. Januar 1828.]
Ew. Wohlgeboren
haben bey Ihrer mir sehr willkommnen Gegenwart sich unmittelbar überzeugen können, wie interessant es mir sey, diejenigen Naturerscheinungen im Einzelnen und in mannichfaltiger Folge zu übersehen, die mir bey meinen bisherigen Studien nur im Allge-

meinen bekannt geworden. Die so schnell als ausführlich von Meisterhand aufgesetzte Tabelle habe ich einem geschickten, in solcher Arbeit gewandten Manne übergeben, der mir sie auf's klarste niederschrieb, so daß sie hinfort mir und anderen Naturfreunden klar vor Augen gestellt ist.

Ich werde nunmehr die von Ihnen bezeichneten Formationen auch in Musterstücken zu sammlen trachten, wie unsre Gegend hiezu den besten Anlaß gibt; doch würden Sie mich besonders verbinden, wenn Sie mir von den merkwürdigern oder seltnern, es sey von Nord- oder Süddeutschland, wollten zukommen lassen, besonders was sich auf die Keuperformation bezieht, welche in früherer Zeit nicht genug beachtet worden. Sehr angenehm war es mir, in diesen Tagen von Paris ein Stück Liais (englisch Lias) zu erhalten, wodurch auf der Stelle mir ein bedeutender Anhaltpunct gewährt war. Zunächst, wenn wir das Vergnügen haben, Sie wieder zu sehen, wird sich aus den hiesigen Sammlungen, theils meiner eignen, theils bey dem Wegebau befindlichen, das Behufige aussuchen und die überschauliche Tabelle mit hinreichenden Belegen aufklären lassen.

Jenes Zugesagte soll ohne weiteres an dem hoffentlich mit Glück zu erlebenden Festtage bereit seyn.

182.
An die Direction
des deutsch-amerikanischen Bergwerk-Vereins.

[Concept.] [20. Januar 1828.]

Ew. Wohlgeboren
verfehle nicht, hiedurch dankbarlichst anzuzeigen, daß die Musterstücke amerikanischer Berg- und Felsarten, welche Sie mir mitzutheilen die Gefälligkeit hatten, wohl und zu rechter Zeit angekommen sind. Wenn ich dieselben nunmehr mit den mir bekannten und in meiner Sammlung befindlichen Beyspielen anderer Zonen vergleichend betrachten werde, so habe ich mich dabey der Freundlichkeit zu erinnern, mit der Sie mir Gelegenheit geben, meine Kenntnisse auf eine so erwünschte Art zu erweitern.

Wenn ich sodann in einiger Zeit das mir Anvertraute dankbar zurückzusenden nicht verfehlen werde, so sey mir erlaubt, noch irgend eine Anfrage, einen Wunsch hinzuzufügen, dessen gleichfallsige geneigte Gewährung mich auf's neue verpflichten würde. Dem großen und höchst bedeutenden Unternehmen, welchem vorzustehen Sie sich zur Pflicht machen, alle Förderniß wünschend, rechne ich mir zur Ehre und zum Vergnügen, mich unterzeichnen zu können.

Weimar den 17. Januar 1828.

183.

An Christian Parish und Comp.

[Concept.] Ew. Wohlgeboren
haben vergangenen Sommer die Gefälligkeit gehabt,
ein von mir gesendetes Kästchen Bücher nach Edin=
burg zu spediren, und ich finde mich gegenwärtig in
gleichem Falle, Dieselben um eine abermalige Geneigt=
heit zu ersuchen.

Mit dem Postwagen ist unter Ihrer Adresse ein
Kästchen abgegangen, eingenäht in graue Leinwand,
signirt H. P. & Comp., Hamburg, und wenn solche
abgetrennt wird, findet sich darunter schwarzes Wachs=
tuch um das Kistchen gezogen mit der Signatur H.
Th. C., Edinburg, welches dahin an Herrn Thomas
Carlyle, 21. Comley Bank, portofrey abzusenden bitte.

Die frühere kleine Schuld von [1 rh. 12 gr. sächs.]
habe Ew. Wohlgeboren zu restituiren zwar Ordre ge=
geben, da mir der Posten aber noch nicht von meinem
Beauftragten zugerechnet worden, so muß ich ver=
muthen, daß Sie die Zahlung noch nicht erhalten
haben, und bitten, in geneigter Rückantwort mir zu
vermelden, was mir sowohl für das Gegenwärtige als
für das Vergangene zu entrichten obliegt, da denn
solches alsobald dankbar erstattet werden wird.

Der ich mich zu geneigtem Andenken bestens
empfehle.

Weimar den 21. Januar 1828.

184.
An F. J. Soret.

Ew. Wohlgeboren
erhalten hiebey den gewünschten Erlaubnißschein für Herrn Ponçon; er ist schon angemeldet und gibt nur das Blatt oben an die Behörde, man wird ihm freundlich entgegenkommen.

Den besten Dank sage bey dieser Gelegenheit für die schöne Katalogirung der mexikanischen Gebirgs=arten. Ich glaube, wir thun wohl, wenn wir die Profile auf der Meeresfläche durchschneiden und horizontal hinter einander kleben lassen, um eine freyere Übersicht zu gewinnen. Sodann würde ich auch die Landcharte, welche aus zwey Blättern besteht, zusammenfügen lassen, um alles einem bequemern Studium vorzubereiten. Sind Sie hierin mit mir einverstanden, so haben Sie die Gefälligkeit, mir die mitgetheilten Blätter zurückzuschicken.

ergebenst

Weimar den 21. Januar 1828.   J. W. v. Goethe.

[Beilage.]

[Concept.]

Herr Ponçon von Genf, welcher die Frau Gene-ralin Rapp als Hofmeister ihres Sohns begleitet, wünscht die Erlaubniß, von Großherzoglicher Bibli=othek während seines hiesigen Aufenthalts Bücher zu erhalten. Er ist von Herrn Hofrath Soret be=

sonders empfohlen und wird ihm die Benutzung des Großherzoglichen Bücherschatzes in Gemäßheit vorliegender Gesetze durch Gegenwärtiges zu seiner Legitimation gerne zugestanden.

Weimar den 19. Januar 1828.

185.
An Friedrich v. Müller.

Nachstehende Anfrage unseres freundlichen Frommanns läßt sich ja wohl am besten nach münblicher Besprechung beantworten.

Mich bestens empfehlend und das anmuthige Schreiben der Frau v. Ringseis zurücksendend.

Weimar den 21. Januar 1828. G.

186.
An F. J. Frommann.

[Concept.]

Ew. Wohlgeboren
auf Ihr gefälliges Letztes habe dankbar zu vermelden, daß einhundert Exemplare des abgesetzten Gedichtes auf dem herkömmlichen Papiere angenehm seyn würden, sodann aber fünfundzwanzig auf Velin, wodurch denn dieses kleine Geschäft seine Endschaft erreichen würde. Gedachte Exemplare bitte herüberzusenden, da man denn in dem Paquet nach München auch Herrn v. Cotta bedenken würde.

Nehmen Sie meine wiederholte Anerkennung für alle dabey bewiesene Sorgfalt und empfehlen mich bestens den werthen Ihrigen.

Weimar den 22. Januar 1828.

187.
An W. Reichel.

Ew. Wohlgeboren habe zuvörderst anzuzeigen, daß die durch ein Schreiben vom 10. Januar angekündigte Sendung vor einigen Tagen wohlbehalten angelangt, wornach ich denn eine weitere Mittheilung der folgenden Aushängebogen seiner Zeit erwarte.

Mit dem nächsten Postwagen gehen die ersten Scenen des zweyten Theils von Faust an Dieselben ab, und ich bin überzeugt, daß Sie bey'm Abdruck dieses Gedichtes den maître en page eben so wie bey Helena gefällig dirigiren werden. Im Ganzen läßt sich wohl soviel davon sagen, daß dasjenige, was von einzelnen Personen gesprochen wird, hervorzurücken, dagegen, was von einer Masse und Menge gesprochen wird, wie z. B. das Gemurmel, welches auch kürzere Verse sind, hineinzurücken sey. Eben so ist auch alles, was als Lied erscheint oder lyrisch vorgetragen wird, wie der größte Theil des Carnevals, gleichfalls einzurücken. Allein es kommen zweydeutige Fälle vor, wo der Geschmack das Urtheil zu leiten

hat, inwiefern nämlich auf irgend eine Stelle die
Aufmerksamkeit des Lesers zu heften seyn möchte,
welche denn hienach einzurichten wären. Doch kommen
dergleichen selten vor und ich überlasse sie gänzlich
Ihrer Dijudicatur.

Auch überlasse, die Rechtschreibung, wenn sie etwa
von der eingeführten abwiche, vorkommenden Falls
abzuändern.

Die angeführte Stelle aus Epimenides Erwachen
sollte freylich **halte** und nicht **hatte** gedruckt seyn.

Die angekündigte Novelle folgt nächstens; mir ist
sehr daran gelegen, daß bey obwaltenden Umständen
sie die dießmalige Sendung schließe.

ergebenst

Weimar den 22. Januar 1828.   J.W.v.Goethe.

188.
An C. F. Zelter.

Ob ich gleich der Makkabäischen Familie niemals
feind gewesen bin, vielmehr gefunden habe, daß die
liebe Judenschaft sich auf diesem Punct der Geschichte
am besten ausnimmt, so darf ich mich wohl dießmal
über sie beklagen, indem du, beschäftigt, sie mit allem
musikalischen Prunk einzuführen, schon seit zwey
Monaten versäumst, deiner auswärtigen Freunde zu
gedenken.

Zwar wenn ich mir vorstelle, was alles über

deinem Haupte vorgeht, dessen Einfluß du doch nicht ganz abwehren kannst, so wundere ich mich nicht, daß du, in dem Strudel von musikalischen, ästhetischen, physikalischen, naturphilosophischen Exhibitionen hingerissen, kaum zu dir selbst kommen könntest, wenn du gleich nicht eine so bedeutende Rolle dabey selbst durchzuführen hättest. Blick aber einmal wieder frey um dich her und vermelde einiges, damit der Jahrgang 1828 künstighin nicht allzu mager ausfalle. Sende mir meine Briefe von 1827, auf daß ich die Codices fortsetzen könne; auch lege das Büchlein von Kandler abermals bey; die Art und Weise dieses Mannes, musikalisch zu leben und leben zu lassen, hat auf mich einen besondern Eindruck gemacht.

Ich habe mich die Zeit ganz leidlich gehalten und meine Stunden zu allerlei guten und bedeutenden Zwecken verwenden können. Drey bis vier Scenen des zweyten Theils von Faust sind nach Augsburg abgegangen; möchtet ihr, wenn sie gedruckt erscheinen, in den Strömungen des Lebens diesen Darstellungen einige Augenblicke widmen können! Ich fahre fort an dieser Arbeit, denn ich möchte gar zu gern die zwey ersten Acte fertig bringen, damit Helena als britter Act sich ganz ungezwungen anschlösse und, genugsam vorbereitet, nicht mehr phantasmagorisch und eingeschoben, sondern in ästhetisch-vernunftgemäßer Folge sich erweisen könnte. Was gelingen kann, müssen wir abwarten.

Manches andere Hübsche, Muntere und Zweck-
mäßige ist auch die Zeit her gut gerathen; ferner
habe ich zu verschiedenen Sammlungen sehr angenehme
Beyträge erhalten; an einem Stück Kunst und Alterthum wird gedruckt, und so haben wir bis Ostern
soviel zu thun, daß wir uns nach weiterer Unterhaltung nicht umzusehen brauchen.

In meiner Umgebung, wie du sie kennst, hat
sich nichts verändert; Ottilie beschäftigt sich, das
Töchterchen heranzufüttern, das vor der Hand ganz
nieblich und freundlich aussieht. Unsere junge Frauen-
welt ist durch frisch angekommene englische Recruten
nicht wenig in Bewegung gesetzt, macht sich mit allerlei
Liebschaften Luft, damit es ja an einem leidenschaft-
lichen Capital nicht fehle, wovon man später, bey'm
Abschied und endlicher Entbehrung, die Schmerzesinter-
essen reichlich einzunehmen habe.

unwandelbar

Weimar den 24. Januar 1828. G.

189.
An F. W. Riemer.

Haben Sie die Gefälligkeit, mein Bester, beykommendes wunderliche Opus mit Geneigtheit anzusehen, damit wir es etwa morgen Abend näher be-
leuchten. Einige abstruse Stellen werden sich ja wohl
noch in's Klare hervorziehen lassen.

Das Beste wünschend.

Weimar den 24. Januar 1828. G.

190.
An den Grafen C. F. M. P. v. Brühl.

Gleich nach dem Abgang meines letzten Briefes, theuerster Herr und Freund, bedacht ich, was zu thun seyn möchte; und da schien mir den Umständen ganz angemessen, daß wir einen Nürnberger Bürger in seiner alten Tracht auftreten ließen. Dieß trifft denn glücklicherweise, da sie alle Meistersänger waren, mit Ihrem Vorsatze zusammen, und also paßt auch wohl die Einleitung, wie ich sie indessen schrieb und wie sie hier sogleich erfolgt. Ich darf nicht bemerken, daß der Anfang etwas moderner ist, damit der Zuhörer nicht gleich von etwas Fremden getroffen werde; sodann geht der Ton in's Ältere hinüber und wird sich ganz wohl an die Beschreibung des Bildes anschließen.

Ich mußte mich sehr zusammen nehmen, um nicht weitläufig zu werden; denn hier fand sich Stoff zu einem selbstständigen Prolog: denn ich durfte nur den Namen Nürnberg aussprechen und von den dortzeitigen Kunst- und Handwerkstugenden etwas erwähnen, so lag der Preis von Berlin an der Hand, wo man jetzt im Hundertfachen dasjenige leistet, was damals an jenem Orte billig sehr hoch bewundert ward und uns immer noch mit Ehrfurcht erfüllt.

Jene berührte Stelle kann gar wohl mit wenigem umgeändert werden, denn es wäre nicht wohl gethan, wenn wir die Art des sechzehnten Jahrhunderts, in unsrer Zeit als Unart erscheinend, freventlich produciren wollten. Man sagte, däcķt ich:

Ohne mit langer Schleppe zu schwänzen.

Und so möchte denn das zartere Ohr nicht beleidigt werden.

Weiter füge ich nichts hinzu, als daß es mich freut, mit diesem Wenigen eilig und zeitig bewiesen zu haben, wie angelegen es mir sey, zu zeigen, daß ich immer der Alte geblieben. Lägen unsere Kreise näher beysammen oder griffen gar in einander ein, so würde das öfter und bedeutender geschehen können.

Laſſen Sie mich in Ihrem Kreiſe beſtens empfohlen seyn.

treulichſt

Weimar den 26. Januar 1828.   J. W. v. Goethe.

191.

An Carl Friedrich v. Reinhard.

Vor allen Dingen, verehrter Freund, laſſen Sie mich die Freude treulich ausſprechen, die ich bey'm Erblicken Ihres erwünſchten Schreibens gefühlt, indem ich daran erkannte, daß Ihnen der Gebrauch Ihrer theuren Hand wieder gegönnt iſt, welche als Vertraute Ihrer Geſchäfte, Gedanken und Empfindungen Ihnen ſo nöthig als uns werth und wichtig ſeyn muß.

Sodann füge unmittelbar hinzu, daß jenes an

den unglücklichen König erinnernde Blättchen meiner Sammlung zur besten Vorbedeutung geworden; denn kaum hatte ich solches erhalten, so kam aus Ostpreußen ein ganzes Paquet, bezüglich auf die Zeiten Friedrichs des Großen. Nun bringt mir Frau Generalin Rapp von Paris den deutlich und klar unterschriebenen Namen Napoleons so wie die Handschriften seiner Marschälle, und ich sehe mich dadurch auf einmal in alte und neue hochbedeutende Zeiten versetzt. Einen solchen Segen hat zur Folge das Andenken eines Freundes, deshalb ich denn auch alle diese Blätter zu einem erfreulichen Zeugniß dieser Epoche meiner Sammlung ungetrennt verwahre, das Blatt an der Spitze, das ich Ihrer Geneigtheit verdanke.

Das vorige Jahr hab ich meist in unverrückter Thätigkeit geschlossen und bin, ich dürfte fast sagen, zufälligerweise in eine Jugendepoche zurückgekehrt, von welcher unser Canzler schon, wie ich sehe, gemeldet hat. Ich mag mich gern wieder der alten leichten losen Sylbenmaaße bedienen, an denen der heitere Reim gefällig widerklingt, und unter solcher Form, in solchem Klang nach echter Poetenart dasjenige heiter vor den Geist zurückführen, was uns im Leben erfreuen und betrüben, verdrießen und aufmuntern konnte. Wunderbarerweise fügt sich's auch, daß die Außenwelt sich in gleichen Bewegungen hervorthut,

  Daß hinten weit in der Türkey
  Die Völker auf einander schlagen,

die Siege von Lepanto, Tschesme u. s. w. sich erneuern und wir uns also mit der Weltgeschichte wie mit dem Erdball auf unserer eignen Achse herumzudrehen scheinen. Eben so erneuert sich in England und Frankreich die alte Verlegenheit, daß schon wieder niemand regieren kann oder mag, da sich denn ein Mal über's andere für einen Usurpator gar vortheilhafter Raum fände.

Zu diesen mir sonst nicht gewöhnlichen Betrachtungen werde ich geführt durch mein letztes sorgfältiges Lesen des Walter Scott'schen Napoleons. Alle neun Theile habe ich in den letzten Wochen des Decembers mit aufmerksamem Wohlwollen durchgelesen und zwar in englischer Sprache, welches nothwendig ist, weil es doch eigentlich immer ein Engländer ist der spricht, auf dessen einseitigen Vortrag man gefaßt seyn muß. Denn daß er die große Symphonie des wundersamsten aller Heldenleben durchaus mit Sordinen abspielt, thut nicht wohl, wenn man nicht belehrt seyn will, wie diese großen Angelegenheiten über den Canal herüber angeschaut worden oder wie man dort will daß sie angeschaut werden sollen. Ich habe das Werk als ein wohlgestricktes Netz betrachtet, womit ich die Schattenfische meiner eignen Lebenstage aus den anspülenden Wellen des letheischen Sees wieder herauszufischen in den Stand gesetzt ward, und wirklich dadurch mehr Interesse an denen sich anschließenden und entwickelnden Weltbegebenheiten gewann.

Auch Ihrer, mein Theuerster, mußt ich dabey gedenken, denn Sie waren gegenwärtig und theilnehmend und sind es noch; deshalb denn freylich sich das alles für Sie ganz anders und bedeutender gestalten mag als mir, der ich, in meinen Klostergarten schauend, jene wichtigsten Ereignisse nur als phantasmagorische Wolken über mir vorbeyziehen sehe. Wozu ich aber Glück wünsche ist, daß die neuen Veränderungen in Paris Ihren Lebens- und Geschäftsgang, wie Sie mir andeuten, nicht stören werden.

Überdem ist dieser Winter auch für mich nicht ungesegnet: wenige Freunde wechseln ab, meine Mittage belebt und die Abende belehrend zu machen. Kunsterzeugnisse drängen sich häufig herbey, unter welchen die Jügelischen Frankfurter Prospecte so lobenswürdig als angenehm erschienen. Bezeichnen Sie mir doch gefällig auf der dritten Platte das Haus näher das Sie bewohnen, damit ich genau wisse, zu welchen Fenstern ich heraussehen möchte, um mit Ihnen der unvergleichlich heitern und lebendigen Aussicht zu genießen und mir die Augen wie die Einbildungskraft wieder einmal auszuwischen und anzufrischen.

Indessen nöthigt mich meine örtliche Umgebung, welche weder ästhetisch noch romantisch genannt werden kann, hereinwärts zu sehen, in's Innere der Wohnung und des Geistes, da ich denn zu vermelden habe, daß Ottilie ein zierliches Mädchen mit Sorgfalt heranfüttert und alles Übrige gut und glücklich, jedoch nach irdischer Weise nicht ohne irgend einen Mißklang ruhig dahin gleitet.

Den 30. Januar haben unsre Fürstlichkeiten in gutem Befinden herangelebt; die Niederkunft der Prinzeß Marie steht bevor; die Frau Erbgroßherzogin wird diese Epoche wohl in Berlin feyern.

Von durcheilenden Fremden hätte manches zu erzählen. Herr v. Nagler, dem ich mich bestens zu empfehlen bitte, hat mich durch seine Gegenwart erfreut.

Und so will ich denn aufhören, um nicht wieder von vorn anzufangen. Möge das was zunächst von meinen prosaischen oder poetischen Arbeiten zu Ihnen gelangt, eine frohe Unterhaltung geben und das Andenken eines Treu-Angehörigen lebhaft erneuern.

angelegentlichst

Weimar den 28. Januar 1828. J. W. v. Goethe.

192.
An C. W. Göttling.

Ew. Wohlgeboren
danke verpflichtet für den so heiter und schön ausgedruckten Antheil an meiner zuletzt mitgetheilten Arbeit. Wenn ich Ihnen die vorhabende Reise von Herzen gönne, so wünsch ich doch dagegen eine glückliche Wiederkehr um desto sehnlicher, als ich gar manches in dem, was mich so eben beschäftigt, Ihnen gleich-

falls mitzutheilen und mir Ihre geneigten Bemerkungen darüber zu erbitten wünsche; wie ich denn für die so treulich durchgesehenen Bändchen zum allerbesten danke.

Mögen Sie Ihre Reise, die Sie mit so gutem Muthe antreten, glücklich vollführen und so das Complement Ihrer ernsten und treuen Studien gewinnen und auch unsere Zustände damit bereichern.

Nächsten Montag, den 4. Februar, wird mein Sohn Sie besuchen, um die allenfalls nöthigen Verabredungen, wie eins und das andere in Ihrer Abwesenheit einzurichten sey, noch specieller zu benehmen und zu hören, wie Sie im Ganzen das Geschäft vor Ihrer Abreise zu stellen die Sorgfalt gehabt haben. An Herrn Grafen Cicognara und Herrn Manzoni erhalten Sie nächstens einige Worte zu desto schnellerer Einführung. Ich bin überzeugt, daß diese Männer, so wie jedermann, sich freuen werden, unsere wackern deutschen Gelehrten kennen zu lernen. Auch ich hoffe, Sie vor Ihrer Abreise noch einmal bey uns zu sehen und meine Glückwünsche in Gegenwart auszusprechen.

ergebenst

Weimar den 1. Februar 1828.   J. W. v. Goethe.

193.
An Friedrich v. Müller.

Darf ich bey dankbarer Rücksendung eines höchst interessanten Briefes an die noch in Händen habenden

Hefte der Berliner Jahrbücher bescheidentlich erinnern? Den ganzen Jahrgang jetzt beysammen zu sehen, wäre mir eben von großer Bedeutung.

Mich bestens empfehlend
Weimar den 1. Februar 1828. Goethe.

194.
An den Großherzog Carl August.

[Concept.]

Ew. Königlichen Hoheit
legt unser geschickter und allzeit fertiger Handelsmann und Dichter Gerhard in Leipzig zwey Bände seiner serbischen Übersetzungen vor, in Hoffnung, daß diese reiche Nachlese eben so günstig als die von Fräulein Jacob geleistete Vorernte von Höchst Denenselben werde aufgenommen werden.

Er macht sich fürwahr dadurch viel Verdienst um die serbische Literatur, indem man immer mehr den großen Reichthum dieser in einem engen Kreise auf das mannichfaltigste sich bewegenden Poesie kennen lernt, welche ihre alten Gesinnungen, Sangweisen und Vorträge immerfort beybehält und solche bis auf die neuste Zeit kräftig durchzuführen weiß. Auch an einem zu unmittelbarem Verständniß so nöthigen Glossarium hat er es nicht fehlen lassen.

Der ich diesen Anlaß ergreife, auch mich zu ferneren Hulden und Gnaden andringlichst zu empfehlen.
Weimar den 1. Februar 1828.

195.

An F. J. Frommann.

Ew. Wohlgeboren
danke verbindlichst für das so schön und stattlich abgedruckte Gedicht, es wird nunmehr seinen Weg nach München antreten und hoffentlich auch seiner äußern Gestalt wegen freundlich aufgenommen werden.

Sodann, um einstweilen wenigstens etwas Unterhaltendes zu erwidern, übersende ein Gedicht, welches jedoch nicht aus Händen zu geben bitte; der Titel spricht die Veranlassung aus: daß nämlich der Salinendirector Glenck die mit einem Bohrloch von 762 Fuß Tiefe gewonnene Soole zu Stotternheim unfern Erfurt, in reines brauchbares Kochsalz verwandelt, in schönen geschliffnen Glasschalen zum Feste dargebracht. Für's Leben so wie für die Wissenschaft ist dieß von großer Bedeutung, und ich enthielt mich nicht, auch ein Wort mit einzusprechen, welches denn auch meinen Freunden willkommen seyn möge.

Mit einem in's Ganze gehenden: Glück auf! abschließend und mich bestens empfehlend

Ew. Wohlgeboren
ergebenster

Weimar den 3. Februar 1828.   J. W. v. Goethe.

196.
An C. E. Helbig.

Ew. Hochwohlgeboren
versäume nicht, die zuletzt eingereichten Arbeiten Schröns hiedurch vorzulegen; sie zeugen abermals von der fleißigen Genauigkeit dieses Angestellten. Da er wünscht, daß beykommende Exhibita Serenissimo baldigst vorgelegt werden, so übernehmen Sie wohl dieses Geschäft und haben zugleich die Geneigtheit, ihn, wenn er sich anmeldet, höchsten Ortes einzuführen.

Mit den treusten Wünschen
ergebenst

Weimar den 3. Februar 1828.   J. W. v. Goethe.

197.
An C. W. Freiherrn v. Fritsch.
[Concept.]

Ew. Excellenz
beykommenden unterthänigsten Bericht unmittelbar zuzusenden, werde veranlaßt durch die Nachricht, daß die fraglichen Bücher wirklich schon in Jena angekommen und von dem Bibliothekar in Empfang genommen worden sind. Da die Acquisition derselben wünschenswerth, so kann es nicht unangenehm seyn, daß wir den Abschluß des Geschäftes dergestalt beschleunigt sehen.

Zu fernerem wohlwollendem Andenken mich angelegentlichst empfehlend.

Weimar den 6. Februar 1828.

198.
An J. J. Elkan.

[Concept.]

Herr Banquier Elkan wird hieburch höflich ersucht, an Herrn Parish, angesehenen Handelsherrn in Hamburg, die Summe von

vier Thaler sächs.

für meine Rechnung gefällig auszahlen zu lassen.

Weimar den 6. Februar 1828.

199.
An den Grafen L. Cicognara.

Monsieur le Comte!

Dans une lettre écrite il-y-a quelque tems par ordre de Madame la Duchesse Hereditaire de Saxe Weimar j'ai pris la liberté de me reserver la permission d'adresser à Votre Excellence quelque voyageur qui seroit digne de Vous être connu.

Esperant que la dite lettre avec la somme annoncée par elle sera parvenu à temps, je me sers de l'occasion du voyage de deux savans de nôtres pour renouveller mon souvenir auprès de Votre Excellence.

C'est Mr. Göttling Professeur et Bibliotecaire de l'université de Jena, très versé dans les anciennes langues et les antiquités, accompagné de Mr. Huschke, Professeur d'Anatomie, s'occupant avec succès de la Zootomie.

Voudries vous bien, Monsieur le Comte, honorer ces deux personnes éstimables d'une réception gracieuse, Vous les obligeries infi[ni]ment comme en même tems celui qui avec la plus parfaite éstime a l'honneur de se souscrire

de Votre Excellence

le tres humble et tres obeissant Serviteur

Weimar le 12. Fevrier 1828. de Goethe.

200.
An C. W. Göttling.

Ew. Wohlgeboren empfangen durch die Botenfrauen morgen ein Paquet, enthaltend:

1) einen Brief an den Grafen Cicognara,
2) eine Karte an Manzoni,
3) vier Bronze-Medaillen (zwey von Bovy aus Genf, zwey Jubiläumsmedaillen von Brandt). Nehmen Sie solche mit über die Alpen, wo Sie wohl irgend einen Freund finden, dem Sie damit Vergnügen machen, z. B. dem hannövrischen Abgeordneten in Rom, Herrn Kestner, den ich schönstens zu grüßen bitte.

4) Beyliegend in einem Brieftäschchen einige Talismane, welche zu rechter Zeit und Stunde ihre Wirkung nicht verfehlen mögen.

Und so nehmen Sie mit den besten Glückswünschen meinen schönsten Dank mit auf den Weg, daß Sie sich meiner Ausgabe so geistreich und treufleißig annehmen wollen. Möge mir das Glück werden, Sie nach erreichtem Zweck gesund und froh, wie Sie uns verlassen, wieder zu begrüßen.

ergebenst

Weimar den 12. Februar 1828.   J. W. v. Goethe.

201.
An den Großherzog Carl August.
[Concept.]

Ew. Königliche Hoheit
genehmigen beykommende, von Heinrich Müller eingesendete, wohlgerathene Lithographien. Ein beyliegender Brief gibt nun wohl Veranlassung, sich nach Höchst Ihro Willen deutlich zu erklären und die Sache zu beendigen. Wahrscheinlich hat er Notiz von dem durch Canzler v. Müller geschriebenen Brief und sucht selbst die Angelegenheit zur Entscheidung zu bringen. Das Concept meines an ihn zu richtenden Schreibens verfehle nicht, zu gnädigster Approbation vorzulegen.

Ein an mich gelangtes Büchlein, wovon der erste

Theil sich schon auf Großherzoglicher Bibliothek befindet, liegt gleichfalls bey.

So wie auch dankbar das schöne Beyspiel eines mexikanischen Opals, welcher wohl jenem früher bekannt gewordenen Feueropal ganz nahe kommt. Wobey ich jedoch bemerke, daß dieses Mineral besonders vor Sonnenlicht zu bewahren ist, indem sich durch dasselbe die Sprünge vermehren, so daß es zuletzt wohl gar aus einander fallen möchte.

Mich zu ferneren Hulden und Gnaden angelegentlichst empfehlend.

Weimar den 14. Februar 1828.

202.
An Carl v. Holtei.

[Concept.]

Sie haben, werthester Mann, wohl die Gefälligkeit, dem Überbringer dieses, Herrn Schmeller, einem sehr geschickten Künstler, einige Stunden zu gönnen, damit wir auch Ihr Bildniß in guter Gesellschaft bey uns bewahren.

In Hoffnung und Wunsch, die schon stark angewachsene Sammlung bey angenehmem Wiedersehen und vergnüglicher Unterhaltung nächstens vorzuzeigen.

Weimar den 15. Februar 1828.

203.
An F. J. Frommann.

[Concept.]   [16. Februar 1828.]

Ew. Wohlgeboren erhalten hieben noch einiges Manuscript, damit, wenn es gelegen wäre, der Druck nicht aufgehalten würde.

Mich aber- und abermals empfehlend.

Weimar den 15. Februar 1828.

204.
An C. F. Zelter.

Zu dankbarer Erwiderung deiner beiden so löblich auf einander folgenden Schreiben erhältst du ein halb Dutzend Exemplare des Gedichtes, welches an Ihro Majestät von Bayern erst schriftlich, nun im Druck von uns ausgegangen ist. Ein solches, von einem Freunde (Herrn v. Müller) verfaßt, ward für schicklich gehalten, gleichsam anzudeuten, was man Ihro Majestät für so große Auszeichnung schuldig bleibe. Zug vor Zug mit dem Könige Handelschaft zu treiben, wollte sich nicht schicken; das Capital, das er uns anvertraut, muß eine Zeitlang wuchern, bis wir ihm die geziemenden Interessen abtragen, und ob du mich gleich durch die Gezweige des gegenwärtigen poetischen Lauberhüttenfestes gar wohl erkennen wirst, so wollte doch schicklich erscheinen, gleichsam durch einen Dritten auf die Geschichte der Veranlassung einer so seltenen Erscheinung hinzudeuten und sie in einen gewissen natürlichen Gang der Dinge einzuführen. Da übrigens über alles und jedes ein jeder anders als der andere denkt, so wollen wir auch diesen Versuch der allgemeinen Meynung überlassen. Verlangst du einige Aufklärung, so steht sie zu Diensten.

Der Deine

Weimar den 16. Februar 1828. G.

Nachschriftlich.

Beygehendem und Vorgesagtem schließe Folgendes an: Wenn das Brett, worauf du dich postirt hast, weder gepolstert noch mit Sammet überzogen ist, so wünsch ich doch und sehe voraus, daß du den Besitz besser als jene mögest und werdest zu behaupten wissen. Schreibe fleißig, so wird gar manches mitzutheilen seyn; gegenwärtig aber allem Guten empfohlen.

G.

205.
An W. Reichel.

Ew. Wohlgeboren

Schreiben vom 7. Februar zu Folge ist die angezeigte Sendung richtig angelangt, welchem Vermelden ich Nachstehendes hinzufüge.

Zu Fausts zweytem Theile sende noch einiges mit der gestern abgegangenen fahrenden Post, welches denn als Abschnitt für dießmal gelten mag. Wunsch und Hoffnung ist, daß die nächsten Lieferungen mit den sich anschließenden Scenen sollen ausgestattet werden.

Die Novelle ist gleichfalls gestern abgegangen und bleibt bey derselben nichts weiter zu bemerken.

Wegen der nächsten Lieferung schlage einstweilen Nachstehendes vor:

Den bisher als XVI. Band bezeichneten, Epische Gedichte enthaltenden ließe man weg und es folgte nun:

bisher	künftig		Bogen
XII. Band	XVI. Band,	Werthers Leiden Schweizer Reise pp.	19½
XIV. —	XVII. —	Die Wahlverwandtschaften, welche nicht zu trennen sind	26
III. —	XVIII. —	⎫ Wilhelm Meisters	
und	XIX. —	⎬ Lehrjahre, die zwey	
IV. —	XX. —	⎭ Bände in drey getheilt	32
			29 61
			106½.

Wodurch denn die Gleichheit mit den vorigen Lieferungen ziemlich hergestellt wäre. Sind Sie mit dieser Eintheilung zufrieden, so kann das Original alsobald abgehen.

ergebenst

Weimar den 16. Februar 1828.   J. W. v. Goethe.

206.

An Johann Lorenz Schmidmer.

[Concept.]

Ew. Wohlgeboren
verpflichten mich auf's neue durch die mir gegebene
Kenntniß von fünf echten Majolika-Schalen. Auf
Ihre Empfehlung bin ich nicht allein geneigt, die
tarirten 55 Gulden dafür zu entrichten, sondern auch
dasjenige, was Sie über die Summe darauf zu bieten
für billig halten. Zahlung erfolgt sogleich.

Der ich, dieses eilig vermeldend, um sorgfältige
Packung, welche Sie immer so pünctlich zu besorgen
wissen, nicht zu bitten brauche und mich Ihnen zu
geneigtem Andenken bestens empfohlen wünsche.

Weimar den 18. Februar 1828.

207.

An C. A. Varnhagen v. Ense.

Ew. Hochwohlgeboren
mit einiger Anfrage zu begrüßen war schon längst
meine Absicht, die in dem Augenblicke lebendiger wird,
wo unsre Gedanken, Wünsche und Hoffnungen so
eifrig nach Berlin gewendet sind. Zuvörderst also
trage Folgendes vor: Bey uns lebt ein Hauptmann
v. Erendahl, welcher die Geschichte des schwedischen
Reichs und Volks geschrieben hat, die im vorigen

Jahr herausgekommen ist. Erlauben Sie, wenn Sie solche noch nicht kennen, daß ich Sie darauf aufmerksam mache und Sie ersuche, wenn etwas Gutes davon zu halten ist, ihm eine freundliche Recension zu geben. Ich habe das, was vom alten Heidenthum, von den fehlgeschlagenen und endlich gelungenen Versuchen, das Christenthum einzuführen, gesagt ist, mit Vergnügen gelesen; das Übrige liegt gegenwärtig so weit von mir ab, daß ich mich daran weder erfreuen noch sonstigen Antheil nehmen kann.

Hieran schließt sich nun die zweyte Frage, die mir durch den abgeschlossenen Jahrgang Ihrer Jahrbücher der wissenschaftlichen Kritik abgelockt wird: ob Sie nämlich eine Recension brauchen können des ersten Jahrgangs der Monatschrift der vaterländischen Gesellschaft in Böhmen? Meine vierzigjährige Bekanntschaft mit diesem Lande würde mich in den Fall setzen, bey dieser Gelegenheit gar mannichfaltiges Lesbare darüber auszusprechen. In meinem neusten Stück Kunst und Alterthum kann ich nur das Allgemeinste sagen und es würde mir angenehm seyn, meine Leser dorthin zu verweisen.

Soviel für dießmal, ob ich gleich noch manches mitzutheilen hätte.

Es sollte mich freuen zu vernehmen, daß Sie unsrer Frau Erbgroßherzogin aufgewartet haben, die sich zu so löblichen mütterlichen Zwecken in Berlin befindet. Herrn Professor Hegel empfehlen Sie mich bestens und gedenken mein in Gesellschaft Ihrer Frau Gemahlin zu guter Stunde.

gehorsamst

Weimar den 19. Februar 1828. J.W.v.Goethe.

208.
An den Grafen C. F. M. P. v. Brühl.

Den besten Dank, theuerster Herr und Freund, daß Sie mir Nachricht geben von der guten Aufnahme meiner alterthümlich-neuen Bestrebungen; ich achte es schon für Verdienst, in einem so schweren und bedenklichen Geschäft Ihnen auch nur Einen heitern Augenblick verschafft zu haben: die Zeitungen werden mir schon das Nähere vermelden. Nun aber äußre ich den Wunsch, daß Sie mir gefällig einige Exemplare Ihres Abdrucks zusenden mögen, damit ich meine Freunde, für welche diese Sache ein Geheimniß geblieben, zur Theilnahme heranrufen könne.

Hiernach nichts weiter als die treusten Wünsche und Begrüßungen.

Unwandelbar

Weimar den 20. Februar 1828. J.W.v.Goethe.

209.
An C. F. Zelter.

Und nun noch ein Wort über den vielbesprochenen und noch zu besprechenden Walter Scott'schen Napoleon: Das Werk sey wie es wolle, ich bin ihm

Dank schuldig; denn es hat mir über die letzten sechs
Wochen des vergangenen Jahres glücklich hinausge-
holfen, welches keine Kleinigkeit ist, wenn man die
einsamen Abende bedenkt, die unsereiner mit Interesse
zubringen will, indessen alles, was nur Leben hat,
sich hinzieht nach Theater, Hoffesten, Gesellschaften
und Tänzen. Das Werk fand ich sehr bequem als
Topik zu gebrauchen, indem ich Capitel nach Capitel
beachtete, was ich allenfalls Neues empfing, was mir
in die Erinnerung hervorgerufen ward, sodann aber
nie vergessenes Selbst-Erlebtes hineinlegte an Ort und
Stelle, so daß ich jetzo schon nicht mehr weiß, was
ich im Buche fand und was ich hineingetragen habe.
Genug mir ist der lange, immer bedeutende und mitunter beschwerliche Zeitraum von 1789 an, wo, nach
meiner Rückkunft aus Italien, der revolutionäre Alp
mich zu drücken anfing, bis jetzt ganz klar, deutlich
und zusammenhängend geworden; ich mag auch die
Einzelnheiten dieser Epoche jetzt wieder leiden, weil
ich sie in einer gewissen Folge sehe.

Hier hast du also wieder ein Beyspiel meiner
egoistischen Leseweise; was ein Buch sey bekümmert
mich immer weniger; was es mir bringt, was es in
mir aufregt, das ist die Hauptsache. Du machst es
wohl auch nicht viel besser, und ich hindere niemand
wie er es halten will.

Daß Walter Scott gesteht: der Engländer thue
keinen Schritt, wenn er nicht ein english object vor

sich sieht, ist ganz allein viele Bände werth. Selbst in den neusten Tagen sehn wir, daß die Engländer kein rechtes Object in der Schlacht bey Navarin finden können; wir wollen erwarten, wo sich's eigentlich hervorthut.

Unsere theure Frau Erbgroßherzogin ist nun in Berlin angelangt; ich habe sie noch zuletzt gebeten, deine Singakademie nicht zu versäumen, und da man weiß, wie mannichfaltig die Zeit solcher hohen Personen in Anspruch genommen wird, so hab ich Herrn Cammerherrn v. Vitzthum gebeten, auch dieses Wunsches eingedenk zu seyn; und da du ohnehin aufwarten und selbst einladen wirst, so hab ich dieses Vorgängige nur vermelden wollen.

W. d. 20. Febr. 1828.

treulichst

Goethe.

210.
An den Großherzog Carl August.

Ew. Königliche Hoheit
erhalten hiebey das von dem immer ergebenen Nees v. Esenbeck eingesendete Exemplar des neusten Theils der Acten der Gesellschaft, der er so glücklich und treulich vorzustehen weiß. Ich füge die in einem Schreiben an mich beygelegten Blätter hinzu, wovon die Lit. A den glücklichen Ausgang eines bedeutenden Vorschlags, welcher bey der letzten Zusammenkunft an die deutschen Naturforscher gebracht worden, bekannt

macht. Es ist freylich ein großer Vortheil für die Societät und das Ganze, daß die Forschungen und Erfahrungen sich hier um einen Mittelpunct versammeln.

Die Beylage B ist freylich für einen Nothschuß zu achten. Vielleicht wären Ew. [Königliche] Hoheit nicht abgeneigt, gelegentlich dem Präsidenten oder der Societät etwas Angenehmes zu erzeigen. Der Aufwand überhaupt, besonders auf die Tafeln, ist freylich sehr groß.

Mit Vergnügen werden Höchst Dieselben sehen, daß auch des jenaischen Alt-Ochsen Abbildung und Würdigung hier zum Vorschein kommt. Eine Vergleichung der Knochen-Theile mit denen des Auerochsen auf der ersten Tafel ist wirklich höchst merkwürdig. Dieser ist durchaus viel svelter als jenes frühere Thier, dessen stämmiges und berbes Wesen an die Sumpfgeschöpfe der Urwelt schon näher heranrückt.

Die Sippschaft der Opale, deren gestern nicht erwähnt ward, verschafft mir vielleicht das Glück, Ew. Königlichen Hoheit nochmals bey mir aufzuwarten. Zunächst aber frage bescheidentlich an, ob es Höchst Dieselben billigten, wenn ich die Thorwaldsen'sche Statue mir in's Haus bringen ließe? Jene Werkstatt würde mit einiger Apprehension besuchen und nur auf kurze Zeit, da ich das wichtige Gebilde zu Hause zu jeder Zeit, bey gutem Licht und Stimmung betrachten könnte.

Verzeihung dieses Ansuchens, wozu mich eine neuerwachte Kunstbegierde treibt.

Verehrend
unterthänigst

Weimar den 22. Februar 1828.   J. W. v. Goethe.

211.
An C. G. Börner.

Ew. Wohlgeboren
erhalten hierbey das Verzeichniß der von mir zurück
behaltenen Zeichnungen und Kupferstiche; den Betrag
derselben an
54 rh. 14 gr. sächsisch
hat Herr Barquier Elkan den Auftrag auszahlen zu
lassen. Da Ihnen nunmehr im Ganzen bekannt ist,
wohin meine Wünsche und Liebhabereyen gerichtet
sind, so werden Sie geneigt seyn, mich von dem allenfalls Vorkommenden in Kenntniß zu setzen. Indem
ich nun versichern kann, daß es mir sehr angenehm
gewesen, Ihre persönliche Bekanntschaft zu machen,
so empfehle ich mich und was sich auf mich bezieht
zum schönsten und besten.

Alles Günstige wünschend
ergebenst

Weimar den 26. Februar 1828.   J. W. v. Goethe.

212.
An J. J. Elkan.
[Concept.]

Herr Banquier Elkan wird hiedurch höflichst ersucht, an Herrn Börner, Mahler und Kunsthändler in Leipzig, abermals die Summe von

54 Thaler 14 gr. sächs.

gefällig auszahlen zu lassen und die Wiedererstattung dieser Summe so wie der letzten von 4 rh. 20 gr. sächs., nach Verabredung mit meinem Sohne, dem Cammerherrn, gewärtig zu seyn.

Das Beste wünschend.

Weimar den 26. Februar 1828.

213.
An Friedrich Siegmund Voigt.

Ew. Wohlgeboren

erhalten hiebey abgeredtermaßen zehn Stücke der Prager Monatschrift. Ich werde die Gefälligkeit anzuerkennen wissen, wenn Sie meinen Wunsch erfüllen und über den Bestand des dortigen botanischen Gartens, insofern er aus den Blüthenverzeichnissen erscheint, ein ostensibeles Wort sprechen wollen. Übrigens werden Sie bey Durchblätterung dieser Hefte auch gern in die Zustände der in der Hauptstadt Böhmens obwaltenden Literatur hineinblicken.

Der ich mich bestens empfehle und den Wunsch nicht verberge: Ew. Wohlgeboren mögen einen freundlichen Sonnabendsbesuch gelegentlich erneuern.

ergebenst

Weimar den 26. Februar 1828.   J. W. v. Goethe.

214.
An den Großherzog Carl August.

[Concept.]   [26. Februar 1828.]

Bey dem günstigen Sonnenschein der gestrigen Mittagsstunde durfte ich mich nicht länger enthalten, dem benachbarten jungen Halbgotte meine schuldige Aufwartung zu machen; auch ward ich nicht wenig für meine Schritte belohnt, als ich ihn ganz allerliebst und seinen Anblick höchst ergötzlich fand. Die neuste Zeit hat alle Ehre von diesem Erzeugniß und wir dürfen uns glücklich schätzen, dasselbe durch Höchst Ihro Fürsorge nächstens bey uns im Doppel=Bilde aufgestellt zu sehen. Dergleichen Vollkommenes gibt zu den allerbesten Gedanken Anlaß.

Sollte beykommendes Büchlein noch nicht bekannt seyn, so gibt es wohl eine augenblickliche Unterhaltung; es ist anzusehen als Romanpasquill, das Gemein=Wahre mit weniger Fiction. Auch ist der Verfasser zu drey Monat Hausvogtey=Arrest verdammt worden auf Klage des diplomatischen Corps, wie denn freylich der englische Gesandte und seine Händel mit den Artilleristen nicht zu verkennen sind.

Das Redouten-Blättchen ist freylich sehr artig, einige andere lege bey und werde suchen, noch mehrere zu versammeln; es ist nicht unangenehm zu sehen, wie sich benn doch ein gewisses geistreiches Wesen im Allgemeinen hervorthut, sobald nur Anlaß gegeben ist.

Den Weiskunig mit den Abdrücken ohne Text zu vergleichen ist Schuchardt beschäftigt; er sucht das Verhältniß in einer Tabelle anschaulich zu machen; die Sache ist doppelt und dreyfach verwickelt.

Mit Vorbehalt ferneren schuldigen Vortrags.

215.
An C. F. Zelter.

Dein Brieflein kommt, wie immer, entweder zu guter Stunde oder macht sie. Eben war ich beschäftigt, eine Anzahl zwar leichter, aber echter und meisterhafter Handzeichnungen und Skizzen, die ich für leidlichen Preis erhandelt, einzuordnen. Bey dieser Gelegenheit erinnere ich mich einiger lange schon dictirten Worte, die ich aufsuche und dir abschreiben lasse:

„Die Dilettanten, wenn sie das Möglichste gethan haben, pflegen zu ihrer Entschuldigung zu sagen, die Arbeit sey noch nicht fertig. Freylich kann sie nie fertig werden, weil sie nie recht angefangen ward. Der Meister stellt sein Werk mit wenigen Strichen als fertig dar, ausgeführt oder nicht, schon ist es vollendet. Der geschickteste Dilettant tastet im Ungewissen, und wie die Ausführung wächs't, kommt die Unsicherheit der ersten Anlage immer mehr zum Vorschein. Ganz zuletzt entdeckt sich erst das Verfehlte, das nicht auszugleichen ist, und so kann das Werk freylich nicht fertig werden."

Unser Vorleser macht seine Sache gut; ich habe ihn bey mir einmal zu Tische gesehn, wo er als angenehmer Gesellschafter erschien. Es sey mit ihm wie es will, er bringt eine gewisse allgemeine geistige Anregung in unseren Kreisen hervor. Ein wirklich gebildetes Publicum muß doch einmal Stand halten, hören, was es sonst nicht vernähme, und gewinnt dadurch ein neues Ingredienz zu seinem Stadt-, Hof- und Engländerklatsch; wodurch denn der Augenblick einigermaßen bedeutender wird.

Einige Privatredouten gaben Gelegenheit, das wirklich hier wundersam im Stillen waltende poetische Talent zu offenbaren. Durch Briefträger, Zigeunerinnen und sonstige Welt- und Schicksalsboten wurden kleine Gedichte zu Hunderten an bestimmte Personen vertheilt, worunter sich manche, wegen des à propos beneidenswerthe Einfälle hervorgethan. Bey'm Nachforschen fand man Personen, an die man gar nicht denken konnte.

Mein Leben führ ich fort wie du es kennst; der Frühling scheint mich mehr als jemals zu erfreuen, meine Sehnsucht geht wenigstens in den Kreis der

Umgegend, wenn mich die steigende Sonne nicht gar wieder nach Böhmen hineinführt. Verschiedene Anlässe haben meine früheren Bezüge dorthin in den letzten Tagen gar freundlich wieder aufgeregt.

An Kunst und Alterthum wird immer fortgedruckt; dabey ist nur das Schlimme, ich habe immer mehr Materien als Raum, und bis zum nächsten Stücke scheint mir das Vorräthige veraltet.

Die nächste Osterlieferung meiner Werke bringt dir auch wohl etwas Neues; zwar weiß ich nicht, was du bey mir gelesen hast, doch wollen wir auch das Bekannte dir empfohlen wissen.

Daß du über das Ausbleiben der gewünschten und brauchbaren Gäste verdrüßlich bist, finde sehr natürlich; über die trüben Gäste wollen wir kein Leid haben, ob es gleich schwer ist, daß jemand ein Lied gerne singt, ohne die letzte Zeile begreifen zu können.

Ferdinand Nicolovius, der eine Oberförsterstelle in Schleusingen, ohnfern Ilmenau, erhalten hat, hat mir von dem laufenden Berlin viel und recht sinnig erzählt. Er hatte bey uns in der Ruhl auf dem Thüringer Wald bey einem sehr tüchtigen Manne seine Forststudien begonnen und es ist glücklich für ihn, daß er sich so nahe und an bekannter Stelle, zwischen Thüringen und Franken in Thätigkeit gesetzt sieht.

Es freut mich gar sehr für unsern Coudray, daß sein Pentagonium dort Gunst findet; der Gedanke ist glücklich, auf's Alterthum gegründet. Man findet wohl angenehm, dasjenige was sie Ungeheures in die Wirklichkeit hineinsetzten, wenigstens im Bilde dem Auge und der Einbildungskraft überliefert zu sehen. Es ist eine unglaubliche Arbeit darin, wie du als Baukundigster gar wohl beurtheilen wirst. Das an sich Mögliche, aber der Bedingung nach Unmögliche als vorhanden uns hinzustellen, ist kühn und wacker. Gelang es vor den Verständigen, so ist aller Zweck erreicht.

Auch der Kupferstecher an seiner Seite ist lobenswürdig, unser Schwerdgeburth, daß er es wagte, aus dem Taschenformat, in welchem er excellirt, herauszutreten und in einem Fache zu arbeiten, welches ohne technische und mechanische Hülfsmittel kaum zu betreiben ist.

Zum Schluß noch den lebhaftesten Dank von unserm wackern Coudray. Dein Glück auf! hab ich ihm alsbald schriftlich mitgetheilt, das ihm die größte Freude machte. Es ist das erste freye, treue, so einsichtig= als lebhafte Zeugniß, das seiner wahrhaft ernsten und mühsamen künstlerischen Leistung zu Gute kommt. Bey solchen Gelegenheiten fürchten die Beschauer, sich durch irgend ein geradmüthiges Lob zu compromittiren; entweder sie machen Phrasen oder sie verstummen. Für ihn freut mich dein Wort um desto mehr. Es ist nicht leicht ein so gründliches Luftschloß gebaut worden.

beharrend

Weimar den 28. Februar 1828. G.

216.
An C. F. Zelter.

Laß dir, mein Theuerster, Überbringern empfohlen seyn; es ist Herr Cammerrath Thon, der sich einige Zeit Geschäfts wegen in Berlin aufhalten wird, einer unserer tüchtigsten Männer, weil man ihn sonst nicht senden würde. Vergönne ihm den Zutritt zu deinem Heiligthum und laß es, wenn du ihn siehst und sprichst, auch zu einem freundlichen Andenken an mich gedeihen.

Das Beykommende lies und studire zu guter Stunde und bedenke wohl dabey, daß die Soole, woraus das gefeyerte Festsalz gewonnen und gesotten ward, durch ein Bohrloch von 762 Fuß erreicht und auch durch dasselbe heraufgefördert worden. Die Kenntniß der Gebirgslagen, zu der man sich nach und nach erhob, die Kunstgriffe der Mechanik, die auch immer gescheiter und pfiffiger werden, erreichen das Wundersame in unsern liberalen Tagen, daß man das Salz so wie die Luft allgemein genießbar machen will, da es den guten Menschen fast eben so unentbehrlich ist. Der Überbringer wird dir, wenn es dich, wie ich hoffe, interessirt, hierüber nähere Auskunft geben.

Soviel für dießmal mit dem schönsten Lebewohl!

treulichst

Weimar den 29. Februar 1828.   Goethe.

217.

An Joseph Sebastian Grüner.

[Concept.] [29. Februar 1828.]

Ew. Wohlgeboren haben mich so lange ohne Nachricht von sich gelassen, daß es beynahe aussieht, als sollt ich in dem lieben Böhmen gänzlich vergessen seyn und daselbst als ein Frembling angesehen werden. Ermannen Sie sich daher gegenwärtig, denn ich kann versichern, daß bey eintretendem Frühjahr Lust und Liebe, die wohlbekannten feststehenden Gebirge wieder zu besuchen, auf's neue sich regen und wachsen will.

Hat sich in Geologicis und Mineralogicis irgend eine frische Entdeckung hervorgethan? gelingt Fund und Tausch wie vormals? befinden Sie sich mit den lieben Ihrigen wohl? und was haben Sie für Aussichten auf den nächsten Sommer?

Ein Besuch des Herrn Grafen Sternberg Excellenz hat uns höchlich erfreut, und durch die Zeitschrift, welche die Gesellschaft des Prager Museums herausgibt, werden wir auf mannichfache Weise von den interessanten Zuständen Böhmens belehrt.

Die eigentliche Anregung aber zu Gegenwärtigem habe ich nunmehr vorzutragen und diese zwar ist der bedenkliche Zustand des älteren Rehbeinischen Sohnes. Dieser Knabe macht schon seit des Vaters Tod seinen Vormündern und allen Freunden des Verstorbenen, sogar unserm gnädigsten Herrn manche Unruhe und Bekümmerniß. Man hatte ihm durch besondere Gunst eine Stelle in einer preußischen Klosterschule verschafft, deren er sich durch mancherley Unfertigkeiten verlustig machte. Ihro Königliche Hoheit übergaben ihn darauf einem tüchtigen Amtmann, daß ihn derselbe beaufsichtigen und zu Canzleygeschäften anführen sollte; allein auch da thut er nicht gut, und besonders scheint ihm die Natur ein gewisses Organ verliehen zu haben, das in ihm einen unwiderstehlichen Appetit nach fremdem Eigenthum aufregt.

Unter militärischer Pädagogik ist schon mancher Bursche der Art gebessert worden, und es entsteht nun die Frage, ob es nicht möglich wäre, denselben unter ein kaiserlich österreichisches Jägercorps zu bringen, damit eine strenge Aufsicht und gebührende Strafe ihn zu einer besseren Sinnes- und Handelsweise fördern könnte.

Ich habe den ausdrücklichen Auftrag von meinem gnädigsten Herrn, Ew. Wohlgeboren um die Gefälligkeit zu ersuchen: Sie möchten sich umthun und erkundigen, inwiefern obiger Wunsch zu erfüllen seyn möchte. Ihnen sind die dortigen Verhältnisse genau bekannt, auf welche Sie eher als irgend ein anderer Einfluß haben dürften. Man ist zu diesen Extremen genöthigt, nachdem man diese Jahre her mit möglichster Geduld, mit Antheil und ich darf wohl sagen mit Liebe und Pietät gegen den wackern Verstorbenen

verfahren, der Ihnen ja auch werth und empfohlen
gewesen. Seine Witwe lebt hier von einer mäßigen
Pension im Stillen, im Verhältniß zu guten Menschen
und, soviel mir bekannt worden, in einer dem Zu=
stande gemäßen Zufriedenheit.

Sie aber, mein Theuerster, begrüßen die lieben
Ihrigen zum schönsten und geben auf diese Veranlas=
sung ein freundliches Lebenszeichen. Empfehlen Sie
mich den werthen Ihrigen, grüßen Sie Herrn Huß
zum schönsten und sagen mir etwas über sein Behaben
und seine Sammlung.

Nicht ganz ohne Hoffnung, Sie in diesem Jahr
und wär es auch nur auf wenige Stunden wiederzu=
sehen.

Lesarten.

Der dreiundvierzigste Band ist, auf Grund der von dem Redactor der Vierten Abtheilung, Bernhard Suphan, für die mit Band 31 beginnende Folge aufgestellten Bestimmungen (vgl. 31, 283 fg.), von Max Hecker bearbeitet worden. Er enthält Goethes Briefe von August 1827 bis Februar 1828.

Wiederholt aus den vorigen Bänden:

Briefe von und an Goethe befinden sich, wenn nicht das Gegentheil ausdrücklich bemerkt wird, im Goethe- und Schiller-Archiv unter den alphabetisch geordneten Briefen.

Es bedeutet: d. B. dieses Bandes; g eigenhändig mit Tinte, g^1 eigenhändig mit Bleistift, g^2 eigenhändig mit Röthel, g^3 eigenhändig mit rother Tinte. In den Handschriften Ausgestrichenes führen die Lesarten in Schwabacher Lettern an, Lateinischgeschriebenes in *Cursivdruck*.

Der im August 1827 concipirte und daher Strehlke I, 49 für diesen Monat verzeichnete Brief an Carl Begas ist erst am 1. September abgegangen, 35 d. B.

1. Vgl. zu Bd. 37 Nr. 53. Schreiberhand 1,4 allen 2,6 Bollarb 11 meine 15 sie 3,8 Solenhofen 27 g Gedruckt: H. Uhde, Goethes Briefe an Soret S. 29. Dazu ein Concept von Schuchardts Hand, Abg. Br. 1827, 132, woraus zu bemerken: 1,1 willkommnes 4 gönn aus gönne 2,17 kommen nach haben 3,1 erworben. Durch g aus erworben, indem wir 2 haben wir g üdZ 8 Solnhofen] Solenhofen g in Lücke nachgetragen 12 willkommnen 15 *Mont Saleve* g in Lücke nachgetragen 24 antibiluvianischen 26 aller g [?] aus *alé* 27. 28 fehlt mit Ausnahme des Datums

Vgl. Tageb. XI, 95, 18. 19   1, 1 Datirt: „Geneve. 25. Juillet 1827" (vgl. Tageb. XI, 94, 14)   5. 6 Soret war am 1. Juli zu achtwöchentlichem Urlaub nach Genf abgereist, vgl. 92, 11. 12. 238, 26 und zu XLII Nr. 199   11. 12 vgl. Tageb. XI, 84, 7. 8. 87, 19. 20   13 vgl. XLII, 210, 8. 260, 20 und in diesem Bande 13, 17   2, 5 Gräfin Henckel war am 3. Juli nach Carlsbad (nicht: Teplitz) abgereist, vgl. zu XLII Nr. 230   6 vgl. Tageb. XI, 94, 15   9 vgl. zu 78, 14. 27   11 Im Garten am Stern, vgl. XLII, 281, 9   23 vgl. XLII, 210, 6. 211, 18. 212, 9 und in diesem Bande 53, 16. 90, 2. 28. 107, 11. 12. 295. 15; Tageb. XI, 69, 21   25 vgl. 22, 27. 107, 18. 237, 23—25; Tageb. XI, 71, 6—9   3, 2 vgl. zu 5, 4   5 Cosmas Alexander Collini (1727—1806), Director des naturhistorischen Kabinetts zu Mannheim   14. 15 vgl. Tageb. XI, 26, 3—5   17 vgl. 238, 26—28.

2. Handschrift unbekannt. Gedruckt (nach Concept?): Vogel, Goethe in amtlichen Verhältnissen S. 355   vor 4, 1 Durchlauchtigster ꝛc. Vogel

Vgl. Tageb. XI, 95, 28. 96, 1   Zur Sache vgl. 23. 24 d. B.

3. Vgl. zu 1929 (Bd. 6). Gedruckt: Rudolph Wagner, Samuel Thomas von Sömmerring's Leben und Verkehr mit seinen Zeitgenossen, Leipzig 1844, I, 25   5, 15 Collin's Wagner   Dazu ein Concept von Schuchardts Hand, Abg. Br. 1827, 138, woraus zu bemerken: 5, 6. 7 verschafft g über gemacht   11 sinneverwirrend   12 sollten] konnten g über sollten   13 Fragezeichen g   14 Unwissenheit] Ungewißheit   man üdZ 6, 3 dem nach Ihren   4 leisteten—förderten g aus geleistet und gefördert haben   5. 6 Ist — mir g auf Riemer aus Denn mir selbst ist   6 bekannt] bekannt geworden   10 Nachkömmlinge aus Ankömmlinge   13 Spätgierbe g aus Nachgierbe   15 sonstigen Papierschnitzeln g auf Riemer aus Papierschnitzeln und sonst   20. 21 fehlt mit Ausnahme des Datums   21 Weimar — 1827] b. 12 Aug. 1827 g

Vgl. Tageb. XI, 92, 26. 93, 1. 96, 23. 24   5, 4 Mit einem vom 23. Juli 1827 datirten Briefe (gedruckt: Bratranek, Naturwiss. Correspondenz II, 338) hatte Sömmerring den erbetenen (vgl. XLII, 246, 18. 19) „Abguss des Ornithocephalus longirostris" eingesendet, vgl. 3, 2. 22, 28; Tageb. XI, 91, 25. 26. 92, 24. 25   15 vgl. zu 3, 5   18 Sömmerring hatte seiner Sendung zwei Abbildungen beigelegt: von Ornithocephalus brevirostris und von einem Carlsruher Petrefact.

4. Handschrift von Schuchardt, im August 1894 von Dr. Gustav Müller dem Archiv zur Ansicht eingeschickt 7, 21 fortſchreitendem 25. 26 *g*   Gedruckt: Gustav Ad. Müller, Ungedrucktes aus dem Goethe-Kreise, München 1896, S. 14. Dazu ein Concept von derselben Hand, Abg. Br. 1827, 140, gedruckt: G.-Jb. XV, 80, woraus zu bemerken: 6, 22 eigenen *g* aus eigen   24 durch *g* aR für wenn   7, 3 deshalb *g* über und ſo 8 Bemühen conbergirendem *g* aus conbergirenden 21 im] bereits [*g* auf Riemer über ſchon] im [*g* auf Riemer aus in dem] 22 es *g* auf Riemer über ſich   als — Glück *g* auf Riemer aus höchſt glücklich   23 und *g* üdZ 25. 26 fehlt mit Ausnahme des Datums 26 Weimar fehlt   b. — 1827 *g* Vgl. Tageb. XI, 93, 1. 96, 25   7, 5 Mit einem vom 20. Juli 1827 datirten Begleitbrief übersendet Hirt den dritten und letzten Band seiner „Geschichte der Baukunst bei den Alten" (vgl. Tageb. XI, 90, 21—23. 25. 26. 98, 11. 12. 24. 25. 99, 19): „Sie waren vor 40 Jahren Zeuge der Anfänge meiner architektonischen Studien. Hätte ich damals den Umfang derselben gekannt, würde ich mich kaum eingelassen haben, dieses Feld zu betreten. Aber eines fügte sich zu dem andern: Umstände begünstigten vielfach, und was ich kaum zu wünschen wagte, kam zu seiner Vollendung."

*5. Vgl. zu 427 (Bd. 3). Johns Hand 8, 5 überfiel — Zweifel g^2 auf g^1 aus ging jedoch demſelben ſogleich der Zweifel bey 5. 6 ob in g^2 auf g^1 aus ob es in 6 bey g^2 auf g^1 üdZ 8 es g^2 auf g^1 üdZ 9 Demungeachtet g^2 auf g^1 über Doch 13 ſey? g^2 auf g^1 aus ſey.   23 der *g* über bevor Unterzeichnete *g* aus Unterzeichneter 25 ihn *g* aus ihm 9, 8 ebenso

8, 9 Es handelt sich um die aus der Grossherzoglichen Schatulle zu bezahlenden Bücher für die Weimarer Bibliothek, vgl. Tageb. XI, 42, 3. 4. 87, 17—19. 94, 10. 11. 95, 22. 23. 96, 4. 5. 18. 19. 97, 9. 10.

*6. Cassirtes Mundum, Johns Hand, Abg. Br. 1827, 135 9, 23 einerseits *g* auf Riemer üdZ   10, 3 würde — aber Riemer aus würde. [Absatz] Hier nun   11, 13 die gütige *g* auf Riemer aus diejenige 20 *g*

Vgl. Tageb. XI, 96, 25. 26. 97, 15. 16   9, 21 Bronzeabguss einer in den Oderniederungen gefundenen Jupiterstatue, vgl. XLII, 276, 1—4; Tageb. XI, 54, 7—10 und in diesem Bande 78, 20. 145, 22.

*7. Concept von Schuchardts Hand, Abg. Br. 1827, 139   11, 21 im nach auch [g gestr.]   12, 4. 5 Großer — Zurechtstellenden g auf Riemer aus Großen Tant verdient daher der Zusammenfassende [aus Zusammenstellenbe] und Zurechtstellenbe   8. 9 so — als g auf Riemer aus burch Text und   21—23 wenden,— schienen g aus wenden   21 einem nach nach [g auf Riemer gestr.]   26. 27 sie — bedeutender g auf Riemer aus welche badurch höchst bedeutend wird   13, 1 beunruhigte g aus beunruhigt bie nach uns [g gestr.]   2 machte g aus macht   3 nur nach sonst [g gestr.]   erfuhren g nach erfahren   5 Besondern] darüber Riemer, aber wieder getilgt: Einzelnen   6 wie sehr g über daß   Allgemeinen g auf Riemer über Ganzen   11 wieder nach sich [g gestr.]   16 g

Vgl. Tageb. XI, 93, 1. 97, 16—18   12, 8 „Zur ältesten Geschichte und Geographie von Äthiopien und Ägypten" Berlin 1827, überbracht von Friedrich von Matthisson, vgl. zu 107, 23; Tageb. XI, 90, 26. 27. 91, 5. 6. 9. 10. 17. 18. 112, 3. 4.

*8. Concept von Schuchardts Hand, Abg. Br. 1827, 140 b   13, 23 trägt über ist   14, 2 das erste und g über von   im — Feuchten g üdZ   5 hehren g über höheren   unmittelbar g üdZ   7 daher g üdZ   12 nach Buch: grössere Lücke   15 köstlichsten g aus köstlichen   24 mit führen bricht das Concept am Ende der Seite ab; dass es eine Fortsetzung gehabt habe, scheint abgesehen vom Inhalt auch aus einer alten Bezifferung des Fascikels hervorzugehen, die hier von 27 auf 29 springt; siehe auch das unten mitgetheilte Schema.

13, 17 vgl. zu 1, 13   18 vgl. XLII, 199, 13—15. 210, 24—211, 2   14, 1. 2 vgl. XL, 123, 26—124, 3; XLI, 160, 21. 22. 173, 6 7; XLII, 198, 16   8 „Acta" der Kaiserl. Leopoldinisch-Carolinischen Akademie der Naturforscher, vgl. 285, 20   11 Johannes Müller (1801—1858), der Anatom und Physiolog, seit 1826 ausserordentlicher Professor in Bonn, Secretär der Leop.-Carol. Akademie; vgl. zu 156, 25; Tageb. XI, 79, 6. 7.   11—13 Fortsetzung des (vielleicht nicht abgegangenen) Briefes: 40 d. B.

Ein Foliobogen (bei den Briefen an C. L. F. Schultz liegend) enthält von Schuchardts Hand (ausser Schemata zu 38. 72 d. B.) ein Schema zu 8 d. B., g^1 als erledigt gestrichen:

Nees v. Esenbeck.

Decoration für Herrn Blume, ausgefertigt nach *Sereniss*. Rückkunft, von der Ordens-Canzley abgesendet.
Stockung der Correspondenz aufgehoben.
5 Mannigfaltige Arbeiten und Ablenkungen.
Zurücksendung der schönen Aufsätze.
Wunsch solche in die Acten eingeführt zu sehen.
Naturwissenschaftliche Hefte so leicht nicht fortzusetzen.
Herrn Müllers wird erwähnt.
10 Gruß und Dank.
Bemerkung über seine *Chromatica*.
Eigenheit deutscher talentvollen Individuen,
Von irgend einem gebahnten Wege abzuweichen,
Anstatt sich des dargebotenen Vortheils zu bedienen und die Ange-
15 legenheit ins Practische zu führen.
Worin fremde Nationen uns soviel vorausthun.
Bey uns beschäftigt sich jeder am liebsten mit theoretischen Eigenheiten.

9. Vgl. zu 4102 (Bd. 14) 15, 1—12 von Schuchardts Hand, 15, 13—17, 9, auf neuem Bogen, von der Johns 15, 10. 11 *g* 16, 18 Begasse 28 Sinnegenuß 17, 3 Mendelsohn Bartholdy 8 *g* Gedruckt: Briefwechsel IV, 354; der Passus 16, 10—21. Dein — besten vorher schon im Berliner Conversations-Blatt für Poesie, Literatur und Kritik. Erster Jahrgang. Nr. 180. Dienstag, den 11. September 1827 (vgl. Briefwechsel IV, 430). Dazu ein Concept von Johns Hand, Abg. Br. 1827, 138ᵇ und 142, woraus zu bemerken: 15, 3 hat *g* üdZ 10—12 fehlt mit Ausnahme des Datums 17 Zuvörderst] Zuerst 16, 12. 13 liebevollen *g* üdZ 16 zwischen — Bedeutung *g* üdZ 18 Begasse [*g* aus Pegasse] 21 Danke — besten *g* nachgetragen 23 den *g* aus benen 24 einer *g* über der 17, 2 Verstand *g* aus Vorstand innern *g* üdZ Anschauung *g* aus Ansicht 3 Mendelsohn Bartholdy 8. 9 fehlt mit Ausnahme des Datums

---

1 *g*ᵃ nach 18 folgt *g*: Statius [wohl kaum dazugehörig]

Vgl. Tageb. XI, 97, 18—20   15, 2 Zelters Bild von Carl Begas (im Juno-Zimmer des Goethe-Hauses; Reproduction: „Schätze des Goethe-National-Museums" Bl. 51), vom Künstler mit einem Begleitbrief vom 31. Juli übersandt (Eing. Br. 1827, 378; vgl. Tageb. XI, 96, 28. 97, 1. 151, 27), vgl. 16, 10. 28, 18. 43, 10. 46, 16. 47, 20. 69, 2. 172, 21; „Kunst und Alterthum" VI, 2, 307   14 vgl. Tageb. XI, 97, 12. 13; Joh. Carl August La Roche (1794—1884), der in Berlin gastirt hatte (vgl. 16, 7. 8; XLII, 231, 2; Briefwechsel IV, 343), brachte Zelters Brief vom 13. Juli — 8. August mit einem undatirten Billet als Beilage (Briefwechsel IV, 343. 345), sowie ein Packet mit Silbermünzen (vgl. 15, 17. 45, 12); „Die Münzen" sagt Zelter (Briefwechsel IV, 360; vgl. zu 45, 13), „sind ein Geschenk des alten Friedländer und wenn sie mehr wehrt sind als das Metall daran so soll er auch mehr gelobt seyn, denn in solchen Dingen nimmt er lieber als Geben"   17 vgl. zu 15, 14   19. 20 vgl. 45, 18. 161, 13; Tageb. XI, 91, 27   23 Im Auftrage des Malers Gottlob Samuel Rösel (1769—1843) fragt Zelter in dem undatirten Billet an, ob die Zeichnungen, die Rösel zum 28. August 1825 (Hof im Goethischen Hause zu Frankfurt) und zum 28. August 1826 (Tassos Geburtshaus, Burg des Götz v. Berlichingen) für Goethe eingesendet habe, diesem richtig zugekommen seien   16, 5 vgl. zu 45, 10   7. 8 vgl. zu 15, 14   17, 3 vgl. 10 d. B.

*10. Concept von Schuchardts Hand, Abg. Br. 1827, 142   17, 10 Mendelsohn Bartholdi   12 Antiken Sammlung *g*² aus gegenwärtig in Rom sich befindenden Sammlung   14 darauf bezüglich *g*² aus bezüglich auf selbige

Vgl. Tageb. XI, 97, 19   17, 12 vgl. zu 35, 6   13. 14 vgl. 17, 18. 19; Tageb. XI, 97, 11. 12. 20. 21.

*11. Vgl. zu 2677 (Bd. 9). Johns Hand

17, 17 vgl. zu 35, 6   18. 19 vgl. zu 17, 13. 14   19. 20 vgl. Tageb. XI, 97, 22. 23   20. 21 vgl. Tageb. XI, 98, 6.

*12. Concept von Schuchardts Hand, Abg. Br. 1827, 141 und (von 19, 10 ab) 143   18, 2. 3 vor — Lesern *g* auf Riemer aus mehr [über näher] als mancher Leser   6 an der *g* auf Riemer aus in die   8 deshalb nach scheinen [*g* gestr.] Fabel *g* auf Riemer über Wahl   19, 1 kennen] können   ben *g* auf

Riemer aus denen 6 wird *g* auf Riemer über geworden vor 19, 10 Fortsetzung [in unserem Texte ausgelassen nach Analogie von 26, 14] 26 denn *g* über und 20, 3 Commentars *g* unter Communicats

Vgl. Tageb. XI, 97, 26. 27 18, 2 Manzonis „I promessi sposi", vgl. 23, 17. 18. 32, 9. 33, 16. 34, 1. 130, 24. 135, 10. 141, 8. 163, 18. 211, 4. 217, 22 3. 4 vgl. XLII, 264, 19 — 21; Streckfuss dankt am 10. August 1827 11 Streckfuss: „So sehr aber das Buch mich anzieht, so gestatten mir doch meine . . . Geschäftsverhältnisse nicht, in der Uibertragung desselben [vgl. XLII, 265, 1. 2] eine Arbeit von so bedeutendem Umfange zu unternehmen", vgl. 33, 17. 18 14 Streckfuss: „Ich glaube . . . in einem jungen talentvollen Manne, Daniel Lessmann [1794—1831], welcher sich mit italiänischer Sprache, Literatur und Geschichte sehr vertraut gemacht hat, einen geeigneten Uibersetzer gefunden zu haben", vgl. 23, 18. 32, 17. 20. 130, 24. 135, 20. 141, 8. 9. 163, 27; Lessmanns Übersetzung erschien Berlin 1827 (jetzt aufgenommen in Reclams „Universalbibliothek") 17 Streckfuss fragt, ob er das ihm übersendete Exemplar, das, nach der handschriftlichen Widmung zu schliessen, ein Geschenk Manzonis an den Canzler v. Müller sei, bis auf Weiteres dem Übersetzer zur Benutzung übergeben könne 18 vgl. zu 33, 5 19, 10 Von Streckfuss mit einem vom 7. Mai 1827 datirten Briefe übersandt (vgl. zu XLII Nr. 26); ein zweites Exemplar hatte Streckfuss für Manzoni beigelegt, vgl. XLII, 266, 6—13 17 vgl. XLII, 278, 22. 23; Tageb. XI, 94, 3. 4 21 vgl. 182, 16.

*13. Concept von Johns Hand, Abg. Br. 1827, 145

Vgl. Tageb. XI, 97, 28 20, 7 vgl. XLII, 264, 1; doch betrug die Rechnung, nach Börners Brief vom 22. August (Eing. Br. 1827, 431), nur 31 rh. 6 gr. Vgl. zu 14 d. B.

14. Handschrift von Kräuters Hand unbekannt. Gedruckt: Greizer Zeitung. Nr. 256. Mittwoch, den 5. November 1873.

Vgl. Tageb. XI, 98, 17. 18 20, 10 vgl. XLII, 264, 2—4 und in diesem Bande 24, 1. 57, 10. 15; Börner bestätigt den Empfang am 22. August (Eing. Br. 1827, 431). Vgl. zu 13 d. B.

*15. Handschrift unbekannt. Hier nach einer im Besitz der J. G. Cotta'schen Buchhandlung Nachfolger befindlichen

Abschrift, die etwa den siebziger Jahren des 19. Jahrhunderts anzugehören scheint. Dazu ein Concept von Johns Hand in dem Fascikel des G.-Sch.-Archivs: „Acta Privata Die neue vollständige Ausgabe meiner Schriften betreffend. Vol. II. E", Bl. 23ᵇ, woraus zu bemerken: 20, 16—18 der — anzeigend (mit einer nicht durchgeführten Änderung: 20, 16 die unter *g* aus der unter) aR für des siebenten mit Tanfred abgeschlossenen Bandes vermeldend   18 ich fehlt   zu melden über anzuzeigen   21, 8—11 aR nachgetragen   11 der größeren] dieser größeren   14. 15 fehlt mit Ausnahme des Datums 15 17. August] 16. August *g* über 21. Jul.

Vgl. Tageb. XI, 98, 19   20, 17 Aushängebogen von C^1, Bogen 19. 20 von Bd. VII, Bogen 1—8 von Bd. IX (vgl. zu 62, 3); Reichels Begleitbrief vom 12. August in demselben Fascikel, Bl. 26   21, 1 vgl. zu 127, 17   8 vgl. 128, 7   11 Reichel sendet am 2. September 1827 (vgl. 62, 3) Aushängebogen Nr. 4 von Band 1 der Octavausgabe und sagt: „Der Druck des leztern wird nun auch rascher gehen", vgl. zu 180, 5.

16. Vgl. zu 8019 (Bd. 29). Johns Hand   21, 22 angenehmen] absichtlich im Texte stehen gelassene Nachlässigkeit   22, 4. 5 stand—Verhältniß *g* aus hatte früher mit ihm in einigem Verhältniß gestanden   17 allem] allen aus allem   19 zu erquicken] mich zu erquicken   23, 15. 16 *g* Gedruckt: Göthe. Zu dessen näherem Verständniss von C. G. Carus. Leipzig 1843. S. 36. Dazu ein Concept von Schuchardts Hand, Abg. Br. 1827, 147, woraus zu bemerken: 21, 19 das] dies   23 achtziger *g* über 80ger   22, 1 Einsicht *g* über die einzig   3 zu — sey *g* üdZ   4 ich — Ableben *g* über Ich hatte früher   5 einigem *g* aus einigen   nach Verhältniß *g* gestrichen: gestanden   11. 12 um—abzulassen *g* auf Riemer aus und nach und nach von der Mitwirkung abließ   14 Arbeiten] Vorarbeiten   17 allen   17. 18 Ew. Wohlgeb. *g*³ über Sie   19 zu erquicken] mich zu erquicken   22. 23 hineinsehen macht *g*³ aus hineinzusehen befähigt   24 auf über über   26 noch nach am Schlusse [*g*³ gestr.]   28 Cuvier,] Cuvier und   23, 1. 2 hineinzusehen — ward *g*³ aus hineingesehen habe   3 begleitete *g*³ aus begleitet hat   4 mit dem *g*³ über wo nicht   ein *g*³ über doch   15. 16 fehlt mit Ausnahme des Datums   16 Weimar—1827] b. 17. Aug 1827 *g*

Vgl. Tageb. XI, 93, 1. 99, 4. 5   22, 20 Die von Carus herausgegebenen Erläuterungstafeln zur vergleichenden Anatomie, zweites Heft, vgl. Tageb. XI, 92, 10. 11; Bratranek, Naturwiss. Correspondenz I, 93; Zur Naturwissenschaft überhaupt, besonders zur Morphologie II, 1 S. 27   27 vgl. zu 2, 25   26 Cuvier: vgl. XLII, 84, 28. 246, 22   Sömmerring: vgl. zu 3 d. B.

*17. Vgl. zu 6243 (Bd. 22), Nr. 99.   Johns Hand   23, 19 Semikolon g   22 g   Dazu ein Concept von derselben Hand, Abg. Br. 1827, 145, woraus zu bemerken: 23, 22. 23 fehlt   28, 17. 18 vgl. zu 18, 2   18 vgl. zu 18, 14   19 vgl. zu 33, 5.

*18. Concept von Schuchardts Hand, Abg. Br. 1827, 145ᵇ 24, 7 gelingen wollen aus gelungen   11 Die aus Diese Gemälde g über Bilder dieses auf unleserlichem Wort   16 Franz Schütz g   17. 18 Wenn — gut g   19 Weshalb nach Wollten 25, 3 bedaurend

Vgl. Tageb. XI, 99, 2   24, 1 vgl. 20, 10. 57, 15   8 Katalog der Campe'schen Kunstsammlung, die von Gerichts wegen versteigert werden sollte, vgl. XLII, 264, 7   13—20 vgl. 57, 21. 22. 157, 23   22 Eine Liste von „Handzeichnungen aus dem Campe'schen Catalog" sendet Börner am 22. August 1827 (Eing. Br. 1827, 431. 436).

19. Handschrift von Schreiberhand, nicht verglichen, in der Königlichen Bibliothek Berlin   26, 3 kennend] kennen 27, 4. 5 g   Gedruckt: Briefe von und an Hegel II (G. W. F. Hegel's Werke. Vollständige Ausgabe. Neunzehnter Band. Zweiter Theil. Leipzig 1887), S. 248. Dazu ein Concept von Schuchardts Hand, Abg. Br. 1827, 141ᵇ und 143ᵇ, woraus zu bemerken: 25, 10. 11 durch — verkürzten g auf Riemer aus an gewissen Eigenheiten leidenden   11. 12 bankbereit — willig g auf Riemer aus bereitwillig   12 der aus deren   15 die von über Sie   16 möchte g auf Riemer aus möchten   17 indem nach und [g gestr.]   22 gern g auf Riemer über vorabschluß   26, 3 kennend] kennen   10 ich aus sich   vor 26, 14 Fortsetzung   26. 27 die — Philosophen g¹ aus das was uns der Philosoph bringt 27, 3—5 fehlt mit Ausnahme des Datums   5 Weimar — 1827] b. 18 Aug. g

Vgl. Tageb. XI, 99, 2. 3 25, 9 Auf Goethes, in Sachen Schubarths (vgl. XLII Nr. 16), an Hegel gerichtetes Schreiben vom 9. Mai 1827 (XLII Nr. 157) hatte Hegel ausführlich am 29. Juni 1827 geantwortet und die Massnahmen bezeichnet, die Schubarth ergreifen solle (gedruckt: G.-Jb. XVI, 69) 11 Am 9. Juli 1827 (XLII Nr. 212); der entscheidende Passus dieses Briefes, XLII, 252, 11—14, ist wörtlich aus dem Schreiben Hegels genommen 14 Vom 5. August 1827 (alph.) 16 Schubarth fragt an, ob er auch Hegel und L.D. v. Henning um Zeugnisse ersuchen solle 18 Schubarth: er habe seinen Entwurf des Gesuches an den Minister v. Altenstein noch nicht Goethen zur Begutachtung vorlegen können, weil die Eltern mehrerer seiner Zöglinge, von denen er Zeugnisse beibringen wolle, verreist seien; Weiteres zur Sache vgl. 43. 78 d. B. 26, 1 Jahrbücher für wissenschaftliche Kritik, vgl. zu XLII Nr. 80 4. 5 Gegen Purkinje gerichtet, vgl. 156, 24—157, 2 12 vgl. zu 201, 16. 17 14 vgl. zu 128 d. B. 18. 19 vgl. zu XLII Nr. 146 und in diesem Bande zu Nr. 83 25 Hegel kündigt am 29. Juni die zweite Ausgabe seiner Encyklopädie der philosophischen Wissenschaften an.

20. Vgl. zu 4102 (Bd. 14). Schuchardts Hand 28, 7 Wege *g* aus Weg 22 und — Künstler *g* üdZ mit Zelters Notiz: „angek. 21 —" Gedruckt: Briefwechsel IV, 358; der Passus 28, 13—22 vorher schon im Berliner Conversations-Blatt für Poesie, Literatur und Kritik. Erster Jahrgang. Nr. 180. Dienstag, den 11. September 1827 (vgl. Briefwechsel IV, 430). Dazu ein Concept von derselben Hand, Abg. Br. 1827, 148, woraus zu bemerken: 27, 10 heranlebte *g* aus heraufslebte 11 jüngere üdZ 14 anderen [*g* aus ander] 19 nicht *g* üdZ 20 Folge] Folge der Zeit 28, 3. 4 rothzubrennenden *g* über gebrannten 7 Auf — Wege] Auf diesem Weg [*g* aR, aber theilweise wieder gestrichen, für So] 8 nach entstanden folgt, *g*² gestrichen: Nach und nach lösen sie sich völlig von der Platte ab und wetteifern mit der Rundbildnerei (*g* aus , welche nach und nach sich ganz rund von der Platte ablösten und mit der Rundbildnerei wetteiferten) 9 als *g*² über und 11 nach geben folgt, *g*² gestrichen: Und so färbte (über malte) man denn auch, goldete Kleider, Schilder, Augen [dahinter *g*² als Beginn eines Zusatzes: der] sogar; denn so will es die Menge.

12 Vorstehende *g* aus Vorstehendes   bey *g* über nach   14 mir zugegangene *g* aR. für gemachten dieses üdZ   sollten *g* aus sollte dieses aus sollten   nach *g* über bey   14. 15 weiteren Vorschritten *g* aus weiterem Vorschritt   21 gehegte *g* [?] aus gehegten   22 und — Künstler fehlt   24 fehlt mit Ausnahme des Datums Weimar — 1827] b. 18 Aug. *g*

Vgl. Tageb. XI, 99, 3. 4   27, 6 vgl. 28, 12. 13. 49, 5; „A. W. von Schlegels Vorlesungen über Theorie und Geschichte der bildenden Künste" stehen, von Friedrich Förster „im Auszuge mitgetheilt", im „Berliner Conversations-Blatt für Poesie, Literatur und Kritik", erster Jahrgang, 1827, Nr. 113— 159; die erste Notiz über Schlegels Vorlesungen hatte Zelter am 2. Juni 1827 gegeben (Briefwechsel IV, 311)   23 In seinem undatirten Briefe vom 16. Juni (Briefwechsel IV, 320), wo Zelter sagt: „Hr. v. Schlegel hat Gestern (Freitag 15) seine achte Vorlesung gehalten. ... Wenn ich recht gehört habe so sagte er gestern dass er sich bis jetzt vergeblich bemüht habe um eine Theorie des Basrelief..."   28, 10. 11 vgl. Tageb. XI, 38, 8. 9   18 vgl. zu 15, 2   21 vgl. 47, 20—48, 9.

*21. Concept von Johns Hand, Abg. Br. 1827, 144   29, 1. 2 mich — vorzustellen *g* über von mir hören zu lassen   6 Passanten*] Passanten *g* aus Thorpassanten   13 einer *g* über dieser   17 wünsche *g* aus wünschte   19—30, 8 von Schuchardts Hand   29, 19 grünen Früchte *g* aus Gartenfrüchte   21 auch üdZ   23 heuer *g* über diesmal   30, 9 *g*   Ausserdem noch ein zweites Datum *g*, wohl den Abgangstag bezeichnend: b. 18 Aug.

Vgl. Tageb. XI, 99, 5. 6   29, 2. 3 Artischocken, nach dem Frachtzettel von Willemers Hand (Eing. Br. 1827, 398) am 12. August aus Frankfurt abgegangen   3 Sabine Heinefetter, am Hoftheater in Cassel angestellt, die in Berlin gastirt hatte, vgl. zu XLII Nr. 198; Marianne erklärt Sabinens Ausbleiben in ihrer Antwort vom 26. August (Briefwechsel ² S. 224)   11 vgl. XLII Nr. 200; ob mit sie Sabine gemeint ist oder ob „Sie" zu schreiben wäre, wornach denn Goethe an Marianne gedacht hätte, ist ungewiss   24 Sie erfolgte am 26. August, vgl. Briefwechsel ² S. 224   30, 2 Marianne am 26. August: „Riese ... ist auf dem Wege der Besserung", vgl. zu 226, 19.

*22. Concept von Schuchardts Hand, Abg. Br. 1827, 148ᵇ   30, 11. 12 florentinischem *g* aus den florentinischen   25 *g*

Vgl. Tageb. XI, 99, 6. 7   30, 11 vgl. XLII Nr. 207; Lechners Begleitbrief vom 11. August 1827, Eing. Br. 1827, 407   17 vgl. zu 150, 19. 197, 25   24 Lechner entschuldigt die späte Ausführung des Goethischen Auftrags mit Krankheit; auch klagt er über seine drückenden Verhältnisse.

23. Handschrift unbekannt. Gedruckt (sicherlich nach Concept): Vogel, Goethe in amtlichen Verhältnissen S. 356   31, 1. 2 Ew. — Hier] Ew. Wohlgeboren hier Vogel   14 Weimar den] W. Vogel

Vgl. Tageb. XI, 99, 7—9   31, 3 vgl. 2. 24 d. B.; Tageb. XI, 98, 22—24; Wagner, der zugleich Stadtältester in Neustadt a. d. Orla war, erhielt den Titel Commissionsrath.

24. Handschrift von John in Hirzels Sammlung, Leipziger Universitätsbibliothek   32, 4—6 *g* Gedruckt: Neuestes Verzeichniss einer Goethe-Bibliothek. August 1874. S. 228 (theilweise) und Strehlke II, 473.

Zur Sache vgl. 2. 23 d. B.

*25. Concept von Schuchardts Hand, Abg. Br. 1827, 146   32, 11 *Tom.* nach steht eine   12. 13 entlehnt über ausgezogen   14 ein auf der   17 unserm *g* aus unsern   22 unsere aus unseren   33, 7. 8 der — Kronprinzessin *g* und *g*² aus daß der erste Band in den Händen Ihrer verehrten Kronprinzessin sey   12 Devotion *g* aR für Verehrung   17. 18 gleichfalls *g* aus gleichwohl   25— 35, 3 von Johns Hand   33, 25 — 34, 25 fehlt, statt dessen nur: Die Stelle aus dem *Globe* zu inseriren.   34, 28 *l'Inconnu g* aus *Inconnu*   35, 1 *l'Anonyme g* in offen gelassener Lücke nachgetragen

32, 9 vgl. zu 18, 2   11—15 vgl. 163, 19—23   16 vgl. 33, 25 — 34, 25   17 vgl. zu 18, 14   33, 5 vgl. 18, 16. 23, 19; Tageb. XI, 100, 8. 9   8 Streckfuss am 10. August 1827 (vgl. zu 18, 3. 4): „In diesem Augenblicke ist es [das Exemplar des ersten Bandes der „Promessi sposi"] in den Händen unserer trefflichen Kronprinzessin [Elisabeth Louise (1801—1873)], welche, als ich ihr davon erzählte, das Verlangen äusserte, es zu lesen"   16 vgl. Unterhaltungen mit Müller* S. 160   17. 18 vgl. zu 18, 11.

*26. Concept von Johns Hand, Abg. Br. 1827, 137 35, 8 fich üdZ 10 und g^s üdZ 11 Sammlungen g^s über Aufstellungen zu nach würde (g aus wird) es [g^s gestr.] 13 steht g aR für ist 16 kann g üdZ 17 bringender g über mancher nur nach kann [g gestr.] 18 da aus das 20 anderweitige] anderweitig g^s üdZ desselben g über daselbst zum nach noch immer [g^s gestr.] 21 desselben g^s üdZ möge g über werde 22 Einer g^s aus Bey einer dieses g^s über Einer dieses nach Einer solchen Anzeige jedoch würde ein kurzer Lebenslauf Erwähnung g über Anzeige wird jedoch g^s üdZ 36, 2 beyzufügen seyn g^s über gefordert werden 4—17 von Schuchardts Hand 8 Auch kann g^s aus Auch kann nichts dieses g^s auf g^1 aus Und nichts kann 9 nichts g^s üdZ 13 geworden g^s aus gewesen 15 ein Ausweg g^s auf g^1 über Gelegenheit

35, 6 Mit einem Briefe vom 1. August 1827 (Eing. Br. 1827, 392) hatte Adressat den von dem Archäologen Theod. Sigismund Panofka (1800—1858) unter dem Titel „Museo Bartoldiano" bearbeiteten Katalog über die Sammlungen seines Schwagers, des preussischen Generalconsuls in Rom Salomon-Bartholdy, eingesendet, vgl. 17, 19. 17; Tageb. XI, 95, 19—22. 24 9. 10 Mendelssohn: „Im Sinne des Verstorbenen müssten diese Sammlungen irgendwo, am liebsten im Vaterlande, vereint aufgestellt werden"; der König von Preussen habe sich nur zum Ankauf der Majoliken entschlossen; würden nicht auch die anderen Hauptgruppen geschlossen verkauft werden können, so müsste im nächsten Winter eine öffentliche Versteigerung stattfinden 16 Mendelssohn: „Wenn nun Ew. Excellenz nach geneigter Kenntnissnahme vom Inhalte des Catalogs die darin verzeichneten Gegenstände der öffentlichen Aufmerksamkeit würdig erachten sollten, so würde dieselbe am sichersten durch eine von Ew. Ex. ausgehende Anregung in einem nächst zu erhoffenden Hefte von Kunst u. Alterthum darauf hingeleitet werden"; vgl. zu 201, 16. 17 20 Eine solche ist nicht geschehen; wohl aber hat Meyer das „Museo Bartoldiano" in „Kunst und Alterthum" VI, 2 S. 300 angezeigt 36, 2. 3 Mendelssohn scheint weder diesem noch dem in 36, 4. 5 ausgesprochenen Wunsche nachgekommen zu sein; man kann zweifeln, ob Goethes Brief überhaupt abgegangen sei.

*27. Concept von Schuchardts Hand, Abg. Br. 1827, 146^b

Vgl. Tageb. XI, 100, 7· 37, 1 Adressat, Gesanglehrer an der Bürgerschule in Weimar, Tonkünstler, Schüler Reichardts und Zelters, hatte mit einem Schreiben vom 19. August (Eing. Br. 1827, 409) einen von Falk für ihn bearbeiteten und von ihm componirten Operntext (nach Gozzi „Die Frau eine Schlange") eingesendet und um ein Gutachten Goethes über den Text gebeten, damit die Oper, die bereits auf allerhöchsten Befehl beim Königlichen Theater in Berlin angenommen worden, möglichst bald aufgeführt werde 2 Remde hatte seinem Briefe einen Brillantring beigefügt, den er vom König von Preussen „als Belohnung [für die Dedication seines Werkes] und Aufmunterung" erhalten habe.

*28. Eigenhändig

Vgl. Tageb. XI, 100, 9. 10 37, 6 Confirmation der Herzogin Auguste, vgl. Tageb. XI, 99, 27. 28 7 Meyers Antwort (undatirt, Eing. Br. 1827, 419): „Gestrigem Versprechen gemäss — sende ich Ihnen die Stammbücher wieder und habe indem ich der Prinzessin Ihr Billet, worin Sie solche durch mich verlangen, mittheilte grosse Freude erregt"; vgl. zu 38, 18.

*29. Handschrift von John im G.-Sch.-Archiv 38, 8. 9 *g* Dazu ein Concept von Schuchardts Hand, Abg. Br. 1827, 144^b, woraus zu bemerken :- 37, 20 bie] ben [ungeändert gebliebener Rest der ersten Fassung] 21 lebhafteste Anerkennung *g*^{8} aus lebhaftesten Dank 21 — 38, 1 benn — Dand *g*^{8} aus er benn von meiner Seite 38, 5. 6 bes — fernerem *g*^{8} aus bem [bem nach zu fernerem] Herrn Grafen Henkel zu fernerm 7 geneigt *g*^{8} über für (für nach zu) die Zukunft 8—10 fehlt mit Ausnahme des Datums

Zur Sache vgl. XLII Nr. 145. 155 38, 3 vgl. Tageb. XI, 95, 2. 3 6 vgl. XLII Nr. 153; Tageb. XI, 95, 3.

Ein Schreiben der Oberaufsicht an Dr. Schrön in Jena vom 21. August 1827, dessen wissenschaftliche Reise nach Frankenheim, Ilmenau und Eisenach und einiges andere dahin Einschlagende betreffend, in dem Fascikel des Cultusdepartements: „Acta observatorii" Nr. 5 Bl. 45. Vgl. Tageb. XI, 118, 1—3.

30. Concept von Johns Hand, Abg. Br. 1827, 147ᵇ

38, 11. 12 Meyer (undatirt, Eing. Br. 1827, 419; vgl. zu 37, 7): „Bey dieser Gelegenheit erhielt ich auch von Ihro Kaiserl. Hoh. der Grossfürstin den beygelegten Brief mit einem Dedications-Gesuch. Der Schriftsteller wird Ihnen vielleicht eben so unbekannt seyn als er mir ist und vermuthlich durch seinen Brief eine eben so wenig günstige Meinung von seinem Werk erregen, und weil überdem zu fürchten steht es möchten in dem fraglichen Roman Dinge stehen welche der Grossfürstin und ihrem Hause nicht angenehm sind, so habe ich angetragen die Dedication nicht zu erlauben"; die Erbgrossherzogin wünsche nun auch Goethes Meinung zu vernehmen. Goethe scheint im Auftrage der Erbgrossherzogin das Ablehnungsschreiben verfasst zu haben, vgl. Tageb. XI, 101, 13—15. 102, 17—19   18 vgl. zu 37, 7; Tageb. XI, 101, 4. 5; Meyer am 24. August (Eing. Br. 1827, 421): „Die Prinzessin welcher ich das Stammbuch übergeben habe ist höchlich vergnügt über das Eingeschriebene und lässt zum schönsten danken."

Ein Schreiben der Oberaufsicht vom 22. August 1827 an den Professor Göttling in Jena, verschiedene Bibliotheks-Angelegenheiten betr. in den Acten des Cultus-Departements: „Acta der Universitäts-Bibliothek in Jena während der Jahre 1825—1831."

31. Concept von Johns Hand, Abg. Br. 1827, 145   39, 3 nach worden. folgt gestrichen: Möge dies der Verfaſſer zu ſeinem Dortheil auslegen (auslegen *g* über deuten) und zum Nutzen anwenden   4 1827 aus 1826

Vgl. Tageb. XI, 100, 25. 26   39, 1 Büssel (1789—1842) hatte mit einem Briefe vom 6. April 1827 (Eing. Br. 1827, 186) sein Drama in 3 Acten „Winkelmanns Tod" eingesendet (vgl. Tageb. XI, 44, 18. 19) und der Hoffnung Ausdruck gegeben, es in „Kunst und Alterthum" erwähnt zu finden; am 26. Juli (Eing. Br. 1827, 373) erkundigt er sich nach dem Schicksal seiner Sendung   3 Nein!

32. Eigenhändig (unter den Briefen an Riemer!). Mit einem Empfehlungsschreiben Zelters vom 14. August (Briefwechsel IV, 357) traf Parthey bei Goethe ein, vgl. Tageb.

XI, 101, 20; den Inhalt des Goethischen Billets hat er in seinem Büchlein „Ein verfehlter und ein gelungener Besuch bei Goethe" S. 48 in eine mündliche Aufforderung verwandelt; vgl. 45, 4—6.

83. Vgl. zu Bd. 36 Nr. 39. Der eigentliche Brief, 39, 9—41, 10, eigenhändig, die Beilage, 41, 11—42, 18, von Johns Hand 42, 19 *g* Gedruckt: G.-Jb. XXI, 24. Dazu ein Concept von Johns Hand, Abg. Br. 1827, 155, woraus zu bemerken: 39, 10. 11 bereite — mich] eile [*g* aR für eilig = „eil' ich"] 13 Tage, die 15 müssen. Wie [*g* aus müssen, wie] 40, 3 leiber] freylich 7 schöne 8 als *g* aR für wo 10 auch] auch wohl 13 eingereihet] eingeordnet 14 auch fehlt 15—17 Hand — durfte] Hand, an der ich so manchen unvergeßlichen Weg zurückgelegt wieder einige Züge zu sehen; der Wunsch sie noch einmal aufrichtig zu drücken, kann bey mir nicht erlöschen 20 Mittlern 21 zu — Zustand fehlt alles] das schönste 22. 23 zum — Freundliches] etwas Freundliches zum [folgt unausgefüllte Lücke] 23 das — wird fehlt 24 Lieben] Freunde 25 geschloßenes 25. 26 ruht — Finstern] ruht es im Keller auch [*g* aus im Keller ruht es auch] 27. 28 Inhalt. — geben] Inhalt und ich möchte gar zu gern auf irgend eine Weise, am liebsten aber in Gegenwart meine Gesinnungen wieder zu Tage legen 41, 1—4 fehlt, statt dessen nur ein Verweisungszeichen im Text 5. 6 Wenn — anzeigen] Haben Sie die Güte mir wenn Sie Sich aus Karlsbad entfernen Ihren nächsten Aufenthalt zu bemerken und die Bequemlichkeit Ihnen durch H. Zeiß etwas zukommen zu laßen wird ja wohl immer dieselbige bleiben. Dankend und grüßend zu wiederholten Malen 7. 8 fehlt 9. 10 fehlt

Concept der Beilage von Johns Hand, Abg. Br. 1827, 156, woraus zu bemerken: 41, 11 Ich — meinen] So weit gelangte ich vor meinem [vgl. 50, 13. 52, 1. 53, 1] 24 Bayerschen 42, 1. 2 daß — konnte aR nachgetragen 4 daselbst *g* über in Rom 18 nach gewesen folgt mit neuem Absatz: Meinen auswärtigen Freunden glaubte ich eine solche unmittelbare Nachricht schuldig zu seyn, wenn auch schon ein solches Ereigniß [bricht ab] 19 fehlt

Der Brief ist bedeutend vordatirt: vgl. Tageb. XI, 107, 1. 2 (Poststempel: 9. September) 39, 10 Vom 28. August (eingetroffen am 2. September, vgl. Tageb., gedruckt: G.-Jb.

XXI, 44) mit den Geburtstagswünschen der Adressatin und ihrer Töchter Ulrike und Bertha   40, 18 Bertha   20 Amélie v. Levetzow hatte sich am 20. Februar 1827 in Prag mit dem Königlich preussischen Major Leopold v. Rauch verheirathet (Eing. Br. 1827, 107)   41, 2 vgl. XXXVIII, 109, 10; Tageb. IX, 102, 20. 21; G.-Jb. XXI S. 4   7 vgl. 41, 11—42, 18   41, 11—42, 18 Diese Beilage hat Goethe, mit nur geringer Abweichung in den Eingangsworten, auch an Zelter (37 d. B.), d'Alton (38 d. B.), Boisserée (39 d. B.) gesendet   41, 11 vgl. 44, 19. 20. 66, 1. 69, 1. 75, 8. 9. 90, 18. 19. 113, 17. 126, 1. 2. 127, 7. 129, 5. 6. 153, 10. 11   18. 19 vgl. Tageb. XI, 102, 15. 16. 20. 21; Goethe erhielt die Nachricht zuerst durch ein undatirtes Billet des Canzlers v. Müller (Eing. Br. 1827, 429): „Glück auf, mein verehrter Freund! Schöner konnte der Tag nicht bestrahlt werden als durch die Ankunft des Königs von Baiern, der diese Nacht eintraf! Ich eile Sie zu praeveniren." Ein zweiter Besuch des Königs fand am 29. August statt (vgl. Tageb. XI, 103, 1—3), angekündigt durch Carl Augusts Brief vom 29. (gedruckt: Briefwechsel des Grossherzogs Carl August mit Goethe S. 305); vgl. auch Cotta an Goethe, 9. October 1827 (vgl. zu 63, 5. 119, 24). Eine Schilderung des Geburtstagsfestes giebt Parthey (vgl. zu 32 d. B.); vgl. ferner Unterhaltungen mit Canzler v. Müller ² S. 151—154. Über das den Aufenthalt des Königs in Weimar verherrlichende Gedicht des Canzlers vgl. zu 199, 2; das Gedicht des Königs „Nachruf an Weimar", am 8. September 1827 an v. Müller geschickt (vgl. Tageb. XI, 106, 26—28), im Canzler-Müller-Archiv, Fascikel 25, gedruckt: Gedichte des Königs Ludwig von Bayern. Zweyter Theil. Zweyte, vermehrte Auflage. München 1829. S. 72   23. 24 vgl. 34 d. B.

Der im Druck (Boisserée II, 477) undatirte, von Strehlke unter dem 26.—29. August 1827 eingeordnete Brief an Boisserée gehört unter den 6. September (39 d. B.).

*84. Concept von Schuchardts Hand, Abg. Br. 1827, 151 42, 23 Bayrischen   Dazu ein Vorconcept *g* auf einem Quartblatt, das zugleich Paralipomenon XXXIII f zu „Wilhelm Meisters Wanderjahren" enthält (Werke XXV, 2, 235), woraus zu bemerken: 42, 20 fehlt   43, 1 verliehen] verleihen wollen

finde] halte   mich nach für Schuldigkeit Ew. K.   4 zu —
habe] erbitte   diesem aus dieses   8 fehlt

42, 23 vgl. 41, 23. 24.

Auf Bl. 157ᵇ, Abg. Br. 1827, findet sich zwischen Briefen vom 8. und 15. September ein undatirtes Concept von Schuchardts Hand, worin die gleiche Bitte wie in 34 d. B. ausgesprochen wird (ist 34 d. B. etwa nicht abgegangen? ist das erste Gesuch nicht beantwortet worden? ist das eine Concept vielleicht Vorconcept des anderen? welches Schreiben wäre dann das endgültige?):

Durchlauchtigster pp.

In Ew. K. H. verehrter Gegenwart empfing aus den Händen Ihro Majestät des Königs von Bayern das Großkreuz des Verdienstordens der Bayrischen Krone Unterzeichneter bey festlicher Gelegenheit, zugleich auch Ew. K. H. gnädigste Zustimmung und 5 Vergünstigung, sich mit diesem bedeutenden Ehrenzeichen fortan zuversichtlich schmücken zu dürfen.

Indem derselbe nun hiedurch diese für ihn so bedeutenden Vorzüge nochmals dankbar verehrt, naht er sich Höchstdenenselben mit unterthänigster Bitte, sich durch wiederholt ausgesprochene 10 Vergünstigung im Besitz und Genuß dieser ehrenvollen Auszeichnung herkömmlicher Weise zu versichern.

Das von Strehlke I, 150, vermuthungsweise in den September oder October 1827 versetzte Schreiben an Heinrich Döring gehört in den Anfang des April 1826 und ist gedruckt XLI, 272.

85. Handschrift unbekannt. Gedruckt: Berliner Conversations-Blatt für Poesie, Literatur und Kritik. Erster Jahrgang. Nr. 180. Dienstag, den 11. September 1827. Dazu ein Concept von Schuchardts Hand, Abg. Br. 1827, 149, woraus zu bemerken: 43, 11 aber *g* üdZ   echte *g*¹ aus rechte
12 nicht *g* auf *g*¹ üdZ   13 zu nach nicht [*g* auf *g*¹ gestr.]
von der nach aber [*g* gestr.]   14 jedoch *g* üdZ   gerne *g* aus
gern   15 wir staunen *g* auf *g*¹ über und erstaunt   nach 23 folgt ein längerer Passus, der hier eingeklammert und im Briefe an Zelter vom 1. September als „Beilage" verwendet worden ist: 47, 20—48, 9   44, 10 vergegenwärtigen   12 mir

g über mich   mitlebenden *g* üdZ   12. 13 vertraut gemacht *g* über kennen lehren   16—18 fehlt

Vgl. 47, 13; Tageb. XI, 104, 4   43, 10 vgl. 41, 11—42, 18 Gabe: Zelters Bild, vgl. zu 15, 2   Begas dankt für das ertheilte Lob am 14. October 1831.

36. Vgl. zu 4102 (Bd. 14).   Johns Hand · 44, 19 dies= maligem   45, 5 Tafeln nach Stunden   47, 7 beyliegenden 17—19 *g*   Die „Beilage", 47, 20—48, 9, auf besonderem Bogen von Schuchardts Hand   47, 22 Abgebildete   Mit Zelters Notiz: „5. 7ber angek."   Gedruckt: Briefwechsel IV, 361; die „Beilage", 47, 20—48, 9, vorher schon im Berliner Conversations-Blatt für Poesie, Literatur und Kritik. Erster Jahrgang. Nr. 180. Dienstag, den 11. September 1827 (vgl. Briefwechsel IV, 430). Dazu ein Concept von Schuchardts Hand, Abg. Br. 1827, 151, woraus zu bemerken: 44, 22 weiter *g* über leider   45, 4 zu rechter *g* aus zur guten   6 zu ergötzen nach sich [*g* gestr.]   7 Erfreulichen *g* über Guten   9 gutem *g* aus guten   konnte *g* [?] aus konnt   14 dem Geber *g* für Herrn mit folgender Lücke   21. 22 Medaille nach silberne   46, 9—11 Im—Wieland aR für Vater Wieland   17 so auch *g* über hat 21 unsre   47, 2 euch *g* üdZ   6 und *g* über diese   7 beyliegenden An 16 schliesst sich unmittelbar 48, 11 an   17—19 fehlt   Das Concept der Beilage 47, 20—48, 9 als ursprünglich dem Briefe an Begas vom 1. September angehörend (vgl. zu 43, 23) Abg. Br. 1827, 149   47, 22 Abgebildete   48, 2 dargestellte Meister *g* auf *g*¹ über Kenner   3 und *g*¹ [?] aus um   9 nach Umrisse folgt mit neuem Absatz: Die Kleidung, bürgerlich=edel, geschmackvoll in Stoffen, Farben und Falten, alles wirkt zusammen zu einem vollendeten Eindruck.

Vgl. Tageb. XI, 104, 4—6   44, 19. 20 vgl. zu 41, 11—42, 18 45, 4 vgl. zu 32 d. B.   6 Eduard Gans (1798—1839), ausserordentlicher Professor der Jurisprudenz in Berlin, vgl. Tageb. XI, 103, 6—8. 25—28; er befand sich damals (nach Parthey: „Ein verfehlter und ein gelungener Besuch bei Goethe" S. 68) auf einer Werbereise für die „Jahrbücher für wissenschaftliche Kritik" (vgl. zu XLII Nr. 80), deren eigentlicher Begründer er war; er berichtet über seinen Besuch in den „Rückblicken auf Personen und Zustände" Berlin 1836,

S. 305   8 Rösel (vgl. zu 15, 23) hatte mit einem Briefe vom 24. August 1827 (gedruckt: Vossische Zeitung 1903, Sonntagsbeilage Nr. 28) die Zeichnung einer Harzlandschaft zum Geburtstag geschickt, vgl. Tageb. XI, 103, 14   10 Goethe legte für Rösel das Gedicht bei „Rösels Pinsel, Rösels Kiel" (Werke IV, 140; V, 2, 99), vgl. 16, 5. 45, 27. 47, 17   12 vgl. zu 15, 14   13 Die Münzen sollten von der „kleinen artigen Elkan aus Weimar" (Johanna, spätere Frau Dr. Veit) überbracht werden, Zelter schrieb dazu einen Begleitbrief (Briefwechsel Nr. 558, Bd. IV, 360); da aber Fräulein Elkan sich zum Abholen der Münzen und des Briefes nicht einfand, übergab Zelter am 7. August die Münzen dem Schauspieler La Roche; der Begleitbrief wurde noch um zwei Nachschriften, vom 1. und 7. August, die im Druck fehlen, vermehrt, ehe er abgeholt wurde   19 vgl. zu 15, 19. 20   22 Die Medaille von Antoine Bovy 1824 (vgl. Zarncke, Verzeichniss der Originalaufnahmen von Goethe's Bildniss, Nr. 119), vgl. zu XXXVIII, 119, 12. 192, 12 und in diesem Bande zu 161, 7   24 Zelter hatte ein Billet mitgeschickt, das Förster ihm am 24. August geschrieben (Eing. Br. 1827, 424), worin es heisst: „Aber eine grosse Bitte füg' ich noch bei, die nämlich, dass Sie eine Fürbitte für mein Kunstblatt bei dem alten Herren [nämlich Goethe] einlegen, so dass er mir bis October eine wenn auch so kleine briefliche Mittheilung mache."   27 Ist nicht geschehen   46, 16 vgl. zu 15, 2   47, 8. 9 Der „geistreiche Mann" ist natürlich Goethe selbst   12 Zelter am 14. Juli 1829: „... ich wüsste nichts Anständigeres als ihm ein Exemplar deiner letzten Ausgabe (ein kleines ...) für seine Frau zu übersenden"   13 vgl. 35 d. B.   20—48, 9 vgl. 15, 2. 28, 21. 47, 7. 8.

Ein Schreiben der Oberaufsicht vom 4. September 1827, Schuchardts Hand, an den Professor der Medicin in Jena Aemil Huschke, dessen Besuch der Naturforscherversammlung in München betreffend (vgl. zu 90, 9. 10), in dem Fascikel des Cultus-Departements „Anatomisches Museum" Nr. 12 Bl. 16. Vgl. zu 184, 6; Tageb. XI, 105, 17. 18. 28.

37. Vgl. zu 4102 (Bd. 14).   48, 11—50, 12 Schuchardts Hand, 50, 13—15 die Johns   48, 10. *g*   50, 16—19 *g* Gedruckt:

Briefwechsel IV, 866. Dazu ein Concept von Schuchardts Hand, Abg. Br. 1827, 152ᵇ, in unmittelbarem Anschluss an das Concept zu 36 d. B., woraus zu bemerken: 48, 10 fehlt 49, 4. 5 Den — abandonniren *g* aus Schlegels Vorlesungen werde ich außer den Berlinern wohl auch condemniren 20 allem nach auch [*g* gestr.] und jedem *g* üdZ 23 bewundere 25 Mimische *g* üdZ 28 ihre Schüler *g* über sie selbst 28—50, 1 sie—weichen *g* aR nachgetragen 50, 1 Der nach und [*g* gestr.] rezitirende *g* über dramatische 2 dagegen *g* üdZ durch Übung *g* üdZ 4. 5 seine — verstattet *g* über es ihm gegeben ist Concept zu 13—15 siehe zu 41, 11—42, 18 16—19 fehlt

Vgl. Tageb. XI, 106, 15 48, 21 Zelter im Briefe vom 10.—23. August: „Über Deine Tonlehre [vgl. zu XLI, 148, 18] habe ich etwas in Petto das Dir Freude machen soll ... Es betrifft die Moltonleiter" 49, 5 vgl. zu 27, 6; Zelter, 10. August: „Urtheile über A. S. Vorlesungen werden nach und nach dreister" 49, 17 Zelter, 10. August: „A. Humboldt, auch ein frevelnder Zuhörer (der Minister ist nicht anhier) lässt Dich grüssen. Dies Brüderpaar, o gemini! sind Dir echte Kunstzwillinge, Beyde so ohne alle musikalische Beylage, dass mir ordentlich bange werden kann um sie.', 23 Darüber handelt Zelters Brief vom 13. Juli — 8. August (vgl. zu 15, 14), vgl. 70, 15 50, 13—15 vgl. zu 41, 11—42, 18.

38. Vgl. zu Bd. 34 Nr. 54 50, 20—51, 28 Schuchardts Hand, 52, 1—3 die Johns 51, 2 allen 52, 4. 5 *g* Gedruckt: Gaedertz, Bei Goethe zu Gaste. 1900. S. 152. Dazu ein Concept von derselben Hand, Abg. Br. 1827, 150, woraus zu bemerken: 51, 2 allen 5 Ein nach denn [*g* gestr.] 8 ihre nach denn [*g* gestr.] 10 Vagabund *g* über Bettler 12 ihr— Silber] ihre Gold-, Silber- *g* als Beginn nicht ausgeführter Änderung aus ihr Gold, Silber 13 Monumente *g* auf Bleistift aus Monument fromme *g* aR 14 gleich nach zum Andenken [*g* auf Bleistift gestr.] Concept zu 52, 1—3 siehe zu 41, 11—42, 18 52, 4. 5 fehlt

Vgl. 118, 13; Tageb. XI, 106, 15. 16 50, 20 In einem Billet vom 8. August (Eing. Br. 1827, 411) kündigt d'Alton die letzterschienene Lieferung seiner „Vergleichenden Osteologie" an, die die Cetaceen behandelt; der der Sendung beigefügte Begleitbrief, ebenfalls vom 8. August, im Fascikel „Naturwiss.

Correspondenz IX° Bl. 76 (gedruckt: Bratranek, Naturwiss. Correspondenz I, 24); vgl. Tageb. XI, 100, 4   51, 3 Zu gleicher Zeit sendet d'Alton das die straussartigen Vögel behandelnde erste Heft der von seinem Sohne Johann Samuel Eduard (1803—1854) bearbeiteten Osteologie der Vögel, vgl. Tageb. XI, 100, 4. 5; der jüngere d'Alton hielt sich seit 1825 bei Cuvier in Paris auf, von wo aus er am 6. Juli 1827 (Fascikel „Naturwiss. Correspondenz IX" Bl. 82; gedruckt: Bratranek, Naturwiss. Correspondenz I, 28) sein Werk bei Goethe ankündigte   52, 1—3 vgl. zu 41, 11—42, 16; vgl. d'Altons Antwort vom 18. October 1827 (Bratranek I, 25).

Zu 38 d. B. liegt von Schuchardts Hand ein Schema vor (vgl. zu 8 d. B.), als erledigt g^3 durchgestrichen:

Dalton.

Dank und Freude an seinem neuen Heft.
Vortheil früherer Bemühungen.
Verhältniß wie Liebhaber zum Künstler,
Wie Dilettant zum Meister.   5
Glückwunsch zu gleicher Thätigkeit des Sohnes.
Beifall daß er ihn nach Paris gesendet.
Geselliges Bestreben der Franzosen.
Bey den Teutschen nicht zu erwarten.
Ihre Vereine gehen auf löbliche aber triviale Dinge hinaus. 10
Wohlthätigkeit und Elementar-Unterricht.
Monumente und Stiftungen zum Andenken.
Die höhern Zwecke in Wissenschaft und Kunst sucht jeder für sich allein zu erreichen.
Was gelingt muß man zu benutzen suchen.   15
Für eignes Thun muß man auf lebendige gegenwärtige Theilnahme verzichten.
Verzeihung dieser gewissermaßen mißmuthigen Betrachtungen.

89. Vgl. zu 6161 (Bd. 22).   52, 6—23 Schuchardts Hand, 53, 1—9 die Johns   53, 4 für nach aber   7 Lebens nach Schweigens   10. 11 g Gedruckt: S. Boisserée II, 477. Dazu ein Concept von Johns Hand, Abg. Br. 1827, 150^b, woraus

---

1 Dalton. g^3

zu bemerken: 52, 22 auf nach gute   Concept zu 53, 1—3 siehe
zu 41, 11—42, 18   53, 4 Hiemit   5 freundlich   7 da nach
die   8 nähere üdZ   10. 11 fehlt
Vgl. Tageb. XI, 106, 16. 17   52, 8 Vom 21. August, gedruckt: S. Boisserée II, 474; vgl. Tageb. XI, 101, 28. 102, 1
11—13 Boisserée: seit vier Monaten habe Goethe ihm nicht
mehr geschrieben. „Ob Sie meinen Brief vom 9ten July von
hier [München] durch den englischen Maler Callcott erhalten
haben, muss ich fast bezweifeln."   16 Von Stuttgart nach
München   53, 1—3 vgl. zu 41, 11—42, 18.

*40. Concept von Schuchardts Hand, Abg. Br. 1827, 154
54, 1 zurückgelangt g aus zurück nach Hause gelangt   3 Knochenbreccie g aus Knochen und Lücke   3. 4 und Nachricht — von
g über und   5 in g über von   6 wirb aus wirkt   13 Unternehmens g in Lücke nachgetragen   17. 18 das — Wozu g aus
was und wozu   22 deshalb g über Wie

53, 12 „Fortsetzung" zu 8 d. B.; vielleicht nicht abgegangen   53, 16 vgl. zu 2, 23. 25   54, 1 Undatirt (vom 20. August;
gedruckt: Sauer, Briefwechsel zwischen Goethe und Sternberg S. 137), vgl. Tageb. XI, 103, 11. 12   2. 3 vgl. zu 184, 10
6 vgl. zu 90, 9. 10   7 vgl. 282, 15; XLII, 128, 19—22; Tageb.
XI, 27, 11. 12. 17. 18   18 Der französische Politiker und
Nationalökonom Pierre Charles François Baron Dupin (1784—
1873)   23 Hier steht ein Bericht über Dupins zweibändiges
Werk „Forces productives et commerciales de la France",
vgl. 60, 8. 9. 105, 13. 14.

41. Handschrift unbekannt. Gedruckt: Originalien aus
dem Gebiete der Wahrheit, Kunst, Laune und Phantasie.
Sechzehnter Jahrgang. 1832. Nr. 86.

Adressat († 1833), Hofschauspieler und Regisseur in
Weimar, schreibt am 29. August an August v. Goethe (Eing.
Br. 1827, 426): „Ew. Hochwohlgeboren freundlichster Erlaubniss zu Folge, bin ich so frey, meine gestern ausgesprochene
gehorsame Bitte hier abermals in Anregung zu bringen. Es
betrifft dieselbe die Ertheilung der, von Sr. Excellenz, Ihrem
hochverehrten Herrn Vater in den Jahren 1825—26 zum
7. November und 28. August verfassten, unvergleichlich
schönen Gedichte, an den Hofrath Dr. Schütte in Bremen.
Dieser redliche Verehrer des grossen Göthe hegt keinen

innigern Wunsch, als sich des Besitzes der genannten Gedichte mit der Unterschrift des allgeliebten Verfassers, und der Aufschrift: 'Für den Hofrath Schütte in Bremen', erfreuen zu können..." Goethe sendet das Gedicht „Wenn am Tag Zenith und Ferne" (Werke IV, 135; vgl. Werke V, 2, 95: H^{404}). Wagener dankt am 16. September (Eing. Br. 1827, 468), Schütte selbst am 3. October (Eing. Br. 1827, 488) 16. 17 Ausser dem erwähnten Dankbrief liegen von Daniel Schütte (1763—1850; er war seit 1806 Unternehmer des Bremer Theaters) keine Briefe vor.

*42. Concept von Johns Hand, Abg. Br. 1827, 157

Adressat, Cammerdirector und Oberforstmeister, war zugleich im Hof-Stallamt thätig; am 8. September (Eing. Br. 1827, 469) meldet er, dass er nach Allstedt gehe, „wo die heurigen Fohlen ihrer Taufe gewärtig sind", und bittet um die Namen, die ihm Goethe hierzu versprochen habe.

*43. Concept von Schuchardts Hand, Abg. Br. 1827, 160^b 56, 14 Das g aus Was   57, 2—4 begriffen, — abzuwarten g^2 aus begriffen. Herr Professor Hegel ist gleichfalls abwesend. Die Rückkunft beider ist abzuwarten, wovon ich alsobald Nachricht ertheile   7 Wirckungen g über Fortschritte

Vgl. Tageb. XI, 107, 10. 11. 108, 1   56, 11 Von Schubarth mit einem Begleitbrief vom 20. August 1827 eingesendet (vgl. Tageb. XI, 103, 13. 14), vgl. zu 25, 9. 18   57, 3 vgl. zu 78 d. B.

Die von Goethe an Schubarths Promemoria vorgenommene „Einschaltung" (vgl. 56, 14) liegt vor von Schuchardts Hand, Abg. Br. 1827, 160^b:

Einschaltung in Schubarth's Bittschreiben.

Wie ich nun als Schriftsteller zu wirken und zugleich fernere Ausbildung zu gewinnen getrachtet, habe mich in der Beilage darzulegen bemüht. Sollte ich jedoch hierin vielleicht zu ausführlich geworden seyn, so hoffe gnädige Verzeihung zu verdienen, in 5 Betracht, daß es mir höchst anliegen mußte, meine vorzutragende submisseste Bitte möglichst zu begründen.

---

2 zugleich nach mich [g gestr.]   2. 3 fernere — gewinnen g aus fernerhin auszubilden

Meine Verheyrathung nämlich, und der Wunsch, durch die erworbenen Kenntnisse andern nützlich zu werden, bestimmten mich, bey Rückkehr von einem in Berlin möglichst genutzten Aufenthalt, hier in Hirschberg zu Anfang 1826 die Verpflichtung als Lehrer
5 mehrerer der angesehensten hiesigen Familiensprößlinge anzunehmen und so mich überhaupt dem Lehrfache zu widmen.

*44. Concept von Johns Hand, Abg. Br. 1827, 163   58,
13 näher] näherer   Datum von Schuchardts Hand   Dazu ein Vorconcept von Schuchardts Hand, woraus zu bemerken: 57, 10 erwiedere g^2 über vermelde   22. Aug. g^2 aR   13 jedoch g^2 üdZ   15 besonders nach ich [g^2 gestr.]   16 vorzuzeigen g^2 aus vorzulegen   21 in nach schon [g^2 gestr.]   22 Blättern g^2 aus Blätter   58, 1 nach g^2 über zu   3 einer nach von [g^2 gestr.]
9 um über für

Vgl. Tageb. XI, 108, 20   57, 10 Eing. Br. 1827, 431, vgl. 20, 10; Tageb. XI, 102, 9   15 Börner meldet, dass er unter den von Goethe zurückgeschickten Zeichnungen (vgl. zu 20, 10. 24, 1) dreizehn namentlich aufgeführte Stücke nicht gefunden habe   21. 22 vgl. 24, 13—20   58, 3 vgl. 108 d. B.
12 Scheint nicht geschehen zu sein.

*45. Concept von Schuchardts Hand, Abg. Br. 1827, 161
58, 20. 21 babey jedoch g^2 aus aber babey doch   22 auf aus auch 59, 10 Dringende nach Meine   Obliegenheiten nach gegenwärtige
11 höchst g^2 über so   17. 18 kommt — Fall g über gewinnt man
18 immer nach doch [g gestr.]   19 abzugewinnen g aus ab
20 gewogenen g über günstigen   22 biesem g aus biesen   22. 23 Geschäften g üdZ   23 Geist — Glück g aus der Geist und das Glück

Vgl. Tageb. XI, 108, 20. 21   58, 19 Adressat, Arzt und Chemiker in Dresden, hatte mit einem Begleitbrief vom 28. August (Eing. Br. 1827, 452) ein nicht näher bezeichnetes Werk (vermuthlich: Optik oder Versuch eines folgerechten Umrisses der gesammten Lehre vom Licht, Dresden 1828) eingeschickt; Goethe sendet zum Dank eine Bronze-Medaille (die Jubiläumsmedaille von Brandt?), wofür Ficinus am 17. September dankt (Eing. Br. 1827, 464).

*46. Concept von Johns Hand, Abg. Br. 1827, 161^b
60, 10 die — erstatten aus zur Hälfte

Über die Beziehung, die Goethe von Seiten der Oberaufsicht über die unmittelbaren Anstalten für Wissenschaft und Kunst zu der von Frau v. Pogwisch geleiteten französischen Lese-Gesellschaft unterhielt, vgl. XLII Nr. 207/8 60,3 Frau v. Pogwisch (undatirt, Eing. Br. 1827, 465): sie sei mit der Beschaffung des „Globe" nicht beauftragt worden 8. 9 vgl. zu 54, 18. 23; Frau v. Pogwisch erklärt sich zur Anschaffung bereit (vgl. Tageb. XI, 115, 26. 27).

Der von Strehlke II, 502 verzeichnete Brief an Hirt vom 12. September 1827 ist identisch mit 4 d. B.

Ein in Heberles Katalog zur Autographen-Auction vom 18. Februar 1889 als Nr. 1069 verzeichneter Brief vom 12. September 1827 war nicht zu erreichen.

Concepte eines Berichtes an Carl August vom 14. September 1827, Schuchardts und Johns Hand, die Thätigkeit der jenaischen Bibliotheksbeamten darstellend, in dem zu 120/1 d. B. genannten Fascikel, bleiben von der Briefabtheilung ausgeschlossen.

*47. Vgl. zu 6243 (Bd. 22). Johns Hand   61,4 *g* Dazu ein Concept von derselben Hand, Abg. Br. 1827, 157ᵇ, woraus zu bemerken: 60, 16. 17 abzugeben wäre *g* über abgeben könnte   19 eben] ohngefähr   diese *g* aus diesen   61,1 Summe *g* über Preis   2 beliebigen *g* aus geliebigen   4. 5 fehlt mit Ausnahme des Datums

Das Concept eines Berichtes an Carl August, undatirt, aber auf den 15. September zu verlegen (vgl. Tageb. XI, 110, 5. 6), Befürwortung der Urlaubsgesuche jenaischer Professoren (F. S. Voigt zu einer Reise nach England, vgl. Tageb. XI, 146, 26. 27; Unterhaltungen mit Müller, 5. September 1827; Göttling und Huschke zu ihrer Reise nach Italien, vgl. zu 200 d. B.), bleibt von der Briefabtheilung ausgeschlossen.

*48. Vgl. zu 6330 (Bd. 23). Johns Hand   61, 21 *g* Dazu ein Concept von derselben Hand in dem zu 15 d. B. genannten Fascikel, Bl. 38, woraus zu bemerken: 61, 10 beyliegenden   17 in — Bande üdZ   21. 22 fehlt mit Ausnahme des Datums

Vgl. Tageb. XI, 111, 21. 22   61, 7 Die J. G. Cotta'sche Buchhandlung theilt am 31. August 1827 (in dem zu 15 d. B.

genannten Fascikel, Bl. 28) mit, die Grau'sche Buchhandlung in Baireuth habe angezeigt, „dass von Goethe's Faust in der Anzeige [Werke XLII, 1, 109—120; vgl. zu XLI, 8, 2] nichts enthalten seye", und habe angefragt, ob Faust „vielleicht in den am Ende der Ankündigung angedeuteten Supplement-Bänden erscheine" 11 vgl. zu Werke XLII, 1, 111, 12 16 vgl. 64, 21. 22 sowie zu 260, 12.

49. Handschrift von Schreiberhand unbekannt (vgl. August Spitta, Berlin, XXXI. Verzeichniss einer werthvollen Sammlung von Autographen. Weimars Musenhof. Nr. 154; im Besitz der J. G. Cotta'schen Buchhandlung Nachfolger ist nur noch eine späte Abschrift, vgl. zu 15 d. B.). 62, 23. 24 *g* Gedruckt (ungenau): G.-Jb. II, 304. 62, 2 noch fehlt G.-Jb. 7 Austheilung] Eintheilung G.-Jb. 13 zweiten G.-Jb. 20 fernern G.-Jb. Dazu ein Concept von Johns Hand in dem zu 15 d. B. genannten Fascikel, Bl. 31, woraus zu bemerken: 62, 5 Ihre nach Sie 12 später *g* aR für sobald es nöthig ist 12—16 Besonders — vorzunehmen *g* aR 13 zweyten 16 träfen über machten 23—25 fehlt mit Ausnahme des Datums

Vgl. Tageb. XI, 111, 24 62, 3 Reichel sendet mit einem Briefe vom 2. September (in dem zu 15 d. B. genannten Fascikel, Bl. 27) ausser Bogen 4 des ersten Bandes *C* (vgl. zu 21, 11) Aushangbogen 9—20 zu C^1 IX (vgl. zu 20, 17) und 1—8 zu C^1 XIII 5 Reichel: „Wir sind auf mehrere Irrthümer gestossen, die wir nach Kräften berichtiget haben. Z. B. im Tasso S. 232 [der Ausgabe *B*, Bd. 7] Z. 10 v. u. steht: Wie lang verdeckte mit dein heilig Bild Die Buhlerinn. — S. 293 in der natürlichen Tochter lezte Zeile [Ausgabe *B*, Bd. 7] meinem statt meinen. — S. 306 [Ausgabe *B*, Bd. 5] im Tankred Zweyter Auftritt statt fünfter, und einige andere, die mir nicht gerade mehr im Gedächtniss sind." 7 vgl. 63, 11. 64, 7—65, 20 62, 10 vgl. zu 63, 18. 19 11. 12 vgl. 63, 14; ungedruckt war in Bd. XII der Beginn zu „Faust" zweitem Theil (vgl. 64, 22 und zu 260, 12), in Bd. XV die „Novelle" (vgl. 65, 18. 19 und zu 280, 5) 18. 19 Reichel bestätigt den Empfang am 23. September (in dem zu 15 d. B. genannten Fascikel, Bl. 36); vgl. auch zu 180, 11.

*50. Vgl. zu 6330 (Bd. 23). Johns Hand 63, 20 folgende 64, 3—6 g 18 Theaterrede 19 22] 20 Dazu ein Concept von derselben Hand in dem zu 15 d. B. genannten Fascikel, Bl. 29, woraus zu bemerken: 63, 2 das nach die 8 Termine 16 Originals g aus Originales 64, 2 überdacht aus gedacht 3—6 fehlt mit Ausnahme des Datums 6 Weimar fehlt b. — 1827 g Im Concept der „Beilage" ist die Bogenberechnung der einzelnen Bände g^3; zu dieser „Beilage" liegt noch ein Vorconcept vor von Johns Hand, lose in dasselbe Fascikel eingelegt

Vgl. Tageb. XI, 111, 24. 25 63, 5 vgl. 74, 23; Cotta am 9. October (in dem zu 15 d. B. genannten Fascikel, Bl. 40): „Die Rechnung und Zahlungen habe ich ganz richtig gefunden und es bleiben Ihnen auf neue Rechnung also rh. 18 zu gut." 11 vgl. 62, 7. 64, 7—65, 20 14 vgl. zu 62, 11. 12 16 vgl. 62, 9 18. 19 vgl. 62, 10; Tageb. XI, 113, 3—5 64, 3 Cotta antwortet am 9. October 64, 7 — 65, 20 vgl. 62, 7. 63, 11; zur Bogenberechnung vgl. zu 180, 11 64, 22 vgl. zu 61, 16. 260, 12 65, 18 vgl. zu 280, 5.

Der Entwurf zur Abrechnung mit Cotta (vgl. 63, 5) liegt vor von Johns Hand auf Bl. 32 des zu 15 d. B. genannten Fascikels. Zum Ergebniss der „Soll"-Columne vgl. zu 63, 5; zu den zwei Subscriptionen der „Hat"-Columne vgl. XLII, 79, 16—18 und 133/4 d. B.

Die von Cotta'sche Buchhandlung in Stuttgart

Soll		rh.	gr.	Hat		rh.	gr.
1824 Map	Nach Saldo fol. 1	501	9²/₃	1824 Juni 15.	Bemerkte Auslag.	48	3³/₃
				Sept. 24.	von Frege b. Elfan.	400	—
1825 Map	Kunst u. Alt. V. 2	500	—	1825 Apr.	v. Frege b. Elfan	600	—
	Kupfer an Schwerdgeb	46	4				
1826 Aug.	Kunst u. A. V. 3	500	—	1826 Septbr	v. Frege b. Elfan	500	—
1827 Apr.	Kunst u. A. V. 1	500	—	1827 Apr.	v. Frege b. Elfan	500	—
	Sa.	2047	13²/₃		Sa.	2048	3³/₃
		100			Hiezu zwey Subscriptionen auf meine Werke brey Lieferungen jede zu 13 rh. 12 gr.		
		2147	13³/₃			81	
		2129					
	rh	18	—			2129	3³/₃

51. Vgl. zu Bd. 40 Nr. 270. Concept von Schuchardts Hand, Abg. Br. 1827, 162   65, 24 merkwürdige g über schöne gehaltig g üdZ   66, 5 ber] ben   6 zu üdZ   18 geht aus gebe   Gedruckt: Weimarer Sonntagsblatt Nr. 16. 20. April 1856. S. 140. Aus diesem Druck ist zu bemerken: 65, 21 Neffe] Alfred   24—66, 1 Gabe—haft] Gabe, womit Du meinen Geburtstag verschönt hast, gehaltig banken   66, 8 vierzehn   13 deine Freunde] Dein Freund   14 haben] habe   16—24 fehlt

Vgl. Tageb. XI, 111, 25. 26   65, 24 Nicolovius hatte seine Sammlung „Über Goethe. Literarische und artistische Nachrichten. Erster Theil. Leipzig 1828" in Aushangbogen (? oder gar erst im Manuscript? die Vollendung kündigt er am 25. November 1827 an) eingesendet, vgl. 95, 12   66, 1 vgl. zu 41, 11—42, 13   19 vgl. zu 69, 10.

4 (in der „Soll"-Columne) 9²/₃ aus 9³/₃   18—22 (in der „Soll"-Columne) g^1 22 (in der „Hat"-Columne) g^1

52. Vgl. zu Bd. 38 Nr. 194. Schuchardts Hand 68,13 ich fehlt 69,2 mir fehlt 17.18 *g* Gedruckt: Zeitschrift für bildende Kunst. 1880. Heft 12; Eggers, Rauch und Goethe S. 158. Dazu ein Concept von Johns Hand, Abg. Br. 1827, 158, woraus zu bemerken: 67,19 Herrn fehlt 23 woraus aus worin 68,3.4 in — an üdZ 13 und — 69,16 von Schuchardts Hand auf einem Blatte, das über eine ältere Fassung übergeklebt ist Aus der zweiten Fassung ist zu bemerken: 68,13 dem g^s aus den 27 Begünstigung g^s aus Vergünstigung 28 bey nach mir [g^s gestr.] 69,4 entschieden nach allerdings [g^s gestr.] 13 durchaus *g* über überall 17—19 fehlt mit Ausnahme des Datums Die ältere Fassung von 68,13 und — 69,19, von Johns Hand, lautet: und es ist vielleicht nicht zuviel gewünscht (gewünscht *g* über verlangt]: daß [daß *g* üdZ] auf irgend eine Weise, etwa mittelbar, bey Ihrem weit umfassenden Einfluß, dahin zu wirken wäre, um [wäre, um *g* über daß] dem, zwar wohlhabenden, aber durch eine starke Familie doch bedingten Hausvater auch von der ökonomischen Seite einiges zu Gute kommen zu lassen [kommen — lassen *g* aus komme]. [Absatz] Ich würde bey so vielen wichtigen Obliegenheiten [g^s aus Ihnen obliegenden wichtigen Geschäften] mit einem solchen Ansinnen nicht hervortreten, wenn nicht eben ein[e] ausgebreitete [g^s aus ausgebreiteter] Thätigkeit [g^s über Wirkungskreis] einen [g^s über dem] wohlwollenden Mann [nach g^s gestrichenem thätigen] gerade in den [den g^s über einen] Fall sehte dasjenige, [dasjenige, g^s üdZ] was in beschränkteren Zuständen nicht geleistet werden könnte zu überschauen [g^s aus übernehmen] und auszuführen. [Absatz, g^s angeordnet] Ew. Wohlgeb. [g^s über Ihre] bisher [nach so] so oft erprobte Geneigtheit auch in diesem Falle mit Vertrauen ansprechend bitte diese Zudringlichkeit zu entschuldigen, welche ich nur in dem Sinne wagen durfte daß die vorgetragenen Wünsche Ihren so hoch bedeutenden Kunst- und Lebenskreise nicht unbequem seyn sollten [g^s aus soll]. [Absatz, g^s angeordnet] Schließen kann ich aber (aber g^s aR) nicht als [als nach g^s gestrichenem anders] mit wiederholtem Dank und mit Bemerkung [g^s über der Versicherung] daß mir zu meinem diesmaligen Geburtsfeste, unter manchem andern, auch ein höchst gelungenes Portrait meines trefflichen Zelter zugekommen, worin ich das bedeutende Künstlerverdienst des Herrn Begas allerbings entschieden [ç⁰ aR für freudig dieses *g*⁰ über dankbar] anzuerkennen habe [habe *g*⁰ ohne Ersatz gestrichen].

Vgl. Tageb. XI, 111, 26. 27   67, 2 vgl. 142, 1; XLII, 101, 2 8 Angelica Facius hatte, wie sie in einem unvollständig datirten Briefe („am [Lücke] August 1827", Eing. Br. 1827, 486; vgl. Tageb. XI, 104, 23) an Goethe schreibt, dem Grossherzog Carl August eine Büste des Kaisers Nicolaus von Russland eingesendet   19. 20 vgl. zu 109, 10. 11; Rauchs Antwort in seinem Briefe vom 18. October (vgl. zu 82 d. B.) 69, 1 vgl. zu 41, 11—42, 18   2 vgl. zu 15, 2   10 Wilhelm Johann Carl Zahn (1800—1871), vgl. 66, 19. 69, 21. 70, 21. 89, 16. 92, 15. 148, 23; Tageb. XI, 107, 7—9. 18—22. 108, 9—18. 25—27. 109, 3—8. 24. 25. 110, 17—21. 111, 10—13; Werke XLIX, 1, 163. 164; 2, 14. 15; der Bericht Zahns über seinen Besuch in Weimar (vgl. G.-Jb. II, 521) ist wieder abgedruckt bei Biedermann, Goethes Gespräche VI, 199. Vgl. 54/5 d. B.

53. Vgl. zu 4102 (Bd. 14). Schuchardts Hand   70, 6 *g* mit Zelters Notiz: „Am 27 8bre erhalten"   Gedruckt: Briefwechsel IV, 379. Dazu ein Concept von derselben Hand, Abg. Br. 1827, 162ᵇ, woraus zu bemerken: 69, 23 Neapel] in Neapel   70, 2 welches *g* über dessen   3 so *g* üdZ   6. 7 fehlt mit Ausnahme des Datums

Vgl. Tageb. XI, 111, 27   69, 21 vgl. zu 69, 10; Zelters Antwort vom 28. October — 3. November (Briefwechsel IV, 430).

54. Vgl. zu 7043 (Bd. 25). Johns Hand   70, 11 welchem 71, 2 mein *g* aus ein   11 *g*   12 b. fehlt Gedruckt: Joh. Val. Teichmanns Literarischer Nachlass S. 263.   Dazu ein Concept von Schuchardts Hand, Abg. Br. 1827, 161ᵇ, woraus zu bemerken: 70, 11 welchem   14 Darstellungen *g* aus Darstellung 71, 3 jungen fehlt   5 hinauszuführen] hinüber zu führen   9 zu] bestens zu   11. 12 fehlt mit Ausnahme des Datums

Vgl. Tageb. XI, 111, 27. 28   70, 15 vgl. 49, 23   21 vgl. zu 69, 10.

Ein von Strehlke III, 244 verzeichneter Brief an Zahn vom 18. September 1827 (vgl. Tageb. XI, 111, 28. 112, 1) war nicht erreichbar.

55. Vgl. zu 6161 (Bd. 22). Johns Hand 71, 18 zu beſchweren g üdZ 72, 6 um aus und 12 wahrhafteſten 20 theilnehmend,] Theil nehmen 73, 6 in g üdZ 22 ihre 74, 7 ihn 12 deren g aus der 14. 15 g Gedruckt: S. Boisserée II S. 478. Dazu ein Concept von derselben Hand, Abg. Br. 1827, 170, woraus zu bemerken: 71, 15 Schreiben g über Briefe 18 zu beſchweren fehlt der nach der mich nöth[igte] 22 meinen g aus mein 24 vertraulich — Sie g üdZ 72, 2 ſolle g aus ſollte 3. 4 die Freunde] den Freund 5 gegen jenen g üdZ 6 um] und 7 möglichſt g² aus möglich wenigſt nach auf-[fallenden] 11 in g aus im 12 wahrhafteſtem g aus wahrhafteſten 19 Männern] jungen Männern 20 theilnehmend,] Theil nehmen 21 kräftig g über umſichtig ward g aus war 73, 9 — 11 mir — habe g² aus doch mit dem Vortheil mit Reiſenden deren ich gar viele zu ſprechen habe eine glückliche und nützliche Unterlage zum Geſpräch zu finden 19 und nach Ich war indeſſen in mein Gartenhaus 20 mich g üdZ 20. 21 mit den g über die 21 hochmüthig· g aus hochmüthig Frömmlingen g aus Frömmlinge [nach Fremdlinge] 22 ihren] ihre [versehentlich stehen gebliebener Rest der ersten Fassung] vielköpfig·vielarmigen g aus vielköpfig vielarmige Göttern g aus Götter 22. 23 keineswegs — kann g über mit Haß verfolge 26 um ihretwillen g üdZ 74, 3 den g über einen Maler und g üdZ 6 Gunſt g aus Kunſt 7 ihm] ihn 8 manches g aR 9 eines nach von 11 verſchiedenem g aus verſchiedenen dem g aus den 13 an bey schliesst sich in unmittelbarem Fortgang das Concept zu 60 d. B. an 14. 15 fehlt

Vgl. Tageb. XI, 113, 1. 2 71, 17. 18 vgl. 121, 12; XLII Nr. 216. 228 72, 17 vgl. XLII, 144, 9. 154, 22; Tageb. XI, 48, 14—16; d'Alton an Goethe, 3. April 1827 (Bratranek, Naturw. Correspondenz I, 23) 23 Der „Globe", dessen Mitarbeiter Jean Jacques Ampère war, brachte in der Nummer 21 vom 22. Mai 1827 einen Brief Ampères an eine Pariser Dame über seinen Besuch in Weimar (eine Übersetzung im Morgenblatt für gebildete Stände Nr. 134 vom 5. Juni 1827), vgl. Tageb. XI, 67, 6. 7; Briefwechsel mit Zelter IV, 323; Unterhaltungen mit dem Canzler v. Müller vom 20. Juni 1827 73, 4 Von Des Voeux (vgl. zu 221, 17; Eing. Br. 1827,

191) übersandt, angekommen am 15. April (Tageb.), vgl. zu 75 d. B.   17 vgl. XLII Nr. 135. 136   74, 1—10 vgl. XLII, 196, 6. 249, 11. 262, 17 und in diesem Bande 162, 23—163, 8, sowie zu Nr. 59   14 vgl. 60 d. B.

*56. Vgl. zu 6330 (Bd. 23). Johns Hand   75, 4. 5 *g* Dazu ein Concept von derselben Hand in dem zu 15 d. B. genannten Fascikel, Bl. 34, woraus zu bemerken: 74, 22 rh. fehlt   23 Rechnung] Berechnung   75, 1 dieses nach Sie   4—6 fehlt mit Ausnahme des Datums

Vgl. Tageb. XI, 113, 2. 3   74, 18 vgl. zu 50 d. B.   21 vgl. Tageb. XI, 112, 18—20.

*57. Concept von Schuchardts Hand, Abg. Br. 1827, 168 75, 15. 16 solchen abermals *g* über ihn   16 nach Andenkens folgt, *g* gestr. zurück   18 Ihrem aus Ihren dieses aus Ihrem lebhaften über angenehmen   19 Geschäfte aus Geschäften 21 Datum von Johns Hand

Vgl. Tageb. XI, 113, 21. 22   75, 8 Adressatin, Wittwe des Gärtners Aug. Friedr. Dreyssig in Tonndorf, hatte mit einem Schreiben vom 23. Juli (Eing. Br. 1827, 351) eine blaue Hortensie übersendet   9 vgl. zu 41, 11—42, 18   17 Die Brandt'sche Jubiläumsmedaille.

*58. Concept von Schuchardts Hand, Abg. Br. 1827, 163^b 76, 5 vgl. zu 101, 16. 17; XXXVI, 454, 5; Tageb. XI, 114, 21—24. Vermuthlich ein Thurm in Untersuhl bei Gerstungen, an den die Dorfkirche angebaut worden.

Der von Strehlke I, 311 verzeichnete Brief an Iken vom 23. September ist vom 27. September, identisch mit 62 d. B.

*59. Eigenhändig

Vgl. 74, 1—10. 93, 23. 163, 8. 9; Tageb. XI, 113, 25—27. 114, 5. 6. 129, 17. 28. 130, 11—13.

60. Vgl. zu 6161 (Bd. 22). Johns Hand   77, 2 manchen 78, 14 warb nach da   15 vielbedeutend nach denn   79, 23 als *g* aR   80, 3—5 *g* Gedruckt: S. Boisserée II, 480. Dazu ein Concept von derselben Hand, Abg. Br. 1827, 171^b, in unmittelbarem Anschluss an das Concept von 55 d. B., woraus zu bemerken: 77, 2 manchen   in   7. 8 Zunftgenossen *g*^{1} aus Kunstgenossen   11 ausgerechnet] in anderem Sinne ausgerechnet   11 wohlmeynend» *g*^{1} aus wohlmeynenden   16 Zunft

*g*¹ über Kunst und Kunstgenossen   22 nicht — ein *g*¹ für kein   24 Ziel nach Zweck   78, 1 Henning *g*¹ aus Hennings   3. 4 Vollständigkeit nach und [*g*¹ gestr.]   6 haben nach sind   10 fort= *g*¹ aus fort   13 entwickle   14. 15 Maria — das] Marie, da ward uns denn vielbedeutend und aufregend das [*g*¹ aus Marie das]   16 hohen *g*¹ üdZ   17 mir besonders *g*¹ üdZ   19 einer aus eines Copie nach Jupiter   21 zarteste] gnädigste und zarteste   24 hatte *g*¹ aR für 30g   manches Alte *g*¹ aus doch Altes   79, 11 wundersam= *g*¹ aus wundersam   12 hat *g*¹ aus hatte   12. 13 zeugt von *g*¹ über von   13 das zweite von *g*¹ üdZ   einer nach der wärmsten und   15 nach Mannes folgt, *g*¹ gestr. geht durchs Ganze   17 liefert *g* über enthält   23 früher *g* über hier   24 dieses Verfassers *g* üdZ   26 geschrieben *g* aus beschrieben   80, 2 an Menschen schliesst sich in unmittelbarem Fortgange das Concept von 76 d. B. an   3—5 fehlt

Vgl. Tageb. XI, 115, 16. 17   77, 1 Schliesst an 74, 13 an   11 vgl. zu 75 d. B.   78, 1 vgl. zu 128 d. B.   6 vgl. zu 83 d. B.   14 vgl. zu XLI, 231, 10. 11; in diesem Bande 2, 9. 78, 27. 100, 14 und zu 269, 5. 6   16. 17 vgl. XLII, 43, 7. 8. 83, 14—16   20 vgl. zu 6 d. B.   23 Am 12. Mai; vgl. 90, 23. 24. 107, 7   24 „Wanderjahre" (vgl. 73, 12. 13. 108, 26) und „Faust" (vgl. zu 260, 12)   79, 1 Am 17. Mai   3. 4 vgl. Tageb. XI, 60, 5. 6   8 Am 14. Mai, enthaltend: „Life of Schiller" und „German Romance", vgl. zu XLII Nr. 164 und in diesem Bande zu Nr. 157   80, 3. 4 vgl. 76 d. B.

*61. Concept von Johns Hand, Abg. Br. 1827, 168

Antwort auf des Adressaten Brief vom 24. September (gedruckt: Briefwechsel II, 306), wonach die „Schillerschen Relicten" (vgl. zu XLI Nr. 128) von der Bibliothek entfernt und vorläufig in der grossherzoglichen Familiengruft beigesetzt werden sollten; von dem Haupte sei vorerst noch ein Abguss zu nehmen (vgl. Tageb. XI, 116, 22. 136, 24. 25); vgl. zur Sache zu 117/8 d. B.   80, 14. 15 vgl. 86, 26. 27; Tageb. XI, 114, 6—21.

*62. Handschrift, 80, 19—83, 2 von Schuchardts Hand, 83, 3— 84, 28 von der Johns, wurde im November 1901 vom Besitzer, Herrn Wasserbauinspector Iken in Nakel, dem Archiv zur Benutzung eingesandt.   82, 17 dem] den   84, 14 und] um   27 *g*   85, 1—19 nicht mehr vorhanden   Gedruckt: einzelne

Sätze bei Riemer, Mittheilungen II, 581; Strehlke I, 310; Pniower, Goethes Faust. Zeugnisse und Excurse. Berlin 1899. S. 200. Die Beilage (85, 1—19) ist gedruckt: Faust. Mit Einleitung und erklärenden Anmerkungen von G. v. Loeper² Berlin 1879. Zweiter Theil. S. 222 Anmerkung; W. A. Werke XV, 2, S. 126 zu Vers 9902; Pniower a. a. O. S. 199. Dazu ein Concept von Schuchardts Hand, Abg. Br. 1827, 166, woraus zu bemerken: 80, 21 bißher *g* über indeß   80, 21. 81, 1 beiden verkündeten *g* aus beiderkündeten   81, 2 später *g* über erſt   15 gewährt *g* aus gemacht   82, 7 dem *g* aus den   8 hohen *g* in Lücke nachgetragen   13 das zweite an fehlt   15 mit nach ſich auch nach und   17 dem *g* aus den   19. 20 von der über unter   22 *Eleusis — revisentibus g* in Lücke nachgetragen   25—83, 2 Hiebey — zurückzuspiegeln folgt mit Umstellungszeichen erst nach 83, 21   25 nicht nach ich   28 um *g* über welche   83, 2 zurückzuspiegeln *g* aus zurückſpiegeln ſoll   13 Dichtungen *g*² nach W[ercke] dieſes *g*² über Gedichte   14 erleben *g* aus erleben   16 bey nach ſelbſt [*g* geſtr.]   im Allgemeinen üdZ   20. 21 Geht — hat von Johns Hand zwischen den Zeilen   26 darmn] deren   27. 28 ich—gebende *g* aus ſich freylich verſpäten wird   28 im] in   84, 3 verleiht üdZ   6 fernern   8 Jahre *g* üdZ   12 ich [vor nicht] üdZ   15—17 daß — macht von Johns Hand am Schlusse nachgetragen   17 und *g* über und ſie   von üdZ   19 möchte *g* über wird   an nach ja   24—26 Und — fortgeſendet von Johns Hand   24 durch *g*² über aus   mannichfaltige *g*² aus mannichfaltiger   27. 28 fehlt mit Ausnahme des Datums   Concept der Beilage von Schuchardts Hand Abg. Br. 1827, 157   85, 3 vergötterter] vergötter

Vgl. Tageb. XI, 116, 2   80, 20 Vom 25. August 1827. 81, 1 Iken kündigt seine „Eunomia" und „Leukothea" an (vgl. 83, 22), die aber erst mit einem Begleitbrief vom 8. September 1827 durch Carl Theod. Kind an Goethe gelangt sind, vgl. Werke XLI, 1, 324. 353; XLI, 2, 298   5 Iken: „Der Ausdruck 'Brocardicon' [in „Kunst und Alterthum" VI, 1 S. 46 = Goethe, Maximen und Reflexionen herausgegeben von M. Hecker Nr. 384 (Werke XLVIII, 179, 11—16)] ist mir ein Räthsel geblieben, hinter welchem sich gewiss auch noch mancher Logos versteckt hält", und, von „Helena" sprechend: „Aber zu den Räthseln gehört hier wieder 'die

Aureole' (Seite 300 [von C^1 V = Werke XV, 1 S. 237], die wie ein Komet zum Himmel aufsteigt. Vermuthlich ist dieser Ausdruck aus den nekromantischen und thaumaturgischen Büchern des Mittelalters entnommen und deutet wol den Nimbus oder Heiligenschein an, der mit der Seele zum Himmel aufsteigt...."; Iken bittet um Erklärung der Ausdrücke in einem nächsten Hefte von „Kunst und Alterthum". Die Erklärung von „Brocardicon" liegt nicht mehr vor; die der „Aureole": 85,1—19 8 vgl. zu 201,16.17   14 Iken äussert sich begeistert, aber auch einsichtig über „Helena" (auch von der „Trilogie der Leidenschaft" redet er mit Entzücken: Iken ist es, dessen Worte Goethe im Gespräch mit dem Canzler v. Müller vom 30. August 1827 als „die schönsten und zartesten Äusserungen aus dem Norden" erwähnt)   26 Iken: „... zum ersten Mal edle Gräcität mit hoher Romantik verbunden, beide verschwistert gehen sie ruhig Hand in Hand, ohne einander zu schaden, in harmonischer Eintracht"   82,22 Aus Senecas „Naturales quaestiones" VII, 30, 6, vgl. Morphologie II, 1, S. 6   27 vgl. zu 260,12   83,4 Schon in seinem Briefe vom 12. Februar 1826 (vgl. zu 83,23) wünscht Iken eine Aufklärung über „Ilmenau"; er wiederholt seine Bitte am 25. August   23 Mit einem Schreiben vom 12. Februar 1826 (Eing. Br. 1826, 121) hatte Iken als Probe eines demnächst von ihm und Kosegarten herauszugebenden Werkes eingesendet: „Asprospitia. Rosen und Lilien aus dem Blüthenhain der orientalischen Poesie und Litteratur" und zur Empfehlung eine Ankündigung in „Kunst und Alterthum" erbeten; jetzt, da die darin enthaltenen Griechenlieder in der „Eunomia" gedruckt seien, ersucht er um eine Anzeige dieses Werkes   27 vgl. zu 201,16.17 28. 84,1 vgl. „Kunst und Alterthum" VI, 2, 342. 413 und hier zu 81,1   84,2 vgl. Tageb. XI, 112, 23. 24; „Kunst und Alterthum" VI, 2, 329 (Werke XLI, 2, 315).

63. Vgl. zu 6965 (Bd. 25).   Johns Hand   85, 20. 21 Eckendahl   87, 18. 19 g   Gedruckt: Briefwechsel² S. 228 Dazu ein Concept von derselben Hand, Abg. Br. 1827, 164ᵇ, woraus zu bemerken: 86,12 füglichen g über fußlichen   13 diesen g üdZ   14 mein Tisch g über man sich   20 versichert g über sieht   21 zu g üdZ   27 Land   28 blicke jedoch g aus gestehe

jedoch daß ich nach so *g* üdZ 87, 2 noch über oder 3 wo nach erblicke [*g* gestr.] 12 auf *g* aus auch 16. 17 wechselseitig *g* aus wechseln und 18. 19 fehlt

Vgl. Tageb. XI, 116, 3. 4. Antwort auf der Adressatin Briefe vom 26. August und aus dem September 1827 (gedruckt: Briefwechsel² S. 224. 226) 85, 20. 21 Im zweiten Briefe schildert Marianne die traurige Lage des früher in Frankfurt thätig gewesenen, seit 1825 in Weimar lebenden Schriftstellers Daniel Georg v. Ekendahl (1792—1857) und sucht Goethes Interesse für diesen wachzurufen; Ekendahl sei eben mit einer „Geschichte des schwedischen Volks" beschäftigt. Den ersten Theil dieses Werkes hatte Ekendahl bereits am 14. Juni (Eing. Br. 1827, 275) an Goethe gesendet, vgl. Tageb. XI, 71, 25—27. 72, 2. 13. 14. Weiteres zur Sache vgl. 281, 19 13 Eine zweite Sendung Artischocken (vgl. zu 29, 24), gleichzeitig mit Mariannens erstem Briefe abgesendet 26. 27 vgl. 80, 14. 15 und Tageb. XI, 115, 18—24 87, 6 Wie Creizenach hierzu anmerkt, war am 11. September das Dampfboot „Concordia" bei Bingen aufgefahren 8 Marianne schildert am 26. August eine Fahrt im Dampfschiff rheinabwärts bis Cöln.

64. Vgl. zu 4102 (Bd. 14). Schuchardts Hand 91, 6 andern 24. 25 *g* Mit Zelters Notiz: „Dieser Brief vom 29ten 7br 27 sollte mich noch in München antreffen von wo ich aber schon am 1ten October abgegangen war; nun habe solchen von München retour am 21. October in Berlin erhalten. Z." Vgl. 114, 9. 138, 22. Gedruckt: Briefwechsel IV, 398. Dazu ein Concept von derselben Hand, Abg. Br. 1827, 168ᵇ und, von 91, 12 ab, 174ᵇ, woraus zu bemerken: 87, 21 beine nach mir [*g* gestr.] für mich *g* aR 88, 3 v *g* üdZ 8 zu nach so 10 bem *g* aus ben 17 Klenze *g* in offen gelassener Lücke nachgetragen 19 nicht *g* üdZ wo *g* über so 20 hinzubeuten] zu beuten 21 im *g* aus in 24 Buch *g* in offen gelassener Lücke nachgetragen 25 verträgst *g* zur Verdeutlichung wiederholt 89, 6 des Geschäftsmanns *g* aus als Geschäftsmann der *g* über und 7 nimmt *g* über nehmend 10 bem *g* aus ben auswärtigen aus ausländischen 16 Nahmens Bahn *g* üdZ 20 hiernach nach ich 24 neben *g* über unter 25 Paradiesen *g* aus Paradiese 90, 5 sich *g*² aR 91, 6 andern

9 bekannt] bekannt geworden 15 hat.] hat: worauf eine Lücke von zwei Zeilen folgt 23 trocknet *g* aus trockne 24—26 fehlt mit Ausnahme des Datums

Vgl. Tageb. XI, 117, 10. 11. 13. 19   87, 22 Den ersten Brief Zelters vom 5.—16. September, begonnen noch in Berlin, abgeschlossen am Tage nach der Ankunft (15. September) in München (gedruckt: Briefwechsel IV, 369—373), erhielt Goethe am 28. September, den zweiten, vom 16.—20. September (gedruckt: Briefwechsel IV, 373—379), am 30. (vgl. 92, 2. 122, 4. 5; Tageb. XI, 117, 26)   88, 4 vgl. zu 125, 12   12 vgl. 131, 5—7   24 An der Stelle des Zelter'schen Briefes, wo von L. v. Buch die Rede ist, steht im „Briefwechsel" nur ein Stern: „Unser guter zänkischer, fleissiger beissiger v. Buch.."; Goethe hatte diesen seinen vulkanistischen Gegner 1822 in Marienbad kennen gelernt, vgl. XXXVI, 84, 7   89, 2 vgl. zu 135, 3   16 vgl. zu 69, 10   26 Sternberg weilte in München anlässlich der Tagung der Naturforscher (vgl. zu 54, 6. 90, 9. 10); Zelter erwähnt seiner im zweiten Briefe anlässlich eines Festmahles   90, 2 vgl. zu 2, 23   9. 10 Am 18. September wurde in München die siebente Versammlung deutscher Naturforscher und Ärzte eröffnet, vgl. 54, 6. 89, 26. 133, 24. 184, 6; Nr. 36/7 d. B.   18. 19 vgl. 41, 11—42, 18   23. 24 vgl. zu 78, 23   91, 2 vgl. zu 78, 24   7 Doch wohl Ariels Lied: „Wenn der Blüthen Frühlings-Regen", das „von Äolsharfen begleitet" gesungen werden soll (Werke XV, 1, 3)   12 vgl. zu 149, 10. 11   21 Zelters Brief enthält viele Correcturen.

65. Vgl. zu 2677 (Bd. 9). Johns Hand   92, 11 beſſern   19 ſey *g* üdZ   93, 9 Sandy nach und [*g* gestr.]   12 statt dem lies den   94, 12 Sollten   24 Reuter   95, 5—9 *g* Gedruckt: G.-Jb. IV, 184. Dazu ein Concept von Schuchardts Hand, Abg. Br. 1827, 175, woraus zu bemerken: 92, 3 befindet *g* aus findet   11 beſſeren   19 ſie — nun] ſie nun *g* nachgetragen in offen gelassener Lücke   19. 20 urſprünglich nach einen [*g* gestr.]   93, 1 Art von *g* nachgetragen in offen gelassener Lücke   Metamorphoſe nach und [*g* gestr.]   4 gräciſirende *g* über critiſirende   5 Oſiris nach und [*g* gestr.]   6 Sodann *g* über auch   8 und nach vervollſtändigen [*g* gestr.]   8—11 Gell — nicht *g* nachgetragen in offen gelassener Lücke vor in jedem Sinne beleben [*g* gestr.]   9 Sandy, Goro aus und Sandy und

Goro 12 bem] ben   22 in üdZ   25 aber *g* über fie find 26 zeigen — weifen] weifen und zeigen   94, 13 Zürich   17. 18 am Bobenfee *g* üdZ   19 bafelbft *g* über bort   erfetze   24 Reuter 25. 26 merdwürbiges *g* über wunderfames   26 bem *g* aus ben 95, 5—9 fehlt

Vgl. Tageb. XI, 117, 20. 21. 24. 25   92, 2 vgl. zu 87, 22 3 Meyer war nach Zürich gereist (im Tageb. wird er zuletzt am 8. September erwähnt); Rückkehr: vgl. 130, 16—18; Tageb. XI, 127, 26. 27   8. 9 Maria Paulowna war am 25. August nach Carlsbad gefahren und am 26. September wieder in Belvedere eingetroffen   11. 12 vgl. zu 1, 5. 6   15 vgl. zu 69, 10; Meyer war selbst noch mit Zahn in Weimar zusammen gewesen   93, 8 Termite vgl. zu 112, 22; XLII, 43, 16. 49, 3—5 und weiteren Stellen   8. 9 William Gell and John P. Gandy, Pompejana: the topography, edifices and ornaments of Pompeji, London 1817—1819   9 Ludwig Goro von Agyagfalva, Wanderungen durch Pompeji, 1825   13 „Kunst und Alterthum" VI, 2 (vgl. zu 201, 16. 17) enthält von Goethe die Abschnitte Werke XLIX, 1, 163. 164 und im unmittelbaren Anschluss daran XLIX, 2, 14. 15 (über „Telephus mit der Ziege", vgl. 95, 1), von Meyer auf S. 297—299 eine Anzeige „Zahns Verdienste um Pompeji"   16. 17 vgl. zu 145, 10   22 vgl. zu 74, 4   23 vgl. zu 59 d. B.   94, 5. 6 vgl. zu 201, 16. 17   17 vgl. 233, 5   24 Über den Besuch des baltischen Malers Gerhardt Wilh. v. Reutern (1794—1865) in Weimar vgl. Tageb. XI, 105, 21—23. 106, 2—4. 11—13. 17—19. 23—26. 107, 11. 12. 22—24; Unterhaltungen mit Canzler v. Müller² S. 154. 155; Gerhardt v. Reutern. Ein Lebensbild, dargestellt von seinen Kindern. 1894. S. 51   95, 5 Liegt nicht mehr vor; vgl. Tageb. XI, 117, 25. 26.

Zwei Schreiben der Oberaufsicht, Concepte von Johns Hand, das eine an die Grossherzoglich Sächsische Cammer, das zweite an die Grossherzoglich Sächsische Oberbaubehörde, die Bezahlung der vom Hofbildhauer Joh. Pet. Kaufmann gelieferten Büsten und Reliefs sowie dessen fernere Beschäftigung betreffend, in dem Fascikel des Cultus-Departements „Anstellung des Hofbildhauers Peter Kaufmann aus Rom betr. 1816—1830", Tit. 26 Nr. 4 Bl. 64. 65. Vgl. 164/5 d. B.

66. Vgl. zu Bd. 40 Nr. 270. Concept von Schuchardts Hand, Abg. Br. 1827, 174ᵇ und (von 96,6 ab) 176   95,10.11 und zwar g^2 über um Dir   14 verſichern g^2 über ſagen   96,5 eines g^2 aus eins   vor 96,6 Fortſetzung   Gedruckt: Weimarer Sonntagsblatt Nr. 16. 20. April 1856. S. 140. In diesem Druck fehlt 96,6 — 19 Die — und dagegen bietet er Datum und Unterschrift: W., 2. Oct. 1827. treulichſt G.

Vgl. Tageb. XI, 118, 18. 19   95,12 vgl. zu 65, 24; am 8. September äusserte sich Goethe nicht sehr erfreut über Alfreds Buch dem Canzler v. Müller gegenüber   96,8 Nicolovius erstand neunzehn Werke, die er am 25. November absandte (der Begleitbrief, vom selben Datum, Eing. Br. 1827, 587; eine specificirte Aufstellung: Eing. Br. 1827, 618); vgl. zu 233,16   17 vgl. zu XLII, 130,15. 256,3 und in diesem Bande 97,22. 144,22. 148,17. 162,15. 225,14. 235,1.2.

*67. Concept von Johns Hand, Abg. Br. 1827, 177   97,5.6 zu erinnern Riemer aus erinnern zu können   9 *Scherbatof* Riemer in offen gelassener Lücke nachgetragen   11 Verſicherung nach fortd[auer]   13.14 in Perſon Riemer aR für bringen und

Vgl. Tageb. XI, 119, 5.6   97,9 vgl. Tageb. XI, 118,23; das Fourierbuch verzeichnet vom 27. September — 2. October als Gäste an der erbgrossherzoglichen Mittagtafel: „Fürst und Fürstin Tscherbatoff"   16 vgl. 99,6   Der Brief gelangte nicht in die Hände des Adressaten. Pyrker schreibt am 22. März 1831, er habe durch den Orientalisten v. Hammer erfahren „dass die ... russische Fürstinn Sherbatof, nach ihrer Äusserung, im J. 1827 einen v. Ew. Excellenz an mich gerichteten Brief nach Venedig mitgenommen, und, weil sie mich dort nicht mehr fand, selben eröffnet, und für sich behalten habe"; weder mündliche noch schriftliche Bemühungen Hammers hätten die Fürstin vermocht, den Brief oder wenigstens eine Copie herauszugeben.

*68. Concept von Schuchardts Hand, Abg. Br. 1827, 176ᵇ   98,1 gegen nach für gelieferte Abdrücke geſchnittener Steine   97,22 vgl. zu 96,17   98,1 vgl. Tageb. XI, 123,7.

*69. Vgl. zu 3718 (Bd. 13), Nr. 3926. Johns Hand   98,18. 19 g Dazu ein Concept von derselben Hand, Abg. Br. 1827, 178, woraus zu bemerken: 98,6 Herren   11 als Ehrenmitglied üdZ   12 weiterer nach üb[erſendcn]   14 alles g aus zu allem

15. 16 mit — Wünschen g aus meine besten Wünsche   16 begleite g aR für hinzufüge   18—20 fehlt mit Ausnahme des Datums
  Vgl. Tageb. XI, 119, 12—14   98, 6 vgl. Tageb. XI, 116, 26—28. 117, 12. 13.
  70. Vgl. zu Bd. 39 Nr. 65.   Johns Hand   99, 8 Ihren   12 g Gedruckt: K. Fischer, Briefwechsel zwischen Goethe und K. Göttling, München 1880, S. 20. Dazu ein Concept von derselben Hand, Abg. Br. 1827, 178, woraus zu bemerken: 99, 7 Ihnen nach wie ich hoffe   10—13 fehlt mit Ausnahme des Datums
  99, 2 Am 13. April 1827 hatte Goethe die zweite Auflage erhalten (Tageb.)   6 vgl. 97, 16 und zu 200 d. B.
  71. Vgl. zu Bd. 38 Nr. 226.   Schreiberhand   99, 20 jugendlich- g aus jugendlich   100, 20. 21 g Mit Loders Notiz: „Erhalten den 6. April 28." Gedruckt: G.-Jb. XX, 125. Dazu ein Concept von derselben Hand, Abg. Br. 1827, 178ᵇ, woraus zu bemerken: 99, 13 uns g² über mir   20 jugendlich-] jugendlich   21 wirkend g² aus wirksam   22 ab g² aR   100, 4 soviel] so viele   Würdige, Gute] würdige Gute   5 es — tröstlicher] es um desto tröstlicher John auf Riemer über dagegen den schönsten Trost in solchen Jahren   7 diesem aus diesen   mit John auf Riemer üdZ   3—8 der ganze Passus Setzt — können auf übergeklebtem Blatt über erster Fassung, woraus zu bemerken: 3. 4 Setzt — Nachtheil] Setzt uns das Glück ein hohes Alter zu erleben in den Nachtheil g¹ aus Ein hohes Alter zu erleben setzt uns in den Nachtheil dieses g¹ aus Heißt [nach Wenn man b] ein hohes Alter erleben nur eben so viel als   4 so viel] viele   würdige, gute   5 zu fehlt   so — tröstlicher] deßhalb müssen wir es als das höchste Glück schätzen g¹ aus so muß es als das höchste Glück angesehen werden   6 wenn wir g¹ gestrichen und wieder hergestellt   noch] in solchen hohen Jahren noch g¹ aus in so hohen Jahren auch andere   hochgeachtete g² über und würdige   7 als g¹ aR   diesen   mit fehlt   verweilend] verweilend und wirkend   13 brängt — Kürze g² üdZ   14 im] in   15. 16 auch — Aufnahme John auf Riemer üdZ   18 wohlwollendem nach zu   für nach auch   20—22 fehlt mit Ausnahme des Datums
  Vgl. Tageb. XI, 120, 7—11   99, 17 Das fünfzigjährige Doctorjubiläum am 18. September; Goethe hatte die Nach-

richt durch den Leibarzt Friedr. Wilh. Schwabe erhalten, Schwabe seinerseits war, wie er am 30. September (Eing. Br. 1827, 482) an Goethe schreibt, durch einen Studienfreund, den Primararzt am Findelhaus in Moskau, Dr. Treuter, auf das Jubiläum aufmerksam gemacht und ersucht worden, „unsern regierenden Herrn Grossherzog, so wie den lorbeergekrönten Göthe davon auf eine schickliche Weise zu benachrichtigen, dass beide Etwas, Loder angenehmes, thun"; vgl. Tageb. XI, 117, 26—28 100, 15. 16 vgl. Tageb. XI, 119, 15. 17. 18; Loders Antwort vom 9. April 1828 gedruckt: Bratranek, Naturwiss. Correspondenz I, 307.

Das bei Schade, Briefe des Grossherzogs Carl August und Göthes an Döbereiner S. 118 als vom 7. October 1827 datirte Schreiben an Döbereiner gehört unter den 7. October 1826 (Bd. 41 Nr. 166).

72. Vgl. zu 6901 (Bd. 25). Schuchardts Hand 101, 2 ben wir] diese der Umgangssprache entnommene Verkürzung (statt „denen wir") ist geflissentlich erhalten geblieben 103, 10 Doroffs 104, 9 g Gedruckt: Düntzer, Briefwechsel zwischen Goethe und Staatsrath Schultz S. 354. Dazu ein Concept von derselben Hand, Abg. Br. 1827, 133, woraus zu bemerken: 101, 3 Ihre Abreise g¹ aus die innere Abreißung 11 waren] wären 23—102, 28 fehlt, statt dessen nur: Inseratur die Stelle 103, 10 Doroffs g aus Thoroffs 16 Pomponius nach den [g gestr.] Mela] Nela 16—18 das — sey g aus derselbe ein untergeschobenes Werk seyn möchte 22—24 Andere. Wie — aushecft g aus Andere, wie man benn in der neuern Zeit durchaus statt Theilnahme Widerspruch findet 25—104, 8 auf angeklebtem Blatte 104, 9. 10 fehlt

Vgl. Tageb. XI, 120, 5—7; doch ist das Concept bis 103, 24 bereits in der ersten Hälfte des August entworfen worden; der Schluss, 103, 25—104, 8, kann nicht vor dem 22. September entstanden sein: er steht auf einem Blatte, das einem Vorconcept zu 128 d. B. angehört hat 100, 23 Vom 2. August 1827 (gedruckt: Briefwechsel S. 352), vgl. Tageb. XI, 94, 22—25 101, 3 In der ersten Hälfte des Jahres 1825 war Schultz von Berlin nach Wetzlar übergesiedelt 16 Schultz: „Es ist die Geschichte der Römer in Deutschland, darauf bezügliche Literatur und Baureste, was sich mir mit einem Reichthume aufgeschlossen hat, der überraschend" 17 Goethe hatte Schultz für seine Studien über römische Bauten auf den Thurm in Eger aufmerksam gemacht, vgl. XLI, 178, 6—9; Briefwechsel S. 104 ff.; in seiner Antwort vom 4. December 1826 erbat sich Schultz weitere Notizen darüber; auch die Anfrage in 58 d. B. thut Goethe im Interesse Schultzens 19 vgl. XXXVI, 107, 1—16 21. 22 Zur Naturwissenschaft II, 2, 142. 143 (Naturwiss. Schriften IX, 109—111) 103, 11 vgl. zu XLII, 75, 8. 9 16 Schultz, in unmittelbarem Anschluss an die zu 101, 16 citirte Stelle: „Eine neue Welt hat sich im Alterthume aufgethan, und Irrthümer, seit tausend Jahren ... eingewurzelt, machen der ... Wahrheit Platz. Pfaffentrug war es, der diese Irrthümer schuf und heiligte; ... ein ganzer Autor, der als classisch untergeschoben wurde (Pomponius Mela, wie er genannt wird), musste die Lügen schützen und belegen"; vgl. Briefwechsel S. 107 27 Ein Stein vom Thurm zu Eger (vgl. XLI, 178, 18. 19) 104, 7 vgl. zu 149, 10. 11.

Der zu 8. 38 d. B. erwähnte Bogen enthält von Schuchardts Hand ein Concept zu 72 d. B., g^2 gestrichen:

Schulze.

Freude über sein Schreiben.

Glückwunsch zu den interessanten Bekanntschaften.

Wie sehr ich die sonstige Unterhaltung vermisse, indem von
5 Zeit zu Zeit doch gar manches mitzutheilen wäre.

Antheil an seinen gegenwärtigen Betrachtungen.

Thurm zu Eger

Thurm zu [Lücke]

Jener Muster viereckter fester Bauart, dieser das Eleganteste
10 was man sehen kann.

Auszug aus dem Tagebuch.

Merkwürdige Stellung aus der Charte zu sehen, auf der Grenze von Böhmen und Bayern.

Bitte um weitere Mittheilung.
15 Anfrage, woher *Pomponius Mela* verdächtig geworden.

Über das Neuwieder *Castrum*, welches so lange gestanden.

Wohin dessen Gründung allenfalls zu setzen sey.

---

1 Schulze g^2

78. Concept von Johns Hand, Abg. Br. 1827, 179
Vgl. Tageb. XI, 123, 6. 7   Die (zur bevorstehenden Tauffeierlichkeit, vgl. zu 149, 9. 10, bestimmte?) Sendung ging am 28. October aus Frankfurt ab, vgl. Tageb. XI, 131, 4. 5.

74. Vgl. zu 6243 (Bd. 22). Eigenhändig
104, 19 Gemeint ist sehr wahrscheinlich das den Besuch Ludwigs von Bayern (vgl. zu 41, 11—42, 18) verherrlichende Gedicht Müllers „Dem Könige die Muse", das der Verfasser bereits am 30. September Goethen vorgelegt hatte, vgl. zu 199, 2; Unterhaltungen mit Canzler v. Müller³ S. 155—160; nach Müllers Tageb. ging das Gedicht am 12. October (von Eisenach aus, vgl. zu 128, 25) an den König ab, mit einem Begleitbrief, den Müller seinem Schreiben vom 23. October an Goethe (vgl. zu 91 d. B.) abschriftlich beilegte.

75. Eigenhändiges Concept, Abg. Br. 1827, 181   106, 2 *a l' expedition du Globe* folgte ursprünglich nach *intentionnee*, ist aber durch Verweisungszeichen an den jetzigen Platz gebracht worden   3 *pour*] *pous*
Vgl. Tageb. XI, 123, 8. 9   105, 4 Vom 23. August 1827, vgl. Tageb. XI, 104, 22. 23   9 vgl. 73, 4. 108, 11   13. 14 vgl. 54, 23. 60, 8. 9. - 77, 10. 223, 20   106, 3 Dupins Brief hatte den Zweck, Goethe zur Subscription auf eine Medaille einzuladen, welche „les hommes les plus remarquables par la supériorité de leurs talents et la générosité de leur caractère" schlagen lassen wollten „en l' honneur de la liberté civile et religieuse dans tout l' univers, à l' occasion de la mort de M. Canning [vgl. zu 173, 9], homme d' Etat qui a proclamé cette devise, au sein d' une cité française"; Schuchardt verzeichnet in „Goethe's Kunstsammlungen" eine Medaille auf Canning Bd. 2 S. 223 Nr. 1789.

Zu 75 d. B. liegt ein deutscher Entwurf vor, Abg. Br. 1827, 182, Schuchardts Hand:

Ich kann, mein Herr, das Vergnügen nicht genugsam ausdrücken welches mich Ihre geneigte Zuschrift empfinden läßt, da sie mir Gelegenheit giebt, Ihnen unmittelbar zu versichern, wie von großem Werth und Nutzen Ihre Werke mir seit langer Zeit gewesen sind. Die zweyte Ausgabe Ihrer Reise nach England ⁵ beschäftigt mich seit Monaten und entschädigt mich für den Mangel

jenes bedeutende Reich niemals perſönlich betreten zu haben. Auch
darf ich wohl Ihres neuſten Werkes gedenken, welches uns über
die wichtigſten Angelegenheiten der Menſchheit aufklärt und uns
die Einſicht in dasjenige erleichtert, womit die beſten Menſchen
5 ſich unabläſſig beſchäftigen.

Dürfen auch meine Arbeiten ſich nach Ihrem Urtheil des
Glücks ſchmeicheln gleichfalls zu dem von aller Welt gewünſchten
und gehofften Guten mitzuwirken, ſo ſeh ich mich mehr als je
belohnt, unter mancherley Hinderniſſen dasjenige unabläſſig verfolgt
10 zu haben, was mir ſeit früher Jugend als unternehmenswerth
erſchien.

Beyliegendes Blättchen bezeugt wie gern ich mit einigen
Freunden zu dem großen Unternehmen mitzuwirken wünſchte.
Hier aber muß ich ſchließen, weil mannigfaltige Betrachtungen
15 ins Weite zu führen drohen.

Erhalten Sie mir ein geneigtes Andenken da das Ihrige mir
ſtets gegenwärtig iſt und ich täglich an den Nutzen erinnert werde,
den wir aus den Reſultaten Ihres thätigen Lebens zu ziehen
immerwährende Veranlaſſung finden.

Aus einem Vorconcept zu dieſem Entwurf, das von
Schuchardts Hand auf demſelben Blatte wie das Vorconcept
zu 44 d. B. ſteht (bei den Briefen an Börner), iſt zu bemerken:

344, 1 mein Herr fehlt   genugſam fehlt   2. 3 welches —
giebt] welches Ihre geneigte Zuſchrift mich empfinden läßt da ſie
mir Gelegenheit giebt g aus welches ich empfinde da [da g³ aR
für ſeit] Sie mir Gelegenheit geben   3 verſichern] ſagen   345, 4
beſten g über größten   5 kein Abſatz   6. 7 Dürfen — ſchmeicheln
g³ aus Haben meine Arbeiten nach Ihrem Urtheil das Glück
7 gleichfalls g³ über auch   von — Welt g³ aR   8 und gehofften
fehlt   mitzuwirken g³ aus mitgewirkt zu haben dieſes g³ aus
mitzuwirken   ſeh] ſehe über wünſche   je fehlt   9 unter —
dasjenige] dasjenige unter mancherley Hinderniſſen [unter — Hinderniſſen g³ üdZ]   9. 10 verfolgt — haben g³ aus zu verfolgen
10 früher] früh'ter   13 mitzuwirken] von meiner Seite mitzuwirken   14 weil] weil mich   17 ich — werde g³ aus mich an
den Nutzen erinnert   18 wir] ich nach auch [g³ geſtr.]   den
g³ aus dem   Reſultaten Ihres] Reſultates Ihres g³ aR   Lebens

g^2 aus Leben   18. 19 zu — finden] ziehen konnte und noch täglich zu ziehen Veranlassung finde g^2 aus gezogen habe und noch täglich zu ziehen Gelegenheit finde

76. Vgl. zu 6161 (Bd. 22). Johns Hand   106, 24 weiterer   107, 13 mehrere nach dr[ei]   109, 7—9 g 9 Oct.] S. [von Boisserée gebessert]   Gedruckt: S. Boisserée II, 486. Dazu ein Concept im unmittelbaren Anschluss an das Concept zu 60 d. B., 106, 7—24 von Johns Hand auf Bl. 178^b, 107, 1— 109, 6 von Schuchardts Hand auf Bl. 174. 179^b, woraus zu bemerken: 106, 7 ferner g üdZ   11 und nach der übrigen   12 Absatz g angeordnet   14 Abschied] den Abschied   und Vermählung g üdZ   18 die besondern g über ihre   22—24 der — gelangen g aus beschäftigte mich einige Tage; leicht aber ist zu denken daß bey so viel Ablenkungen an weiter keine Folge zu denken gewesen   107, 1 hatte g für war dieses über hatte ich g üdZ   2 den g aus der   3 lassen g über geblieben   5 fort] weiter fort   6. 7 ununterbrochene g über fortwährende   11 Herrn   16 unserm g aus unsern   18 Pflanzen — Urwelt g aus fossilen Pflanzen   19 erhielt g aus erhielten   21 gab er fehlt auch im Concept   25 sein aus seine   108, 1 Aufnahme nach Engländer   4 ja g aus da   8 in — Hause g üdZ   14 westlichste   16 an nach uns [g gestr.]   17 Ich — ward g über Und schon   18 aufgeregt nach ward ich [g gestr.]   19. 20 zu — vergessen fehlt auch im Concept   109, 2 Helena g über Sie als g aR für aus   6 nach einzeln g^1 ein Schlusszeichen und aR ein Datum: 10 Octbr   an einzelnen schliesst sich in unmittelbarem Fortgang an das Concept zu 113 d. B.   7—9 fehlt

Vgl. Tageb. XI, 123, 9. 10. 14. 15   Fortsetzung zu 60 d. B. 106, 12 Carlyle's, vgl. 79, 8—80, 2   12 „Gedichte" vgl. Tageb. XI, 60, 16—19. 62, 23—25   14 vgl. zu 78, 14. 27   15. 16 vgl. XLII, 214, 10—14; Tageb. XI, 61, 13—22. 62, 3—6; vgl. auch in diesem Bande 290, 4. 5. 291, 17—25   107, 3 Gedruckt: S. Boisserée II, 482   7 vgl. zu 78, 23   11. 12 vgl. zu 2, 23   18 vgl. zu 2, 25   23 vgl. zu 12, 8; Tageb. XI, 90, 26. 27. 91, 6. 18—20. 92, 7—9   108, 11 vgl. zu 105, 9   14 vgl. Tageb. XI, 74, 28. 75, 7. 17. 22. 76, 22—26. 27   15. 16 Von Ludovic Vitet (1802— 1873), vgl. XLII, 183, 8. 9; Tageb. XI, 72, 26; Werke XLII, 2, 498, 13   18 vgl. XLII, 216, 1—25. 259, 24   21 vgl. zu 85, 20. 21.

281, 19   26 „Wanderjahre" vgl. zu 78, 24   „Faust" vgl. zu 260, 12   20 vgl. 64, 22   109, 7 In 113 d. B.

Der irrthümlich vom 13. October datirte Brief an C. D. v. Buttel gehört unter den 23. October: Nr. 83 d. B.

77. Vgl. zu 4337 (Bd. 15)   110, 18 verstehend] lies: vorstechend Gedruckt: Freundschaftliche Briefe von Goethe und seiner Frau an Nicolaus Meyer, Leipzig 1856, S. 54. Hier 110, 18 die irrthümlich auch in unseren Text eingedrungene falsche Lesart „verstehend" statt vorstechend Dazu ein Concept von Johns Hand, Abg. Br. 1827, 180ᵇ, woraus zu bemerken: 109, 11. 12 fand sich *g* über traf   14 alsobald über sogleich   15 Manne   17 ihm *g* üdZ   19. 20 Professor] Prof. *g* über von   20 vorerst *g* aus zuerst   ihm *g* aus ihn   21 Tag- *g* aus Tage   Stundenweis   einrichten helfen *g* aus einzurichten wissen   23 auf *g*[?] aus auch   110, 3 Der *g* aus Den   wegen nach mir [*g* gestr.]   werthe] werthen [stehen gebliebener Rest der ersten Fassung]   4 hat sich *g* aus haben Sie   14 Besonderes *g* über unmittelbares   15 vielmehr *g* über sondern in's nach sämmtlich [*g* gestr.]   19 anschaulich *g* über deutlich 20—22 fehlt mit Ausnahme des Datums

Vgl. Tageb. XI, 124, 26. 27   109, 10. 11 Carl Victor, vgl. XLII, 11, 3—19. 232, 19—20; Tageb. XI, 123, 28. 124, 7. 14—16 und in diesem Bande 67, 19. 20. 129, 23. 142, 6. 154, 8   12 vgl. zu 122, 19   19 Martin Heinrich Carl Lichtenstein (1780— 1857), Director des zoologischen Museums der Berliner Universität, vgl. 142, 15   22 Einen Bericht über seine Studien sendet Carl Victor selbst am 17. December 1827   110, 1 vgl. 52 d. B.   4. 5 Unter den von Meyer übersendeten Ringen (vgl. zu XLI, 25, 26) hatte sich ein Onyx befunden (vgl. XLI, 78, 12—14), den August v. Goethe in einem Briefe vom 23. Juni 1827 (gedruckt nach dem Original: Freundschaftliche Briefe an Meyer S. 114; nach dem Concept: XLII, 381) für seinen Vater erbeten hatte; Meyer übersendet den Ring als Geburtstagsgeschenk mit einem Sonett „An Goethe. Zum 28. Aug. 1827. Ein Onyx zeigt den Helden Jason Dir" (Eing. Br. 1827, 644; gedruckt: Freundschaftliche Briefe S. 54 Anmerkung, vgl. Werke V, 116 V. 458)   7 Das von Meyer herausgegebene „Mindener Sonntagsblatt", vgl. 155, 11

7. 8 Die „westphälische Gesellschaft für vaterländische Cultur", deren Mitstifter Meyer war.

*78. Concept von Johns Hand, Abg. Br. 1827, 183
Vgl. Tageb. XI, 125, 26. 27 110, 24. 111, 1. 2 Das hatte Goethe wahrscheinlich von Zelter (vgl. zu 122, 19) erfahren; zur Sache vgl. zu 43 d. B.

79. Vgl. zu 4102 (Bd. 14). Schuchardts Hand 113, 9 treulichst g Gedruckt: Briefwechsel IV, 418. Dazu ein Concept von derselben Hand, Abg. Br. 1827, 38, woraus zu bemerken: 111, 16 Liebertafel g aus Liebergabe 112, 12 mit nach wenigstens [g^s gestr.] mich sonst g^s aus mir sonst 13 so — berührten g^s über auch bekannt waren nach läßt folgt, g^s gestrichen: wenn unsre Preßfreyheitler (g^s aus Preßfreyheit) vielleicht (vielleicht nach g^s gestrichenem sie) verächtlich ihre Augen (ihre Augen g^s üdZ) davon abwenden 17. 18 philosophisch: g^s aus philosophischer 18 literarischer 28 Phyrgus g^s in offen gelassener Lücke 113, 2 zum nach als 3 ein fehlt 9 Weimar fehlt treulichst fehlt 10 Goethe fehlt

Antwort auf Zelters Brief vom 26. Februar — 10. März (gedruckt: Briefwechsel IV, 257), ihm aber erst bei seiner Anwesenheit in Weimar (vgl. zu 122, 19) zugestellt 111, 11 Es handelt sich um das von Zelter componirte Divan-Gedicht „Dreistigkeit" (Werke VI, 23), über dessen Bedeutung Zelter hatte Auskunft geben sollen 112, 11 vgl. zu 282, 15 22 vgl. zu 93, 8; Goethe hatte am 2. 3. März gefragt, ob Ternite ihm wohl einige seiner pompejanischen Zeichnungen ablassen würde (XLII, 73, 11—18); darauf Zelters Erwiderung am 10. März: Ternite habe die für den König bestimmten Zeichnungen noch nicht verkauft und sei erbötig, Goethen Copien zu liefern, der darauf bezügliche Brief Ternite's an Zelter vom 10. März war von Zelter beigelegt worden (gedruckt: Briefwechsel IV, 264) 27 vgl. zu XLI, 125, 1 28 In „Kunst und Alterthum" VI, 1, 169 ff. 113, 4. 5 vgl. zu 201, 16. 17.

80. Vgl. zu Bd. 34 Nr. 54. Schuchardts Hand 114, 6. 7 g Gedruckt: Gaedertz, Bei Goethe zu Gaste, Leipzig 1900, S. 155. Dazu ein Concept von derselben Hand, Abg. Br. 1827, 183^b, woraus zu bemerken: 114, 3 von über mich an 6—8 fehlt

Vgl. Tageb. XI, 126, 16. 17. Antwort auf d'Altons Brief vom 13. October 1827 (gedruckt: Bratranek, Naturwiss. Correspondenz I, 25); d'Alton gesteht, er habe Goethes Schreiben vom 6. September (38 d. B.) einem Freunde mitgetheilt, der es zur Kenntniss des Königs Ludwig gebracht habe.

*81. Concept von Schuchardts Hand, Abg. Br. 1827, 183^b 114, 10 von g^2 über in   11 bahin g^2 aus borthin   15 Nachricht g^2 über Auskunft   gefällig g^2 aus gefälligst   16 von München g^2 üdZ

111, 9 64 d. B. (vgl. Zelters Randnotiz dazu); den Empfang meldet Zelter im Briefe vom 22. 23. October, vgl. 133, 22. 23.

82. Vgl. zu Bd. 38 Nr. 194. Johns Hand   115, 15 entwickelten g aus entwickelte   116, 27 g Gedruckt: Friedrich und Karl Eggers, Christian Daniel Rauch, Berlin 1878, Bd. II S. 380. Karl Eggers, Rauch und Goethe, 1889, S. 168. Dazu ein Concept von derselben Hand, Abg. Br. 1827, 184, woraus zu bemerken: 114, 21 mit nach sich [g gestr.]   115, 4 meines g aus meiner   5 Mitgefühls g aR für Theilnahme einer g aus eines   Theilnahme g über Mitgefühls   5. 6 an — Unheil g aus jenes Unheils   9 schmerzlichstem   10 eine nach gleichfalls [g gestr.]   11. 12 sogleich — lasse g aus diese Zuschrift sogleich an Sie erlasse   15 entwickelten g aus entwickelte   16 in welchen g über das   19 vor üdZ   22 wohl g üdZ   116, 1 dem über das   höchsten g aus höchste   3 welches g aR für das 6 um g üdZ   Schicksals g [?] aus Schicksal   7 im — bleiben g über mich zu rüsten   9 der Natur] Natur   12 insofern nach sich [g gestr.]   13 sich g üdZ   21 augenblicklich nach ein nach 22 folgt das Datum: Weimar den 21. October 1827. 23—26 späterer Nachtrag   25 und in nach meine   27. 28 fehlt

Vgl. Tageb. XI, 127, 1. 2. Antwort auf Rauchs Brief vom 18. October (gedruckt: Eggers, Rauch und Goethe S. 161; vgl. Tageb. XI, 126, 24), worin es heisst: „... wie unerwartet aus heiterer Luft ein Blitzstrahl zerstörend niederschlägt, eben so traf mich und meine Tochter [Agnes], ein namenloses ein unverschuldetes grosses häusliches Unglück, welches seit Sechs Wochen uns mit schweren Kummer belastet, welcher vielleicht mit dem Tode nur erst enden wird." Goethes Antwort ist ohne Kenntniss von der

Art des „Unglücks" geschrieben; zur Sache vgl. zu 124, 1. 2 und Rauchs Dank auf Goethes Trostbrief vom 9. Januar 1828 (gedruckt: Eggers, Rauch und Goethe S. 174).

83. Handschrift unbekannt. Gedruckt: Der Freihafen. Herausgegeben von Th. Mundt. Altona. Fünfter Jahrgang, 1842, viertes Vierteljahrsheft, S. 18   117, 12 Anficht] Umficht   119, 22 23.] 13.   Dazu ein Concept von Schuchardts Hand, Abg. Br. 1827, 188, woraus zu bemerken: 117, 2 alſogleich nach anzuzeige[n]   zu vermelden g über anzuzeigen   6 nicht weniger g² aR für auch   8 Sodann g² aR für Nicht weniger   13 trage g² üdZ   17 benſelben   ſich g² üdZ   21 Sandgeſteines   22 höchſt — macht g über außer Zweifel ſetzt   118, 12 der — Kieſelſtoff g² über die Kieſelſäure   13 davon g² üdZ   17 ſchauen nach zu [g² geſtr.]   20 vom] von   24 Bemerkung   25 gedencke g² über bemerke   119, 1 wie — denn g² über die   dieſes g² über welche   6 Hieben   daß nach wie ich bemerkte [g² geſtr.] dieſes nach daß   11 hiedurch   19 behenderen g² aus behender Genuß — bequemere g² in offen gelaſſener Lücke nachgetragen   21. 22 fehlt mit Ausnahme des Datums   22 23] 22

Vgl. Tageb. XI, 127, 10. 11. 12. 13   117, 3 Gedruckt: Bratranek, Naturwiss. Correspondenz I, 79; vgl. 123, 19—24   4 vgl. Tageb. XI, 127, 4—6   9 v. Buttel beschreibt die Insel Helgoland, vgl. XLII, 169, 5—9   118, 26 vgl. zu 190, 15   27 vgl. 122, 19. 123, 10. 11. 129, 22. 132, 3. 168, 4. 172, 24. 191, 25. 26; Hegel befand sich auf der Rückreise von Paris, vgl. Tageb. XI, 125, 21. 22. 126, 2—6. 11—16; sein Bericht über diesen Besuch: Briefe von und an Hegel S. 278   119, 7 vgl. 26, 18. 19. 78, 6   10 vgl. 125 d. B.

***84.** Vgl. zu 6330 (Bd. 23). Johns Hand   121, 8 verſchrienen   122, 10. 11 g   Dazu ein Concept von derselben Hand in dem zu 15 d. B. genannten Fascikel, Bl. 41, woraus zu bemerken: 120, 3 Einem ſolchen g aus Einen ſolchem   15 aufrichtig nach in welchem ohngeachtet aller Bemühungen mir noch nicht völlig leſbar ſind [g geſtr.]   18 wenn g üdZ   nothwendig nach und [g geſtr.]   19 ſich g üdZ   22 aus g über außer   23 Äußerungen] Äußerungen gewöhnlich   neue g über meine   25 Dagegen g über Die Zeit   die Zeit g üdZ   28 um g üdZ   121, 4 müße g aus muß   5 ich fehlt auch im Concept   ſie g üdZ   6 hätte g üdZ   deshalb nach wünſchte [g geſtr.]

dieses nach mache 7 haben — Daß] haben wünsche. Daß *g*
aus haben, denn das 8 verschrienen 8. 9 Schillerischen 10 also
beyberseitigen *g* aus mich also meinen 11 unserm neuen *g* aus
unsern neuem 18 bis — Meynung *g* aus der gute Wille 27 dagegen *g* über hiegegen 122, 8 zugleich *g* üdZ 10—12 fehlt
mit Ausnahme des Datums

Vgl. Tageb. XI, 128, 5. 6 119, 24 Cotta am 9. October
1827 (in dem zu 15 d. B. genannten Fascikel, Bl. 40; mit
Goethes Vermerk: *ps. 12. Octbr. 1827.*): „Zuvörderst bezeuge
ich meine grosse Theilname an der, der Person und der
Art nach wahrhaft königlichen Auszeichnung [vgl. 41, 11—
42, 18]; Se. Majestät hatten vor zehen Tagen die Gnade, mir
selbst alles Vorgegangene und Beabsichtigte im grossen Detail
zu erzählen und da nach diesem das Ganze aus innerem
Antrieb, Ihre grossen einzigen Verdienste königlich ehren
zu wollen, ausgieng, auch der gewählte Tag, die gebrauchten
Worte: Dem Könige der Dichter — das Selbst Erscheinen
und Übergeben p. wohl bedacht waren, so gehört dieser
Vorgang zu den Einzigen ..." 120, 15 Am 29. März 1827
hatte Goethe durch seinen Sohn August, um allen miss-
wollenden Zweifeln seitens der Buchhändler über den Gang
der Ausgabe letzter Hand vorzubeugen, an Cotta ein „Vorwort" gelangen lassen (vgl. XLII, 329, 1. 2). Es ist der Anfang
der auch auf dem Umschlag von „Kunst und Alterthum"
VI, 1 abgedruckten Anzeige: „Die erste Lieferung der
Taschenausgabe von Goethe's Werken" (Werke XLI, 2, 298,
1—9). Es enthält die Bemerkung, man werde erkennen,
„dass hier ein lebender Autor selbst ... möglichste Sorge
getragen". Hierin hatte Cotta eine Anspielung auf die viel
angefochtene Schiller-Ausgabe gesehen und im Briefe vom
12. April 1827 (in dem zu 15 d. B. genannten Fascikel, Bl. 3;
mit dem Vermerk *g*: eingekommen b. 16 Apr. 1827) ihre Mängel
aus den damaligen Umständen erklärt; ohne Antwort gelassen, sagt er dann am 9. October: „... so darf ich denn
auch meines Kummers gedenken, den das .. Schreiben vom
26. Jul. erzeugte [XLII, Nr. 228, besonders: 277, 19—22]. Denn
weit entfernt dass ich so unbescheiden seyn könnte, auf
meine Briefe Antworten und baldige Antworten zu erwarten,
weiss ich mir hierbei wohl zu bescheiden. Die Antwort

aber, die ich erwartete und mir erbat, war eine Herzensangelegenheit — denn ich hatte mich gegen Sie zu rechtfertigen gesucht ... und es schmerzt mich so, dieses mein inniges Aussprechen so übergangen zu sehen, dass ich mir wenigstens die Bitte nicht versagen kann, das Schreiben wieder zu besitzen [?] in dem jenes niedergelegt ist"; vgl. 208, 2   121, 19 vgl. zu 71, 17. 18   15 vgl. zu 208, 8   20. 21 vgl. zu XLII, 195, 10   22 Weimarisches Wochenblatt vom 28. September 1827, mit einer gegen die „Miniatur-Bibliothek der deutschen Klassiker" des bibliographischen Instituts zu Gotha gerichteten Bekanntmachung der Grossherzogl. Sächsischen Landes-Direction; Cotta dankt für die Massnahmen am 31. October (vgl. zu 208, 2)   122, 5. 6 vgl. zu 122, 19.

85. Vgl. zu 4102 (Bd. 14). Johns Hand   123, 2 noch] sich noch   124, 5 g mit Zelters Notiz: „27.—angek." Gedruckt: Briefwechsel IV, 425. Dazu ein Concept von derselben Hand, Abg. Br. 1827, 189, woraus zu bemerken: 122, 22. 23 *al Calvario* g über Alcalvaria   24 brunter   24. 123, 1 Sammlung nach kleine [g gestr.]   123, 1 Jahrszeiten   2 biesem g [?] aus biesen   noch nach und   sich üdZ   13 Gefesselten] gefesselten g aus gefesselt   18 hellen g über klaren   19. 20 Von — eine g aR für Eine   24 Weltgeistes. Und g aus Weltgeistes traten mit herein und   124, 3. 4 und — neugierig üdZ   5. 6 fehlt

Vgl. Tageb. XI, 128, 6. 7   122, 19 Am 12. October war Zelter, von München kommend (vgl. zu 64 d. B.), in Weimar eingetroffen und am 19. October (in Gemeinschaft mit Hegel) wieder abgefahren, vgl. 109, 12. 122, 5. 6. 129, 22. 132, 3. 133, 8. 9. 145, 8. 168, 4. 172, 20. 292, 11   21 vgl. zu 117/8 d. B.   22 Werke III, 93   23 vgl. zu 280, 5   123, 1 Werke IV, 110—115   10. 11 vgl. zu 118, 27   17 vgl. 129, 26; Tageb. XI, 126, 27. 28. 127, 2—4. 17—20; über Reinhards Reise nach Norwegen und seinen Aufenthalt in Weimar vgl. Lang, Graf Reinhard S. 498 ff. 19—24 vgl. zu 83 d. B.   124, 1. 2 vgl. zu 82 d. B.; Zelter antwortet am 28. October 1827: „Wer keine Qual hat macht sie sich selber. Die bekannte Heyrathsgeschichte ist etwas schlimmer als man sie sich denken möchte. Die Braut soll als nicht intakt befunden seyn. Das wäre nichts Neues wenn es wahr wäre. Der junge Mann aber hat sich so stürmisch und mit eklat betragen dass ihm die Angetraute nach überhäuften Beschimpfungen entfliehn und ihre Zuflucht zur Gräfin v. d. Recke suchen müssen; endlich als der Vater erschienen hat er diesen Vater der Befleckung seines Kindes ins Angesicht beschuldigt. Der Vater ist nun bereits klagbar geworden und die Ehe soll aufgehoben werden. Die Freunde des jungen Mannes sagen nun endlich aus, sie hätten schon in Rom von ihm gewusst dass ihm eine gewisse Potenz abgehe; sogar sein natürl. Vater (unser Antiquarius [Wilhelm Mila, Justizrath im Bureau des Justiz-Ministeriums, geb. 1764]) und auch seine Mutter sollen davon unterrichtet gewesen seyn. Der Vater des Mädgens wird am meisten bedauert der noch an einem frühern Missverhältniss zu schleppen hat dessen Frucht diese Tochter ist und nun rühren sich die beyden Familiengeschichten wie ein stinkiger Brey ineinander.' Vgl. weiter zur Sache: 133, 12. 145, 3. 147, 14. 177, 11. 193, 6. 7. 20; ferner den Brief von Alfred Nicolovius an Goethe, 22. December 1827: „Rauch's Tochter, die — wie Sie, innigst geliebter Oheim! — wissen — mein Herz besitzt, ist in diesen Tagen gerichtlich geschieden worden. Ihr Zustand ist Achtung-erregend; sie gewinnt bei all ihren Bekannten wegen ihrer himmlischen Duldung all der verworrenen Leiden. Mila geht binnen kurzem nach Petersburg zu seinen dort lebenden Entfernt-Verwandten. In der vorgestern gegebenen Ehrenerklärung hat er Agnes für gänzlich unschuldig erklärt." Agnes Rauch vermählte sich 1829 mit Eduard d'Alton d. J. (vgl. zu 51, 3).

86. Vgl. zu Bd. 39 Nr. 65. Schuchardts Hand 125, 7.8 *g* Gedruckt: Fischer, Briefwechsel zwischen Goethe und Göttling S. 20. Dazu ein Concept von derselben Hand, Abg. Br. 1827, 186, woraus zu bemerken: 124, 13 nicht nach mich [*g* gestr.] 125, 2 seyn. — würden *g* auf Bleistift (Riemer?) aus seyn und Sie 7—9 fehlt mit Ausnahme des Datums

124, 8. 9 vgl. Tageb. XI, 126, 25. 26 12 Schon in seinem Briefe vom 2. Juni 1827 hatte Göttling eine Anzeige von Niebuhrs „Römischer Geschichte" (vgl. XLII Nr. 119) als wünschenswerth für „Kunst und Alterthum" bezeichnet 24 vgl. zu 201, 16. 17 125, 1 vgl. zu 173, 23. 24 3 vgl. zu 200 d. B.

87. Handschrift unbekannt. Gedruckt: Aus Schellings Leben III, 38 und Schriften der G.-G. XIII, 271. Dazu ein Concept von Schuchardts Hand, Abg. Br. 1827, 186, woraus zu bemerken: 125, 10 höchſt] ſehr *g* über höchſt 11 von ihren Reiſen] von Reiſen *g* [?] aus von ihren Reiſen [von — Reiſen John auf Bleistift (Riemer?) aR] 13 mein fehlt 15 Treiben] Wirken 17 mit Lange beginnt neuer Absatz 126, 1. 2 geneigt war John auf Bleistift über würdigte 9 in] unter ſchmachhaft] ſchmachhafter John auf Bleistift über aller 9. 10 vegetabiliſchen 12. 13 in — fortſchreiten John auf Bleistift aus Ihr Geſchäft befördern 13 ſpätern] ſpäteren John auf Bleistift aus ſpätere Jahre John auf Bleistift über Zeit 14 den John auf Bleistift aus der 15—17 Die — Auge späterer Nachtrag von Johns Hand 16 Weltalter *g* aR 17 behalt 19—20 fehlt mit Ausnahme des Datums 20 26] 24

Vgl. Tageb. XI, 128, 21. 22 125, 12 Vom 22. September 1827, von der Gräfin Constanze Fritsch am 27. September (vgl. Tageb.) überbracht, gedruckt: Schriften der G.-G. XIII, 268, vgl. 88, 4 19 Schelling war 1827 von König Ludwig als ordentlicher Professor der Philosophie an die nach München verlegte Universität berufen worden 126, 1. 2 vgl. zu 41, 11 9 Pauline Schelling hatte am 25. April 1827 aus Erlangen, „zu der Zeit wo ... wieder etwas Geniessbares aus der Erde hervordringt, etwas von diesem Fränkischen Gewächs" geschickt 16 Schellings Fragment gebliebene „Weltalter", bereits 1811 angekündigt, vgl. Schriften der G.-G. XIII, 259.

*88. Vgl. zu 2677 (Bd. 9). Schuchardts Hand 127, 3 *g* 126, 22 vgl. zu 145, 10 (?) 127, 4 Datum richtig? Das Tageb. verzeichnet Meyer als Tischgast für den 25. October mit der Bemerkung: „Kunstgegenstände wurden besprochen."

*89. Vgl. zu Bd. 40 Nr. 12. Johns Hand 127, 13 *g* Dazu ein Concept von derselben Hand, Abg. Br. 1827, 192[b], woraus zu bemerken: 127, 9. 10 frauenzimmerlichen 10 beſchützen *g* aus ſchützen 13. 14 fehlt mit Ausnahme des Datums

127, 7 Peucer übersendet am 25. October (Eing. Br. 1827, 516) eine (mir nicht zugängliche) Nummer des „Journal des Débats" vom 20. October 1827, mit einem „Artikel aus Weimar", wahrscheinlich über den Besuch des Königs Ludwig (vgl. 41, 11—42, 18): „die Verse Sr. Maj. des Königs

von Baiern nehmen sich doch darin sehr pikant aus"
10 Peucer übersendet einen Brief der Braunschweiger Dichterin Amalie Luise Henriette v. Liebhaber (1781—1845) vom 2. August (Eing. Br. 1827, 520), die den Wunsch ausspricht: Goethe möge sich für ihre beim Theater in Weimar eingereichten Tragödien verwenden. Peucer im Begleitbrief: das Manuscript sei noch in Händen des Regisseurs; „von Hochdenenselben erwarte ich nun weitere Befehle, ob ich auch das Mscpt (es sind 3 Tragödien) noch überreichen darf."

90. Handschrift unbekannt (vgl. August Spitta, Berlin, XXXI. Verzeichniss einer werthvollen Sammlung von Autographen. Weimars Musenhof. 1896. Nr. 155; im Archiv der J. G. Cotta'schen Buchhandlung Nachfolger eine späte Abschrift). Schreiberhand Gedruckt: G.-Jb. II, 305 128,3 mir] mir's 9 große] eine große 17. 18 Es — Octavausgabe fehlt Dazu ein Concept von Schuchardts Hand in dem zu 15 d. B. genannten Fascikel, Bl. 43, woraus zu bemerken: 127,17 Sebezausgabe g aR 18 so nach der Sebezausgabe [g gestr.] 22 gesehn 128, 2 jüngern 4 auch ich g aus ich auch 5 habe g nach bin 15 fahrenden g üdZ 19—21 Mit — Andenken Johns Hand 22. 23 fehlt mit Ausnahme des (von Schuchardt geschriebenen) Datums

Vgl. Tageb. XI, 128,12 127, 17 Mit einem vom 21. October datirten Briefe (in dem zu 15 d. B. genannten Fascikel, Bl. 38) übersendet Reichel: „die Aushängebogen des X. Bandes von Bogen 9 an bis Ende [vgl. 21,1], und jene der Octav-Ausgabe No. 14 an bis 22 I. Bd., und No. 1. 2 vom IIten Band" (vgl. Tageb. XI, 128, 8—10), vgl. 130, 11. 180, 2. 213, 11 20. 21 Reichel: er habe in Bd. IX auf S. 191. 193 („Stella", fünfter Act) die Bezeichnungen „Fünfter, Sechster Auftritt" (wie sie, und nur hier, in der Ausgabe B, nicht in B¹, stehen) weggelassen; „ferner habe ich S. 217 ein sich in Z. 4 v. u. [Werke XI, 217 Vers 391] hinzugesetzt"; sodann für Bd. I der Octavausgabe: „In dem Erraten-Verzeichniss, dessen Verbesserungen in die Octav-Ausgabe übergehen sollen [übersandt am 23. April 1827, und zwar hat Goethe offenbar den Brief Göttlings vom 22. April (in dem zu 151 d. B. genannten Fascikel, Bl. 3) in Abschrift nach Augsburg geschickt], ist S. 255 [Werke I, 254 Vers 326] wegen des

Properz statt Horaz; S. 250 [Werke I S. 248 Vers 231] des Worts Jasion (viersylbig); S. 248 [Werke I S. 246 Vers 204] statt: Blicke süsser Begier, Blicke der süssen Begier zu setzen, sich nur wünschend oder rathend ausgedruckt. — Da nun Ew. Excellenz ... diese Besserungen gleichsam stillschweigend gut zu heissen geschienen, so habe ich dieselben auch so ausgeführt" 22 Reichel: bei Bd. VII—IX sei die Notiz: „Vollständige Ausgabe letzter Hand" und der Privilegienvermerk irrthümlich weggefallen: „... von Niemand kam eine Erinnerung deswegen, da doch sowol Ew. Excellenz als die Handlung in Stuttgart Aushängebogen erhielten"; er habe die drei Titel neu drucken lassen, „und so kann der Schade, freilich nicht ohne Kosten des Papiers, hergestellt werden" 128, 6 Die Desiderata zu Bd. III, auf Göttlings Brief vom 15. Mai beruhend (in dem zu 151 d. B. genannten Fascikel, Bl. 8) waren in der Hauptmasse am 13. Juni an Reichel abgegangen 7 Die Bemerkungen zu Bd. IV übersendet Göttling am 27. Juli (in dem zu 151 d. B. genannten Fascikel, Bl. 11), vgl. 21, 8. 174, 6 15 vgl. zu 180, 5.

91. Vgl. zu 6243 (Bd. 22). Schuchardts Hand 130, 4 Stiefmutter *g* aus Schwiegermutter 21 sey *g* üdZ 131, 15 sie *g* üdZ 19 *g* 21—27 Nachschrift von Johns Hand 23 in] im Gedruckt: G.-Jb. III, 241. Dazu ein Concept von derselben Hand, Abg. Br. 1827, 190, woraus zu bemerken: 128, 25 freyen 129, 6 auf's] auf 12. 13 hochbewegte nach so [*g* gestr.] 26 Wenn —130, 10 folgt erst nach 131, 18 130, 4 Stiefmutter] Schwiegermutter 4 zartes *g* über freundlich 20 doch nach er [*g* gestr.] 21 sey fehlt 22 nach Ehren *g* gestrichen: gehalten wird 131, 7 ihm üdZ 13 sich *g* üdZ schleichen *g* aR für kommen 15 sie — Augenblick] in diesem Augenblick die Welt 16 dürfte *g* über möchte 19. 90 fehlt mit Ausnahme des von John geschriebenen Datums 21—27 Johns Hand 22 Vorigem 23 in] im 24 anlangt *g* aus einlangt

Vgl. Tageb. XI, 129, 10. 11 Antwort auf einen Brief Müllers, datirt: Nürnberg, 23. October 1827 128, 25 Müller war am 11. October nach München gereist, um als Vertreter der im Concurs der Familie v. Kalb auf das Gut Waltersbausen eingewiesenen Gläubiger den für den Käufer des Gutes, Georg Sartorius, nöthigen Lehensconsens und die Erhebung in den Freiherrnstand zu erwirken (vgl. Klarmann, Geschichte der Familie von Kalb auf Kalbsrieth, Erlangen 1902, S. 345f. 357f.); Rückkehr: vgl. Tageb. XI, 142, 6. 7   129, 5. 6 vgl. 41, 11   14 vgl. zu 64 d. B.   22 Zelter: vgl. zu 122, 19; Hegel: vgl. zu 118, 27   23 vgl. zu 109, 10. 11   26 vgl. zu 123, 17   130, 1 Wilhelmine, geb. Lüttich; vgl. Tageb. XI, 127, 17—20   11 vgl. zu 127, 17   13 vgl. zu 201, 16. 17   16—18 vgl. zu 92, 3   24 vgl. zu 18, 2; die eine Übersetzung von Lessmann (vgl. zu 18, 14), von der Streckfuss mit einem Begleitbrief vom 13. October (vgl. zu 135, 2) den ersten Theil übersendet hatte, vgl. Tageb. XI, 126, 20—22; die zweite von Carl Eduard v. Bülow (1803—1853), der den ersten Theil mit einem Schreiben vom 24. September (Eing. Br. 1827, 477) eingeschickt, vgl. Tageb. XI, 128, 2—4. 129, 4. 5. 130, 21. 22 und in diesem Bande 135, 20. 141, 8. 9. 164, 1   131, 4 Die Brandt'sche Jubiläumsmedaille (vgl. zu 202, 24; Tageb. XI, 120, 11—13); Müller antwortet (1.—2. November): „Bey Martius richtete ich grosse Freude mit Ihren Grüssen und Ihrer Medaille an. Ich werde sprechende Zeichen seiner Dankbarkeit zurückbringen"; Martius dankt am 10. November (Bratranek, Naturwiss. Correspondenz I, 365)   5—7 vgl. 88, 12   10 vgl. zu 149, 10. 11.

92. Vgl. zu 4102 (Bd. 14). Johns Hand   133, 23 24 bemerken *g* [?] aus merken   134, 3 Sinke   4 einem] einen   23 *g* Gedruckt, mit Auslassung von 132, 23. 24. 133, 3—15: Briefwechsel IV, 427. Dazu ein Concept von derselben Hand, Abg. Br. 1827, 193, woraus zu bemerken: 132, 4 dich's *g* aus dich   13 Verweisungsstern fehlt   13 Geh. Rath] G. R. *g* üdZ   14 einigem   16—18 und ich — umzusehen *g* durch Bezifferung aus so habe ich alle Ursache mich nach wackern Theilnehmern umzusehen und ich aufgefordert ja gedrängt werde diese Hefte fortzusetzen   23. 24 Anmerkung fehlt   133, 1 meld — Berathen *g* über theil ich es mit   10 aus nach als [*g* gestr.?]   unheilbarem *g* aus unheilbaren   14. 15 Ich — Nähere *g* zwischen den Zeilen nachgetragen   23. 24 bemerken *g* aus bedenken   26 anmaßlich-jugendlich-ungeschickte *g* aus anmaßlich ungeschickte   27 gedenkt *g* aus gedachte   134, 1 völlig *g* über auch noch

134, 3 Linke   4 einem] einen   6 hätte — sollen] hatte gebenken sollen *g* aus zu gebenken hatte   8 Einfall *g* uR   10 vorzügliche *g* aus verzügliche   17 im *g* aus in   23. 24 fehlt mit Ausnahme des Datums

Vgl. Tageb. XI, 129, 11. 12   132, 3 Antwort auf Zelters Brief vom 22. October (gedruckt: Briefwechsel IV, 423; vgl. Tageb. XI, 128, 23) mit einer Schilderung der in Begleitung des grämlichen, nörgelnden Hegel vollbrachten Heimreise (vgl. zu 122, 19)   13. 14 vgl. zu 93 d. B.   15 vgl. zu 201, 16. 17   16. 17 vgl. 94, 2. 3   133, 6 vgl. zu XLII, 215, 6; in seinem Briefe vom 28. October (vgl. zu 124, 1. 2) berichtet Zelter: „Meine Luise wird täglich magnetisirt und zwar mit wohlthätiger Wirkung. Die Ärzte welche sämtlich gegen diese Kurart waren haben sie als ein letztes Mittel anwendbar gefunden. Der Magnetiseur, Dr. Leo [vgl. zu 149, 4], hat mir einen schriftlichen Bericht versprochen", vgl. 149, 1   10 vgl. XXXVIII, 69, 25—70, 4; Tageb. IX, 303, 24. 25. XI, 165, 26. 27. 171, 14   12 vgl. zu 124, 1. 2   17 vgl. zu 64 d. B.   22 Gemeint ist 64 d. B.; vgl. zu 81 d. B.   24 Gemeint ist Carl Heinrich Schultz (gen. Schultzenstein, 1798—1871), Botaniker, Professor der Medicin in Berlin; Zelter hatte seine Bekanntschaft auf der Münchener Naturforscherversammlung (vgl. zu 90, 9. 10) gemacht   134, 3 Heinrich Friedr. Link (1767—1851); Goethe denkt an die „Elementa philosophiae botanicae", 1824, vgl. Naturwiss. Schriften VI, 261—263; XIII, 54. 55. 56.

*93. Concept von Schuchardts Hand, Abg. Br. 1827, 195   135, 9 Försterischen *g* in offen gelassener Lücke nachgetragen   13 der die aus deren   14 ausdrückte *g* aus ausdrückt   16 von— Alterthum] von K. u. A. *g* üdZ   20 Leßmann] Laßmann [= Lässmann?]   136, 2 wenn ein *g* über von einem   11 noch *g* über auch   16 am nach auf

Vgl. Tageb. XI, 129, 12—14 und hier 132, 13. 14. 23. 24   135, 2 Vom 13. October 1827, vgl. zu 130, 24   3 vgl. 89, 2. 183, 18. 234, 12. 13; Streckfuss meldet seine Ankunft in einem undatirten Briefe (vom 26? 27? September); vgl. Tageb. XI, 116, 4—8   10 vgl. zu 18, 2   12. 13 „Kunst und Alterthum": vgl. zu 201, 16. 17   13 Streckfussens „Aufsatz": vgl. zu 182, 8   15 vgl. 130, 13—16. 132, 19. 20   20 vgl. zu 130, 24   136, 3 Streckfuss am 13. October über die Lessmannische Über-

setzung: er fürchte für die Arbeit; „denn die Verlagshandlung, durch Konkurrenz besorgt gemacht, drängt und lässt dem Uibersetzer nicht die Zeit, welche ... erforderlich ist"
9. 10 Von Giovanni Battista Niccolini (1782—1861), vgl. zu 140, 19   12 vgl. zu 182, 8.

*94. Concept von Schuchardts Hand, Abg. Br. 1827, 196ᵇ 137, 8 daß g über und   9 erinnern] zu erinnern   die mir g über in denen ich   10 gewährten g über verlebte   Wohlwollenden] wohlwollenden g aus wohlwollend und   11 Der ich g aus Wie ich denn   Ihrer g aus für Ihre   ausgezeichnete [versehentlich stehen gebliebener Rest der ersten Fassung] 13 hoffend g nach hoffen darf   empfehle g aus empfehlend

Adressat war Buchhändler in Leipzig (1799—1832); zur Sache vgl. zu 96 d. B.   137, 7 Vermuthlich die Jubiläumsmedaille, vgl. Tageb. XI, 132, 25. 26; Fleischer dankt am 10. November (Eing. Br. 1827, 594).

*95. Vgl. zu 2677 (Bd. 9).   Johns Hand   137, 17 Oudet g in offen gelassener Lücke nachgetragen

137, 16 Johannes Wit, genannt von Dörring. Fragmente aus meinem Leben und meiner Zeit. Braunschweig 1827; vgl. zu 175, 9; Tageb. XI, 134, 23—26   17 Jacques Joseph Oudet (geb. 1773; tödlich verwundet bei Wagram 7. Juli 1809); er wird von Wit auf S. 31 erwähnt.

96. Handschrift unbekannt. Gedruckt: v. Biedermann, Goethe und Leipzig II, 328. Dazu ein Concept von Johns Hand, Abg. Br. 1827, 187, woraus zu bemerken: 138, 4 beym — empfinde John auf Riemer aus empfinde, die herrliche Gabe betrachtend   5 ein John auf Riemer über beyliegendes 6 welches — veranlaßt John auf Riemer über wobey sich mancherley denken läßt   9 kein Absatz   22 hatte John auf Riemer aus hatten   kein Absatz   23 Ihrem John auf Riemer aus Ihren   25. 26 fehlt mit Ausnahme des Datums   26 29.] 23.

138, 4 Den von Wagner herausgegebenen und Goethe gewidmeten „Parnasso italiano" (Dante, Petrarca, Ariost, Tasso) hatte der Verleger Fleischer (vgl. 94 d. B.) überbracht, vgl. Tageb. XI, 123, 23—26; den Begleitbrief Wagners, datirt „Leipzig Aug. 1827" erhielt Goethe durch Vermittlung eines Professor Wolf (O. L. B. Wolff?), vgl. Tageb. XI, 124, 2. 3 5 vgl. Tageb. XI, 125, 10. 11. 132, 23—25; der Becher zeigte die Widmung (Biedermann, a. a. O.): **Herrn Doctor Adolf Wagner Goethe.** MDCCCXXVII; Wagner dankt am 12. November.

*97. Concept von Johns Hand, Abg. Br. 1827, 197   139, 7 **jedoch nach bis   12 zu — Andenken** *g* **aus geneigten Andenkens** Dazu ein Vorconcept von Schuchardts Hand, Abg. Br. 1827, 196, woraus zu bemerken: 139, 2 **ich** fehlt   2. 3 **Deroselben — nehme**; **Dieselben um eine Gefälligkeit bitte   5 gegeben] zu geben   6. 7 welches — ist] es ist solches jedoch bey mir bis jetzt nicht eingelangt   8—11 Herr — einzuhändigen] Da ich nun sowohl dieses werthe Geschenk besitzen als auch dem vortrefflichen Mann dafür danken möchte, so wollte Dieselben ersuchen, mir einige Nachricht von den Hindernissen geneigt [geneigt** *g* **üdZ] zu ertheilen, welche bisher die Sendung aufgehalten und zugleich Anstalt zu treffen, daß mir dieselbe nächstens zukommen möge. Der Überbringer des Gegenwärtigen, angesehner Weimarischer Handelsmann, würde sich diesem [diesem nach mit] Auftrag wie er versichert gern unterziehen [Der Überbringer — unterziehen von John aR nachgetragen]   12. 13 mich — mich] die Ehre habe mich mit vorzüglicher Hochachtung**

Vgl. Tageb. XI, 130, 22. 23; Adressaten (lies: Treuttel, statt: „Treutel") waren Inhaber einer Strassburger und Pariser Verlagshandlung   139, 4 Vom 9. Juli 1827, übersendet durch den Kaufmann Gustav Schnell aus Königsberg (vgl. Eing. Br. 1827, 413), vgl. 239, 14; Tageb. XI, 100, 1—3. 136, 15; das Original, von Goethe ursprünglich seiner Autographensammlung einverleibt, ist verschollen (vgl. G.-Jb. VIII, 103), das Archiv bewahrt eine Übersetzung von Eckermanns Hand, die im Wesentlichen mit der von Eckermann in seinen „Gesprächen" (unter dem 25. Juli 1827) mitgetheilten Fassung übereinstimmt   6 vgl. zu 178, 20   11 vgl. Tageb. XI, 141, 21—23.

*98. Concept von Schuchardts Hand, Abg. Br. 1827, 196   139, 18 **möge** *g* **aR für solle   19 sich — erinnern** *g* **aus sich erinnern zu können   20 geneigte** *g* **üdZ   verpflichten nach dieser kleinen Angelegenheit [***g* **gestr.]   140, 1 letzte** *g* **über neuliche   2 lebendig** *g* **über neu   6 würden** *g* **aus würde   wie nach jetzt**

Vgl. Tageb. XI, 131, 12. 13   139, 16 Frommann, 23. October (Eing. Br. 1827, 514): „Ew. Excellenz empfangen hierbei Correctur zu dem Wiederabdruck der beiden Gedichte, die schon früher erfolgt sein würde, hätte ich nicht bisher Manuscript dazu erwartet in dem Glauben, dass vielleicht die Überschriften verändert werden sollten"; es handelt sich um Neudrucke von: „Am acht und zwanzigsten August 1826" (Werke IV, 274), vgl. 160, 19, und von „Die Feier des siebenten Novembers 1825 dankbar zu erwiedern", vgl. zu 160, 16; Frommann liefert die Drucke am 11. November ab (Eing. Br. 1827, 567), vgl. 181, 14   140, 1 vgl. Tageb. vom 7. 8. October 1827.

*99. Concept von Schuchardts Hand, Abg. Br. 1827, 196^b 140, 13 Hoage] Hagen   16 30. über 29.

Vgl. Tageb. XI, 131, 13—15   140, 9. 10 Heft 17 und 18 der „lithographischen Hefte": „Sammlung alt-, nieder- und oberdeutscher Gemälde" (vgl. „Kunst und Alterthum" VI, 2, 303); Boisserée an Goethe, 1. October: „Das Ihnen bestimmte Exemplar ist nebst jenem für den Grossherzog mit dem Postwagen an Sie abgegangen. Bei dem Exempl. für S. K. Hoheit liegt die Rechnung über diese und einige frühere Sendungen bei", vgl. 165, 10   13. 14 vgl. XLII Nr. 46.

100. Handschrift von Schreiberhand, nicht verglichen, war im Besitz von Vittorio Imbriani in Pomigliano d'Arco bei Neapel   141, 21. 22 g   Gedruckt: Archiv für Litteraturgeschichte XI, 386. Dazu ein Concept von Schuchardts Hand, Abg. Br. 1827, 192, woraus zu bemerken: 141, 1 Absatz bei Ich   4 mit mir g über auch   21—23 fehlt mit Ausnahme des Datums   23 1.—1827. fehlt

140, 19 Mit einem Schreiben vom 12. April 1827 hatte Poerio (1802—1848; über ihn und seine Beziehungen zu Goethe vgl. Archiv für Litteraturgeschichte XI, 386—395) das Trauerspiel „Antonio Foscarini" von Niccolini eingeschickt; in der Furcht, die Sendung möchte nicht in Goethes Hände gekommen sein, lässt er mit einem Briefe vom 17. September ein zweites Exemplar abgehen   141, 7 vgl. 136, 9. 10   8. 9 vgl. zu 18, 2. 130, 24   13. 14 vgl. zu 216, 19   Goethes Brief scheint erst am 20. November abgeschickt worden zu sein (Tageb.).

101. Vgl. zu Bd. 88 Nr. 194. Schuchardts Hand   145, 5 g Gedruckt: Zeitschrift für bildende Kunst, Bd. XV, 1880,

Heft 12; Eggers, Rauch und Goethe S. 171. Dazu ein Concept von derselben Hand, Abg. Br. 1827, 198, woraus zu bemerken: 142, ₂ bleibe g^s aus bleibt ₆ hat g^s üdZ ₉ ist g^s aR für hat ₁₁ auf — Verständniß g^s aus und innere Kenntniß ₁₃ ihn nach werden [g^s gestr.] ₂₂ immer g^s üdZ ₂₄ ein höchst g^s über etwas ganz ₂₆ kennen aus können 143, ₅ auf nach immer [g^s gestr.] 10 gemäß. Könnten aus gemäß und könnten 14. 15 der Ausführung aus die Ausführung 17 welche g^s aR für die 22 auf — folgende g^s üdZ 23 sehr g^s über so 24 es g^s üdZ 144, ₉ hätte g^s üdZ 13 nach Preis? folgt, g^s eingeklammert: Wie ist das Exemplar beschaffen? Oder [Oder g^s üdZ] wenn Sie eine Form darüber machen lassen, so will ich mir einen Ausguß davon um ein Billiges erbitten. Sollte dies bey Ihren großen Geschäfften nicht thunlich seyn, so entstünde die Frage, ob Sie mir ihn auf einige Monate [Monate g^s über Zeit] borgen wollten; denn ich habe freylich nicht lange Zeit mehr wenn ich mich an solchem Anblick noch erbauen will. 15 gesehen 16 verwahre g^s über besitze noch 17 zum Maaß g^s aus zur Größe 19 der einzige nach dieses [g^s gestr.] 20 an plastischer g^s aus am plastischen Kunst nach Alte[rthum] 21 neuerlich g^s üdZ den — Anstalten g^s aus der dortigen großen Liberalität 22 bequem nach so gar [g^s gestr.] 23 jene g^s über die 24 unserer Zeit] Tage 145, ₅. ₆ fehlt

141, ₂₄ nun: vgl. 116, ₂₃. ₂₄; Goethe beantwortet die ausführlichen Kunstnachrichten im Briefe Rauchs vom 18. October   142, 1 vgl. zu 67, ₂   ₆ vgl. zu 109, ₁₀. 11   15 vgl. 109, 19   ₂₆ Brandt kopirte die Reliefs vom Berliner Blücher-Denkmal Rauchs, vgl. 144, ₂₆   143, ₅ vgl. zu 236, 15. 16   ₈ Rauch berichtet über die fünfzehn Figuren aus der antiken Mythologie, die Tieck (in den Jahren 1825—1829) für ein Zimmer der Kronprinzessin Elisabeth im Königlichen Schloss anfertigte (vgl. G.-Jb. XVII, 50. 51; Hildebrandt, Friedrich Tieck, Leipzig 1906, S. 102)   11 vgl. zu 236, 15. 16   14 Moritz v. Bethmann (vgl. zu XL, 174, 16) war am 28. December 1826 gestorben   17 Rauch erklärt die Verzögerung durch die Nothwendigkeit, eine Marmorstatue (der Königin Louise) vorerst zu vollenden   144, 1 vgl. zu 145, 10   7. 8 vgl. XLII, 182, ₂₃—₂₅. 193, 18—194, ₅. 254, ₂₇—255, ₅   ₂₂ vgl. zu 96, 17   145, 1 vgl. zu 153, ₂₂. 23   ₃ vgl. zu 124, 1. 2.

102. Concept von Schuchardts (145, 7 — 146, 18; 147, 5 — 12) und Johns (146, 19 — 147, 4) Hand. Abg. Br. 1827, 200 145, 14 unb *g* über als bes 20 Dinger *g*¹ in offen gelassener Lücke nachgetragen 146, 1 unter] baß er unter 2 Mehr nach und deswegen 6 Reisen *g* aus Reise 7 setzen] setzt [versehentlich erhalten gebliebener Rest der ersten Fassung] 12 berselben] besselben 15 kleinen *g* aR Basrelief *Hawkins g* aR 147, 7 überbringen aus erbringen 10 versammelte *g*¹ üdZ

145, 8 vgl. zu 122, 19 10 Beuth am 13. Juli 1827 (in dem zu XLII, 274, 23 als nicht überlieferten bezeichneten Briefe): er habe einen Abguss der ehemals im Palaste Barberini, zur Zeit im Britischen Museum befindlichen „Apotheose Homers" erstanden und wolle für Goethe die eine oder andere Figur daraus abformen lassen; vgl. XLII, 276, 11; Tageb. XI, 116, 15. 16. 19. 20. 117, 5. 6. 14 — 18. 118, 5 — 7; Werke XLIX, 2, 25. 257 und in diesem Bande 93, 16. 17. 126, 22. 144, 1. 148, 18. 164, 10 14 Pietro Santo Bartoli (1635 — 1700), genannt Perugino, Kupferstecher Giovanni Battista Galestruzzi (1618 — 1661), Kupferstecher; Goethe benutzte: Übrig gebliebene Merkzeichen von den Römischen Antiquitäten, Nürnberg 1642 15 Athanasius Kircher (1602 — 1680), Jesuit, Archäolog und Naturwissenschaftler; er behandelt das Bildwerk in seinem 1671 erschienenen: Latium. Id est, Nova et parallela Latii tum veteris tum novi descriptio. S. 81 16 Gisbert Cuper (1644 — 1716), Archäolog: Apotheosis vel consecratio Homeri, Amst. 1683 Johannes Polenus, Mathematiker und Prof. der Philosophie in Padua: In Romanas et graecas Graevii et Gronovii antiquitates nova Supplementa. Tom. II. Ven. 1732 18 vgl. zu 201, 16. 17; der Aufsatz erschien erst in Bd. IV der „Nachgelassenen Werke" 22 vgl. zu 9, 21 146, 10 Beuth, 13. Juli 1827: „Zwölf Abgüsse von Statuen, worunter einige kürzlich in Pompeji gefundene, sind von Neapel für das Gewerbe-Institut unterwegs" 15 Beuth, 13. Juli 1827: „Kann ich mit einem Abgusse des schönen Bronze Medaillons von Hawkins (Venus und Anchises) oder Paris und Helena aufwarten...?"; vgl. XLII, 274, 24 und in diesem Bande zu 236, 18 20 vgl. XLII Nr. 189 27 Beuth antwortet am 15. November (Eing. Br. 1827, 620): „Die

Schale mit den Wettfahrenden Gottheiten habe ich in de la Chausse Museum Romanum gefunden, und daraus in die Vorbilder [für Fabrikanten und Handwerker] übernommen" 147, 5 vgl. zu 153, 22. 23.

Der bei S. Boisserée II, 490 vom 4. November 1827 datirte Brief an Boisserée gehört unter den 11. November: 113 d. B.

103. Vgl. zu 4102 (Bd. 14) 147, 13—149, 6 von Schuchardts Hand, 149, 7—150, 16 von der Johns 147, 18 bange] lange 149, 13 Das — gebeiht *g* aR 150, 9 zu *g* üdZ 15 *g*

mit Zelters Notiz: „Angek. 10. Nobr." Gedruckt: Briefwechsel IV, 435. Dazu ein Concept von Johns Hand, Abg. Br. 1827, 201 und (von 149, 7 ab) 203, woraus zu bemerken: 147, 21 daß nach der[gleichen] 21 finſteren 148, 3. 4 dieſer Genüſſe] dieſen Genüſſen 11—14 Gar — ſchreiben von Schuchardt aR nachgetragen 13 als nach oder 15 fährt *g* [?] aus für 17 Abbildungen [aus Abbildung] nach Abdr[ücke] 17 Stoſchiſchen *g* aus Stoſſiſchen 20 Entwicklungs- 25 mich aus mir 149, 2 Mißgeſchick *g* über Zuſtand 3 ſodann *g* üdZ 12 umſchlagenden nach ſich [*g* geſtr.] 13 Das — gebeiht fehlt 18 eigene 20 um nach von 21 und üdZ 24 dieſer *g* [?] aus dieſe 150, 1 kam *g* über kommt 8 in müßigen 15. 16 fehlt mit Ausnahme des Datums

Vgl. Tageb. XI, 133, 27. 28   147, 13 vgl. zu 153, 22. 23   14 vgl. zu 124, 1. 2   17 Werke XXVII, 113, 1 ff   148, 2 Zelter berichtet am 28. October über Henriette Sontag, vgl. zu 176, 19   5 Am 27. October 1827, vgl. Tageb. XI, 126, 25—27   11. 12 vgl. Tageb. XI, 126, 8. 9   17 vgl. zu 96, 17   18 vgl. zu 145, 10   21 vgl. zu 201, 16. 17   23 vgl. zu 69, 10   149, 1 vgl. zu 133, 6   5 „Jahrbücher für wissenschaftliche Kritik"; Goethe verwechselt den Mediciner mit dem Historiker Heinrich Leo (vgl. zu 196, 4)   8 Gedruckt: Briefwechsel IV, 433 (irrthümlich als Bestandtheil von Nr. 572)   10. 11 Am 29. October war Alma von Goethe geboren worden (vgl. Tageb.), vgl. 91, 12. 104, 7. 131, 10. 151, 21. 172, 8. 183, 27. 190, 7. 263, 10. 268, 28. 125/6 d. B.   14 vgl. zu 260, 12   16 vgl. zu 201, 16. 17   20 vgl. zu 157, 23   22 vgl. zu 104 d. B.

*104. Concept von Johns Hand, Abg. Br. 1827, 202ᵇ 150, 22 welche *g* aus welches 24 wollen *g* über werden 151, 3

Catalogs *g* [?] aus Catalog   meine *g* über einige   4 vermindernben *g* aus verminbernbe   enthaltenen] enthaltenben   5 mittheilen *g* aus mittheile   6 6 *g* in offen gelassener Lücke nachgetragen

Vgl. Tageb. XI, 133, 28   150, 19 Am 30. October (Eing. Br. 1827, 546)   19 vgl. 80, 17. 197, 25   22 Lechner fordert 22 Carolin in Gold   24 vgl. 119 d. B.

105. Vgl. zu 6243 (Bd. 22). Johns Hand   152, 5 vom] von   153, 6 Zukünftigem   20 *g* mit Müllers Notiz: „pr. 13. Nov. 1827 zu Ansbach"   Gedruckt: Greizer Zeitung. Nr. 259. Sonntag, den 7. November 1875. Dazu ein Concept von derselben Hand, Abg. Br. 1827, 208, woraus zu bemerken: 151, 10 vom aus von   12 wünschend *g* [?] aus wünschen   14 abermals] leider abermals   15 einer aus einem   17 beneiben *g* aus zu beneiben haben   18 meines Sohns *g* aR   20 erfüllt nach mit   22 sey *g* üdZ   24 habe *g* aus haben   152, 2 eher *g* über mehr   3 Absatz *g* angeordnet   5 vom *g* aus von   13 das nach und   22 nach Anzeigen *g* gestrichen: zu   28 was] um [aus unb] gar manches was   153, 3 unterrichtet] bekannt   5 unb] wie   6 Zukünftigem   13 bürfen *g* über würden   16. 17 burch—Unerfreuliches *g* aus eben baburch etwas Falsches unb Unerfreuliches   18—21 fehlt mit Ausnahme des Datums

Vgl. Tageb. XI, 134, 18. 19   151, 10. 11 vgl. Tageb. XI, 134, 13. 14   12. 13 vgl. Tageb. XI, 134, 10—12. 15. 16   14 vgl. 129, 21. 22   21 vgl. zu 149, 10. 11   152, 7 vgl. zu 201, 16. 17   9 vgl. zu 199, 2; Müller: Schelling habe ihm zu verstehen gegeben, dass eine Veröffentlichung des Gedichtes „wohl im Sinne des Königs" sei; er regt an, das Gedicht in das neue Heft von „Kunst und Alterthum" zu geben   11. 12 vgl. zu 200, 14. 15   20 Schmidmer hatte am 17. September 1827 gebeten, Goethe möge für das in Nürnberg zu errichtende Dürer-Denkmal, dessen Kosten durch Subscriptionen aufgebracht werden sollten, Subscribenten sammeln   153, 1 Rauch hatte den Auftrag der Dürer-Statue übernommen   10. 11 vgl. zu 41, 11.

106. Vgl. zu Bd. 40 Nr. 270. Concept von Johns Hand, Abg. Br. 1827, 205 b   154, 1 bas *g* aus ben   3 Als *g* üdZ   14 Biete — Zahlung über Bezahle   beykommender aus beykommenbe   15 Krigar] Kriger *g* aus Krigar   16 ba nach

und 19 und — be**y**liegenden *g* über mit nachstehendem be-
scheidenem [versehentlich stehen gebliebener Rest der ersten
Fassung]   21 hohen *g* üdZ   23 um nach und zwar direct be**y**
des H. Ministers von Altenstein Excellenz, dessen Wohlwollen
er sich schmeichelt, und [*g* gestr.]   25 hiernächst — Ortes *g* über
zugleich be**y** deinem H. Vater   155, 2 Staatsdienste *g* aus
Staatsdiensten   3. 4 doch — absagen *g* aus hier nur in dem Sinne
eines alten Freundes gerne gedenken   4—6 be**y** — könne *g* aus
ich be**y** glücklichem Gelingen mir, wenn auch nur (wenn auch nur
g über wenigstens) scheinbar, einigen Einfluß zuschreiben könne
(*g* aus könnte)   11. 12 die Überzeugung *g* üdZ   19 bescheidenen
g üdZ   21 *g*   Gedruckt: Weimarer Sonntagsblatt· Nr. 16.
20. April 1856. S. 140. Aus diesem Druck ist zu bemerken:
153, 22 Neffe] Alfred   24 das] was   154, 1 das] welches   5. 6
Mit — Sgr. fehlt   12 durchzubilden] auszubilden   14—155, 20
fehlt   21 7.] W., 6.

Vgl. Tageb. XI, 134, 20. 21   153, 22. 23 Alfred war am
31. October, von Heidelberg kommend, in Weimar eingetroffen;
Goethes Tagebuch erwähnt ihn zum letztenmal am 3. November; vgl. 145, 1. 147, 5. 13   24 vgl. 111 d. B.   154, 4 Von
Alfred mit Begleitbrief vom 11. November eingesendet (Eing.
Br. 1827, 560), vgl. zu 233, 16   8 vgl. zu 109, 10. 11   16 Krigar
hatte die für Schillers Sarg (vgl. zu 117/8 d. B.) bestimmten,
in Eisen gegossenen Buchstaben des Namens „Schiller" in
Berlin besorgt (vgl. Tageb. XI, 117, 21—23) und sie mit
einem vom 20. October datirten Begleitschreiben (Eing. Br.
1827, 550) eingeschickt, vgl. Tageb. XI, 130, 2. 3.

107. Handschrift von John in Varnhagens Nachlass
auf der Königlichen Bibliothek zu Berlin   156, 21. 22 vor-
tragen] vertragen   157, 20 *g*   Gedruckt: Th. Mundts Literarischer Zodiacus 1835, October, S. 265. Dazu ein Concept
von Schuchardts Hand, Abg. Br. 1827, 207, woraus zu bemerken: 155, 23 früheren *g* auf Riemer aus frühere   156, 7
Wort] traulich Wort   15 Ihren aus ihren   22 und so *g* über
daß   27 solle *g* aus soll   157, 20. 21 fehlt mit Ausnahme
des Datums   21 8.] 7. [*g* in offen gelassener Lücke nach-
getragen]

Vgl. Tageb. XI, 132, 5. 134, 19. 20   155, 23. 24 Mit einem
Briefe vom 25. October 1827 (gedruckt: G.-Jb. XIV, 71)

hatte Varnhagen die in seinem Besitz befindlichen Abschriften von 25 Briefen Goethes an Friedr. Aug. Wolf eingeschickt, die er schon in seinem Schreiben vom 14. Juni 1825 (gedruckt: G.-Jb. XIV, 67) angeboten hatte und um die er nun wahrscheinlich bei seinem Besuch in Weimar am 19. September 1827 (vgl Tageb.) gebeten worden war; sie liegen im G.-Sch.-Archiv unter den alphabetisch geordneten Briefen 156, 1 Varnhagen möchte die Briefe bald gedruckt sehen 6 Varnhagen: „Mir ist zugekommen [wohl durch Hegel, vgl. 26, 1—8], dass Ew. Excellenz mit unsern kritischen Jahrbüchern unzufrieden zu sein hie und da Veranlassung gehabt" 25 In einer Recension über „Zur vergleichenden Physiologie des Gesichtssinnes des Menschen und der Thiere" von Johannes Müller (vgl. zu 14, 11), Jahrbücher für wissenschaftliche Kritik 1827 Nr. 23—30; vgl. 26, 4. 5; Tageb. X, 302   157, 13 Varnhagen berichtet von den Vorlesungen, die Alexander v. Humboldt und Hegel für den Winter angekündigt hatten.

Ein nicht zur Ausführung gelangter Entwurf zu 107 d. B. findet sich von Johns Hand Abg. Br. 1827, 204:

Mit Ihnen ein Gespräch über deutsche kritische Literatur zu beginnen, wollte mir nicht recht von Herzen gehen; über das Besondere könnte man sich nur in der Reihe eines thätigen Zusammenlebens vollkommen verständigen. Das Allgemeinste jedoch und
5 worauf es im Ganzen eigentlich ankommt darf ich wohl unbewunden aussprechen. Dem Deutschen fehlt, woran seine Lage Ursache seyn mag, durchaus der Trieb, die Lust, das Bedürfniß, sich im geselligen Leben zu bilden, wogegen der Franzos ganz allein von und für die Gesellschaft existirt, daher denn auch was er schriftlich äußert
10 gewiß immer von dem größten Einflusse gekrönt wird. Ich habe den fünften Theil des *Globe* vor mir, bis zur 90ten Nummer und es ist unter den verschiedensten Rubriken immer derselbe Sinn, dieselbige Behandlung. Ein Zweck macht sich klar, alle auf den verschiedensten Wegen, jeder nach seinen besonderen Absichten und
15 Vorhaben ist im Allgemeinen mit seinen Mitarbeitern einverstanden,

---

2 über nach lassen Sie mich im Allgemeinsten   6 Dem] Den   8 von *g* [?] aus vom   15 ist über bis

der Statistiker wie der Theaterfreund, der Historiker wie der lüderliche Vaudevilliste, alle wirken in Gesellschaft, und wenn sie auch unter einander, wie wir nicht wissen, im Streite liegen, so merkt man es doch nicht in diesen Blättern; daher kommt das angenehme Gefühl daß wenn man auch mit ihnen nicht immer einig ist, man sich doch erfreut daß sie unter einander so einig sind und so heiter in Harmonie stehen.

In Deutschland dagegen sucht jeder seine Individualität eifrig zu bewahren, er bildet sich im Stillen von innen heraus und wenn er sich zuletzt oben im Freyen umzusehen glaubt, so findet er nur weniges was ihm vollkommen antwortet, da ihm denn auch niemand etwas ganz recht macht. Ich habe in meinem Leben hievon sehr viel gelitten und will davon nicht weiter fortfahren. Aber doch hinzufügen: es ist wirklich in diesem Sinne sehr angenehm und würdig daß in Ihren Jahrbüchern die Recensenten sich unterschreiben; man weiß, mit wem man zu thun hat, aber man muß sich doch immer mit Individuen herumschlagen; es ist kein allgemeiner Sinn mit dem man harmonirt, denn eine Redaction als Comitee kann am Ende nicht bewirken was am Anfang fehlte: Harmonische Zusammenbildung der Einzelnen. Da aber doch durchaus bedeutende Menschen als Mitarbeiter bey Ihnen zum Vorschein kommen, so ist es immer interessant zu sehen, wie sie sich äußern, und man beruhigt sich auch sobald man daran sich gewöhnt hat.

Wenn nun aber unter einer so edlen Firma, wie Ihre Jahrbücher sind, der gute und schätzbare Purkinje versichert, daß die wahre Heautognosie von Hypochondristen und Humoristen zu lernen sey, so jammert's einen denn doch, das Studium der Physiologie in das Lazareth verwiesen zu sehen; dergleichen Irrsale werden in Deutschland alsobald ansteckend, wie ja denn doch einen ächten Patrioten jammern muß, daß unsere bildende Kunst seit 30 Jahren an der Infection eines schwindsüchtigen Pfaffenfreundes in ihrem Tiefsten leidet, durch Frömmeley und Altdeutschley sich einmal aufzuerbauen trachtet und dann schnell wieder zusammensinkt. Und so wird es im sittlichen Fache werden, wenn durch die Zauberformeln unseres Piaristen die unglücklichen Todten wieder hervor-

---

    1. 2 lüderliche *g* [?] aus liederliche   18 dem] den   32 Infection *g* [?] aus Invection   ihren

gerufen werden, denen man nach so mancher Kränkeley und miß-
lungenen Versuchen die ewige Ruhe gönnen sollte, sich an ihren
Schwächen belehren sollte ohne daß man sie als Muster einer
Nation [aufstellte], die man nur zur That, im Unternehmen und
⁵ Forschen aufzuregen hätte.

    108. Handschrift von Kräuter, nicht verglichen, ehemals
im Besitz von Eduard Grisebach   158, ₆ bie — bezeichnen-
den] „Eigenhändige Korrektur Goethes"   11 g   Gedruckt:
Greizer Zeitung. Nr. 256. Mittwoch, den 5. November 1873.
Dazu ein Concept von Schuchardts Hand, Abg. Br. 1827, 211,
woraus zu bemerken: 157, ₂₃ hieben bie sich g üdZ ₂₄ auf
g üdZ   51] 52   belaufen g aR für betragend   Sie nach
Doch wü[nschte]   158, ₄ sehr g üdZ   ₆ bie — bezeichnenden]
solche   ₈ wollen] wollten   9. 10 von Johns Hand   11. 12 fehlt
mit Ausnahme des Datums (von Johns Hand)

    Vgl. Tageb. XI, 135, ₁₀   157, ₂₃ Börner hatte am 21. Oc-
tober (Eing. Br. 1827, 522) die 24, ₁₆—₁₉. 57, ₂₁. ₂₂ bestellten
Zeichnungen von Schütz und Giulio Romano (dieses der
angebliche „Meister" von Nr. 745) sowie drei von den in
44 d. B. verlangten Hackertischen Handzeichnungen eingeschickt, vgl. 149, ₂₀. 162, ₁₃, sowie eine Mappe mit Zeichnungen zur Auswahl, vgl. Tageb. XI, 130, ₃—₆. ₁₆. ₁₇   ₂₅ vgl.
110 d. B.   158, ₈ Börners zustimmende Antwort vom 13. November (Eing. Br. 1827, 592); vgl. 121 d. B.

    *109. Concept von Johns Hand, Abg. Br. 1827, 202
158, ₁₈ angenehmeres begegnen g üdZ   ₁₉ mir über für   ₂₁ ein
aus eine   159, ₁ nach lassen folgt, g gestrichen: da man
auch wohl versucht ist es vor Hornblende zu halten   ₂ Eiform
g aus eiförmiger Gestalt   ₈ im — Kreise aR   9—12 b. Färber —
könnten von Schuchardt aR nachgetragen   12 mir — könnte]
statt dessen lies: wir nutzen könnten   es über dieses Gestein
15 im — Gebirg g aus eines so hohen Gebirges   Auf Blatt 201ᵇ
findet sich von Schuchardts Hand ein Nachtrag, ohne Bezeichnung, wo derselbe einzuschieben sei (vielleicht nach
könnten 159, ₁₂): Nähme man an, es sey ein durch Gluthen ver-

---

    ₅ Am Schlusse: *NB. Vorstehendes* ist zurückgeblieben und
dagegen das Schreiben *fol.* 98 abgegangen.

änbertes Gestein, was war es wohl vorher in seinem primitiven Zustanbe?

Vgl. Tageb. XI, 135, 1. 2   158, 14 Mit einem Briefe vom 27. October (Eing. Br. 1827, 542) hatte Leonhard „trachytische Gesteine aus dem Siebengebirge" übersandt; Überbringerin war Caroline Bardua, vgl. Eing. Br. 1827, 540; Tageb. XI, 132, 10—12   21 vgl. Tageb. XI, 135, 25. 26   23 Leonhard antwortet ausführlich am 20. November (Eing. Br. 1827, 622) 159, 6 Es war ein Geschenk Lössls, vgl. XLII, 244, 1—5, der das Mineral mit einem Briefe vom 15. October eingeschickt hatte (Eing. Br. 1827, 518); vgl. Tageb. XI, 128, 12. 13   9 Johann Jakob Ferber [nicht: Färber], Mineralog und Montanist (1743—1790).

*110. Concept von Johns Hand, Abg. Br. 1827, 211 159, 24 nach Poften folgt, g gestrichen: auszahlen zu laffen 160, 4 Quittungen g aus Quittung

Vgl. Tageb. XI, 135, 2   159, 24 vgl. 108 d. B.

*111. Vgl. zu Bd. 40 Nr. 270. Concept von Johns Hand, Abg. Br. 1827, 209b   160, 7 Schebel g aus Schäbel Brandts] Branz [? Bronz?]   20 eine] ein   22 und jenem g aus in jenem 161, 2 gefällig g aR

Vgl. Tageb. XI, 135, 11—13   160, 7 vgl. 158, 24   9 Genfer Medaille: die Medaille Bovys vom Jahre 1824, vgl. zu 161, 7; Seidel: Carl Ludwig Seidel (1788—1844), Schriftsteller und Ästhetiker in Berlin, hatte zum 28. August 1825 (Eing. Br. 1825, 206) eingeschickt: „Charinomos. Beitrag zur allgemeinen Theorie und Geschichte der schönen Künste" Bd. 1, vgl. Tageb. X, 98, 12. 13; Unterhaltungen mit Müller³ S. 138; Seidel dankt für die Medaille unter Beifügung des zweiten Bandes am 12. Januar 1828 (Eing. Br. 1828, 53; Tageb. XI, 170, 19)   10 Friedrich Schulz (1769—1845), Justitiar in Berlin, Schriftsteller (vgl. Goedeke, Grundriss Bd. 3, erste Auflage, S. 636), Theilnehmer an den Berliner Geburtstagsfeiern zu Ehren Goethes (vgl. G.-Jb. XIV, 133. 134), der „Theater-Schulz", hatte mit einem Briefe vom 8. September 1825 (Eing. Br. 1825, 420) eine literarische Gabe eingesendet; als Dank für die Medaille lässt er durch Nicolovius (25. November) seine Geschichte des Berliner Theaters überreichen, vgl. Tageb. XI, 154, 16—18   11 Die Brandt'sche Goethe-

Medaille zum 7. November 1825   13 Dieselbe? (in Bronze?) Oder die Bovy'sche in Bronze? Nicolovius, am 25. November (Eing. Br. 1827, 587): Rudolphi danke für die „Florentiner" (statt Genfer?) Medaille   Rudolphi: Nicolovius an August v. Goethe, 4. November (Eing. Br. 1827, 554): „Bitte Deinen Vater auf dem Zettel, den ich gestern anfertigte [vgl. 160, 7], gefälligst noch: 'Medaille für Rudolphi' anzureihen"   14 Für Alfred selbst; er dankt am 25. November   15 vgl. Tageb. XI, 102, 23—25   16 „Die Feier des siebenten Novembers 1825 dankbar zu erwiedern" (vgl. XLI Nr. 57; Werke V, 2, 27: E^2 zu „Sah gemahlt in Gold und Rahmen"), vgl. 98 d. B.   18 „Am acht und zwanzigsten August 1826", Werke IV, 274, vgl. 98 d. B.   22 vgl. Tageb. XI, 132, 13. 14   161, 2 vgl. zu 233, 16.

112. Vgl. zu Bd. 37 Nr. 53.   Schreiberhand   162, 9 *g*   Gedruckt: H. Uhde, Goethes Briefe an Soret S. 33. Dazu ein Concept von Schuchardts Hand, Abg. Br. 1827, 210, woraus zu bemerken: 161, 8 𝔥𝔦𝔢𝔯𝔟𝔢𝔶   11 𝔤𝔢𝔣ä𝔩𝔩𝔦𝔤𝔢 über eine kleine   18 innern *g* üdZ   21 𝔰𝔢𝔶 *g* aR für 𝔦𝔰𝔱   162, 4. 5 𝔫𝔞𝔱𝔲𝔯𝔥𝔦𝔰𝔱𝔬𝔯𝔦𝔰𝔠𝔥𝔢𝔪   9. 10 fehlt mit Ausnahme des Datums

Vgl. Tageb. XI, 135, 22. 23   161, 7 Am 10. November (Eing. Br. 1827, 555) erinnert Soret an die Bezahlung der durch ihn von Bovy besorgten Medaillen (vgl. XLII, 237, 18—25), nämlich:

„50 Médailles en bronze en Juin 1827 à 3 f. 50 c. pièce

10 Médailles en argent à 11 f. 50 c. pièce. Sept. 1827", zusammen 60 Medaillen zu 290 fr.; diese Summe rechnet Soret, indem er 300 fr. gleich setzt mit 80 rh., irrthümlich um in 87 rh. 8 gr., da sie wirklich nur 77 rh. 8 gr. beträgt; er sendet den Überschuss am 15. November (Eing. Br. 1827, 564)   12 Soret: „En retour de cette belle et grosse somme, je viens mettre à Vos pieds les petites monnoies Genevoises que j'ai eu l'honneur de Vous promettre dans le tems"   13 vgl. zu 15, 19. 20; Tageb. XI, 133, 10—12. 21—23   16 Soret übersendet gleichzeitig seine in der Genfer „Bibliothèque universelle des sciences, belles lettres et arts", Bd. 36 S. 52—62 gedruckte Besprechung der zweiten Auflage des „Handbuches der Oryktognosie" von v. Leonhard (vgl. XLII

Nr. 50) 162,1 Carl Alexander war am 4. November erkrankt (Fourierbuch), vgl. 379,10.

113. Vgl. zu 6161 (Bd. 22). Johns Hand 162,15 Stoffischen 21 aufregen] aufregt 163,15 leichter nach zu leiten seyn 25 genannten 164,15 unerforschlichem 165,5 g 11 Großherzogl. 166,3.4 g Gedruckt (mit dem falschen Datum: „Weimar, 4. November 1827"): S. Boisserée II, 490. Dazu ein Concept, 162,11—163,16 in unmittelbarem Anschluss au das Concept zu 76 d. B., von Schuchardts Hand, Abg. Br. 1827, 180, die Fortsetzung, von 163,17 an, Abg. Br. 1827, 212, und zwar 163,17—165,6 von Schuchardts, 165,7—166,5 von Johns Hand. Aus diesem Concept ist zu bemerken: 162,19 müssen g aus muß 21 aufregen] aufregt 22 Absatz g angeordnet Begriff des g üdZ 24 Restaurator g aus Restaurators 163,2 besonders] besonders sich dazu üdZ 9 nunmehr g üdZ schon g üdZ seine nach nun [g gestr.] vor 17: Fortsetzung 17 machte g aus mache 18 Roman] historischer Roman 164,2 Was geschehen g in offen gelassener Lücke und üdZ 6 plastisches g aus das plastische 7 fernere üdZ Gypsausgüsse 165,5.6 fehlt mit Ausnahme des (von John angefügten) Datums 7 Beykommendes g über Vorstehendes wegen nach bittet 11 Großherzoglicher] der Großherzogl. 12 Diese g aus Auch diese 13 abermals g üdZ 14 eigene 166,3—5 fehlt mit Ausnahme des Datums

Fortsetzung zu 76 d. B.; vgl. Tageb. XI, 135,23.24 162,13 vgl. zu 157,23 15 vgl. zu 96,17 23—163,8 vgl. zu 74,1—10 163,8.9 vgl. zu 59 d. B. 18 vgl. zu 18,2 19—23 vgl. 32,11—15 27 vgl. zu 18,14 164,1 vgl. zu 130,24 8 vgl. zu XLII, 274,4 10 vgl. zu 145,10 21 Carl Simrock hatte seine Übersetzung mit einem Schreiben vom 17. Mai 1827 eingesendet; vgl. Werke XLII, 2, 471 165,10 vgl. zu 140,9.10 16 vgl. zu 208,19.20.

114. Vgl. zu 268 (Bd. 2). Schuchardts Hand 166,21 herauf:,] herauf 169,7 g Gedruckt: Briefwechsel II, 379. Dazu ein Concept von derselben Hand, Abg. Br. 1827, 214^b, woraus zu bemerken: 166,18 und g^s üdZ 19 darin g^s üdZ 19.20 ermuthigt habe g^s aus ermuthigte 21 Komma g^s verdeutlicht 24 Reflexion g^s aus Reflexionen 167,4 beschauen] beschauen, zu überschauen 5 es] sie 14 und anregen g^s üdZ

16 und üdZ 21 die üdZ Clienten *g*¹ über Begünstigten 22 ertheilte nach vergönnte [*g*¹ gestr.] 28 ermäßigen *g*¹ üdZ „ermässigen" nach Adelung dialektisch für „ermessen" 168,7 konnte *g* aus konnt 15 in über mit 16 man *g* über daß 17 beiderseitigem — Aufschließen *g* aus beiderseitiger Entwickelung und Aufschließung sich nach man [*g* gestr.] 19 habe *g* über war in Ansehung *g* in offen gelassener Lücke nachgetragen 23 ihr aus ihnen philosophischer *g* aus der philosophischen 25 förderlich ward *g* aus sich fördernd erwies 169, 7. 8 fehlt Vgl. Tageb. XI, 137, 4 Antwort auf Knebels Brief vom 10. November 1827 (ungedruckt) 166, 8 Knebel: „Dein magisches Dichterwerk habe ich nochmals studirt, und bin über den Reichthum der Gedanken darin in Erstaunen gerathen. Über die Treflichkeit des Werkes lässt sich wohl nichts sagen — doch möcht' es nicht jedem sogleich verständlich werden" 167, 6 Knebel: „Ich habe es mit unserm Freunde Lyncker durchtraktirt, und dieser hat sogar einen kleinen Kommentar darüber geschrieben" 13 Knebel antwortet am 16. November (gedruckt: Briefwechsel II, 382): „Mit Lyncker will ich Unterhandlung pflegen. Sein Kommentar betrifft nur das Geschichtliche" 22 vgl. zu XLII, 263, 1; Knebel am 16. November: Durst gehe als Zeichenlehrer an das Gymnasium zu Aarau in der Schweiz 168, 4 Knebel am 10. November: „Du hast ... kürzlich treflichen Besuch von Berlin gehabt. ... Hofentlich hat doch H. Hegel seine Sophisterei mit Philosophie vertauscht. Er ist ein feiner Kopf"; Hegel in Weimar: vgl. zu 118, 27; Zelter: vgl. zu 122, 19 27 vgl. zu 128 d. B.

*115. Concept von Schuchardts Hand, Abg. Br. 1827, 213ᵇ 169, 11 habe aus haben Zeichnung 12 besonders nach und 13 finden *g* über gefunden haben 17 ich *g* üdZ

169, 9 Friedrich Beuther war Theatermaler in Cassel 170, 1 „Skizzen und Umrisse zu Shakespears Dramen, erfunden und radirt von Ludwig Sigismund Ruhl", gedruckt: „Kunst und Alterthum" VI, 2 (vgl. zu 201, 16. 17), S. 316 und „Leonore von Bürger. In 12 Umrisstafeln, erfunden und gezeichnet von (Prof.) J[ohann] Chr[istian] Ruhl", gedruckt: ebenda S. 315; vgl. Tageb. XI, 138, 3—6 3 vgl. Tageb. XI, 137, 13. 14.

*116. Concept von Schuchardts Hand, Abg. Br. 1827, 214   171, 7 entrichte Riemer über schuldig bin   10 wenden Riemer aR für richten   11 Genüge Riemer über Genügsamkeit   12 entspringend g^s aus entspringen   höheren g^s über ihren   13 fand g^s nach kam

Vielleicht nicht abgegangen, vgl. 252, 18—22   170, 6 Erschienen 1822—1824; vgl. Werke XLI, 2, 157; Unterhaltungen mit Müller³ S. 119   13 Übersendet mit einem Begleitbrief vom 23. October 1827; vgl. Tageb. XI, 132, 15. 16. 135, 19—21. 136, 10—12. 137, 3. 4   171, 13 Wachler: „Kummer hat mein Herz gebrochen, Krankheit Leib und Geist geschwächt."

117. Vgl. zu Bd. 33 Nr. 198. Johns Hand   171, 19 berühmtem   20 Hood   21 u. Papier g üdZ   172, 4. 6 Anführungszeichen g 173, 10 rothsamtgefütterten   20 g Gedruckt: G.-Jb. XIX, 68. Dazu ein Concept von Johns Hand, Abg. Br. 1827, 210ᵇ. 211ᵇ, woraus zu bemerken: 171, 20 Hood g üdZ   22 und g üdZ   24 empfange   172, 1 herrlichen g über schönen   16 lakonisch g aus lakanisch   19 welchen g aus welchem   173, 3 Statt des Namens eine Lücke   5 offene   10 rothsamtgefütterten   15 Wunsche g aus Wunsch   17 auch g über und   18 künstlerischem g aus künstlerischen   20. 21 fehlt mit Ausnahme des Datums

Vgl. Tageb. XI, 137, 21. 138, 6. 7   171, 20 Robert Hooke (1635—1703)   23 Vom 10. November 1827, gedruckt: G.-Jb. XIX, 60, vgl. Tageb. XI, 137, 20. 21   172, 8 vgl. zu 149, 10. 11   13 Jenny v. Pappenheim? Eher wohl eine Figur aus einem Dichtwerke   20 vgl. zu 122, 19   21 vgl. zu 15, 2   24 vgl. zu 118, 27   26. 27 vgl. 263, 12   173, 3 James Lawrence, vgl. 242, 21   9 vgl. Tageb. XI, 135, 17—19. 136, 14. 137, 14. 15; George Canning war am 8. August gestorben, vgl. zu 106, 3; Tageb. XI, 97, 5—7   Beigegeben war dem Briefe ein Ring, für den Adele sich am 25. December 1827 bedankt (G.-Jb. XIX, 65).

Eine in jetzt verschollenen Acten der Grossherzoglichen Bibliothek zu Weimar vorhanden gewesene Niederschrift findet sich gedruckt: Julius Schwabe, Schiller's Beerdigung und die Aufsuchung und Beisetzung seiner Gebeine. Leipzig. 1852. S. 118:

Nachdem Ihre Königl. Hoheit der Großherzog unterm 24. Sept. gnädigst geäußert, daß Höchstdieselben in mannichfaltigen Betrachtungen den Entschluß gefaßt, zu denen auf Großherzogl. Bibliothek befindlichen Resten unseres edlen Schiller auch den bisher davon
5 getrennten und abgesondert verwahrten Schädel hinzufügen zu lassen, nicht weniger geneigt seien, diesen glücklicher Weise wieder zusammen gebrachten Gebeinen bis auf Weiteres einen Platz in der auf dem neuen Friedhof erbauten Großherzoglichen Familiengruft gnädigst zu gönnen, so hat man vor allen Dingen nöthig
10 erachtet, für ein dauerhaftes, manchen Zufälligkeiten widerstehendes Gefäß Sorge zu tragen, sobald aber solches bereitet worden, nachverzeichnete Behandlung angeordnet.
Weimar, d. 16. Nov. 1827.

Dazu ein Concept von Johns Hand, Abg. Br. 1827, 228 b, woraus zu bemerken: 1 Ihre] Ihro unterm] unter dem Sept.] Novbr. 4 Schillers 5 abgesondert g^1 über besonders verwahrten g aus bewahrten 6 nicht weniger g nach auch dieses über und alsdann geneigt seien üdZ diesen g nach den dieses g über die sämmtlichen wieder g üdZ 7 gebrachten] gebrachten, meist vollständigen Gebeinen g aus Gebeine bis nach denenselben [g gestr.] 8 Großherzoglichen fehlt 10 manchen] allen 11 sobald aber g^1 aus und sobald 11. 12 nachverzeichnete g^1 aus nachverzeichnet dieses g aus nachstehende 12 Behandlung] Handlung angeordnet g nach anzuordnen

Vielleicht erst am 6. December entstanden als Vorbemerkung zu dem die Beisetzung Schillers behandelnden Actenfascikel, vgl. 200, 6, und also vordatirt. Das Schreiben Carl Augusts an Goethe vom 24. September gedruckt: Briefwechsel II, 306; Schwabe, a. a. O. S. 117; vgl. 200, 3 und 61 d. B. Über die Beschaffung der Buchstaben zur Aufschrift auf den Sarg vgl. zu 154, 16. Weiteres zur Sache vgl. 122, 21. 200, 2. 217, 1; Tageb. XI, 116, 10—12. 25. 26. 117, 2—4. 130, 10. 11. 138, 13. 14.

118. Vgl. zu Bd. 39 Nr. 65. Johns Hand 174, 13 g Gedruckt: Fischer, Briefwechsel zwischen Goethe und Göttling S. 21. Dazu ein Concept von Schuchardts Hand, Abg. Br. 1827, 206 b, woraus zu bemerken: 174, 2 können] könne 18. 19 fehlt mit Ausnahme des Datums 19 17.] 16.

Vgl. Tageb. XI, 138, 8—10   173, 23. 24 vgl. 125, 1. 204, 1.
231, 10; Tageb. XI, 136, 21; Göttlings Aufsatz steht „Kunst und
Alterthum" VI, 2, 233   174, 3 vgl. zu 201, 16. 17   4 Bd. V
von C^1; Göttling schickt das revidirte Exemplar zurück am
25. November (in dem zu 151 d. B. genannten Fascikel, Bl. 13),
vgl. 201, 9. 10   6 vgl. 128, 7   7. 8 vgl. zu 215, 17. 18   8. 9 vgl.
zu 180, 2. 3   10 Göttling antwortet am 25. November: „Die
neue Lieferung werde ich vor meiner Abreise mit alter Lust
und Liebe durchsehen"   12 vgl. zu 200 d. B.   13. 14 vgl.
zu 180, 5.

*119. Concept von Johns Hand, Abg. Br. 1827, 217
174, 22 bem g aus ben   23 Nürnberger g über dortigen   175, 4
gehabten g über mir baldigst zu notirenden   4. 5 anher — er=
statten g und John aus Kosten zu ungesäumter Erstattung anher
gefällig zu melben

Vgl. Tageb. XI, 138, 10. 11. Zur Sache vgl. 104. 132 d. B.
*120. Concept von Johns Hand, Abg. Br. 1827, 216^b
175, 11 zwiespaltige   12. 13 beykommenber g aus beyliegenber
17 beyfüge g aus beylege   der aus bem   18 Abhandlung g über
Schrift dieses über Heft   einigen nach den   19 sich üdZ
20 wohl g aR   20. 21 verfehle nicht g über warte   21 ber neuen
nach mei[uer]   22 aufzuwarten g aus auf

175, 9 Wahrscheinlich Wit. gen. v. Dörring, Fragmente
aus meinem Leben und meiner Zeit, von Carl August mit
einem vom 27. October datirten Briefe (gedruckt: Briefwechsel II, 306) mitgetheilt, vgl. Tageb. XI, 129, 8—10, von
Goethe sicherlich nicht, wie es Tageb. XI, 129, 15. 16 heisst,
am 28. October zurückgeschickt, da das Buch noch Tageb.
XI, 129, 23. 24 erwähnt und am 29. October an Meyer geschickt wird, vgl. 137, 16. 185, 12   13 vgl. Tageb. XI, 101, 19. 20
16 vgl. zu 184, 16. 17   18 vgl. zu 187, 25. 26   19 vgl. zu 186,
15. 16. 282, 15; Carl August schickt den Brief Sternbergs und
die Hefte der böhmischen „Monatschrift" zurück am 22. November (Briefwechsel II, 307); der von Carl August gelobte
Beitrag „Kassa und Biwoi" steht im Octoberheft 1827   21
vgl. zu 180, 2. 3; Tageb. XI, 156, 8—10; Werke IV, 283.

Ein Bericht der Oberaufsicht an den Herzog Friedrich
von Sachsen-Altenburg vom 18. November 1827 über Angelegenheiten der Universitäts-Bibliothek in Jena, Concept

von Johns Hand nebst Vorcoucepten und Vorarbeiten von John, August und Goethe selbst, im Fascikel des G.-Sch.-Archivs „Bibliothek Jena (Jena und hiesige Verhältnisse)"; vgl. Tageb. XI, 137, 5—7. 19. 20. 138, 11. 12. 140, 11. Vgl. auch 144 d. B.

121. Handschrift von Schuchardts Hand unbekannt (vgl. Verzeichniss einer werthvollen Autographensammlung, welche am 7. Dezember 1887 versteigert werden soll. Leipzig, List und Franke)   176, 16 *g*   Gedruckt: Greizer Zeitung. Nr. 256. Mittwoch, den 5. November 1878. Dazu ein Concept von derselben Hand, Abg. Br. 1827, 217, woraus zu bemerken: 176, 7 Notiz nach einige [*g* gestr.]   7 ben Vorräthen] bem Vorräthigen   Entschluß] Zuschuß   13 Manne ihn aus ihm   16. 17 fehlt mit Ausnahme des Datums

Vgl. Tageb. XI, 139, 13—15. Zur Sache vgl. zu 157, 23.

122. Vgl. zu 4102 (Bd. 14). Johns Hand   178, 2. 3 und — Zustand] man erwartet: „und ihres mehr oder weniger elastischen Zustandes"; der fehlerhafte Ausdruck ist bewahrt geblieben: Goethe hat sich durch Einführung des „deren" das Bewusstsein der syntaktischen Zusammengehörigkeit von „Einwirkung" und „Zustand" getrübt 179, 10 ben *g* aus bie   Schlafröcken *g* aus Schlafröcke   27 *g*

Mit Zelters Notiz: „24 angek." Gedruckt mit verschiedenen Auslassungen (177, 7—10 Das — scheint; 177, 17—20 So — gekommen; 178, 11—19): Briefwechsel IV, 440. Dazu ein Concept von Schuchardts Hand, Abg. Br. 1827, 217ᵇ, woraus zu bemerken: 176, 21 Brouillamini *g* aR zur Verdeutlichung wiederholt   177, 1 Montags üdZ   2. 3 veranstaltete *g* über gab   7 hiesige nach höchste [*g* gestr.]   10 Schultern — haben *g* aus im Stande zu seyn   12. 13 außer Maßen und Geschick *g* aus außermaßen geschickt [Hörfehler für: „ausser Mass(?) und Geschick"]   13 unsrer   178, 3 auf — Stimme *g* üdZ   6 Geh.] Geheime   7 sende über denke   Nach 10 folgt (unten aR) ein Datum: Weimar ben 21. Nov. 1827.   11—179, 3 Von Johns Hand   11. 12 Abtrag *g* (?) aus Abtragen   13 beinen   2υ bie nach erst [*g* gestr. ?]   24 enthalt   25 nehme *g* aus nehm   bas Buch *g* über es   26 Amerikanischen   179, 1 wieviel wundersames *g* aus was wunderfames alles   hat *g* aus hatt   2 gehen *g* aus gegen   4—21 Von Schuchardts Hand   4 bas *g* über

dasselbe   4. 5 ſich betragend *g* üdZ   8 beſchweren *g* aus be=
ſchwören   9 beſten *g* über erſten   10 den *g*¹ über die Schlaf=
röcken *g*¹ aus Schlafröcke   Diese Bleistiftcorrecturen sind erst
bei Aufnahme der ganzen Stelle in den Brief an Sternberg
vom 27. November vorgenommen worden (vgl. 189, 12)   10. 11
des—Stunden *g* üdZ   12 da *g* aus dagegen   nach ſie *g* gestrichen:
ſich   12. 13 du — wirſt] Bei Aufnahme der ganzen Stelle in
den Brief an Sternberg vom 27. November hat Goethe mit
Bleistift hier eine Änderung vorgenommen: wohl erinnerlich
über du dich wohl erinnern wirſt [vgl. 189, 14]   13 ſich *g* üdZ
18. 19 zu verwerfen aus verworfen   19. 20 Reſolution *g* aus die
Reſolution, die   22—28 Von Johns Hand   22 ermahnt nach
und [*g* gestr.]   23 ermuntert *g* aus aufgemuntert   27. 28 fehlt
mit Ausnahme des Datums

Vgl. Tageb. XI, 139, 16   176, 19 Die Sängerin Henriette
Sontag (1806 — 1854), vgl. 148, 2   177, 4 vgl. Tageb. XI,
136, 5—7   6. 7 vgl. XLI, 142, 24. 144, 22   9 Joh. Nepomuk
Hummel   11 Zelter am 7. November (die Stelle ungedruckt): „Der Vetter Alf — anz bringt mir so eben Deine
frischen Grüsse zu heiterm Frühstück. Hat er die unsüsse
Geschichte [vgl. zu 124, 1. 2], wie sie ihm in seiner Nähe
bekannt seyn muss, Dir eben so konfuse vorgetragen [vgl.
147, 13 — 15] wie mir so hast Du Vorstellung von der Umgebung worinn sich der arme Vater gefällt oder nicht.
Lauter Leute deren jedem Eine Potenz abgeht, … Wäre
das Kind schuldig so ist der Vater doppelt geschlagen.
Jedermann aber hält sie für unberührt ja tadelfrei — und
solch ein Kastratensohn darf laut aussprechen dass er den
Priestersegen vorsäzzlich entweiht habe um die Tochter
eines berühmten Künstlers im Brautbette zur Hure zu
machen und dann ruhig seine Strasse zu gehn wie ein
Hund von der Tiffe"   26 vgl. zu 201, 16. 17   178, 4 vgl.
Briefwechsel III, 383 — 385   7 vgl. zu 182, 6   8 vgl. zu
182, 14. 183, 7   12 Zelter im Briefe vom 30. October — 3. November (die Stelle ungedruckt): „Ich habe wohl daran gedacht und doch vergessen Euerm Hofmedikus (Carl Vogel,
vgl. Tageb. XI, 124, 11. 12. 125, 1. 2] eine Gratification da zu
lassen für eine Untersuchung meines Bruches. Es findet
sich wohl eine Gelegenheit den Schaden einzubringen"

178, 20 vgl. 139, 6. 188, 22. 194, 4. 239, 16. 17. 267, 11. 283, 21; XLII Nr. 218; Tageb. XI, 139, 2. 3; Werke XLII, 2, 478 20— 179, 14 wiederholt 188, 22—189, 16   179, 15 vgl. zu 260, 12.

Ein Schreiben der Oberaufsicht vom 22. November 1827, Johns Hand, an Professor Aemil Huschke in dem zu 36/7 d. B. genannten Fascikel, Bl. 17: Huschke erhält das vom 16. November datirte grossherzogliche Rescript (in demselben Fascikel, Bl. 18), worin ihm (und Göttling) zu einer Reise nach Italien Urlaub bewilligt wird. Vgl. zu 275, 3; Tageb. XI, 139, 27. 28.

Ein Folioblatt (bei den Briefen an Streckfuss liegend) enthält ausser Vorconcepten zu 124. 126 d. B. von Johns Hand das Concept eines Briefes ohne Adresse (vermuthlich an Soret gerichtet), das man trotz der Notiz: *Exp. eod.* unter die Lesarten geglaubt hat verweisen zu müssen:

Beykommendes Buch übersende, theuerster Herr und Freund, auf Befehl Ihro Kaisrl. Hoh. der Frau Erbgroßherzogin, denn ich würde Sie gern mit einer Lectüre verschonen, die noch leibiger ist als Druck und Papier womit sie sich uns darstellt.

5 Möchten Sie einen der nächsten Abende mich wieder einmal mit Ihrer freundlichen Gegenwart beglücken, so würde ich dafür sehr dankbar seyn. Es kommen so manche hübsche Sachen bey mir an, die ich Freunden gern mittheilte, die sich aber nach einiger Zeit verbergen und verstecken. Vielleicht auch wäre es unterhaltend
10 für Ihren lieben Prinzen wenn er wieder vollkommen genesen ist einige Morgen bey uns zuzubringen.

Weimar den 23. Novbr. 1827.

379, 10 vgl. zu 162, 1.

*123. Concept von Schuchardts Hand in dem zu 15 d. B. genannten Fascikel, Bl. 48   180, 1 in über wie   2 angekündigten g^s aus angekündigte   3 meiner Werke g^s üdZ   12 Lieferung g^s aus Lieferungen   13 Sperrung g^s angeordnet   15 ebenso   16 ebenso   18. 19 wohl babey g^s über allenfalls

Vgl. Tageb. XI, 140, 20. 21   180, 2 Vom 9. November 1827 (in dem zu 15 d. B. genannten Fascikel, Bl. 45), mit

---

8 an g üdZ   9 verbergen nach bey mir [g gestr.]   11 uns über mir

der Nachricht, dass die Exemplare der zweiten Lieferung (Bd. VI—X) von C^1 abgeschickt seien, vgl. 127, 17. 130, 11. 174, 8. 9. 175, 21. 181, 8. 201, 3. 215, 16. 221, 2. 3. 243, 3. 4. 249, 12 5 Mit einem Schreiben, das mit einem sonderbaren Irrthum vom 8. Mai [so?] datirt ist (in demselben Fascikel, Bl. 46), übersendet Reichel: den letzten Aushangbogen von C I (vgl. 127, 17), Bogen 8—10 von C II (vgl. 127, 17. 213, 12), Bogen 1. 2 von C^1 XI (vgl. 64, 10. 213, 12), endlich das 128, 15 verlangte Exemplar von C I, jedoch auf Velin-, nicht auf Schweizerpapier, vgl. 21, 11. 174, 13. 14; Tageb. XI, 137, 11. 12   Reichel, 8. Mai (November?): „Die Bände der Octav-Ausgabe gestalten sich doch wohl alle gleich denen der Taschenausgabe . . . . ich habe hierüber keine Ordre, und druckte bis jezt die Octav-Ausgabe ungehindert nach jener Eintheilung der Sedez-Ausgabe"   11 Reichel: „Die Bogenzahl der Bände der dritten Lieferung möchte doch etwas mehr werden [als sie 64, 7— 65, 20 berechnet ist], da das meiste in der Octav-Ausgabe [gemeint ist B] schon mit Petit ist, und dann eine Octav-Seite mehr als eine Sedez-Seite ausgiebt", vgl. 62, 18. 19 13. 14 vgl. 213, 19   181, 1 In demselben Fascikel, Bl. 47; Reichel antwortet am 20. December (vgl. zu 213, 11): Goethe irre abermals, das „Vorspiel" habe in B V nicht nach, sondern vor „Was wir bringen" gestanden, und dort habe er es gelassen.

124. Handschrift unbekannt. Gedruckt: Das Frommannsche Haus und seine Freunde² S. 65. Dazu ein Concept von Johns Hand, Abg. Br. 1827, 219, woraus zu bemerken: 181, 13 wäre g über hätte   der g aus den dieses über mit verbindlichſten [Rest der ersten Fassung]   14 wohlgerathenen zugekommen g über abgeſtattet   22 Sie] ſie   Wohlwollen] Wohlwollenden   Dazu ein Vorconcept von Schuchardts Hand (vgl. zu 122/3 d. B.), woraus zu bemerken: 181, 13 wäre] hätte [g aus hatte]   der verbindlichſte] meinen verbindlichſten [g aus verbindlichen]   14 wohlgerathenen   zugekommen] abgeſtattet g aus abzuſtatten   15 Beweis] Beweis hätte mitſenden [g über ablegen] wollen   17 beyzufügen — hätte fehlt   18 mögen fehlt   als] zum   19 bienen fehlt   21 und] möge   meiner — fernerhin] auch fernerhin meiner   22. 23 indem — desjenigen] wenn Sie

sich vertraulich bei jenigen mit Wohlwollen 182 nach 2 folgt:
W. den 24. Nov. 1827.
    Vgl. Tageb. XI, 140, 21. 22   181, 14 vgl. zu 139, 16.

    125. Handschrift unbekannt. Gedruckt: Der Freihafen. Herausgegeben von Th. Mundt. Altona. Fünfter Jahrgang, 1842, viertes Vierteljahrsheft, S. 20

    182,3 Goethe sendet die „Farbenlehre" (vgl.119,10) und die Hefte „Zur Naturwissenschaft überhaupt, besonders zur Morphologie"; Buttel dankt für die am 19. December bei ihm angekommene Sendung am 24. December (Eing. Br. 1827, 631).

    Hier folgt das Concept eines Briefes an den Grafen Sternberg, das Goethe für seinen Sohn August entworfen hat (Schuchardts Hand):

    Schon längst war es mein lebhafter Wunsch gewesen so kurz und bündig als möglich die Empfindungen auszusprechen, welche das schöne, meinem Vater in vorgeschrittnen Jahren höchst erwünschte Verhältniß zu Ew. Exzellenz bey mir erregt und unter⁵hält, zu betheuern daß ich deshalb eben so viel Liebe und Neigung gegen Hochdieselben empfinde, als Ihre persönliche Gegenwart mir an reiner Verehrung eingeflößt hat.

    Wenn ich nun hiezu in dem Augenblick da meine glücklich entbundene Frau mich mit einer gesunden Tochter beschenkt, die ¹⁰schicklichste Gelegenheit finde, so wird es als eine natürliche Folge erscheinen, daß auch ich, als ein so viel jüngerer, Hochdenenselben verbunden zu seyn wünsche. Deshalb ich denn mir die Freyheit

    1. 2 Schon — möglich *g* über Ew. Excellenz vergönnen geneigtest daß ich mit wenigen Worten 2 Empfindungen über Dankbarkeit auszusprechen] ausspreche 3 vorgeschrittnen *g* über so hohen 3. 4 höchst erwünschte *g* über so heilsame 4 Ew. Excellenz *g* über Hochdenenselben 5 zu betheuern *g* aR für es [*g* üdZ] sey mir erlaubt auszusprechen deshalb *g* über dabey 6 gegen Hochdieselben *g* aR 7 an reiner *g* aus die reinste 8 hiezu *g* üdZ in nach Gelegenheit finde [*g* gestr. unter versehentlicher Bewahrung von Gelegenheit] Zu 8—12 findet sich am Schlusse ein anderer Entwurf *g*: Wenn sich nun eine Gelegenheit ergiebt daß ich als ein soviel jüngerer E. [Excellenz] gleichfalls verbunden werden kann, so ist es als ein [bricht ab
    9. 10 die — finde *g* über obiges auszusprechen

nehme das Anliegen zu äußern: Ew. Excellenz mögen sich zu den Freunden gesellen welche als Taufzeugen unseres Kindes aufzutreten sich geneigt erwiesen haben.

Mein Vater, welcher Wunsch und Bitte mit den meinigen vereinigt, empfiehlt sich zu fortdauernder Theilnahme, ich aber 5 habe die Ehre mich in vollkommner Verehrung zu unterzeichnen.

Weimar den 25. Nov. 1827.

Gedruckt: Sauer, Briefwechsel zwischen Goethe und Sternberg S. 145.

381, 6. 7 vgl. zu 2, 23   9 vgl. zu 149, 10. 11   382, 2 vgl. 190, 8; die Taufe fand am 2. December statt (vgl. Tageb.) Augusts Brief ist jedenfalls Beilage zu 127 d. B. gewesen.

*126. Concept von Johns Hand, Abg. Br. 1827, 219
183, 20 zu nach sich   25 g   184, 3 schwerer nach beschwerlichern   Dazu ein Vorconcept von Schuchardts Hand (vgl. zu 122/3 d. B.), woraus zu bemerken: 182, 8 übersendeten g üdZ   10 und Gefühlen g üdZ   11 eignen sich g über eigentlich   12 sie nach ich [g gestr.]   13. 14 dagegen g üdZ   16 Jesonba g über Jezunta   18 sage g über . schreibe   darüber g üdZ   183, 1 Gedicht g üdZ   2 zweitenmal   3 aber — ich] kommt ich aber   4 ein g üdZ   5 manigfaltigsten g über kräftigsten   kräftig g üdZ   7 wüßte ich g über ist   10 hienächst g über dabey   11 babey g über hiebey   16 fernerhin g üdZ   18 späteres g aus das spätere   bewirktes] bewirkte g aus bewirktes   19 eignen Gefühle nach fa[miliengefühle]   20 zu] sich zu   möge,] möge. g aus möchte.   21—184, 4 fehlt

Vgl. Tageb. XI, 141, 19—21   182, 8 „Manzoni's Roman: Die Verlobten" („Kunst und Alterthum" VI, 2, 252) und „Antonio Foscarini, tragedia di G. B. Niccolini. Firenze 1827" („Kunst und Alterthum" VI, 2, 260), von Streckfuss am 17. November 1827 übersandt (vgl. Tageb. XI, 140, 4. 5), vgl. 135, 13. 186, 12. 178, 7. 204, 1. 6. 251, 20   14 Goethe übersendet zwei Werke von Tommaso Grossi (1791—1858): das Rittergedicht „Ildegonda" (die Benennung 'Jessonda' ist Irrthum Goethes), 1820 erschienen, und das dreibändige Heldengedicht

---

1 das Anliegen g über den Wunsch   2 unseres g über meines

„I Lombardi alla prima crociata", 1826; vgl. 19, 21. 178, 8 183, 12 vgl. zu 201. 16. 17   18 vgl. zu 135, 3   20 Streckfuss dankt für seine Aufnahme in Weimar, die ihn um so glücklicher mache, „da ich, seit der ersten Jugend meines Vaters beraubt, durch Sie . . . zuerst in meinem Leben das Gefühl kindlich sich hingebenden Vertrauens . . . in mir empfunden habe"   27 vgl. zu 149, 10. 11.

127. Vgl. zu Bd. 33 Nr. 229.   Johns Hand   184, 11. 12 unterricht   14 nur nur   186, 9 So] Sie   23 Linien] Lucien   190, 10. 11 g   Gedruckt: Bratranek, Briefwechsel zwischen Goethe und Sternberg, Wien 1866, S. 180; Sauer, Briefwechsel zwischen Goethe und Sternberg, Prag 1902, S. 145. Dazu ein Concept von derselben Hand, Abg. Br. 1827, 221, woraus zu bemerken: 184, 5. 6 verschiedentliche g^s aus verschiedentlich   6 erlangte g aus erlangt   7 betraf nach sagt [g gestr.]   10 kommen] kamen   Vorlesungen g aus Verlesungen   13 des Übrigen g aus das Übrige dieses g aus des Übrigen   14 anmaßlicher g aus anmaßliche   14. 15 langweiliger Nachklänge g aus langweiligen Nachklängen   18. 19 wahrhaften nach Der[einigens]   20 Ort nach dritten [g gestr.]   24 geeignet g üdZ   185, 1 nach einzuflößen g gestrichen: fähig   2 auf — Fälle g^s über gewiß   4 alsbann g^s üdZ   5. 6 Vorsitze   6 in Prag g aR   6. 7 so wäre g üdZ   9 Zusammenwirken g aus Zusammenwirkung   gäbe g aus gäb   10 Absatz g angeordnet   12 (des Joh. Wit) g üdZ   17 könne g^s aus könnte   17. 18 Vortheil — ziehen g über viel guten Gewinn finden   19 bemerken: g aus bemerken können   20. 21 und — uns g^s über und Umwälzungen gar   24 sich unter nach dieses über sich   25 wieder g^s üdZ   25. 26 Preßfreyheit g^s über Cessation der Censur   26 Mäßigung g^s aus Mäßigkeit   und wie g aus um die   186, 1 geziemt g aus gedient   6 Symptom   8 eintrete g aus eintritt   13 obschwebende üdZ   14 aufzulösen oder g^s üdZ   20 Übereinstimmung nach mit Klarheit [g gestr.]   nach 22 folgt als besonderer Absatz, g gestrichen: Wer würde uns die fossilen Birmanischen Reste mit unsern übrigen gleichmäßig auf übereinstimmende Linien bringen?   23 Was die g aus Was diese   24 nach Überzeugung folgt, g gestrichen: und ganz im Vertrauen gesagt, die Abhängigkeit von der Mathematik, der sich unser Humboldt nicht ganz entziehen konnte, erscheint (erscheint nach und) hier für den Unbefangenen in ihrer ganzen Schädlichkeit. 26 calculables *g* über commensurables   incalculables *g* über incommensurables   26 wolle *g* aus will   Ein *g*³ aus ein 27 Unerforschlichen *g* aus unerforschlichen Ganzen   187, 4 Jahrs nach graphischen [*g* gestr.]   8—11 Doch — Zwecken *g*³ aR 11 zu zu   16 weiß;] weis; *g* aR   unsere   21 doch *g* aus noch 23 zur] zu   Wirkung und Richtung *g* durch Bezifferung aus Richtung und [und üdZ] Wirkung   24 befähigt *g* über ehrwürdig zeigt   188, 2 Nicht leicht *g*³ über Niemand   man *g*³ üdZ   3 müsse *g* aus müssen   4. 5 dem Vielen *g*³ aus vielem 6 ein *g*³ aus eine   7 Darstellung *g*³ über Platte   8 gern *g*³ üdZ   10 in's nach nur [*g* gestr.]   12 Herrn b.] H. b *g*³ aR 13 ausführlich *g* über umständlich   doch *g* üdZ   14 weit *g*³ über viel   einfachsten *g*³ üdZ   wäre *g* über ist   15 eine *g* über die   16 abbrucken—lassen *g* aus abzubrücken   22—189, 16 fehlt; statt dessen die Notiz: (Hier ward inserirt die Stelle über Walter Scotts Napoleon Seite [Lücke].) Die Stelle steht im Briefe an Zelter vom 21. November (178, 20—179, 14); im Concept dazu, Abg. Br. 1827, 218, sind *g*¹ die für die zweite Verwendung vorgenommenen Änderungen eingetragen: 189, 12 (vgl. zu 179, 10) und 189, 14 (vgl. zu 179, 12. 13); nicht vorgesehen ist die Abweichung 189, 8 und] oder   17 Vorstehendes nach *g*¹ gestrichenem: Vorstehendes welches schon einige Posttage liegen geblieben möge denn so viel auch noch zu sagen wäre seinen Weg antreten und freundlich aufgenommen werden. [Absatz. Im Zwischenraum *g*¹ nachgetragen: Der verehrte Freund weis zu sichten] So eben nimmt der [Druck] von Kunst u. A. Band *VI*. Heft 2. seinen Anfang, wo ich abermals gar manches für ein Surrogat freundschaftl. mündlicher Unterhaltung anzusehen habe. Der Böhmischen (Der Böhmischen *g* über Die Prager) Monat- [bricht ab am Schluss eines Blattes; die Fortsetzung, auf dem zugehörigen zweiten Blatte, ist mit diesem abgeschnitten; aR des ersten Blattes noch das Datum: Weimar den 17. Nov. 1827.]   17—190, 9 von Schuchardts Hand 190, 5 balbigst nach eiligst   6 unserer   10. 11 fehlt mit Ausnahme des (von John geschriebenen) Datums   11 27. Nov.] b. 27. Novbr.

    Vgl. Tageb. XI, 138, 12. 141, 27. 28   184, 6 vgl. zu 90, 9. 10; Berichte hatte Goethe erhalten durch Zelter (vgl.

64 d. B. und zu 122, 19), durch Huschke (vgl. 36/7 d. B.; Tageb. XI, 119, 25—26), durch den Pyrmonter Brunnenarzt K. Th. Menke (vgl. Tageb. XI, 125, 4—7) 10 „Über die fossilen Knochen zu Köstritz" (Isis, 1828, S. 481), vgl. 54, 2. 3 16. 17 Aus Sternbergs Brief vom 30. October (gedruckt: Bratranek S. 178; Sauer S. 142), vgl. 175, 16; Tageb. XI, 137, 9—11; Partieen aus diesem Briefe hat Goethe in einem Aufsatz über Naturforscherversammlungen verwerthet: Naturwiss. Schriften XIII, 449   185, 12 vgl. zu 137, 16. 175, 9   186, 7 vgl. zu 268, 8   15. 16 vgl. zu 175, 19. 282, 15   187, 18 Matthew Boulton (1728—1809), Mechaniker, Compagnon von James Watt (1736—1819)   19 Jacob Perkins (1766—1849), Kupferstecher und Ingenieur   25. 26 Sternberg übersendet zugleich eine „Anleitung zu den Witterungsbeobachtungen und zur Verfassung der land- und forstwirthschaftlichen Jahres-Berichte von der k. k. patriotisch-ökonomischen Gesellschaft für ihre ... Mitglieder im Königreiche Böhmen", vgl. 175, 18   7 Die Tafel zu dem Aufsatz „Wolkengestalt nach Howard", Zur Naturwissenschaft I, 3, 97 (Naturwiss. Schriften XII, 218)   22 vgl. zu 178, 20; der Passus 188, 22—189, 16 ist entnommen dem Briefe an Zelter vom 21. November (178, 20—179, 14)   189, 23 vgl. zu 201, 16. 17   26 vgl. zu 282, 15; Goethe gedenkt der Zeitschrift in „Kunst und Alterthum" VI, 2 nur in der kurzen Notiz „Altböhmische Gedichte" (Werke XLI, 2, 329)   190, 7 vgl. zu 149, 10. 11 und 125/6 d. B.

128. Handschrift von Schreiberhand unbekannt   190, 15 welchen] welche   18 Glasblättchen   191, 4 Blättchen   5 Erscheinen] vgl. Concept   8 barf g nachgetragen   14 dasselbe] vgl. Concept   15 Stelle g nachgetragen   26 des weiteren] das Weitere [vgl. Concept]   192, 15 diese g über solche   21 gefärbt] gestärkt   193, 10 g Gedruckt: G.-Jb. III, 216. Dazu ein Concept von Johns Hand, woraus zu bemerken: 190, 12 fehlt   15 welchen] welche   18 Glasblättchen   das das Glasplättchen bezeichnende Kreuz g^1 üdZ   21 Seite g^1 aus Seit   22 einfache nach Bild   191, 3 doppelte] verdoppelte   4 wie g^1 über als wenn   Blättchen   5 Erscheinen] Durchscheinen g^1 aus Erscheinen aber anscheinend erst nachträglich, nach

bereits erfolgter Absendung des Briefes   6 biesem   12 Bildchen aus Bild   12 c g^1 über d 14 i g^1 aus e basselbe g^1
üdZ daraus g^1, aber anscheinend erst nachträglich: das Bild
f g^1 aus e an g aus in   15 Stelle g über Kürze   17 erste
g^1 üdZ   22 weiteren   23—193, 16 von Schuchardts Hand
25 biesen Fall g^1 aus in biesem Falle   mit bem üdZ   26 bes
weiteren] bas Weitere [ungebesserter gebliebener Rest der ersten
Fassung]   27 haben g^1 nachgetragen   192, 1 Aufgab   5 könne
g aus könnte   7 entoptische] optische   12 burch bas üdZ   15 biese]
solche   16 Hieben   bey nach burch bie   22—25 bas—kann aR
nachgetragen   193, 7 mir g über uns   9 hat] hatte   10 fehlt
11 gern   12 ba nach und [g gestr.]   14 eile g aR für spreche
16 angelegentlichst g aus angelegentlich   auszusprechen g aus aus
Dazu zwei Fragmente eines Vorconceptes von Schuchardts
Hand, umfassend: 190, 12—191, 8 Seite (unter den alpha-
betischen Briefen) und: 191, 9—19 stellen (Eing. Br. 1827, 134^b),
woraus zu bemerken: 190, 12 fehlt   14 vermelben g auf g^1
aus melben   16 vollkommene] völlige   17 bemselben   18 Glasplättchen g auf g^1 aus Blättchen   bas bas Plättchen mar-
kirende Kreuz g^1 üdZ   19 nun fehlt   20 burch birectes] von
birectem g^1 aus birect   inbirectes — Licht] inbirectem Himmelslicht g^1 aus birect vom Himmelslicht [vom Himmelslicht g üdZ]
22 für — b] für bas Auge in b [für — b aR]   bas einfache
aR für das   22 c] d 22. 23 inbem — war] benn bas Durchscheinen war nur einfach, wie burch bie Diagonale cc. angebeutet
wirb   23 wirb g aus würb   24—191, 1 aus—Seite d] von
c nach e 191, 1 also fehlt   2 Durchgang] Durchgang burch
bas Plättchen [Plättchen g^1 aus Blättchen]   für — in f] für
einen [über ben] Beschauer [für — Beschauer g^1 aR]   3 boppelte]
verboppelte g aus boppelte h aus g dieses für f 4 wie] wie
solche   Plättchen g auf g^1 aus Blättchen   einfachen g üdZ
5 Erscheinen] Durchscheinen   nach — Seite a in Lücke g auf
g^1 nachgetragen   9 ber aus bie   12 in fehlt   c] d 13 gemäß,] gemäß, etwas herangerückt   als — g g auf g^1 üdZ
14 i] h über g bahingegen basselbe] ba es hingegen   in f] e
14. 15 an — Stelle] in völliger unverkürzter Tiefe   16 in k fehlt
17 erste fehlt   überhaupt fehlt   18 zugleich fehlt   19 an—f]
zu beyben Seiten a und b nach 19 ein Datum: Weimar ben
22. Sept. 1827.

Vgl. Tageb. XI, 140, 24. 25. 142, 1 Über Hennings Bemühungen zu Gunsten der Goethischen Farbenlehre vgl. XXXV Nr. 214; XXXVI, 38 und in diesem Bande 26, 14. 78, 1. 118, 26. 168, 27   190, 15 Wohl bei seiner Anwesenheit in Weimar, vgl. Tageb. XI, 105, 23. 109, 25   191, nach 22 Im Druck des G.-Jb. heisst es an dieser Stelle: „(Folgt die Zeichnung, die hier nicht nachgebildet werden konnte.)" Auf dem Concept des Briefes ist ein Blättchen mit der Zeichnung g^1 aufgeklebt (eine damit übereinstimmende Darstellung, g^2, liegt auf anderem Blatte dabei):

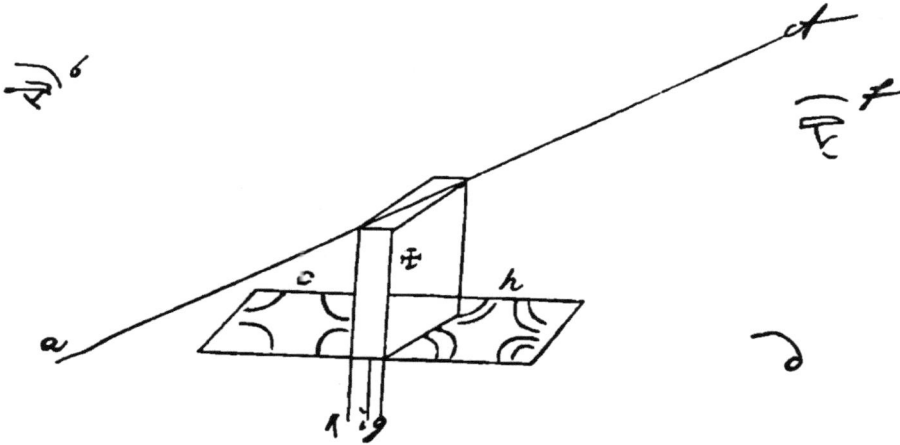

191, 25. 26 vgl. zu 118, 27.

129. Handschrift von John im Bertuch-Froriep-Archiv (deponirt im G.-Sch.-Archiv)   193, 22 g Gedruckt: G.-Jb. IV, 226. Dazu ein Concept von derselben Hand, Abg. Br. 1827, 224, woraus zu bemerken: 193, 19 einheimische g aus einheimisches   Mergeltäfelchen g aus Merkeltäfelchen   22. 23 fehlt mit Ausnahme des Datums

193, 19 Froriep antwortet am 1. December (Eing. Br. 1827, 597), das Täfelchen eigne sich nicht zur Lithographie.

*130. Concept von Johns Hand, Abg. Br. 1827, 224 b

Gerichtet wahrscheinlich an den fürstlich Waldeckischen Justizrath Dr. Schumacher. Schumacher sendet mit einem unvollständig datirten Briefe („Arolsen am [Lücke] ten Nov.

1827", Eing. Br. 1827, 598) ein Werk eines aus Arolsen stammenden Dichters, der „den Stempel des Ungemeinen an sich zu tragen scheint und vielleicht grösstentheils nur dem unvortheilhaften Gedanken, seine Dichtungen in Wien an das Licht treten zu lassen, seine Dunkelheit verdankt", und bittet für ihn um ein „Wort öffentlicher Ermunterung". Dieser Dichter ist Schumachers Sohn August (geb. 1790; vgl. Goedeke, erste Auflage, III, 1109).

Der von Strehlke II, 94 verzeichnete Brief an Riemer vom 2. December 1827 ist vom 29. December datirt (155 d. B.).

131. Vgl. zu 4102 (Bd. 14). Schuchardts Hand 194, 19 politisch=nationalen *g* aus politisch nationalem 195, 2 beschränktem 7 frommem gewissenhaften *g* aus frommen gewissenhaftem 18 neun *g* aus neuen 197, 16 ihre Lebensräthsel] in ihren Lebensräthseln [vgl. Concept] 19—22 John mit Zelters Notiz: „angek. 7 —" Gedruckt: Briefwechsel IV, 450. Dazu ein Concept von derselben Hand, Abg. Br. 1827, 226, woraus zu bemerken: 194, 6 dem *g* aus den 10 nach Werk *g* gestrichen: von Walter Scott von] vom 15 durchsprach aus durchbrachte 17 Verfolgs *g* aus Erfolgs 19 Absatz *g* angeordnet politisch=nationalem 195, 3 neue *g* üdZ 5 Absatz *g* angeordnet 7 frommem *g* in offen gelassener Lücke nachgetragen gewissenhaftem 9 sich *g* üdZ mit nach sich [*g* gestr.] 11 diesen Bezügen *g* aus diesem Sinne 18 neun *g* üdZ Theilen *g* aus Antheilen 21 beachten nach das Hingelesene [? *g* gestr.] 28 wird — lassen *g^s* über wird eben alles Kleinliche wahr klar 196, 1 denn *g^s* üdZ bey üdZ 2 zuletzt *g^s* üdZ Fortsetzung des Briefes, 196, 4—27, mit neuer Adresse: An Herrn Prof. Zelter. auf Bl. 227 196, 4 Euer verrückter *g^s* aus Der verrückte 10 bey] mit 12 Bettscheue *g^s* aus Bettscheu 13. 14 der Handel *g^s* über die Sache 15 Absatz *g^s* angeordnet tritt aus trifft 18 nach welcher eingeklammert und *g^s* gestrichen: keine weiteren 20 dem *g^s* über Eurem 21 zweyter nach Euer [*g^s* gestr.] 23 abermals *g^s* üdZ 25 nach! Um *g^s* aus nach; um geheim= *g^s* aus geheim Fortsetzung des Briefes, 197, 1—22, mit neuer Adresse: An H. Prof. Zelter. Berlin, von Johns Hand, auf Bl. 227^b 197, 3 weiß nach was 4 Strohhalmen *g^s* aus Strohhalben 11 manchem *g^s* aus manchen 12 dem *g^s* aus den 13 Bindestriche *g^s* 16 ihre

Lebensräthsel *g* und *g*² aus in ihren Lebensräthseln Ausrufungszeichen *g*² 19—21 fehlt

Vgl. Tageb. XI, 144, 11 194, 4 vgl. zu 178, 20; Zelter hatte in einem Briefe vom 23.—27. November (Briefwechsel IV, 443) Goethes Ansicht über den ihm selbst noch unbekannten Roman verlangt 196, 4 Zelter, im Briefe vom 23.—27. November (ungedruckt): „Dr. Leo [der Historiker Heinrich Leo (1799—1878)] von dem Du Aufsäzze in Hegels Journale gesehn hast [vgl. zu 149, 5; Gespräche mit Eckermann, 15. Juli 1827] ist verrückt worden.... Jener Leo war eben bey hiesig. Bibliothek angestellt. In dieser Eigenschaft hält er um Seebecks noch unverheurathete Tochter an. Nachdem dies geschehen läuft er von hier weg und schreibt: eine Braut von so vielen Bräutigamern könne er nicht geniessen u. s. w. Es war schon das Aufgebot geschehen" 5 Bei Göttling, der Leos Lehrer gewesen 20 vgl. zu 124, 1. 2 197, 1 Eine ehemalige Schülerin Zelters, Caroline Schulze, hatte bei Zelter angefragt, wie es komme, dass zwei Distichen („Immer strebe zum Ganzen,...", Werke I, 352, und: „Warum will sich Geschmack und Genie...", Werke I, 353) sowohl in Goethes als in Schillers Werken ständen; Zelter hatte dieses Schreiben und eine Abschrift seiner Antwort dem Brief vom 23.—27. November beigelegt 10 vgl. zu 212, 17. 18.

*132. Concept von Johns Hand, Abg. Br. 1827, 224ᵇ 198, 7 Remesse 13 nächstens *g* über bey Liebhabern 12 unterzeichne *g* aus zu unterzeichnen habe

Vgl. Tageb. XI, 144, 13 197, 25 vgl. 30, 17. 149, 22. 150, 19. 174, 22; Tageb. XI, 144, 5—7. 148, 23. 24 198, 6 vgl. 198, 17.

*133. Concept von Johns Hand, Abg. Br. 1827, 224ᵇ

Vgl. Tageb. XI, 144, 13 198, 17 vgl. 198, 6 20 vgl. zu 233, 16. 236, 22.

Das Concept zu einer dem Briefe an Reichel vom 7. December beigelegten Erklärung Schuchardts und Genasts liegt vor von Schuchardts Hand, Abg. Br. 1827, 230:

Unterzeichnete nehmen sich die Freyheit zu bemerken, daß in denen an uns beyde gesendeten Paketen, enthaltend die zweite

Lieferung der von Goethe'schen Werke, die neun Exemplare für die Subscribenten sich zwar gefunden, das zehnte dem Sammler Zustehende aber nicht vorhanden gewesen, weshalb wir um geneigte Remedur wollten gebeten haben.

Weimar den 4. Dec. 1827.

Zur Sache vgl. XLII 79, 16—18 und in diesem Bande zu 201, 6. 329, 19. 20 sowie 185/6 d. B.

*184. Vgl. zu 6243 (Bd. 22). Johns Hand 199, 11 *g* Dazu ein Concept von derselben Hand, Abg. Br. 1827, 228, woraus zu bemerken: 199, 1 Hochwohlgeboren] pp. 3 mit welchem *g*² aus welches das neuste [aus des neusten] nach als Zierde [*g*² gestr.] 4 und — schmücken *g*² üdZ 11. 12 fehlt mit Ausnahme des Datums

199, 2 „Dem Könige die Muse. 28. August 1827.", vgl. 41, 18. 19. 104, 19. 152, 9; Müller antwortet am 5. December (vgl. Tageb. XI, 145, 9. 10): „Ich bin seit einigen Tagen unwohl [vgl. 200, 17. 18] ..., sonst hätte ich das Gedicht ... sicherlich bereits mit dem besprochnen Nachsatz versehen und persönlich überbracht"; er bittet um Frist bis zum 7. December. Weiteres zur Sache vgl. 200, 11. 202, 5. 203, 8. 13. 210, 14. 231, 12. 233, 6. 7. 243, 9. 251, 21. 259, 6. 14. 272, 3. 278, 8 3 vgl. zu 201, 16. 17.

*185. Concept von Johns Hand, Abg. Br. 1827, 230ᵇ 199, 14 Obenstehendem *g*¹ [?] aus Obenstehenden

Meyer an Goethe (undatirt, etwa 4. December): „Hr. Hofbildh. Kaufmann wird sich an die Drapperie der bezeichneten Büste halten; es ist sonach eine genaue Durchzeichnung zu besorgen und ihm zuzustellen wornach er sodann ein Modell machen wird. Er frägt des weitern noch an: ob man verlange dass das zu verfertigende Bildniss Büsten oder Hermengestalt haben soll?" Vgl. 65/6. 164/5 d. B.; Tageb. XI, 130, 11. 140, 1. 2. 141, 10—12. 144, 2. 3. 18—21.

Nachstehendes Concept einer Empfangsbescheinigung Schuchardts und Genasts liegt vor von Schuchardts Hand, Abg. Br. 1827, 230:

---

1 Werke aus Werken die nach zwar [*g* gestr.] 2 sich *g* üdZ

Daß von des Herrn Staatsminister von Goethe Excellenz oben besiberirte zwey Exemplare einsweilen geneigt abgegeben worden bescheinigen wir dankbar.
Weimar den 5. Dec. 1827.
Zur Sache vgl. zu 133/4 d. B.

Nachstehendes Concept zur Verschreibung eines unbekannten Schuldners (Johns?), vielleicht vom 5. December 1827 zu datiren, findet sich von Johns Hand Abg. Br. 1827, 230^b:

5 Nachstehende Bitte haben seine Excellenz der Herr Staats=Minister von Goethe mir in der Maaße gewährt: daß Hochdieselben mir zwanzig Thaler Current baar geborgt, wogegen ich den in Ihren Händen befindlichen Sparkassen=Schein auf 30 rh. 15 gr. verpfände, wovon bey nicht erfolgter Rückzahlung oben=
10 gemeldeter Schuld die Summe von 20 rh. Cur. abzuziehen und zu entrichten seyn wird.

*186. Vgl. zu 6243 (Bd. 22). Johns Hand 200, 24 g Dazu ein Concept von derselben Hand, Abg. Br. 1827, 228^b, woraus zu bemerken: 200, 3 dem g aus den 8 um aus und bie über das 14 einen 22. 23 und — gehorsamen g aR 24. 25 fehlt mit Ausnahme des Datums

Vgl. Tageb. XI, 145, 19—21   200, 3 Müller, 5. December (vgl. zu 199, 2): „Ew. Excellenz wollten ... das Schreiben Serenissimi [vom 24. September, vgl. zu 61 d. B.] wegen der Beisetzung der Schillersch. Reliquien aufsuchen, um in dem zu entwerfenden Aufsatze darauf Bezug zu nehmen"
6 vgl. 117/8 d. E.   11 vgl. zu 199, 2   12 vgl. Tageb. XI, 146, 18—20   13 vgl. 138 d. B.   14. 15 „Zum nähern Verständniss des Gedichts: 'Dem Könige die Muse'", vgl. 152, 11. 12. 243, 19. 279, 7; Werke XLI, 2, 330   16 „Kunst und Alterthum" VI, 2, 362   17. 18 vgl. zu 199, 2   19 vgl. Tageb. XI, 146, 26   20 Müller liess sich durch Vogel behandeln; er schreibt am 5. December: „Inzwischen verspricht Vogel, mir durch eine Schwitzkur bis Morgen zu helfen".

7 ich g üdZ   8 Ihren g aus ihren   9 verpfände g aus verpfändet   wovon g nach wie denn dieses g aR für und dieses g über so   9. 10 obengemeldeter — Cur. g aR für auch von gedachter Summe   10 abzuziehen g aus abzuziehn

Auf Bl. 231 der Abg. Br. 1827 findet sich von Johns Hand mit Correcturen g^2 ein Concept, datirt vom 6. December, zu der Erläuterung, die der Handschrift H^2 zum „Neuesten von Plundersweilern" vorangeht und abgedruckt ist Werke XVI, 408. Das Concept stimmt mit der gedruckten Fassung überein bis auf einen nicht mit abgesendeten, im Concept g^1 gestrichenen Schluss, der hier mitgetheilt werde:

Es war dieses eine von den heitern geistreiche Geselligkeit fördernden Exhibitionen, welche von unserer verehrten Fürstin jederzeit freundlichst aufgenommen wurden. Wie man denn dergleichen zu mehreren nahmhaften Festen zu veranstalten pflegte, als zu Epiphanias die Erscheinung der drey Weisen aus Morgenland [folgen einige unleserliche Worte] Vergessen ward kein Geburtstag p

Vgl. Tageb. XI, 145, 18. 19 Meyer, in einem undatirten Billet (etwa 5. December; bezieht sich auf dieses Billet der Tagebuchvermerk XI, 145, 10. 11? vgl. zu 135 d. B.): „Wenn Sie wie ich mir vorstelle die Zeichnung vom Jahrmarkt v. Pl. gesehen und mit der Ihrigen verglichen haben, so erbitte ich mir solche, indem der Erbgrossherzog dringend darnach frägt, auch das Gedicht, worauf sodann die Schaale, wie er sagt, gleich ausgesucht und entgegen folgen soll"; vgl. Tageb. XI, 144, 26—28.

*137. Concept von Johns Hand in dem zu 15 d. B. genannten Fascikel, Bl. 49   201, 2 benachrichtige g aus benachrichtigend   der Ballen g über das Packet   4 Tagen g üdZ

1—7 geistreichen — Geburtstag p g^1 für Exhibitionen welche (welche g^2 über wie solche) die vortreffliche, geistreiche Geselligkeit fördernde Dame (geistreiche — Dame g^2 aR für Fürstin) jederzeit freundlichst (g^2 aus freundlich) aufnahm [dazu g^2 der Beginn einer anderen Fassung: welche von unserer vortrefflichen]. Wie denn dergleichen zu mehreren nahmhaften Festen, als der drey Könige, Ostern, nicht weniger zum Erndtefest, Geburtstägen und bey dem Hierseyn bedeutender Fremden gewöhnlich veranstaltet worden. [Absatz] Sowohl Bild als Gedicht wie sich selbst zu gnädigem Andenken empfehlen[d]

7 Packeten *g* aR   dreh *g* aus jedoch dreh dieses *g* aus dreh
9 Zugleich] Sogleich   die *g* üdZ   10 mir *g* üdZ   11 hierdurch
g aR   12 erbittent nach mir [*g* gestr.]   13 Komma *g*

Vgl. Tageb. XI, 146, 10. 11   201, 3 vgl. zu 180, 2;
Tageb. XI, 144, 13 — 16. 163, 6. 7   6 Mit der Schuchardt-
Genastischen Erklärung 133/4 d. B.; Reichel erwidert am
20. December (vgl. zu 213, 11): „Die der Sendung gefehlt
habenden 3 Ex. II. Lieferung geben im nächsten Ballen über
Leipzig an Ew. Excellenz ab"; das dritte Exemplar: vermuthlich das dem Canzler v. Müller als Subscribentensammler
zustehende   8 vgl. 135/6 d. B.   9. 10 vgl. zu 174, 4.

*188. Concept von Schuchardts Hand in dem Fascikel
des G.-Sch.-Archivs „Wegen Kunst und Alterthum fortgesetzte Correspondenz mit Herrn von Cotta und Frommann.
1827. April", Bl. 15   201, 16 bes *g* aus von dem   Stücks
g aus Stück   19 1) *g*   202, 5 2) *g*   7 *en page g* in offen
gelassener Lücke nachgetragen

Vgl. Tageb. XI, 146, 23. 24   201, 16. 17 „Kunst und Alterthum" VI, 2, vgl. 26, 12. 35, 16. 81, 8. 83, 27. 93, 13. 94, 5. 6.
113, 4. 5. 124, 24. 126, 22. 130, 13. 131, 25. 132, 15. 19. 133, 2.
135, 12. 13. 16. 136, 12. 25. 26. 145, 13. 148, 21. 149, 16. 152, 7. 170, 1.
174, 3. 177, 28. 183, 12. 189, 23. 199, 3. 200, 16. 203, 8. 204, 1. 211, 9.
223, 23. 24. 231, 10. 235, 7. 8. 236, 13. 241, 2. 251, 20. 263, 4. 5. 278, 2.
282, 20. 292, 5   202, 5 vgl. zu 199, 2   6 vgl. zu 203, 8.

*189. Vgl. zu 6243 (Bd. 22). Johns Hand   203, 4 *g*
Dazu ein Concept von derselben Hand, Abg. Br. 1827, 232ᵇ,
woraus zu bemerken: 202, 20. 21 nicht — und aR   21 früh —
Uhr üdZ   203, 4. 5 fehlt mit Ausnahme des Datums

Vgl. Tageb. XI, 148, 16—19   202, 23 Müller, 5. December (vgl. zu 199, 2): „Martius . . . [bittet] um einige freundliche Zeilen in beikommendes Album"; Goethes Eintragungen
vgl. Suphan, Allerlei Zierliches von der alten Excellenz S. 12
(vgl. zu 227, 25); ebenda, S. 83, der Begleitbrief vom 13. December, mit dem Müller die Sendung an Martius weitergegeben
24 Müller: „Sodann muss ich noch gedenken dass ich mit den
3 mir nach München [vgl. zu 128, 25] mitgegebenen Medaillen
[vgl. 181, 4] förmlich bankerott gemacht"; er bittet um
fünf weitere Exemplare, für die er die Empfänger namhaft
macht (u. a. Martius Vater, Galleriedirector v. Dillis, Stieler).

Ein Schreiben der Oberaufsicht vom 13. December 1827, Johns Hand, an Professor Aemil Huschke, das anatomische Museum in Jena betreffend, in dem zu 36/7 d. B. genannten Fascikel, Bl. 21.

*140. Concept von Johns Hand in dem zu 138 d. B. genannten Fascikel, Bl. 18   203, 7. 8 banfe — Bogen über erhalten hiebey mit vielen   15 schicklich nach sehr [g^1 gestr.] 17 besondern g^1 üdZ   18 Exemplare g^1 üdZ   22 von aus vom 204, 5. 6 Nachtrag von Johns Hand auf g^1

Vgl. Tageb. XI, 149, 9. 10   203, 8 Frommann der Ältere sendet am 14. December (in demselben Fascikel, Bl. 16) Correctur zum ersten Bogen von „Kunst und Alterthum" VI, 2 (vgl. zu 201, 16. 17), enthaltend Müllers Gedicht (vgl. zu 199, 2): „Ew. Excellenz Befehl zu Folge habe ich sogleich das gesandte Mspt [vgl. 201, 16. 17] ... absezzen und so gut es in dem Format möglich war auf einen Bogen vertheilen lassen. Auch scheint diese Schrift in Übereinstimmung der frühern Hefte ganz passlich. Wünschten Sie aber besondere Abdrücke für Sich zur Vertheilung [vgl. 202, 6], so möchte ich bitten mir zu erlauben dazu ein grösseres Format und einen neuen Saz aus grösserer Schrift [vgl. 231, 13] zu wählen...", vgl. Tageb. XI, 149, 1—3   21 Frommann: sein Sohn würde in künftiger Woche von seiner Geschäftsreise nach Berlin und Hamburg (Abschiedsbesuch bei Goethe: Tageb. XI, 140, 26. 27) zurückkehren   204, 1. 2 vgl. zu 173, 23. 24 (Göttling) und zu 182, 8 (Streckfuss).

*141. Concept von Johns Hand, Abg. Br. 1827, 232^b 204, 10. 11 für — Liste aR für welche   14 die nach verfahren 205, 9 Brembergf

Vgl. Tageb. XI, 149, 10. 11; hiernach und gemäss 205, 14. 15 hätte der Brief streng genommen unter den „Lesarten" gedruckt werden müssen; doch geht aus Weigels Brief an Meyer vom 20. December 1827 (Eing. Br. 1828, 31) hervor, dass Goethe die Zeichnungen zurückgeschickt hat; vgl. übrigens auch Tageb. XI, 140, 18. 19 und Weigel an Meyer, 2. December 1827 (Eing. Br. 1828, 29)   204, 9. 10 vgl. 205, 14 10 vgl. Tageb. XI, 146, 8—10. 16—18.

*142. Concept von Johns Hand, Abg. Br. 1827, 233

Vgl. Tageb. XI, 149, 13   205, 14 vgl. 204, 9. 10.

*143. Concept von Schuchardts Hand in dem zu 120/1 d. B. genannten Fascikel 206,4 bey Riemer aR für mit 5 welche aus welchen so Riemer über dem 6 Geschäften Riemer aus Geschäfte 8 Betrachtung Riemer aR für Aufmerksamkeit 12 für — mir Riemer aR für und 13 bleibt Riemer über habe 15 basselbe Riemer aR für es dauernder Riemer aus fortdauernder

Vgl. Tageb. XI, 149, 16—18 206, 3 vgl. 207, 11 und 120/1 d. B.; Tageb. XI, 137, 5—7. 8. 9. 19. 20. 138, 11. 12. 140, 11. 25. 26. 142, 26. 143, 3. 11. 144, 10.

*144. Concept von Schuchardts Hand in dem zu 120/1 d. B. genannten Fascikel 207, 4 regierenden 8 zur — beibem Riemer aR für deshalb 9 um nach zum Beweise einer solchen Gunst [Riemer gestr.] 11. 12 Umständlichkeit Riemer aus Ausführlichkeit 15 ich Riemer üdZ 16 zu führen Riemer aR 18 fortzuleiten Riemer aus fortzuführen 20 Veranlassung Riemer über Gelegenheit 22 gegenwärtige Angelegenheit Riemer aR für das vorliegende Geschäft

Vgl. Tageb. XI, 149, 18—20. Das Tagebuch nennt als Empfänger den Herzoglich Sachsen-Altenburgischen Geheimeraths-Präsidenten v. Trützschler, das Concept den Herzoglich Sachsen-Altenburgischen wirklichen Geheimerath, Edlen v. Braun   207, 11 vgl. zu 206, 3.

145. Vgl. zu 3330 (Bd. 23). Johns Hand 208, 7. 8 jederzeit — Lieferungen] unverständlicher, wahrscheinlich fehlerhafter Ausdruck; gemeint ist nicht: „einer über der anderen unserer Lieferungen", sondern „jeder unserer Lieferungen" 21 welchem 209, 1 Einer] Eine 210, 9—11 g Gedruckt: Vollmer, Briefwechsel zwischen Schiller und Cotta, Stuttgart 1876, S. 581. Dazu ein cassirtes Mundum von Johns Hand, eingelegt als Bl. 51a in das zu 15 d. B. genannte Fascikel, woraus zu bemerken: 208, 8 unserer Lieferungen g über Sendung 21 welchen] welchem 209, 2 Thaler 4 nachfolgen g aus erfolgen 13 ausliefere g aus ausliefern kann 13. 14 werden — billigen g über geht daraus hervor 18 übernähme g über würde 19 nach schicklichsten folgt, g gestr.: übernehmen würde g üdZ 21 wäre g über bin 22 Post] fahrende Post 27 einen 210, 1—8 Von — erfreuen] Über eine frühere Beredung mit Frau von Schiller findet sich nichts in meinen dieses Geschäft betreffenden, sehr magern Acten, ich übernahm es auf Treu und Glauben und so möge es denn auch zum Vortheil und Vergnügen sämmtlicher Interessenten wie zu Nutz und Unterhaltung des Publicums abgeschlossen werden. [der ganze Passus ohne Ersatz *g* gestr.] 9—11 fehlt   den Passus 210, 1—8 hat Goethe eigenhändig entworfen auf einem Theaterzettel (3. December 1827), der als Bl. 51^d in das zu 15 d. B. genannte Fascikel eingelegt ist: 210, 1 Von über Über   früheren 3 nichts] nicht   4 gemeinsame üdZ   5 treulich üdZ   5. 6 nunmehr — hoffenden üdZ   6—8 entgegen.— erfreuen] entgegen, der nun ganz von Ew. Hochwohl [bricht ab] Auf dem cassirten Mundum und seiner Ergänzung (210, 1—8) beruht ein Concept von Johns Hand in demselben Fascikel, Bl. 50, woraus zu bemerken: 208, 21 welchem   209, 1 Eine   2 Thalern *g* aus Thaler   3 und] et   4 Manuscriptes   18 jenseitigen *g* aus gegenseitigen   22. 23 Mühe, Sorgen] Sorgen Mühe   27 einem] einen   210, 5 ebenso   9—11 fehlt mit Ausnahme des Datums   Grundlage des cassirten Mundums ist ein Vorconcept von Johns Hand gewesen, in demselben Fascikel, Bl. 51^b, 51^c, woraus zu bemerken: 208, 2. 3 durch — beruhigt *g* auf *g*^{1} über beruhigt und auf eine freundliche Weise befriedigt   6 etwas [nach irgend] Unangenehmes — räumen *g* auf *g*^{1} über auf eine gefällige Weise entgegen zu kommen   7 wo — jederzeit *g* auf *g*^{1} über immer   8 unserer Lieferungen] Sendung   15 im — befriedigen *g* auf *g*^{1} aus die Neugierde befriedigen im Augenblick   20 wieder nach selbst [*g* gestr.]   21 zu *g* auf *g*^{1} üdZ   21 Januar nach Februar d[es]   Laufenden *g* auf *g*^{1} aus L.   209, 2 Thaler   3 und Comp. fehlt   sobann *g* aus sogleich   4 nachfolgen] erfolgen   8 900 *g* in offen gelassener Lücke nachgetragen   8—10 nicht — eingeschobenen aR   12 vorgängigen *g* auf *g*^{1} aus vorgängige   Abschluß — Geschäftes] Abschluß des Geschäfts *g* auf *g*^{1} über Bezahlung   13 ausliefere] ausliefern kann   13. 14 werden — billigen] geht daraus hervor   16 Fälle nach auch nicht vorzusehende [*g* gestr.]   16. 17 vorzusehen *g* über einzurichten   18 übernähme] würde   19 schicklichsten] schicklichsten übernehmen würde *g*^{1} (versehentlich?) gestrichen   20 sondern auch *g*^{1} über und   21 wäre] bin   auf *g*^{1} aus an   22 Post] fahrende Post   27 einen   28 einem *g*^{1} aus einen   210, 1—8 Von — er=

freuen] statt dessen derselbe Passus wie in dem cassirten Mundum 9—11 fehlt

Vgl. Tageb. XI, 185. 13. 14. 137, 8. 9. 150, 1. 2 208, 2 Cotta, 31. October (in dem zu 15 d. B. genannten Fascikel, Bl. 44, mit Goethes Vermerk: *prs.* b. 7. Nov. 1827.; vgl. Tageb. XI, 134, 14. 15): er danke für Goethes Brief vom 24. October (84 d. B.), der das von ihm schmerzlich empfundene Missverständniss beseitigt habe, vgl. zu 120, 15 8 Cotta: „Durch die unerwartete Einschaltung, welche Sie der dritten Lieferung zugedacht haben [vgl. 64, 22. 65, 19. 121, 15. 260, 12. 280, 5], wird das Publikum ebenso überrascht werden als ich es wurde wie mir Freund Boisserée davon Erwähnung that" 19. 20 Cotta: „Darf ich fragen: wann mit der Correspondenz begonnen werden könnte? ich würde zunächst mit einer OctavAusgabe anfangen wie Wahrheit und Dichtung und behalte mir bis Ansicht des Mspts näheres Detail vor", vgl. 165, 16 20. 21 vgl. den „Entwurf zu einem Erlass an Herrn v. Cotta", XLI, 340, sowie zu XLI, 262, 7—10. XLII, 78, 2; Tageb. XI, 1, 15—18 210, 1 Cotta: „Schon längst wollte ich diesen Gegenstand berühren und besonders eines frühern Übereinkommens erwähnen, was ich noch mit der verewigten Schillerin selbst in finanzieller Hinsicht berichtigte, wovon ich aber das Instrument nicht vorfinde... Die Sache hat blos in Bezug der Schillerschen Familie einige Rücksichtsnahme ...." Cottas Antwort vom 11. Februar (vgl. Tageb. XI, 180, 25. 26) gedruckt: Vollmer, Briefwechsel zwischen Schiller und Cotta S. 582.

*146. Vgl. zu 6243 (Bd. 22). Schuchardts Hand 210, 22 *g* Dazu ein Concept von derselben Hand, Abg. Br. 1827, 237, woraus zu bemerken: 210, 15 welchem *g* aus welchen 22. 23 fehlt mit Ausnahme des Datums

210, 14 vgl. zu 199, 2 16 Frommann, 14. December (vgl. zu 203, 6): „N. S. In den beyden Korr. Abzügen a und b habe ich auf den Titel die Haupt Zeile aus zweyerley Schrift machen lassen. Welche wählen Sie?" 17 vgl. Tageb. XI, 150, 11. 12.

*147. Vgl. zu 2677 (Bd. 9). Johns Hand 211, 7 heute fehlt, ergänzt aus dem Concept Dazu ein Concept von derselben Hand, Abg. Br. 1827, 237, woraus zu bemerken:

211, 2 an—Cicognara g aR für Cigoniara   8—10 Was — nach
fehlt   11 fehlt mit Ausnahme des Datums

Vgl. Tageb. XI, 151, 8—10   211, 2 Meyer, undatirt
(vgl. zu 135 d. B.): „Vergessen habe ich Ihnen zu sagen
dass die Grossfürstin für den Grfn Cigognara 100 rth Conv.
Geld bestimmt hat, 30. Duc. werden also etwa soviel aus-
machen. Den Brief, sagte Sie mir, wolle Sie an Hrn Mylius
nach Mailand senden lassen, der alsdann das Geld zahlen
könne"; sodann, in einem zweiten undatirten Billet (vgl.
136/7 d. B.): „Ist der Brief an Grf Cigognara fertig, so
könnte ich solchen an die Grossfürstin gelangen lassen, die
ihn an Völkel geben und das Geld absenden lassen will";
vgl. zu 148 d. B.   4 vgl. zu 18, 2; Tageb. XI, 151, 10. 11.

*148. Eigenhändiges Concept, Abg. Br. 1827, 235   211, 14
Princesse nach *de*   21 *Vos*] *Vois*   212, 1 *Monsieur*] *Monsier*
4 *mettoient*] *mettoit*   10 *quelqu'un*] *quelqun*   Dazu zwei Vor-
concepte (eines *g*), deren Lesarten nicht verzeichnet werden

Vgl. 274, 11; Tageb. XI, 151, 9. 10   211, 20. 21 Cicognara,
am 21. Januar 1826 (Eing. Br. 1826, 130), in seiner Eigenschaft
als Vorsitzender der „commission chargée de l'execution d'un
monument à Canova", an Carl August: „Depuis la mort de
ce célébre sculpteur ... on a ouvert une souscription Euro-
péene pour lui ériger un grand monument à Venise ....
Tous les Empereurs, et presque tous les Rois de l'Europe
ont souscrit .... J'ose me flatter que V. A. R. veuille bien
etre d'un si beau Nombre et qu'elle deigne me faire par-
venir ses ordres comme Lui sera le plus agréable"; vgl.
zu 211, 2. 274, 16; Cicognara dankt am 28. Januar 1828
212, 9. 10 vgl. 274, 14. 15.

Eine deutsche Fassung des Briefes an Cicognara liegt
vor von Schuchardts Hand, Abg. Br. 1827, 234:

Ihro der Frau Erbgrossherzogin Kayserliche Hoheit konnten
mir keinen angenehmern Auftrag ertheilen als Ew. Excellenz zu
vermelden, daß sie Ordre gegeben, Denenselben die Summe von
[Lücke] Ducaten auszuzahlen als Beytrag zu dem von Ihnen
so löblich veranstalteten Denkmal für den verdienstvollen Canova. 5

---

1 konnten *g*¹ aus konnte

Indem nun Ihro Kaiserl. Hoheit hiedurch den Antheil aussprechen an einem Unternehmen welches die Dankbarkeit der Mitlebenden für die herrlich geleisteten Werke eines einzigen Künstlers ausspricht, so ergreife ich mit Eifer die Gelegenheit, mich in Ew.
5 [Excellenz] Andenken zurückzurufen; indem ich zugleich der schönen Tage gedenke in welchen wir Ihre Gegenwart genießen und Sie von der Theilnahme überzeugen konnten die wir an Ihren schätzenswerthen belehrenden Werken von je her genommen haben.

Erhalten Sie mir ein geneigtes Andenken und erlauben daß 10 ich von Zeit zu Zeit durch Freunde, welche in ernsten wissenschaftlichen oder künstlerischen Zwecken Ihre schönen und interessanten Gegenden besuchen, das Gleiche wiederholen dürfe.

Weimar den 25. Nov. 1827.

*149. Concept von Johns Hand, Abg. Br. 1827, 236
212, 21 würde gestrichen und wieder hergestellt   des nach
von   23 können *g* üdZ   213, 3 nach Abrede *g* üdZ
212, 17. 18 vgl. 197, 10; Tageb. XI, 160, 15—18. 163, 2—4
213, 1 vgl. 150 d. B.

*150. Concept von Johns Hand, Abg. Br. 1827, 236
213, 7 für — Jahr *g* üdZ   Herrn nach an
Vgl. 213, 1.

*151. Handschrift von John im Besitz der J. G. Cotta'schen Buchhandlung Nachfolger, Stuttgart   215, 12 *g*   Gedruckt: 214, 6—20 Pniower, Goethes Faust S. 208. Dazu ein Concept von derselben Hand in dem Fascikel des G.-Sch.-Archivs „Acta Privata die neue vollständige Ausgabe meiner Schriften betr. Vol. III. B. Die aesthetisch-kritischen Verhandlungen wegen der Ausgabe selbst betr.", Bl. 19, woraus zu bemerken: 213, 15 übersehnen   214, 3 etwa — Tagen *g* über zunächst   4 abgehen *g* über anlangen   5 in — Januars *g* nach in   7—8 Tagen   10 dem *g* aus den   11 bereit bin *g* aus mich bereit halte   nach bin. folgt: Kann ich den zweyten Theil von Faust nach und nach einschalten so werden sich sinnige Leser gar wohl beruhigen lassen. [für diesen, *g* gestrichenen, Passus ist 214, 12—20 eingetreten, von Johns Hand am

---

1 aussprechen g^1 aus ausspricht   2 an nach welchen sie   3. 4 ausspricht g^1 aR   9 Absatz g^1 angeordnet   10 von nach dur[ch]

Schlusse des Briefes nachgetragen] 16 welches nach und die
215, 1 in — Folge g aus und Folgen 4 bleibt! Es g aus ist, es
7 die g üdZ 8 entspringen müßte g aus entspringt 12. 13
fehlt mit Ausnahme des Datums

Vgl. Tageb. XI, 155, 8. 9   213, 11 Reichels Brief vom
20. December in dem zu 151 d. B. genannten Fascikel,
Bl. 16   12 vgl. Tageb. XI, 154, 9; die Sendung enthielt:
1. von C^1: Bd. XI Bogen 3—24 (vgl. zu 180, 5); Bd. XIII
Bogen 1—8 (vgl. zu 260, 7. 279, 21); Bd. XIV Bogen 1. 2 (vgl.
zu 260, 7. 279, 21); 2. von C: Bd. II Bogen 11—19 (vgl. zu
127, 17. 180, 5); Bd. III Bogen 1—9 (vgl. zu 260, 7. 279, 21); ein
Velinexemplar von Bd. II   15 Reichel: „Wesentlich ist mir
nichts aufgestossen von Anständen; einen jedoch glauben
wir erst gestern gefunden zu haben, nämlich in der Octav-
Ausgabe III. Band, S. 129. Z. 4 von unten [= Werke III,
133, Vers 47], haben wir gedruckt ein Asyl, während S. 139
in der Taschenausgabe dieses Bandes ... gedruckt ist: im
Asyl." Er habe geglaubt, dass die Taschenausgabe hier
einen der Correctur entgangenen Fehler zeige, habe dennoch
gezaudert, „im" in „ein" zu ändern, „da die Corrigenden
Liste gerade auf dieser Seite ein Paar Besserungen
andeutet. Jedoch Hr. Prof. Lebret und Hr. Stegmann stimmten
einmüthig für „ein" und so druckte ich denn in Gottes
Namen fort ..."   17 Über Albrecht Lebret, Redacteur der
Cottaischen „Allgemeinen Zeitung" in Augsburg, vgl. zu
XLI Nr. 32   18 Carl Joseph Stegmann (1767—1837), Redacteur der „Allgemeinen Zeitung"   19 Reichel: „Die ...
beabsichtigte Verminderung der Bogenzahl [vgl. 180, 11]
scheint mir nicht nöthig zu seyn, wenigstens noch nicht
bei dem 14. Band durch Hinweglassung des Bürgergenerals
[vgl. 65, 12. 180, 13. 14] ... Eher würde ich dafür stimmen,
dass im 15ten Bande die Novelle allein wegfiele [vgl. 65, 15.
180, 16. 17] ..."   214, 2 vgl. zu 280, 5   12 Reichel: „Die
Einsendung von Faust zweiten Theil erbitte ich"; vgl. zu
260, 12   21 Reichel sendet warm empfundenen Neujahrs-
wunsch.

152. Vgl. zu Bd. 39 Nr. 65. Johns Hand   216, 14 g
Gedruckt: Fischer, Briefwechsel zwischen Goethe und Göttling S 22. Dazu ein Concept von derselben Hand, in dem

zu 151 d. B. genannten Fascikel, Bl. 18, woraus zu bemerken: 215, 17 verbannt. Beygefügt find *g* aus verbannt, find beygefügt in *duplo g* üdZ   20 bemerken *g* über schreiben   21 Geschäft nach unerfreuliche [*g* gestr.]   würde *g* aus wird   22 die *g* über Ihre   24 müßte *g* aus mußte   25 genieße ich aus freue ich mich   25. 216, 1 zum Voraus *g* üdZ   216, 4 um — mitkommende aus auf der mitkommenden   11 mich *g* üdZ   12 zu überliefern *g* über abzuschließen   14. 15 fehlt mit Ausnahme des Datums

Vgl. Tageb. XI, 155, 9. 10   215, 16 vgl. 180, 2. 201, 2 17. 18 Zur Revision für *C*; Göttling bittet um die Bände am 24. December (in dem zu 151 d. B. genannten Fascikel, Bl. 15); vgl. zu 174, 7. 8. 270, 3. 276, 6   22 vgl. zu 200 d. B. 216, 5 Die „Novelle", vgl. zu 280, 5; Rücksendung am 15. Januar 1828, vgl. zu 269, 20.

*153. Vgl. zu 6243 (Bd. 22). Schuchardts Hand   216, 16 Hochwohlgeboren] Wohlgeb.   217, 7 *g*   Die „Beilage" 217, 9— 218, 9 ist gedruckt: G.-Jb. IX, 141. Dazu ein Concept von derselben Hand, Abg. Br. 1827, 238, woraus zu bemerken: 216, 17 empfangen *g* über erhalten   18 uns nach Sie   217, 5 nach worden *g* gestrichen ist   7. 8 fehlt mit Ausnahme des Datums   „Beilage" 217, 9—218, 9 fehlt

Vgl. Tageb. XI, 155, 21. 22   216, 17. 18 vgl. 217, 9—218, 9, entnommen einem Briefe Cattaneos an Carl August vom 3. December (im G.-Sch.-Archiv), vgl. 218, 12; Tageb. XI, 153, 23. 24. 154, 22—25   19 Die bei Frommann 1827 erschienenen „Opere poetiche di Alessandro Manzoni con prefazione di Goethe", vgl. 19, 16. 17. 141, 13. 14. 243, 7; XLII, 50, 11. 185, 17. 265, 19—21; Tageb. XI, 93, 4. 94, 3. 4   217, 1 Das Protokoll des Secretärs im Hofmarschallamt Carl Julius Wilhelm Zwierlein über die am 16. December erfolgte Niedersetzung der Gebeine Schillers in der Fürstengruft, vgl. zu 117/8 d. B.; Tageb. XI, 149, 13—16. 23. 24. 154, 27—155, 2; eine Abschrift des Protokolls in dem Fascikel 565 des Canzler Müller-Archivs „Die Übersiedelung von Schillers Überresten", Bl. 54ᵇ, vgl. Tageb. XI, 156, 11. 12   2. 3 vgl. Tageb. XI, 156, 1. 2   22 vgl. zu 18, 2.

154. Vgl. zu Bd. 40 Nr. 86. Schreiberhand   218, 22 *g* Gedruckt: G.-J. XXVIII, 266. Dazu ein Concept von Schuchardts Hand, Abg. Br. 1827, 238, woraus zu bemerken:

218, 11 freunblich   15 wünsche   16 Ihrem *g* über unserm
22. 23 fehlt mit Ausnahme des Datums

Vgl. Tageb. XI, 155, 22. 23   218, 12 zu 216, 17. 18   16 vgl.
zu 216, 19   Frommann dankt am 4. Januar 1828 (vgl. zu
231, 12).

155. Vgl. zu 6378 (Bd. 23). Schuchardts Hand   219, 17 *g*
Gedruckt: Riemer, Briefe von und an Goethe, Leipzig 1846,
S. 228, mit dem falschen Datum: „2. December". Dazu ein
Concept von derselben Hand, Abg. Br. 1827, 286ᵇ, woraus
zu bemerken: 219, 1 mein werthefter *g*³ üdZ   8 unb *g*³ über
fondern   vielmehr *g*³ üdZ   11 bemühen   17. 18 fehlt mit
Ausnahme des Datums

219, 2 „Faust", vgl. zu 260, 12.

***156.** Concept von Johns Hand, Abg. Br. 1827, 239
220, 3 mich üdZ   20 mit *g* über hier   21 zugleich — Exemplar
g über mir folche   22 ließen *g* über laffen wollten   ein nach
zugleich [*g* gestr.]   24 Gegenwärtigem *g* über Diesem   guten *g* aR

Vgl. Tageb. XI, 157, 5   220, 8 Darstellungen von Goethes
Stadtwohnung und seinem Gartenhaus, gezeichnet im Sommer 1827 von O. Wagner, gestochen von L. Schütze. Der
Verleger, Skerl in Dresden, hatte mit einem Briefe vom
21. December (Eing. Br. 1827, 614) von beiden Blättern je
zwei Exemplare eingeschickt (vgl. Tageb. XI, 152, 26. 27) und
gebeten, Goethe möge ihm zu beiden „ein treffendes Wort
zur Unterschrift huldreich gewähren". Goethe sendet von
jedem Stich je ein Exemplar zurück, und zwar mit den
Versen: „Warum stehen sie davor?" (Werke IV, 141) für
die Darstellung des Stadthauses, und: „Übermüthig sieht's
nicht aus" (Werke III, 185 Vers 5—8 [Kürzung eines schon
vorhandenen Gedichtes: Werke IV, 142]) für die Darstellung
des Gartenhauses; die beiden anderen Exemplare der beiden
Stiche sendet er an Marianne v. Willemer für Röschen
Scharff, vgl. 226, 8. 9; Werke V, 2, 102. Skerl dankt am
15. Februar 1828 (Eing. Br. 1828, 81) und schickt nebst
einigen anderen Abdrücken ein von Wagner selbst „in
Deckfarben gemaltes Exemplar"; vgl. Tageb. XI, 180, 26. 27.

157. Vgl. zu Bd. 38 Nr. 242. Schuchardts Hand   221, 11
Quaterly   15 wegen nach noch   223, 2 *Quaterly*   5 erscheinen-
bem   9 Paar] paar   20 *I.*] *II.*   224, 8 *g*   10—14 Nach-

schrift von Johns Hand aR 13 𝔥𝔢𝔯𝔯𝔫] 𝔥𝔢𝔯𝔯 Gedruckt: C. E. Norton, Correspondence between Goethe and Carlyle, London 1887, S. 36. Dazu ein Concept von derselben Hand, Abg. Br. 1828, 1, woraus zu bemerken: 221, 7 𝔡𝔞𝔰 nach liegt [g^s gestr.] 8 𝔅𝔞𝔫𝔡𝔢𝔰 g^s über 𝔟𝔢𝔶 11 *Quaterly* Die Stelle über Des Voeux, 221, 14—222, 20, bildet ursprünglich den Schluss des ganzen Briefes, sie folgt im Concept, das die beiden Briefe 157 und 171 als Einheit zusammenfasst, nach 242, 25; bei der Versetzung an ihre jetzige Stelle ist der Eingang geändert worden: 221, 14—17 𝔍𝔫 — 𝔟𝔢𝔱𝔯𝔦𝔣𝔣𝔱 ist eingesetzt für 𝔈𝔦𝔫𝔢𝔰 𝔪𝔢𝔯𝔨𝔴ü𝔯𝔡𝔦𝔤𝔢𝔫 𝔐𝔞𝔫𝔫𝔢𝔰 𝔷𝔲 𝔤𝔢𝔡𝔢𝔫𝔨𝔢𝔫 𝔳𝔢𝔯𝔰𝔭𝔞𝔯𝔱𝔢 𝔦𝔠𝔥 𝔟𝔦𝔰 𝔤𝔢𝔤𝔢𝔫 𝔡𝔞𝔰 𝔈𝔫𝔡𝔢; es ist 17 𝔥𝔦𝔢𝔯 nach 𝔫𝔬𝔠𝔥 𝔥𝔦𝔫𝔷𝔲 𝔥𝔢𝔯𝔯𝔫 g [?] aus 𝔥𝔢𝔯𝔯 19 𝔳𝔢𝔯𝔴𝔢𝔫𝔡𝔢𝔱𝔢 über 𝔟𝔢𝔫𝔲𝔱𝔷𝔱𝔢 19. 20 𝔩𝔢𝔦𝔡𝔢𝔫𝔰𝔠𝔥𝔞𝔣𝔱𝔩𝔦𝔠𝔥 g^s auf Riemer aus auf 𝔡𝔞𝔰 𝔩𝔢𝔦𝔡𝔢𝔫𝔰𝔠𝔥𝔞𝔣𝔱𝔩𝔦𝔠𝔥𝔰𝔱𝔢 222, 2 𝔐𝔞𝔫𝔲𝔰𝔠𝔯𝔦𝔭𝔱𝔢𝔰] Manuscripts g^s auf Riemer aus 𝔐𝔞𝔫𝔲𝔰𝔠𝔯𝔦𝔭𝔱𝔢𝔰 6 mit 𝔡𝔢𝔪 g^s auf Riemer aus 𝔡𝔢𝔫 10 𝔣ü𝔯 g^s auf Riemer üdZ 13 Sperrung g^s angeordnet 15 𝔒𝔯𝔦𝔤𝔦𝔫𝔞𝔩 18 𝔪𝔞𝔫 g^s auf Riemer üdZ 20 𝔥𝔞𝔱 g^s auf Riemer nach 𝔰𝔦𝔫𝔡 nach 20, womit der Brief (Nr. 157 und 171) ursprünglich schliessen sollte, ein Datum: 𝔚. 𝔡𝔢𝔫 27. 𝔇𝔢𝔠. 1827. 21—223, 3 Nachtrag auf Bl. 4 des Fascikels 222, 26 𝔞𝔫𝔡𝔢𝔯𝔫 g aR für 𝔲̈𝔟𝔯𝔦𝔤𝔢𝔫 29 𝔥𝔦𝔢𝔯 g aus 𝔥𝔦𝔢𝔯 𝔫𝔬𝔠𝔥 𝔡𝔦𝔢𝔰𝔢𝔰 g üdZ 223, 2 *Quaterly* 4 𝔟𝔦𝔢𝔰𝔢𝔪 g aus 𝔟𝔦𝔢𝔰𝔢𝔫 6. 7 Sperrung g^s auf Riemer angeordnet 9 𝔟𝔞𝔰 g^s auf Riemer üdZ 𝔅𝔯𝔦𝔱𝔞𝔫𝔫𝔦𝔢𝔫 g^s auf Riemer in offen gelassener Lücke nachgetragen 9 𝔭𝔞𝔞𝔯 13 *Dupins* g^s über *Dupain's* 19 𝔰𝔠𝔥ä𝔱𝔷𝔢] 𝔰𝔢𝔱𝔷𝔢 𝔴𝔞𝔯𝔢𝔫 aus 𝔴𝔞𝔯 20 496 g^s in offen gelassener Lücke I.] II. g^s in offen gelassener Lücke 224, 5 𝔟𝔦𝔢] 𝔟𝔦𝔢 𝔰𝔦𝔠𝔥 g^s aus 𝔟𝔦𝔢 𝔡𝔦𝔢𝔰𝔢𝔰 aus 𝔟𝔦𝔢 𝔰𝔦𝔠𝔥 6—9 fehlt 10—14 Nachtrag auf Bl. 4 des Fascikels, Johns Hand 11 𝔦𝔪 nach 𝔤𝔢𝔰𝔠𝔥𝔯𝔦𝔢𝔟𝔢𝔫?

Vgl. 239, 11. 243, 18; Tageb. XI, 146, 14. 154, 8. 157, 3. 4. 18. Antwort auf Carlyle's Brief vom 20. August (gedruckt: Norton a. a. O. S. 30), vgl. Tageb. XI, 104, 22 221, 1 Die erste Sendung: vgl. 257, 3. 14 und zu XLII, 267, 7, veranlasst durch Carlyle's Geschenk, vgl. 79, 8. 106, 12 2 vgl. 171. 183 d. B. 2. 3 vgl. zu 180, 2. 243, 3. 4 6 vgl. 243, 5 7 vgl. 243, 5. 6; dieses Heft besass Carlyle schon, Norton a. a. O. S. 31 11. 12 vgl. Tageb. XI, 152, 27—153, 3; Werke XLI, 2, 348. XLII, 2, 86 und in diesem Bande 223, 2. 241, 10 14 vgl. zu 243, 12 14. 15

vgl. zu 243, 19   17 Charles Des Voeux, vgl. 73, 4; über seine Tasso-Übersetzung (vgl. zu XLII, 103,4) giebt Carlyle in seiner Antwort vom 18. April 1828 (Norton a. a. O. S. 81) ein sehr ungünstiges Urtheil ab   22 vgl. zu 243, 10—12   23. 24 Von Brandt und Bovy (vgl. zu 161, 7), vgl. 243, 17   24—27 vgl. Carlyles Antwort vom 18. April 1828   223, 6. 7 Carlyle, 18. April 1828: der Aufsatz über Ernst Schulze sei von George Moir († 1870), der über Hoffmann („On the Supernatural in fictitious Composition") sei von Walter Scott, der über das Theater von William Fraser (vgl. Tageb. XI, 126, 6—8)   20 Dr. Ant. Todd Thomson bespricht an dieser Stelle Dupins „Forces productives et commerciales de la France" (vgl. zu 105, 13. 14) 23. 24 vgl. zu 201, 16. 17   224, 6 vgl. 171 d. B.   13 Carlyle, 18. April 1828: er selbst sei der Verfasser.

*158. Concept von Johns Hand, Abg. Br. 1828, 9ᵇ 224, 16 gegenwärtige g aus gegenwärtiger   24 Ihnen g aus ihm 225, 6 Januar über Decbr.

Vgl. Tageb. XI, 157, 19. 20   Röhr erwidert am 3. Januar (Eing. Br. 1828, 8): Schweitzer habe bestimmt zugesagt, „sich für jeden ernsthaftern Krankheitsanfall des ärztlichen Beistands des ... D. Vogel bedienen zu wollen"; er sei beglückt durch Goethes Theilnahme.

*159. Concept von Schuchardts Hand, Abg. Br. 1828, 9 225, 8 Geh. Ref. g üdZ   Walbungen] Walbung aus Walbungen

225, 8 Der Geh. Referendar und Kammerjunker Franz Ernst v. Waldungen wird im Tagebuch unter den Tischgästen vom 25. December 1827 genannt.

*160. Concept von Schuchardts Hand, Abg. Br. 1828, 9 225, 15 in Berlin üdZ

225, 14 vgl. zu 96, 17.

Der G.-Jb. XX, 126 unter dem Datum des 2. Januar 1828 abgedruckte Brief an Loder ist vom 2. Januar 1829.

161. Vgl. zu G965 (Bd. 25). Johns Hand   226, 4 ausgesprochenem   6 jenen] jenem die nach Creizenachs Vorgang vorgenommene Änderung hat sich bei wiederholter Überlegung als irrig erwiesen und ist rückgängig zu machen; also lies: jenem   227, 6. 7 sittlich kümmerlichen] sittlich-kümmerlichen   13. 14 geselligem   228, 5. 6 g   Gedruckt: Briefwechsel ²

S. 233; der Abschnitt 226,19—227,16.17 bevorſtanden schon bei Jahn, Goethe's Briefe an Leipziger Freunde² S. 80. Dazu ein Concept von Schuchardts Hand, Abg. Br. 1828, 8, woraus zu bemerken: 226,4 ausgeſprochenem 4.5 theuerſte Freundin fehlt 6 jenen] jenem 11.12 das beſcheidenſte g² üdZ 13 gemäßigt‧ g² aus gemäßigt 19 unſres 22 die vom Schreiber nicht verstandenen Sylben Gänſe g² in offen gelassener Lücke nachgetragen 227,2 auch] benn auch 5 Blätter g² über Briefe 6.7 ſittlich-kümmerlichen 13 heiterm 13.14 geſelligem 14.15 alle Sperrungen und Fragezeichen g² 15 von g² üdZ 17—24 Sie — Jahr von Johns Hand 19 geworben ſeyn g nach ſeyn 25—228,4 fehlt 228,5.6 fehlt mit Ausnahme des Datums, das, von Goethes Hand, so lautet: b. 6. Jan. 1828. darunter g: exp. eod.

226,4 Marianne hatte am 9. December 1827 (gedruckt: Briefwechsel² S. 231) für Röschen Scharff (1806—1841), die Tochter ihrer zweiten Stieftochter Amalie Henriette, um „eine jener kleinen Mainansichten" [von Rosette Städel, vgl. Werke V, 2, 41], wo möglich mit einigen Zeilen von Goethes Hand, gebeten 8.9 Goethe schickt die aus der Skerl'schen Sendung zurückbehaltenen Darstellungen des Gartenhauses und der Stadtwohnung, mit denselben Versen, die er auf den beiden anderen Exemplaren an Skerl hatte zurückgehen lassen, vgl. zu 220,3; Mariannens Dank: Briefwechsel² S. 235 19 vgl. 30,2; er war am 21. September 1827 gestorben 24 Marianne: sie habe eine „Schachtel" aus Rieses Vermächtniss, die der Verstorbene ihr schon vor seinem Tode zur Weiterbeförderung an Goethe angekündigt habe, gestern (8. December) erhalten und sogleich uneröffnet auf die fahrende Post gegeben 227,4 Die Schachtel enthielt die Briefe Goethes an Joh. Adam Horn, die Riese nach Horns Tode (9. April 1806, vgl. Pallmann, Joh. Adam Horn, Leipzig 1908, S. 78) auf der Versteigerung erstanden hatte 10 Nach Eckermanns Bericht (11. April 1829) aus dem Juli und December 1770; auch sie liegen nicht mehr vor (vgl. I, 278) 21 Marianne am 24. October (Briefwechsel² S. 229): „Willemer ... trägt sich stets mit Plänen, Sie einmal wieder zu sehen" 25 Werke IV, 282, auch an Frau v. Martius (vgl. zu 202,23), an Frau Carlyle (vgl. zu 243,19), an Frau v. Mandelsloh (vgl. Tageb. XI, 158, 19. 20) geschickt; dass Marianne, wie Creizenach auf Grund ihres Dankbriefes schliesst (Briefwechsel³ S. 233 Anmerkung 1 und S. 236), zugleich das Gedicht „Nachts wann gute Geister schweifen" (Werke III, 364) handschriftlich erhalten habe, ist nicht wahrscheinlich: diese Verse waren bereits in C^1 IV gedruckt.

Der fälschlich vom 3. Januar 1828 datirte Brief an Frommann (vgl. Das Frommannsche Haus³ S. 65) gehört unter den 3. Februar 1828 (195 d. B.).

*162. Concept von Schuchardts Hand, Abg. Br. 1828, 5

Vgl. Tageb. XI, 158, 1. 2   228, 8 Mit einem Briefe vom 27. November (Eing. Br. 1827, 606) sendet Cramer seine „Geognostische Fragmente von Dillenburg und der umliegenden Gegend", Giessen 1827, sodann das letzte Exemplar Goethit (vgl. XXXI, 203, 13. 14; Naturwiss. Schriften VI, 162, 16—25) seiner Sammlung, dazu noch „einige Raritäten" 16 Cramer: „Übrigens wünsche ich sehr, meine seit 12 Jahren gemachte zweite Mineraliensammlung [vgl. XXXII Nr. 159] .... [für 650 rh. sächsisch] verkaufen zu können, da ich alt und abgängig geworden bin.... Eure Excellenz wissen vielleicht in Ihrer ausgebreiteten Connexion einen Liebhaber ausfindig zu machen..."   229, 7 vgl. zu 256, 3.

*163. Concept von Schuchardts Hand, Abg. Br. 1828, 6ᵇ 229, 15 von g aus vom   16 benenjenigen g aus demjenigen 18—20 die Verwirrung in der Satzconstruction würde am einfachsten durch Einsetzung eines „wären" nach geneigt beseitigt

Vgl. Tageb. XI, 159, 7. 8.

*164. Handschrift von John, Eing. Br. 1828, 9   231, 6. 7 g Mit Carl Augusts Antwort auf dem Rande. Dazu ein Concept von Schuchardts Hand, Abg. Br. 1828, 6, woraus zu bemerken: 230, 9 indem er üdZ   anbefohlene g aR für meine dieses über die   10 Willekoffe g aus Willevoß   16 ruhen g über anstehen   18. 19 abermals — ein g über den Antrag, sondern ein   20 um — seyn g aus und vergewissert zu seyn wünscht   daß g über ob   21 solcher g über dieser   23 hierauf nach mir   24 Gewährung g über Billigung   25 sie g über es 231, 3 und — die g aus zugleich mit der   4 günstiges g üdZ 6—8 fehlt mit Ausnahme des Datums

230,10 vgl. XLII Nr. 191   14 vgl. 231,20   19 In einem Briefe an Goethe vom 20. December 1827 (Eing. Br. 1828, 4); das Concept der Zuschrift: Eing. Br. 1827, 635   24 Carl August auf dem Bande des Goethischen Briefes (undatirt, vermuthlich 5. Januar, vgl. Tageb. XI, 160, 4. 5): „Die Adresse vom p. Schmidt zu A. werde ich sehr gerne annehmen" 231,1 vgl. 166 d. B.

Ein Schreiben der Oberaufsicht an die Grossherzoglich Sächsische Cammer vom 8. Januar 1828, Concept von Johns Hand, die dem Bildhauer Joh. Pet. Kaufmann übertragene Herstellung einer Büste Carl Augusts für die Bibliothek und deren Remuneration betreffend, in dem zu 65/6 d. B. genannten Fascikel, Bl. 69. Vgl. 135 d. B.; Tageb. XI, 161, 8. 9. 17. 18.

*165. Concept von Johns Hand in dem zu 138 d. B. genannten Fascikel, Bl. 20

Vgl. Tageb. XI, 162, 12. 13   231,10 Göttlings Aufsatz enthaltend (vgl. zu 173, 23. 24), vgl. Tageb. XI, 161, 10. 11   12 vgl. zu 199, 2; Frommann, 4. Januar 1828 (in dem zu 138 d. B. genannten Fascikel, Bl. 19): „Euer Excellenz empfangen hierbei die Aush Bgn und 2 Dutzend Exemplare des besondern Abdrucks [vgl. zu 243, 9] . . . Spätestens bis Dinstag [8. Januar] wird die Correctur des besondern Abdrucks dieses Gedichtes in gr. 8 aus Cicero Schrift . . . folgen", vgl. 203, 11. 251, 21   15 vgl. zu 233, 6. 7.

166. Handschrift unbekannt. Gedruckt: Biedermann, Goethe und das sächsische Erzgebürge, Stuttgart 1877, S. 240. Dazu ein Concept von Schuchardts Hand, Abg. Br. 1828, 4ᵇ, woraus zu bemerken: 231, 20 bie nach um   21 Werfes 232, 5 Bergwerfes   12 entgegenfehe g⁸ aus entgegengehe   14 abermals nach mich [g⁸ gestr.] werben g⁸ über fehen   15 bie nach an dem Schluffe des gegenwärtigen [g⁸ gestr.] hochachtungsvoll g⁸ üdZ   17—19 fehlt mit Ausnahme des Datums

Vgl. Tageb. XI, 163, 18. 19   231, 20 vgl. zu 230, 19. 24   232, 3. 4 Mit seinem Briefe vom 20. December (vgl. zu 230, 19) hatte Schmid für Goethe „eine Gebirgs-Suite aus unserm Zwitterstockwerke und zu solcher eine kurze Uibersicht seines gegenwürzigen Betriebes" eingesandt, vgl. 237, 18;

XLII, 225, 5—12; Tageb. XI, 159, 1—3   232, 7 vgl. Naturwiss. Schriften IX, 139.

*167. Handschrift unbekannt, vgl. Strehlke II, 188. Hier nach dem Concept von Schuchardts Hand, Abg. Br. 1828, 7ᵇ

232, 21. 22 Georg Friedrich Conrad Ludwig von Gerstenbergk, genannt Müller, geh. Regierungsrath und Archivar am Haupt- und Staatsarchiv, wird mit dem Gymnasialprofessor Carl Wilhelm Adolph Weichardt unter Goethes Tischgästen am 5. Januar aufgeführt (Tageb.); vgl. Tageb. XI, 179, 12. 13.

*168. Concept von Schuchardts Hand in dem zu 138 d. B. genannten Fascikel, Bl. 20   233, 6 bie Beforgung *g* über wie eine   beygehenber *g* aus beygehenbe   7 wie *g* aR unb nach zu beforgen [*g* geftr.]

Vgl. Tageb. XI, 163, 15. 16   233, 6. 7 vgl. 231, 15; Frommann erwidert am 13. Januar (in dem zu 138 d. B. genannten Fascikel, Bl. 21): „Die Einschaltung in das Gedicht an den König von Baiern kann nicht auf die Weise bewerkstelligt werden, wie Herr Professor Riemer geglaubt hat, indessen werden wir Sorge tragen, dass es auf eine anständige Weise geschieht und auf jeden Fall noch eine Revision schicken".

169. Vgl. zu Bd. 40 Nr. 270. Concept von Schuchardts Hand, Abg. Br. 1828, 5ᵇ   233, 13 vielfachem   14 mit *g*² über in   234, 1 Abſatz *g*² angeordnet   2 ba *g*² aR für indem 3 feinem *g*² aus feinen   4 indeß *g*² aus indem   15 vorzüglichen üdZ   unmittelbar *g*² über erft   18—22 in — worden mit Verweisungszeichen nach 234, 28 (Bl. 6ᵇ) nachgetragen 19 nächften Verwandten *g* über Manne   20 vollendet — fehen *g* aus zu vollenden   21. 22 und — worden *g*   25 grünlicher *g* über beffer   was *g* über und   26 und follen *g* üdZ 235, 22 21 *g* über 29   236, 6 Felsblock *g*² über Stein   12 folche nach davon würd   15 ferner *g*² über noch   17 mir *g*² aR 21 — 27 Johns Hand   Gedruckt: Weimarer Sonntagsblatt. Nr. 16. 20. April 1856. Aus diesem Druck ist zu bemerken: 233, 14 Trange   234, 1—7 Der — erzählt fehlt, statt dessen Auslassungszeichen   7. 8 befonders — haben] Befonders erfuche ich Dich heute, Deinem Herrn Vater die bringende Bitte vorzutragen   13 Geheimen   23 frühern   25 grünlicher] grünlich

235, 3 Stoffischen 6 bie — Händen fehlt 7 Stück] Hefte
8 neueſten 9 hierzu 11 Texturen 11. 12 erſt — Behufige] das
Behufige erſt 13 Neueſte 17 einige] auch einige 20 — 236, 3
fehlt, ſtatt deſſen Auslaſſungszeichen   236, 5 auch] ſo wie
6 Felſenblock 8 in's] in das 12 ebenſo 14 alle] ſämmtlich
ausgeſprochen 18 Herrn 21 Hiermit 22 — 25 Auch — aller-
ſchönſten fehlt, ſtatt deſſen Auslaſſungszeichen 25 und ge-
denke] Gedenke   nach 26 folgt: Treulichſt G.
    Vgl. Tageb. XI, 163, 16. 17   283, 16 vgl. zu 154, 4. So-
dann am 25. November hatte Nicolovius abgesendet (Eing. Br.
1827, 581. 582. 587 618. 619): 1. die in der Lepel'schen Auction
erstandenen Sticke (vgl. zu 96, 8), 2. eine Napoleonbüste,
modellirt von Posch, 3. einen Grundriss von Berlin, 4. 5.
einen Plan der Pfaueninsel mit Wegweiser, 6. einen War-
schauer Schlafrock; alles dieses in Erledigung erhaltener
Aufträge (vgl. 161, 2), wozu Nicolovius 29 rh. 17 ½ gr. vorgelegt hatte (vgl. 198, 20); 7. „drei kleine Aufsätze vom
Dr. Seebeck", 8. „als Vorbote der zunächst erfolgenden
Granit-Stücke: 'Abbildung des grossen Stein's bei Fürsten-
walde'" (vgl. zu 236, 6), 9. 10. 11. drei kleine Arbeiten von
Carl Gottlieb Reinhardt, 12. [L. A. Unser's] „Devisen auf
deutsche Gelehrte, Dichter und Künstler", 13. ein „Verzeichniss von lithographirten Blättern"; die Nummern 7—13
als Geschenke. Am 2. December endlich hat Nicolovius
ein „Fässchen mit Victualien" geschickt (Eing. Br. 1827,
603; Tageb. XI, 152, 26)   284, 1 Alfreds älterer Bruder
Heinrich (1798 — 1869), Assessor, später Geh. Justizrath in
Berlin; er scheint zur Taufe Almas nach Weimar gekommen
zu sein, vgl. Tageb. XI, 143, 23. 144, 4. 5. 24—26. 145, 11. 24. 25,
gegen Ende December erscheint er wieder in Weimar, vgl.
Tageb. XI, 152, 9. 10. 17. 18. 153, 6. 28. 154, 2 8 vgl. Tageb.
XI, 154, 2—4 12. 13 vgl. zu 135, 3   285, 1. 2 vgl. zu 96, 17.
225, 14 7. 8 vgl. zu 201, 16. 17   9 vgl. „Kunst und Alterthum" VI, 2, 419 (Werke XLIX, 2, 113 — 117. 266 — 268)
13. 14 Nicolovius übersendet die biographischen Notizen am
21. Februar (Eing. Br. 1828, 112); sie liegen in dem zu
236, 6. 7 genannten Fascikel   23. 24 Vielmehr am 28. Juli
1827 (Eing. Br. 1827, 891), vgl. Tageb. XI, 94, 21. 22; am
30. December 1827 (Eing. Br. 1828, 21) erkundigt sich Gerber

nach dem Schicksal seiner Sendung. Nicolovius antwortet am 21. Februar: „Ihren Dank habe Hrn. Gerber sogleich überbracht. Leider konnte ich [? er?] nicht in den Besitz der Bovy'schen Medaille kommen, da ich mein von Ihnen erhaltenes silbernes Exemplar nicht daran geben wollte. Sobald ich ein Exemplar in Bronce erhalte, werde ich's dem jungen Manne aus dem Stamme Israel überbringen. ... Den Preis von solchen Elfenbein-Köpfen stellt er den Bestellern anheim"; vgl. „Kunst und Alterthum" VI, 2, 423 (Werke XLIX, 2, 87)   236, 6 vgl. zu 233, 16; Goethe bespricht die von Schoppe gezeichnete, von Tempeltey lithographirte Abbildung des Markgrafensteines in „Kunst und Alterthum" VI, 2, 422 (Werke XLIX, 2, 199); Nicolovius im Begleitbrief vom 25. November: „Diess nicht käufliche Blatt weiht Ihnen der dabei beschäftigte Bau-Inspector Cantian, ein Freund unseres Hauses ... Weitere Nachricht schreibe ich Ihnen bei der Sendung einiger Stücke jenes merkwürdigen Steines"   6. 7 Die Notiz giebt Nicolovius am 21. Februar (Fascikel „Alfred Nicolovius zu Berlin über die Bearbeitung und Benutzung des Märkischen Granits", Abtheilung „Kunst"); Goethe verwerthet sie „Kunst und Alterthum" VI, 2, 420 (Werke XLIX, 2, 197)   15. 16 vgl. Tageb. XI, 153, 22; Rauch sendet einen Abguss des dritten Feldes vom Piedestal seines Berliner Blücherdenkmals, vgl. 143, 5, Tieck einen Abguss der für die Kronprinzessin Elisabeth angefertigten „Kassandra", vgl. 143, 8. 11   18 Beuth in einem Briefe vom 15. November 1827 (vgl. zu 146, 27): „Leider hat mich ein unerklärlicher Unfall verhindert, das Ihnen bestimmte Exemplar [des Hawkin'schen Medaillons, vgl. zu 146, 15] zu übersenden, und ich weis es nicht anders zu ersetzen, als indem ich Ihnen bieneben einen mir gehörigen Abguss in Bronze, mit dem Gipsabgusse worüber er geformt worden übersende, und Sie bitte beide anzunehmen", vgl. Tageb. XI, 140, 4. 5   22 vgl. 198, 20.

170. Vgl. zu 6635 (Bd. 24). Johns Hand   237, 12 kaum] mich kaum   17 Meine] Mein   238, 7 käuflich   14—21 Lassen — widmen] diese Partie ist nicht nur aR in ihrer ganzen Ausdehnung durch zwei Längsstriche, sondern auch zu Beginn durch ein „NB" und einen Pfeil ausgezeichnet (g? Leon-

hard?) 14 mich] noch 16 abschreckt] absichtlich bewahrte Nachlässigkeit 21—25 (Ich — werben.) zwischen den Zeilen und aR nachgetragen 239, 4 Werke] Würde g Gedruckt: Leonhard, Aus unserer Zeit in meinem Leben II, 126. Dazu ein Concept von Schuchardts Hand, Abg. Br. 1827, 12, woraus zu bemerken: 237, 3 ersten Januar g^2 in offen gelassener Lücke nachgetragen 5 Feuerproducten g^2 aus theuren Producten 12 kaum] mich kaum rieselt über fließt 14 Zufluß g^2 üdZ 17 Meine Mein 17. 18 angelegte g^2 aR für gerichtete 22 unsrer 238, 1 Oeninger g^2 über Euinger 7 käuflich g üdZ erlangen g über finden 9. 10 zu — habe g aus bekennen muß 10 das nach selbst [g gestr.] 12 unseres noch nach sich [g gestr.] 12 erhalten wird g aus erhält 14 Absatz g angeordnet hierbey g üdZ 15 jüngere g aus die jüngeren 17 mochten g üdZ 19 jenen nach sich [g gestr.] 21—25 Ich — werben Nachtrag von Johns Hand am Schlusse des Ganzen 21 Klammer fehlt 21. 22 Ich — doch] Doch 25 Schlussklammer fehlt 26—239, 1 Herr — Mitte nachträglich entworfener Schluss für folgende ursprüngliche Fassung, die sich unmittelbar an widmen 238, 21 anschloss: Bei mir erhält sich bis auf den letzten Athemzug für alles dies ein gleiches Interesse, wie ich auch unverändert mit Hochachtung und Liebe benenjenigen zugethan bleibe, benen wir soviel Erweiterung und Aufklärung der Wissenschaft schuldig sind. [Absatz] Ew. Hochwohlgeb. besonders dankbar verpflichtet 238, 28 aus g^2 üdZ 239, 1 wohlunterrichteten g^2 aus höchstunterrichteten 3. 4 in — Werde g^2 aR 5—7 fehlt. 8. 9 fehlt mit Ausnahme des Datums

Vgl. Tageb. XI, 163, 19. 20 237, 3 Eing. Br. 1828, 45 5 Leonhard hatte am 20. November (Eing. Br. 1827, 622; vgl. zu 158, 23) eine Sendung Mineralien angekündigt, die am 23. November abging (Eing. Br. 1827, 577); am 1. Januar schreibt er: „Ich bin ungewiss, ob ich dem letzten kleinen Transport ein Musterstück von dem, vorigen Herbst im Vogels-Gebirge von mir aufgefundenen Dolerit beigelegt"; wenn nicht, so solle ein gutes Stück folgen 16 vgl. zu 256, 3 18 vgl. zu 232, 3. 4 23—25 vgl. zu 2, 25 238, 5 vgl. 94, 17 26 vgl. zu 1, 5. 6 27. 28 vgl. Tageb. XI, 110, 14. 15.

171. Vgl. zu Bd. 38 Nr. 242. Johns Hand 239, 13 meinen 240, 15 es g^1 über ich 24 zu üdZ 26. 27 aus den

g^1 über meines 241, 3 Leben g^1 udZ 17 unſern 26—28 g 243, 11 *Almanac de* 18 1.] 15. Gedruckt: Norton, Correspondence between Goethe and Carlyle, London 1887, S. 48. Dazu ein Concept von Schuchardts Hand, Abg. Br. 1828, 1ᵇ, in unmittelbarem Anschluss an das Concept zu 157 d. B. (das ganze Concept zu Nr. 171 ist g^1 aR vorgestrichen und aR ist g^1 dazu bemerkt: Von hier an das vorgeſtrichene abgeſchrieben [? abzuſchreiben?] und mit dem... [Rest unleserlich]), woraus zu bemerken: 239, 10. 11 fehlt 12 Herrn g^2 auf Riemer aus Herr 21 ungemeinen g^2 auf Riemer über wichtigen 22 Begebenheiten g^2 auf Riemer unter Ereigniſſe 23 Zeuge g^2 aus Zeugen ruhigem g^2 auf Riemer aus ruhigen 240, 5 ganz nach denn [g^2 auf Riemer geſtr.] 11 frechen üdZ 13 ihn g^2 üdZ 14 Und üdZ noch üdZ außerdem nach dieſes 16 das zweite theils g^2 auf Riemer üdZ 20 an denen g^2 auf Riemer über woran 21 die üdZ 241, 3 und Riemer aus in 4 *Romance* g^2 auf Riemer auf *Romans* 5 Sie fehlt 6 ſonſt g^2 auf Riemer üdZ 8 Anzeige g^2 auf Riemer aus Anzeigen 10 Lächeln 15 *Heavyside* g^2 auf Riemer aR für Lawrence 17 von über an unſern 19 er g^2 auf Riemer üdZ unſerm g^2 auf Riemer aus unſern 25 Jünglingen g^2 auf Riemer über jungen Männern 27 Erbgroßherzoglichen g^2 auf Riemer unter Erbprinzlichen 28 allgemein g^2 auf Riemer über durchaus 242, 3 Die übrige g^2 auf Riemer üdZ 7. 8 Beſchäftigung — Einbildungskraft g^2 auf Riemer aus für Herz, Geiſt und Einbildungskraft Beſchäftigung und Nahrung 13 Männer nach junge 14 hierher 16 unſere] unſre nach denn [von Riemer geſtr.] 19 auch g^2 auf Riemer über denn 19. 20 unbemerkt laſſen g^2 aus unter laſſen zu bemerken 21 *Lawrence* g^2 auf Riemer aus *Laurence* 24. 25 Herr — geſchloſſen g^2 nachgetragen 25 über die urſprünglich sich hier anschliessende Fortsetzung vgl. die Lesarten zu 221, 14—222, 20 26—28 fehlt 243, 1—19 von Johns Hand auf Bl. 4 2 gegenwärtigen] angekündigten 4 *incl.* fehlt 8 Schriften] Werken 12 Auch fehlt 14 ein junger] einen jungen 15 und in] in ſteht,] ſteht und 18 1.] 15. v. M. 20 fehlt

Vgl. zu 221, 2. 257, 8; Tageb. XI, 160, 9—11. 161, 26. 27. 162, 17. 18. 167, 27. 28 239, 10 vgl. 224, 6 11 vgl. 157 d. B. 14 vgl. zu 139, 4 16. 17 vgl. zu 139, 11. 178, 20 241, 2 vgl. zu

201,16.17   3.4 vgl. zu 79,8; „Kunst und Alterthum" VI, 2, 277. 279 (Werke XLI, 2, 302. 304)   10 Gemeint ist das Foreign Quarterly Review, vgl. zu 221,11.12   15 vgl. Tageb. XI, 52,3   21 vgl. 173,3   24 James Patrik Parry hatte sich am 15. Juni mit Louise v. Stein (Enkelin von Charlotte v. Stein) verlobt (vgl. Tageb. XI, 72,24.25. 74,8.9), am 14. August mit ihr in Kochberg verheirathet, vgl. Ludw. Rohmann, Briefe an Fritz v. Stein, Leipzig 1907, S. 262. 263
243,3.4 vgl. 180,2. 221,2.3   5.6 vgl. 221,5—8; Tageb. XI, 146,12.13   7 vgl. zu 216,19 (Werke XLII, 1, 135)   9 vgl. zu 199,2; Carlyle erhielt eines der von Frommann am 4. Januar geschickten Exemplare, vgl. zu 231,12   12 vgl. 221,14. 222,22; das Kästchen enthielt eine Brustnadel („Medaillon von Goethe's Kopf von schwarzer Bronze, auf einem Hintergrund von blankem Stahl, mit goldner Fassung"), aufgesteckt auf eine Karte mit dem Gedicht: „Wenn der Freund, auf leichtem Grunde", datirt vom 1. Januar 1828 (Werke IV, 283). ferner ein Armband (vgl. Tageb. XI, 160, 12.13.25.26. 161,27.28) mit den Begleitversen: „Diess fessle deine rechte Hand" (Werke IV, 283)   17 vgl. 222,23   18 Nr. 157 d. B.   19 vgl. 221,14.15; die Sendung enthielt noch die Erläuterungen „Zum nähern Verständniss des Gedichts: 'Dem Könige die Muse'" (vgl. zu 200,14.15) und das Gedicht: „Wenn Phöbus Rosse sich zu schnell", vgl. zu 227,25.

172. Handschrift unbekannt. Gedruckt: Riemer, Briefe von und an Goethe, Leipzig 1846, S. 156; Teichmanns Literarischer Nachlass S. 264   244,11 von dem] von den Teichmann Dazu ein Concept von Schuchardts Hand, Abg. Br. 1828, 13, woraus zu bemerken: 243,21 Jahre   244,7 Hans Sachsens g über ganz nach   und seiner g in offen gelassener Lücke nachgetragen   11 von dem] von den   12.13 etwa zwölf g auf g^1 in offen gelassener Lücke nachgetragen   18 möge g aus möchte   24 anschaulicher g über eingeleitet   25 in — Viertelstunde g aR für mit 15 Minuten [15 Minuten g^1 in offen gelassener Lücke nachgetragen]   28 Einsicht aus Ansicht   in die für der dieses für in die   245,8 lieben g üdZ   Bildniß g aus Bild   9 höchst g über doch auch   10 bestens aR   11—13 fehlt mit Ausnahme des Datums   13 17 über 15

Vgl. 264,1; Tageb. XI, 167, 15. 16   243, 23 Vom 10. Januar 1828 (Eing. Br. 1828, 41; gedruckt: Riemer, Briefe von und an Goethe S. 155; Teichmanns Literarischer Nachlass S. 264); Brühl bittet um die Erlaubniss, bei der Aufführung des Schauspiels „Hans Sachs" von Joh. Ludw. Deinhardstein (1794—1859) statt des vom Verfasser selbst gelieferten Prologs Goethes „Hans Sachsens poetische Sendung" (Werke XVI, 121) sprechen lassen zu dürfen   15. 16 Goethe hat keineswegs vergessen, dass es nur poetische Fiction gewesen war, das Gedicht als eine „Erklärung eines alten Holzschnittes" auszugeben, vgl. Werke XIII, 183 V. 39. 40   21 vgl. zu 264, 8   245, 1. 2 Brühl am 22. Januar (Eing. Br. 1828, 54): als Sprecher habe er „den jungen Schauspieler [Eduard] Devrient, einen Neffen des Grosskünstlers Devrient" bestimmt   7. 8 Brühl, 22. Januar: „Meine Frau und mein Moritz danken herzlich für das freundliche Andenken".

178. Handschrift unbekannt. Eine Abschrift Friedrich Försters im Besitz von Fritz Jonas, Berlin. Nach dieser Abschrift gedruckt: G.-Jb. XXVIII, 89   248, 16 ergebensten   17 b. fehlt   Da Abschrift und Druck im Allgemeinen zuverlässig zu sein scheinen, so liegt der Druck des G.-Jb. unserem Text zu Grunde; sichere Entstellungen sind aus dem Concept gebessert: 245, 24 benn] bie   246, 7 Beyfall] Ruf [im Druck des G.-Jb. als zweifelhaft bezeichnet]   24 Ausübung, bramatifche] Ausübung bramatifcher   theatralifche) theatralifcher   Aus dem Concept von Schuchardts Hand, Abg. Br. 1828, 14, ist dann noch weiterhin zu bemerken: 245, 20 gestehen   23 Bemühungen   gesehen   246, 6—8 welche — wird von Riemer aR nachgetragen   8 bestimmt wird über abhängig ist   9 Eigenheiten nach Vorur[theilen]   10 anderseits   25 sich üdZ 247, 4 gehen   6 nach wären Absatz   8 zu halten g auf Bleistift aR   11 abhängt] abhangt Riemer (?) aus abhängt   12 unfrer   13 ferner g üdZ   15 Casseführer   19 ließe g auf Bleistift aus ließ   20 vorschlagen: 21 britten g auf Bleistift über 3 en   25 räthlich g aus reblich   26 besondern   27 hievon   248, 9 meinem Riemer (?) aus meinen   14 zu verwerthen] zu verwenden g aus verwenden mögen   15—17 fehlt mit Ausnahme des Datums

Vgl. Tageb. XI, 167, 16. 17   245, 19 Eing. Br. 1828, 46; Adressat, Geh. Oberfinanzrath in Berlin, „Curator" der königllichen Bühnen (einige Notizen über ihn G.-Jb. XXVIII, 91), möchte Goethe zu einer öffentlichen Äusserung veranlassen über die Nothwendigkeit einer Trennung von Schauspiel und Oper, über die Nothwendigkeit, der Theaterintendanz eine Jury beizuordnen zwecks Beurtheilung der Aufnahmefähigkeit neuer Stücke, endlich über die Methode, die Autoren zu honoriren; eine Inhaltsangabe seines Briefes: G.-Jb. XXVIII, 91.

174. Handschrift, eigenhändig, unbekannt (ehemals im Besitz von A. Spitta, R. Zeune's Antiquariat, Berlin). Gedruckt (mit der irrthümlichen Bezeichnung: an Riemer): G.-Jb. II, 280

248, 20 Gemeint ist „Architecture moderne de la Sicile" von den Architekten Jak. Jgnaz Hittorf (1792—1867) und Carl Ludw. Wilh. Zanth (1796—1857), und „Architecture antique de la Sicile" von denselben. Den Anfang beider Werke hatte Zanth am 2. August 1827 (vgl. Tageb.) persönlich vorgelegt, die Fortsetzung schickte er mit einem Briefe vom 12. December (Eing. Br. 1827, 626); vgl. Tageb. XI, 163, 20—22. 164, 26—28. 165, 10—12. 166, 12—14; „Kunst und Alterthum" VI, 2, 404. 407 (Werke XLIX, 2, 147. 148).

175. Vgl. zu Bd. 37 Nr. 53. Schreiberhand 249, 10 *g* Gedruckt: H. Uhde, Goethes Briefe an Soret S. 35. Dazu ein Concept von Schuchardts Hand, Abg. Br. 1827, 18, woraus zu bemerken: 249, 3 unb füge *g* aus füge zugleich 8 im] zum 10. 11 fehlt

249, 2. 3 Vom Grafen von Beust übersendet, vgl. zu 253, 10. 11; Tageb. XI, 166, 1—3 3 Mexikanische Porphyre, vgl. zu 256, 3 5 vgl. 258, 7; Tageb. XI, 167, 3. 4.

176. Vgl. zu Bd. 33 Nr. 229. Johns Hand 249, 17 bem] ben 251, 1 im nach wieder 17 *g* Gedruckt: Bratranek, Briefwechsel zwischen Goethe und Sternberg, Wien 1866, S. 185; Sauer, Briefwechsel zwischen Goethe und Sternberg, Prag 1902, S. 150. Dazu ein Concept von Schuchardts Hand, Abg. Br. 1828, 15ᵇ, woraus zu bemerken: 249, 17 bem] ben 21 des Januars *g*² üdZ Prag ober üdZ 250, 1 von 1827 *g*² üdZ 2 im] in Parallelism aus Parallelismen 6 Absatz *g*² angeordnet 8 im] in bem 11 als nach ben 12 bem *g*² aus ben 20 füge] lege Stengelblätter *g* aus Blätter

25 endlich g³ über zuletzt   251,1 im nach wieder [g gestr.]
4 an — Geburtsort; wo sie zu Hause sind g über an ihrem Geburtsort   6 hat g gestrichen   17. 18 fehlt mit Ausnahme des Datums

Vgl. Tageb. XI, 169, 22. 170,1   249,12 Die zweite Lieferung von C¹, vgl. zu 180, 2   250. 10. 11 vgl. zu 253, 10. 11   13 vgl. 229, 6—9   15 vgl. zu 256, 3   18 „Eine noch jetzt unter dem Namen Chlorophytum Sternbergianum bekannte Zimmerpflanze" (Sauer)   251, 13 Carl Vogel.

Das Concept eines nicht abgegangenen Briefes an Graf Sternberg, das durch 176 d. B. ersetzt worden ist, Schuchardts Hand, der Mitte des Januars angehörend, findet sich Abg. Br. 1828, 12:

Zu dieser Sendung, wie ich hoffen darf, nicht gehaltloser Büchlein füge nur die treusten Wünsche für das nächste Jahr hinzu, in Hoffnung nächstens einiges auf Naturgeschichte sich Beziehende übersenden und mittheilen zu können.

*177. Concept von Schuchardts Hand, in dem zu 138 d. B. genannten Fascikel, Bl. 23   252, 2 gerathen g über fallen   5 lieben g üdZ

Vgl. Tageb. XI, 167, 17—19   251, 20 Von Frommann am 13. Januar (vgl. zu 233, 6. 7) gesendet, enthaltend die Aufsätze von Streckfuss (vgl. zu 182, 8)   21 Die von Frommann am 13. Januar versprochene Revision des Gedichtes in Gross-Octav, vgl. zu 199, 2. 231, 12. 233, 6. 7   23 vgl. zu 259, 13.

*178. Concept von Schuchardts Hand, Abg. Br. 1828, 17   252, 9 und war g³ aR   allerdings nach zwar [g³ gestr.]   16 und g³ über wie   17 babey g³ üdZ   22 an können schliesst sich folgender Passus an, der nach Goethes Randbemerkung: Von hier an nicht abgesendet. zurückgehalten worden ist: Wenn ich Herrn Wachlers neue Bearbeitung der Literargeschichte mit der ältern vergleiche, so giebt es mir viel zu lernen und zu denken und gewährt mir den Vortheil, daß ich mich dabey über die Studien meines ganzen Lebens zu examiniren habe. Herrn [Lichtenstädts] platonische Betrachtungen studiere mit Herrn Hofrath Vogel, einem trefflich einsichtigem Arzt, der uns von Liegnitz

---

3. 4 Beziehende g¹ aus Beziehendes

zugekommen ist uns beſſen man ſich in Breslau wohl erinnern wird. Herrn Büſchings Bemühung um die deutſchen Alterthümer gewährt uns auch diesmal eine ganz eigne Kenntniß; das buntgefärbte Grabmal macht einen ganz eignen Contraſt mit einem aus ganz einfachem Erz gegoſſenen z. B. Leß[?] in Magdeburg, und deutet ganz eigen auf die Geſchichte der Kunſt, der Sitten und des Geſchmacks, und wie dieſe Äußerung uns deutlich zeigt, wie dieſe merkwürdigen Äußerungen des Menſchengeiſtes immer gleichen Schritt gehen. Empfehlen Sie mich Herrn [Lücke], dem ſo thätigen Secretair Ihrer würdigen Geſellſchaft, mit der Bitte, daß er mein, bei Austheilung der jährlichen Acten gedenken möge. Nun aber will ich mit dem ſchönſten Gruße an Herrn [Lücke] abſchließen beſſen letztere der Poeſie der Sitten gewidmete Werke mich ihn als einen freundlich thätigen Collegen begrüßen ließen. Die Einlage iſt ſogleich beſtellt worden.

Vgl. Tageb. XI, 167, 19. 20   252, 7 Fritz v. Stein schreibt am 2. Januar 1828 (Eing. Br. 1828, 35): „Euer Excellenz hatten Zeichnungen von sich aus meiner Mutter Verlassenschaft reclamirt [vgl. XLII Nr. 76; Rohmann, Briefe an Fritz v. Stein, Leipzig 1907, S. 260], und mein Bruder hatte Ihnen alles an Zeichnungen was er nicht in Rahmen und unter Glass fand gesendet [vgl. Eing. Br. 1827, 295; Tageb. XI, 53, 21. 22], mir aber hatte er damals Mittheilung davon gemacht, und ich hatte darauf erwiedert dass ich einige Skitzen mit Bewilligung meiner Mutter früher an mich genommen hätte. ... Bey meiner Anwesenheit in Weimar [vgl. Tageb. XI, 136, 9. 140, 28. 143, 18] war nicht die Rede davon was Euer Excellenz eigentlich gewünscht hatten; indem ich aber gegenwärtig diese Zeichnungen und was ich neuerlich mitgebracht durchgehe habe ich mir es selbst klärer gemacht und übersende beykommend alles was nur Skitzen und eigentlich also nur memorandum's für den Urheber sind. Dass aber Sie sollten Zeichnungen von sich zurück begehrt haben die als Geschenke von Ihnen ½ Jahrhundert in der Mutter Zimmern hiengen ... ist nicht denkbar und ich nehme nicht Anstand dieselben zu behalten die mir zufielen"   18 Dieselben werden in dem nicht abgeschickten Theile des Briefes (siehe oben) genannt: Wachler (vgl. 116 d. B.), J. R. Lichtenstädt, der am 24. October 1827 sein Buch „Platon's Lehren

auf dem Gebiete der Naturforschung und der Heilkunde"
gesendet hatte (vgl. Werke XLII, 2, 476), Joh. Gust. Gottlieb
Büsching mit seiner Schrift „Das Grabmal des Herzogs
Heinrich IV. von Breslau, des Minnesängers".

*179. Concept von Johns Hand, Abg. Br. 1828, 11ᵇ
253, ₃ frischem *g* aus frischen   Dazu ein eigenhändiges Vorconcept *g*¹ auf einem weimarischen Theaterzettel vom 2. Januar 1828, woraus zu bemerken: 253, ₁ ein] irgend ein   nur
fehlt   ₃ von frischem üdZ   ₆ Datum fehlt, dafür eine Unterschrift: G

Vgl. Tageb. XI, 167, ₂₅. ₂₆   Adressatin (vgl. Goedeke,
Grundriss, erste Auflage, Bd. III S. 1029), bejahrt und in
Noth, hatte mit einem „Heidelberg im Dezember 1827"
datirten beweglichen Schreiben (Eing. Br. 1828, 39) zwei
Hefte Gedichte mit der Bitte um ein Gutachten eingesendet.

*180. Concept von Schuchardts Hand, Abg. Br. 1828, 11
Vgl. Tageb. XI, 167, ₂₆. ₂₇   253, ₁₀. ₁₁ Vom Adressaten,
preussischem Geh. Oberbergrath und Berghauptmann in
Bonn (geb. 1783), der am 3. September 1827 (vgl. Tageb.)
Goethe besucht hatte, mit einem Schreiben vom 10. December (Eing. Br. 1827, 612) eingesendet, vgl. 249, ₂. ₃. 250, ₁₀. ₁₁.
258, ₁₂; Tageb. XI, 150, ₁₉—₂₁   254, ₁ Beust: „Der von Ihnen
.. ausgesprochene Wunsch, einige Gebirgs und Gangarten
des Minendistrikts zu erhalten, den ich ... zur Kenntniss
der Direkzion gebracht habe, ist, wie man mir gesagt hat,
erfüllt", vgl. zu 256, ₃.

*181. Concept von Schuchardts Hand, Abg. Br. 1828, 10
254, ₂₃ bei über von   255, ₃ gewandtem   ₅ hinfort *g* über
nunmehro   ₁₆ von Paris *g* aR   *Liais (Engl. Lias) g* in offen
gelassener Lücke nachgetragen   ₁₇ auf nach also

Vgl. Tageb. XI, 168, ₁. ₂   254, ₁₉ vgl. Tageb. XI, 159,
₈ — ₁₆   255, ₂ vgl. Tageb. XI, 159, ₂₅. 162, ₁₈. ₁₉   ₃ Dem
Cammer-Canzlisten Joh. Franz Carl Ehnlich   ₁₆ Durch
Zanth, der seiner Sendung vom 12. December (vgl. zu 248, ₂₀)
ein auf Goethes Wunsch besorgtes Stück dieses harten
feinkörnigen Werksteins beigelegt hatte, vgl. Tageb. XI,
163, ₂₃   ₂₄ Glenck am 11. Januar (Eing. Br. 1828, 42): „Besonders hoch muss ich die wohlwollende Zusage empfinden",
die für den 30. Januar in Aussicht genommene Übergabe

der ersten Salzprobe aus dem Stotternheimer Bohrloch an die Grossherzogin Louise „durch ein Gedicht verherrlichen zu wollen", vgl. zu 272, 7.

*182. Concept von Schuchardts Hand, Abg. Br. 1828, 11ᵇ 256, 6 ben g^1 und g aus benen   8 habe g^1 über kann   9 zu g^1 üdZ   16 Dem g aus Den   21 17. John aus 13.

Vgl. Tageb. XI, 168, 2—4   256, 3 Die Direction des deutsch-amerikanischen Bergwerk-Vereins in Elberfeld hatte mit einem Schreiben vom 31. December 1827 (Eing. Br. 1828, 44) eine Sammlung Porphyrstufen aus ihren mexikanischen Gruben zu Ansicht und Prüfung übersendet, vgl. 229, 7. 237, 16. 249, 3. 250, 15. 254, 1. 258, 7. 263, 3.

*183. Concept von Johns Hand, Abg. Br. 1828, 20 257, 5 um nach abermals [g gestr.]   5. 6 Geneigtheit g über Gefälligkeit   14 Die — Schulb g aus Den früheren kleinen Betrag   16 ber Poften g aR für derselbe   17 zugerechnet] noch nicht zugerechnet   18 bie Zahlung g über ihn   25 21. aus 20. Dazu ein Vorconcept von Schuchardts Hand, Abg. Br. 1828, 16ᵇ, woraus zu bemerken: 257, 3 von — gesendetes fehlt   7 ein] abermals ein   9 fignirt — *Hamburg* aR   10 schwarzes nach abermals [g gestr.]   11 gezogen] geschlagen   ber Signatur] ben Zeichen   12 bahin fehlt   13 *Bank*,] *Bank, Edinburg portofrey* fehlt   14 Die — Schulb] Den kleinen Betrag   15 Ew. Wohlgeb. g über Denselben   16 ber Poften] derselbe   16. 17 von — Beauftragten fehlt   18 baß — Zahlung] baß Sie ihn g über denselben   19 haben g aus zu haben   20 sowohl — Gegenwärtige g aus gegenwärtig   20. 21 als — Vergangene] als das Vergangne g üdZ   21 ba benn g über so soll   22 alsobalb] alsbalb   wird g nach soll dieses g nachgetragen   23 bestens nach und zu fernerer gelegentlicher Besorgung irgend eines kleinen Geschäftes [g gestr.]   25 21.] 19.

Vgl. Tageb. XI, 168, 26   257, 3 vgl. XLII Nr. 226 und in diesem Bande zu 221, 1   8 vgl. 221, 2 und Nr. 171 d. B.; Tageb. XI, 167, 20—24   14 Für die erste Sendung   15. 16 vgl. Tageb. XI, 97, 28   19 Vom 1. Februar (Eing. Br. 1828, 60): die Gesamtunkosten betrügen 4 rb.; vgl. 274, 7.

184. Vgl. zu Bd. 37 Nr. 53. Schreiberhand   258, 17 g Gedruckt: Uhde, Goethes Briefe an Soret S. 36; doch fehlt die „Beilage" (258, 19—259, 5). Dazu ein Concept von Johns

Hand, Abg. Br. 1828, 19ᵇ, woraus zu bemerken: 258, 3 ist nach darf sich nur 4 Blatt — man *g* [?] aus Blatt wenn er sich oben meldet dort an die Behörde und man 10 um *g* über so gewinnt man 11 zu gewinnen *g* aR 12 welche *g* üdZ besteht *g* aus bestehend 17. 18 fehlt mit Ausnahme des Datums Das Concept der „Beilage" 258, 19—259, 5 liegt vor von Johns Hand, Abg. Br. 1828, 19   259, 1 wird aR für kann 1. 2 des — Bücherschatzes aus Großhrzl. Bibliothek 2. 3 in — Gesetze aR

Vgl. Tageb. XI, 168, 26. 27   258, 2 vgl. Beilage; Tageb. XI, 167, 4—6   7 vgl. zu 249, 5. 256, 3   12 vgl. 249, 2. 3. 253, 10. 11   16 vgl. Tageb. XI, 168, 25   20 Max Graf Rapp, gest. 1828.

*185. Vgl. zu 6243 (Bd. 22). Johns Hand   259, 10 Ringseisen

Vgl. Tageb. XI, 168, 27—169, 2   259, 6 Am 20. Januar fragt Frommann an (in dem zu 138 d. B. genannten Fascikel, Bl. 22), wie stark die Auflage des Sonderdruckes des Müllerischen Gedichtes an Ludwig v. Bayern (vgl. zu 199, 2) sein solle, vgl. 251, 23 und zu 186 d. B.   7. 8 vgl. zu 186 d. B.

*186. Concept von Schuchardts Hand in dem zu 138 d. B. genannten Fascikel, Bl. 23

Vgl. Tageb. XI, 169, 3—5   259, 13 vgl. zu 259, 6   14—16 Müller am 22. Januar (Eing. Br. 1828, 49; als Antwort auf 185 d. B.?): „Wenn ich auf 20 Exemplare für Cotta, 50 für mich zur Vertheilung hier und auswärts rechnen will, so bleiben bey 100 Abdrücken immer noch 30 zu Euer Excellenz Disposition. Und mit 24 Velin Exemplaren dürfte es wohl auch genug seyn"   18 Frommann am 20. Januar (vgl. zu 259, 6): „Ferner glaubt mein Vater, dass es Cotta angenehm sein würde, eine Anzahl Exemplare zu erhalten, die wir für ihn zuschiessen wollten und die er dann über Leipzig erhalten könnte, damit er sie nicht früher erhält, als die von Euer Excellenz abgeschickten Exemplare nach München kommen, wenn Sie nicht vielleicht selbst Ihre Exemplare durch das [1827 gegründete „literarisch-artistische"] Cottasche Etablissement in München schicken. Oder wünschen Euer Excellenz nicht, dass Cotta Exempl. erhält?", vgl. 272, 3.

*187. Handschrift von Schuchardt im Besitz der J. G. Cotta'schen Buchhandlung Nachfolger   260, 14 *en page* *g* über *rempart* 19 wird fehlt 261,14 *g* Dazu ein Concept von derselben Hand, in dem zu 151 d. B. genannten Fascikel, Bl. 27, woraus zu bemerken: 260,11 Absatz *g* angeordnet 13 nach Sie üdZ, aber wieder gestr.: fo beÿm über den 14 *en page g* über *rempart* eben fo *g* üdZ 17.18 hervorzurücken *g* aus hervorzurücken feÿ 261,1 auf üdZ 3 hienach *g* über gleichfalls 4 Dijubicatur *g* nachgetragen 14.15 fehlt mit Ausnahme des Datums Der Abschnitt 260,11—261,5 nach dem Concept gedruckt: Pniower, Goethes Faust S 210

Vgl. Tageb. XI, 170,4—6 260,6 In dem zu 151 d. B. genannten Fascikel, Bl.21 7 Reichel sendet: von C^1: Bd. XIII, Bogen 9—14 (vgl. zu 213,12); Bd. XIV, Bogen 3—12 (vgl. zu 213,12); sodann von C: Bd. III, Bogen 1—16 auf Velinpapier, Bogen 10—16 auf Druckpapier (vgl. zu 213,12) 8 vgl. Tageb. XI, 166,18. 19 12 Reichel: „Der XII Band, darin der Faust, ist begonnen, und wird bereits am vierten Bogen gesezt. Der erste Theil des Faust wird etwa gegen 16 Bogen geben, die in circa 3 Wochen ausgesezt seyn werden, daher ich Ew. Excellenz um Einsendung des zweiten Theils gehorsamst bitte, so dass er bis Ende Januar hier sey"; Goethe sendet zunächst Vers 4613—5986; vgl. 61,16. 62,11.12.16. 63,14. 64,22. 78,24. 82,27. 91,2.7. 108,26. 149,14. 179,15. 208,8. 214,12. 219,2. 262,18. 266,17. 279,23; Tageb. XI, 170,2.3 261,9 Reichel: „S. 440 der alten Octav-Ausgabe [*B* VIII] in Epimenides Erwachen, sagt der Dämon als Hofmann: Ich trete sacht, ich hatte Puls und Oden [Werke XVI, 349 Vers 301], die Herren Correktoren haben zwar dieses so stehen gelassen, allein ich glaube doch, dass statt hatte es halte heissen müsse?" 11 Reichel: „Der XV. Band wird gleich, so wie der XIV. diese Woche beendet ist, angefangen", vgl. zu 280,5.

188. Vgl. zu 4102 (Bd. 14). Schuchardts Hand 263,13 *g* 19 Datum von Johns Hand Gedruckt: Briefwechsel V, 3. Dazu ein Concept von derselben Hand, Abg. Br. 1828, 17[b], woraus zu bemerken: 261,21 muficalifchem 262,12 Ranbler *g* aus Rantler 15 gehalten *g* über befunden 16 Stunden *g* über Zeit 19 möchtet ihr aus möchte dir 20 in — Lebens aR nachgetragen 21 einige nach des Lebens [*g* gestr.] 263,11.12

𝔉𝔯𝔞𝔲𝔢𝔫𝔴𝔢𝔩𝔱 *g* aus 𝔚𝔢𝔩𝔱   16. 17 𝔖𝔠𝔥𝔪𝔢𝔯𝔷𝔢𝔰𝔦𝔫𝔱𝔢𝔯𝔢𝔰𝔰𝔢𝔫 *g* aus 𝔖𝔠𝔥𝔪𝔢𝔯𝔷𝔢𝔰𝔦𝔫𝔱𝔢𝔯𝔢𝔰𝔰𝔢   18. 19 fehlt mit Ausnahme des Datums   19 24.] 22. Vgl. Tageb. XI, 170, 3. 4   261, 21 Händels Oratorium „Judas Makkabäus" (vgl. zu 279, 12)   10 Von Zelter übersendet mit seiner Antwort vom 8. Februar 1828, vgl. Tageb. XI, 177, 14   12 Dessgleichen; vgl. XLII, 213, 3   13 vgl. zu 260, 12   263, 3 vgl. zu 256, 3. 266, 1—8   4. 5 vgl. zu 201, 16. 17   10 vgl. zu 149, 10. 11   12 vgl. 172, 26. 27; Tageb. XI, 170, 10—12.

*189. Vgl. zu 6378 (Bd. 23). Johns Hand   Dazu ein Concept von derselben Hand, Abg. Br. 1828, 19, woraus zu bemerken: 263, 26 fehlt mit Ausnahme des Datums
263, 21 vgl. zu 272, 7   22 vgl. Tageb. XI, 170, 15. 16.

Ein Schreiben der Oberaufsicht an den Grossherzog Carl August vom 25. Januar 1828, Johns Hand, unterzeichnet: 𝔍. 𝔚. v. 𝔊𝔬𝔢𝔱𝔥𝔢, die Verwendung einiger bisher von der Polizei benutzter Räume des Jenaer Schlosses zu Museumszwecken betreffend, in dem Fascikel des Cultus-Departements: „Die sämtl. unmittelbaren Anstalten für Wissenschaft und Kunst betr. Vol. I. 1816—1841", Tit. 1 Nr. 7 Bd. 1 Bl. 179. Vgl. Tageb. XI, 170, 10. 26. 27.

190. Vgl. zu 7043 (Bd. 25). Schuchardts Hand   264, 16 𝔰𝔢𝔩𝔟𝔰𝔱𝔰𝔱ä𝔫𝔡𝔦𝔤𝔢𝔪   265, 14 *g*   15 v. fehlt (nach v. d. Hellens Collation)   Gedruckt: Riemer, Briefe von und an Goethe S. 159; Teichmanns Literarischer Nachlass S. 266.   Dazu ein Concept von derselben Hand, Abg. Br. 1828, 20ᵇ, woraus zu bemerken: 264, 16 𝔰𝔢𝔩𝔟𝔰𝔱𝔰𝔱ä𝔫𝔡𝔦𝔤𝔢𝔪   17 𝔟𝔬𝔯𝔷𝔢𝔦𝔱𝔦𝔤𝔢𝔫 *g* üdZ   25 𝔄𝔯𝔱 aus 𝔄𝔯𝔱𝔢𝔫   265, 1 ℨ𝔢𝔦𝔱 nach 𝔄𝔯𝔱   14. 15 fehlt mit Ausnahme des Datums

Vgl. Tageb. XI, 170, 23. 24   264, 1 vgl. 172 d. B.; Brühl antwortet darauf am 22. Januar (Eing. Br. 1828, 54; gedruckt: Riemer, Briefe von und an Goethe S. 157; Teichmanns Literarischer Nachlass S. 265; vgl. Tageb. XI, 169, 27)   6. 7 Brühl am 22. Januar: „Zum Costüm des Sprechers glaubte ich das Kleid eines Meistersängers am schicklichsten gewählt"   8 vgl. zu 244, 21; Goethe übersendet den „Prolog zu dem dramatischen Gedicht Hans Sachs, von Deinhardstein" (Werke XIII, 182), vgl. 283, 6. 13; Tageb. XI, 164, 4. 5. 167, 11—13. 169, 27. 28   23 Brühl am 22. Januar: „Sie verzeihen mir wohl hier noch eine halb scherzhafte Anfrage:

Sollte bei unserm heutigen überzierlichen Publikum nicht vielleicht die Stelle 'Ohne mit Schleppe und Steiss zu schwänzen' bedenklich seyn".

191. Vgl. zu Bd. 32 Nr. 98. Schuchardts Hand 267, 13 aufmerkſamen 268, 17 britten] 3.ten g in offen gelassener Lücke 21 und g aus um 269, 16 g Gedruckt: Briefwechsel zwischen Goethe und Reinhard, Stuttgart und Tübingen, S. 294. Dazu ein Concept von derselben Hand, Abg. Br. 1828, 21, woraus zu bemerken: 265, 16—266, 1 Vor— Blättchen ist ein nachträglich entworfener Anfang auf Bl. 23 für folgende ursprüngliche Fassung: Vor allen Dingen, verehrter Freund, habe ich anzuzeigen, daß jenes Blättchen von der Hand des unglücklichen Königs 266, 9 hochbedeutende g^1 aus gewiß bedeutende 12 zu aus zum 15 habe meiſtens unberrückter g^2 über gedrückter 19 mich g^2 über nicht 23 zurückführen g^2 aus zurückführend 267, 1 Tſcheðme g^2 über Gſchevsne 3 unſerer g^1 aus unſerm Achſe g^1 über Pol 3. 4 herumzudrehen ſcheinen g^2 aus herumdrehen 5 ſchon g^2 über einmal 8 fände g^2 nach findet 11 Scottiſchen 13 aufmerkſamen 18 Heldenleben g^1 aus Helden Sorbinen g^2 aus Sortinen 21 dort g^1 üdZ 24 den g^1 aus des 24. 25 anſpülenden g^2 aus anſpielenden 28 gewann g^1 aus gewonnen 268, 1 dabey] oft dabey 6. 7 als — Wolken g^1 aus phantasmagoriſch 7—10 Wozu — werden nachgetragen auf Bl. 23 17 britten fehlt, statt dessen Lücke 21 und] um 24 örtliche üdZ 25 weder nach keineswegs [g gestr.] 269, 3 nach gleitet g^1 ein Verweisungszeichen, vielleicht auf das unten mitgetheilte „Nachblättchen" bezüglich 9 Nagler g^2 in offen gelassener Lücke nachgetragen 10 erfreut nach wirklich [g^2 gestr.] 16. 17 fehlt mit Ausnahme des Datums 17 28.] 27.

Auf Bl. 23 steht noch ein Passus, der sich vielleicht an 269, 3 anschliessen sollte, dann aber wohl auf besonderem Blatt nachgetragen worden ist, wenn nicht Goethe ihn überhaupt ganz zurückgehalten hat:

Nachblättchen.

Ottilie bittet, die beyden Bücher [Ottilie—Bücher aus Die beyden Bücher wären] an Herrn Jügel zu übergeben, mit der Bitte, die fehlenden Theile hinzuzufügen, und sodann dieſe Werke complet 5 wieder zurückzuſenden.

Der neue Anfang 265, 16—266, 1 ist zweimal g^1 scizzirt auf der Handschrift H^1 zum „Prolog zu dem dramatischen Gedicht Hans Sachs von Deinhardstein" (vgl. Werke XIII, 2, 234 f.); die Lesarten werden nicht aufgeführt.

Vgl. Tageb. XI, 172, 10. 11   265, 18 Vom 9. Januar 1828, gedruckt: Briefwechsel S. 292   19. 20 Reinhard: er habe nach seiner Zurückkunft nach Frankfurt (vgl. zu 123, 17) mehrere Wochen lang an Chiragra gelitten   266, 1 Reinhard übersendet „ein billet eines Ex-Königs [Jerome's?], der es vor einigen Jahren sich in den Kopf gesetzt hatte mich, auf einige abentheuerliche und drolligte Weise, in einige seiner extravaganten Ideen hineinzuziehen"   4 Ludw. Achim v. Arnim hatte am 18. December 1827 als „Weihnachtsgabe" 21 verschiedene Autographen gesendet, vgl. Tageb. XI, 153, 8. 9   6 vgl. Tageb. XI, 169, 8. 9. 171, 27—172, 1 11. 12 „alle diese Blätter" sind nicht mehr vorhanden   17 vgl. zu 260, 12   18 Reinhard: „Dass einiges von dem was Ihre allumfassende Thätigkeit jezt beschäftigt nächstens zu unsrer Kenntnis kommen werde lässt ebenfalls H. v. Müller uns hoffen. Eine Fortsezung des Faust begreif' ich . . ." 267, 11 vgl. zu 178, 20   268, 8 Am 4. Januar 1828 hatte in Folge des Ausfalls der Wahlen zur Deputirtenkammer (vgl. 185, 24. 25. 186, 7) das clericale Ministerium Villèle dem liberalen des Vicomte Martignac weichen müssen   15 „Malerische Ansichten von Frankfurt a. M.", vom Verleger Carl Jügel mit einem Briefe vom 1. December (Eing. Br. 1827, 602) eingesendet, vgl. Tageb. XI, 145, 12. 13; „Kunst und Alterthum" VI, 2, 308   28 vgl. zu 149, 10. 11   269, 4 Geburtstag der Grossherzogin, vgl. zu 255, 24. 272, 7   5. 6 Am 28. März kam Prinzessin Marie (vgl. zu 78, 14) mit einem Prinzen (Friedrich Carl Nicolaus) nieder, vgl. 281, 17. 282, 27. 285, 6. 7   9 vgl. Tageb. XI, 168, 11—13.

192. Vgl. zu Bd. 39 Nr. 65. Schuchardts Hand   270, 22 g Gedruckt: Fischer, Briefwechsel zwischen Goethe und Göttling S. 22.   Dazu ein Concept von Johns Hand, Abg. Br. 1828, 23ᵇ, woraus zu bemerken: 270, 2—4 wie — bunte von Schuchardt aR nachgetragen   6. 7 Complement g [?] aus Compliment   11. 12 Abwesenheit g aus Abwesenheiten   12 benehmen g aus nehmen   15 Herrn] HE. g üdZ   Cicognara g in offen gelassener Lücke nachgetragen   16 nächstens *g* üdZ   18 werben *g* aus wird   22. 23 fehlt mit Ausnahme des Datums   Vgl. Tageb. XI, 174, 7—9   269, 20 Mit einem vom 15. Januar datirten Briefe (in dem zu 151 d. B. genannten Fascikel, Bl. 22) sendet Göttling die „Novelle" zurück, vgl. 216, 5 und zu 280, 5; Tageb. XI, 166, 28—167, 1. 2   21 vgl. zu 200 d. B.   270, 3 Am 15. Januar sendet Göttling Bd. VI (vgl. 215, 18. 19; Tageb. XI, 167, 2), am 29. Januar (Eing. Br. 1828, 57) Bd. VII und VIII (vgl. zu 215, 17. 18) revidirt zurück   10 vgl. Tageb. XI, 175, 16—18   15 Göttling am 29. Januar: „Ew. Excellenz hatten einmal die Gnade, mir ein Schreiben an Grafen Cicognara in Venedig zu versprechen; dürfte ich wohl jetzt mir die Freiheit nehmen, Ew. Excellenz an diess gütigste Versprechen zu erinnern, da wir nun nächster Tage abzureisen gedenken, etwa nach der Mitte des Februar? Wäre es nicht frevelhaft, Ew. Excellenz mit dergleichen lästigen Bitten zu beschweren, so würde ich es wagen, auch um ein Paar Worte an Manzoni zu bitten ...", vgl. zu 275, 17. 18   20 vgl. Tageb. XI   .

*193. Vgl. zu 6243 (Bd. 22). Johns Hand. Dazu ein Concept von derselben Hand, Abg. Br. 1828, 24, woraus zu bemerken: 271, 2 jetzt fehlt   3 eben] eben jetzt   großer fehlt   4. 5 fehlt mit Ausnahme des Datums

270, 24 Brief des Grafen Reinhard vom 23. Januar mit Betrachtungen über die allgemeine politische Lage an v. Müller, von diesem am 30. Januar an Goethe gesendet (vgl. Tageb. XI, 172, 24. 25)   271, 1 vgl. zu XLII Nr. 80   2 vgl. 282, 12.

*194. Concept von Schuchardts Hand, Abg. Br. 1828, 24   271, 7. 8 𝔥𝔞𝔫𝔡𝔢𝔩𝔰𝔪. — 𝔇𝔦𝔠𝔥𝔱𝔢𝔯 *g* über 𝔏𝔢𝔤𝔞𝔱𝔦𝔬𝔫𝔰𝔯𝔞𝔱𝔥   17 𝔦𝔥𝔯𝔢 nach zugleich [*g* gestr.] 𝔖𝔞𝔫𝔤𝔴𝔢𝔦𝔰𝔢   20 𝔷𝔲 *g* aus 𝔷𝔲𝔪 un= mittelbarem *g* üdZ   𝔙𝔢𝔯𝔰𝔱ä𝔫𝔡𝔫𝔦ß nach nöthigem   nöthigen aus nöthigem   21 𝔊𝔩𝔬𝔰𝔰𝔞𝔯𝔦𝔲𝔪 *g* aus 𝔊𝔩𝔬𝔰𝔰𝔞𝔯𝔦𝔬   22 𝔞𝔲𝔠𝔥 𝔪𝔦𝔠𝔥 *g* aus 𝔪𝔦𝔠𝔥 𝔞𝔲𝔠𝔥   22. 23 ferneren 𝔥𝔲𝔩𝔟𝔢𝔫 *g* aus ferneren 𝔥𝔲𝔩𝔟

271, 6 Mit einem Briefe vom 26. Januar (Eing. Br. 1828, 110) hatte Gerhard zwei Exemplare seiner „Wila" eingesandt, eines für Goethe, das andere für den Grossherzog, vgl. Tageb. XI, 172, 27. 28; Werke XLI, 2, 308; Carl August dankt am 27. Februar (gedruckt: Briefwechsel II, 310).

195. Handschrift unbekannt. Gedruckt (mit dem falschen Datum: 3. Januar 1828): Das Frommannsche Haus und seine Freunde ² S. 65   272, 22 b. fehlt   Dazu ein Concept von Schuchardts Hand, Abg. Br. 1828, 26, woraus zu bemerken: 272, 6 Absatz g angeordnet   einstweilen   10 bie über das   11. 12 zu — Erfurt g aR nachgetragen   13 geschliffenen   14 bei Für's Absatz   17 auch tidZ   20—22 fehlt mit Ausnahme des Datums

Vgl. Tageb. XI, 174, 17. 18   272, 3 Frommann übersendet am 30. Januar (Eing. Br. 1828, 56) von dem Gedichte an König Ludwig (vgl. zu 199, 2) 36 Exemplare auf Velin-, 125 Exemplare auf Druckpapier, vgl. 259, 14. 16. 18; Goethe giebt das Packet gleich an Müller weiter, vgl. Tageb. XI, 173, 14—16, Müller schickt einige Exemplare zurück mit einem undatirten Billet (Eing. Br. 1828, 70), „die Erstlinge der brochirten GedichtExemplare"   7 „Die ersten Erzeugnisse der Stotternheimer Saline, überreicht zum 30. Januar 1828" (Werke IV, 284); vgl. 255, 24. 263, 21. 269, 4. 294, 8; Tageb. XI, 164, 4. 5. 167, 11—13. 21. 168, 16. 169, 3. 11. 15. 170, 15. 16. 28. 171, 1—3. 172, 14—17. 173, 4. 6. 7; Frommann dankt am 3. Februar (Eing. Br. 1828, 59), vgl. Tageb. XI, 175, 6. 9. 11. 12.

*196. Handschrift von Schuchardt in dem zu 6317 (Bd. 22) genannten Fascikel des Cultus-Departements, Bl. 61   273, 11 g   Dazu ein Concept von derselben Hand, Abg. Br. 1828, 29, woraus zu bemerken: 273, 5 bekommende g aR für diese   6 balbigst g aR   11. 12 fehlt mit Ausnahme des Datums   273, 2 vgl. Tageb. XI, 175, 10. 11.

Ausgeschlossen von der Briefabtheilung bleibt das Concept eines Briefes vom 4. Februar 1828 an den sachsen-altenburgischen Geheimeraths-Präsidenten Friedr. Carl Adolph v. Trützschler (? vgl. Tageb. XI, 168, 17. 18; an v. Braun? vgl. 144 d. B.), Schuchardts Hand, in dem zu 120/1 d. B. genannten Fascikel, betreffend das Anerbieten der sachsen-coburg-gothaischen Regierung, eine Forderung der Akademischen Bibliothek Jena an die frühere coburg-saalfeldische Regierung durch Bücherzuwendungen zu compensiren. Vgl. 273, 14; Tageb. XI, 161, 28. 162, 1. 170, 10. 174, 19. 20. 175, 6. 7. 19. 20.

Desgleichen das Concept eines Berichtes vom 5. Februar 1828 an den Grossherzog Carl August, Schuchardts Hand, in dem zu 120/1 d. B. genannten Fascikel, dieselbe Angelegenheit betreffend.

*197. Concept von Johns Hand in dem zu 120/1 d. B. genannten Fascikel   273, 17 in nach ſchon [g gestr.]   18 ſind g üdZ   20 wir ben g über der   21 ſehen g nach worden 274, 1 Zu fernerem] Zu ferneren g aus Mich zu fernerem   wohlwollendem g über geneigtem   1. 2 mich angelegentlichſt g üdZ

Vgl. Tageb. XI, 175, 26. 27   273, 14 vgl. 196/7 d. B.

*198. Concept von Schuchardts Hand, Abg. Br. 1828, 24ᵇ 274, 7 vgl. zu 257, 19.

199. Handschrift von Schreiberhand (nicht verglichen) in der Biblioteca Nazionale zu Florenz   275, 11. 12 *g* Gedruckt: G.-Jb. IV, 186. Dieser Druck liest: 275, 3 *Haschke* 8 *intiment*   Dazu ein eigenhändiges Concept, Abg. Br. 1828, 27, woraus zu bemerken: 274, 10 fehlt   11 *ecrite   il y a* 12 *Ordre   Mâme*   13 *Weimar,   libeté*   14 *d'addresser a V. E.*   14. 15 *vojageur*   15 *etre*   16 *somme* aus *somme de trente Ducats*   17 *annonçée   elle,   parvenue   a tems* 18. 19 *des notres*   19 *Souvenir   aupres*   20 *V. E.*   275, 1 *C' est* aus *Ce sont   Mr   Bibliothecaire*   2 *tres*   3 *Huschke,]   Huschke*   4 *s'occuppant   succes*   6 *Vous   Monsieur] Mr Comte,] Comte*   7 *estimables* [aus *estimable*]   *reception* 8 *Vous* aus *vous   infiment,*   9 *temps   estime*   10 *souscrire.* 11—13 fehlt mit Ausnahme des Datums   13 *Weimar le*] W. ce Febr.

Vgl. 275, 17; Tageb. XI, 178, 2. 3. 11. 12   274, 11 vgl. 148 d. B.   14. 15 vgl. 212, 9. 10   275, 3 vgl. 122/3 d. B.; Tageb. XI, 178, 13. 14   7 Über den Empfang bei Cicognara berichtet Göttling am 11. März 1828 (Briefwechsel mit Goethe S. 25).

200. Vgl. zu Bd. 39 Nr. 65. Schuchardts Hand   275, 17 Cigognara   276, 10 *g*   Gedruckt: Fischer, Briefwechsel zwischen Goethe und Göttling S. 23. Dazu ein Concept von derselben Hand, Abg. Br. 1828, 24ᵇ, woraus zu bemerken: 275, 17 Cigognara   276, 4. 5 Glückwünſchen   6 und] als   7 annehmen wollen *g* aus angenommen haben   8. 9 Sie uns *g* aus wir Sie   10. 11 fehlt mit Ausnahme des Datums

Vgl. Tageb. XI, 177, 27. 28   275, 15 vgl. Tageb. XI, 178, 11. 12   17 vgl. 199 d. B. und 270, 15   18 vgl. 200/1 d. B.

19 Zwei Medaillen gab Göttling dem Grafen Cicognara (Briefwechsel S. 31)   276, 2. 3 Wahrscheinlich das Honorar für die der Ausgabe letzter Hand gewidmete Thätigkeit   6 Die Bände IX und X hatte Göttling am 7. Februar zurückgeschickt (in dem zu 151 d. B. genannten Fascikel, Bl. 23), vgl. zu 215, 17. 18   Göttling dankt am 14. Februar (Eing. Br. 1828, 77); zu seiner Reise nach Italien vgl. 99, 6. 125, 3. 174, 12. 269, 21 und 47;8. 122/3 d. B.; Tageb. XI, 143, 12; seine ausführlichen Reiseberichte an Goethe: Briefwechsel S. 25—59.

Die Empfehlung an Manzoni, vgl. 275, 16, ist nach „eigenhändigem Brouillon" gedruckt: G.-Jb. VIII, 106:

Mr. Manzoni voudra bien acceuiller avec bonte et confiance Mr. le Pr. Göttling B. de l. A. J. qui le saluera cordialement de la part d'un ancien ami

G.

*201. Concept von Johns Hand, Abg. Br. 1828, 26ᵇ   277, 4 wohl *g* über denn doch   jenem *g* aus jener   6—9 Wobey — möchte am Schlusse nachgetragen

Vgl. Tageb. XI, 178, 26. 27   276, 14 vgl. Tageb. XI, 178, 16—19   16 Franz Heinrich Müller, Lithograph, Lehrer am freien Zeicheninstitut in Weimar, zur Zeit in Carlsruhe, stand in Unterhandlung mit dem Grossherzog von Baden zwecks Übertritts in badische Dienste (vgl. Carl August an Goethe, 27. October 1827, Briefwechsel II, 306; Tageb. XI, 152, 19—22); Carl Augusts Antwort vom 16. Februar: Briefwechsel II, 308; vgl. Tageb. XI, 180, 7. 8   22 vgl. Tageb. XI, 188, 1. 2. 5—7. 189, 6   277, 4 Von C. E. Helbig mit undatirtem Billet (Eing. Br. 1828, 76) „zum Ansehen" übersandt im Auftrage des Grossherzogs, der den Opal vom Grafen Ernst Aug. v. Beust (vgl. zu 180 d. B.) erhalten hatte, vgl. 286, 19; Tageb. XI, 178, 3. 4.

*202. Concept von Johns Hand, Abg. Br. 1828, 25ᵇ   277, 16 auch üdZ   19 angenehmem *g* aus angenehmen   20 vergnüglicher *g* aus vergnüglichen   nächstens *g* üdZ

Vgl. Tageb. XI, 179, 10   Holteis Vorlesungen fanden vom 5. Februar bis 18. März statt; vgl. 291, 7   277, 19 Holtei bei Goethe: Tageb. XI, 176, 27. 28. 190, 20; er berichtet darüber: Vierzig Jahre, Breslau 1845, Bd. 5 S. 55.

*203. Concept von Johns Hand, in dem zu 138 d. B. genannten Fascikel, Bl. 25

Vgl. Tageb. XI, 180, 2   278, 2 vgl. zu 201, 16. 17.

204. Vgl. zu 4102 (Bd. 14). Schuchardts Hand   279, 8 *g* 10—17 von Johns Hand   12 Bret   mit Zelters Notiz: „21 — angek." Gedruckt: Briefwechsel V, 16. Dazu ein Concept von Johns Hand, Abg. Br. 1828, 25, woraus zu bemerken: 278, 6 bankbarer üdZ   9 erst] von uns erst   10 von uns fehlt   14 Handelschaft   16 ihm *g* aus ihn   279, 4 und jedes *g* üdZ   ein *g* üdZ   7 nach Diensten folgt unmittelbar, *g* (?) gestrichen: Es ist schon angedeutet daß durchaus auf besondere Ereignisse bezogen ist und es ist gerade nicht zu verlangen daß bey dem dichterischen Lakonismus ein jeder denke was verlangt wird.   8. 9 fehlt   Die Nachschrift, 279, 10—17, von Johns Hand auf Bl. 27ᵇ   10 Nachschrift   12 Bret   15 mögest — werdest *g* über wirst   18 fehlt, statt dessen ein Datum: Weimar den 15. Febr. 1828.

Vgl. Tageb. XI, 180, 1. 2   278, 7 Vom 28. Januar — 3. Februar (vgl. Tageb. XI, 177, 14) und vom 7.—9. Februar (vgl. zu 283, 21), gedruckt: Briefwechsel V, 5. 9   8 vgl. zu 199, 2   9 vgl. zu 104, 19   13 vgl. 41, 11—42, 18   279, 7 vgl. zu 200, 14. 15   12 Zelter, 28. Januar: „Unser Haus hat Geld gekostet, mehr als wir haben, da hat der Judas heran gemust [vgl. 261, 21]; es war aber nicht der den Beutel hat und — Geld zusammen schnurren fällt mir, da ich älter werde schwerer als sonst. Da ist zu kämpfen mit Willigen und Widerwilligen, so stelle dir deinen Freund vor, zwischen zwey Stühlen die er sich durch ein tüchtiges Brett zum Gesässe macht..."

*205. Handschrift von John im Besitz der J. G. Cottaschen Buchhandlung Nachfolger   279, 23 Fausts   280, 8 XVI] Sechszehnten   26 *g*   Der Passus 279, 23 — 280, 8 gedruckt: Pniower, Goethes Faust S. 211. Dazu ein Concept von derselben Hand, in dem zu 151 d. B. genannten Fascikel, Bl. 28, woraus zu bemerken: 279, 20—22 ist — hinzufüge *g* aus erwarte die angezeigte Sendung und vermelde einstweilen Nachstehendes   23. 24 mit — fahrenden *g* aR   24 Post fehlt   280, 1 für nach und Abschluß [*g* gestr.]   4 gleichfalls *g* üdZ

abgegangen nach Freytag den 15. d. M. [g gestr.] 7 Nach=
stehendes über folgendes 8 sechszehnten 26. 27 fehlt
    Vgl. Tageb. XI, 180, 2. 3   279, 20 In dem zu 151 d.¡B.
genannten Fascikel, Bl. 24 21 Die Sendung enthielt: 1. von
C^1: Bd. XII, Bogen 1—6; Bd. XIII, Bogen 15—20 (vgl. zu
213, 12); Bd. XIV, Bogen 13—20 (vgl. zu 213, 12); Bd. XV,
Bogen 1–8; 2. von C: Bd. III, Bogen 17. 18 (vgl. zu 213,12);
Bd. IV, Bogen 1–9   23 vgl. zu 260, 12; Tageb. XI, 179, 8—10;
Goethe sendet den Anfang der vierten Scene des ersten
Actes: Vers 5987—6036, Lustgarten; vgl. Reichels Antwort
vom 28. Februar (in dem zu 151 d. B. genannten Fascikel,
Bl. 29; gedruckt: Pniower, Goethes Faust S. 212)   280, 4
vgl. 62, 11. 12. 63, 14. 65, 18. 122, 23. 180, 16. 214, 2. 216, 5. 261, 11.
269, 20   6 vgl. 63, 20; Tageb. XI, 132, 4. 5.
    *206. Concept von Johns Hand, Abg. Br. 1828, 29   281, 7
Zahlung — sogleich Nachtrag von Schuchardts Hand   9. 10
welche — wissen g aR   10 zu bitten nach einmal [g gestr.]
    Vgl. Tageb. XI, 180, 26   281, 3 Schmidmer theilt am
14. Februar (Eing. Br. 1828, 79) mit: er habe Gelegenheit,
fünf Majolikaschalen zu kaufen, die auf 55 fl. taxirt, aber
100 fl. werth seien.
    207. Handschrift von Schuchardt in Varnhagens Nach-
lass auf der Königlichen Bibliothek zu Berlin   282, 23
gleich fehlt   283, 3 g   Gedruckt: G.-Jb. V, 24. Dazu ein
Concept von derselben Hand, Abg. Br. 1828, 29ᵇ, woraus
zu bemerken: 281, 20 in vorigem   282, 12 Jahrgang Ihrer
üdZ· 15 Monatsschrift   19 darüber g aus über dieses Land
dieses üdZ   21 sagen g aR für aussprechen   und g gestrichen
und wieder hergestellt   es üdZ   mir nach alsdann [g gestr.]
24 mitzutheilen g über zu sagen   26 Erbgroßherzogin aus Groß=
herzogin   283, 3. 4 fehlt mit Ausnahme des Datums
    Vgl. Tageb. XI, 181, 16. 17   281, 17 vgl. zu 269, 5. 6
19 vgl. zu 85, 20. 21. 108, 21; Ekendahl schreibt am 5. Januar
(Eing. Br. 1828, 16) an Goethe: „Ich wünschte gar sehr den
schon gedruckten Theil meiner Geschichte des Schwedischen
Volks und Reichs öffentlich beurtheilt zu sehen, ... Unendlich dankbar würde ich daher seyn, wenn Eure Excellenz
die grosse Güte haben wollten, einen von den Mitgliedern
der Jahrbücher für wissenschaftliche Kritik zu veranlassen,

mein Buch einer ... Beurtheilung zu würdigen. Vor allem
wäre mir erwünscht, dass ... Varnhagen von Ense die Mühe
übernehmen wollte ..." 282, 8 vgl. Tageb. XI, 147, 5—7
12 vgl. 271, 2   13 vgl. 54, 7. 112, 11. 186, 15. 16. 189, 26. 288, 13.
292, 2—4. 295, 16; Tageb. XI, 180, 3. 4; Werke XLII, 1, 20
20 vgl. zu 201, 16. 17   27 vgl. zu 269, 5. 6   Varnhagens Antwort vom 29. Februar: G.-Jb. XIV, 74.

208. Handschrift unbekannt. Gedruckt: Riemer, Briefe
von und an Goethe S. 163 (mit dem Datum: 22. Februar);
Teichmanns Literarischer Nachlass S. 267. Dazu ein Concept von Schuchardts Hand, Abg. Br. 1828, 30, woraus zu
bemerken: 283, 13. 14 meine 𝔉reunbe] meinen 𝔉reunben   18. 19
fehlt mit Ausnahme des Datums

Vgl. Tageb. XI, 181, 17. 18   283, 6 Am 14. Februar
(Eing. Br. 1828, 78; gedruckt: Riemer, Briefe von und an
Goethe S. 162) berichtet Brühl von der (am 13. Februar geschehenen) Aufführung des Deinhardsteinischen „Hans Sachs"
mit Goethes Prolog, vgl. zu 264, 8   13 Brühl: er habe den
Prolog (d. h. „Hans Sachsens poetische Sendung" mit der
neuen Einleitung) drucken und im Theater ausgeben lassen;
er übersendet Exemplare des Druckes am 24. Februar (Eing.
Br. 1828, 125; Riemer, Briefe von und an Goethe S. 164;
Teichmanns Literarischer Nachlass S. 268).

209. Vgl. zu 4102 (Bd. 14). Schuchardts Hand   284, 22
ein] im   285, 15. 16 g   Gedruckt: Briefwechsel V, 18 (in
unmittelbarem Anschluss an 204 d. B.). Dazu ein Concept
von derselben Hand, Abg. Br. 1828, 27ᵇ, woraus zu bemerken: 283, 21 𝔚alter=𝔖cottiſchen   22 𝔚erk ſeÿ g über 𝔚erkzeug
[Hörfehler]   wie — wolle g in offen gelassener Lücke nachgetragen   284, 4 mit — will g über unbeſchäfftigt zubringt
6 ℌoffeſten g aus 𝔉eſten   𝔊eſellſchaften g aus 𝔊eſellſchaft
7 fanb aus kam   8 nach g über vor   9. 10 beachtete — warb g
aus indem nichts [darüber: ich] 𝔑eues in die 𝔈rinnerung hervorgerufen iſt   10 ſodann aber g über und   11. 12 an — Stelle g
üdZ   15 1789 g aus 1781   20 einer g aus einem   𝔉olge g
über Zuſammenhang   27 𝔇aß g über 𝔚enn   27. 28 der —
𝔖chritt g aus baß der 𝔈ngländer keinen 𝔖chritt thut   28 english object g in offen gelassener Lücke nachgetragen   285, 1
biele g aus bieler   3 Object] 𝔒bject [Sperrung g angeordnet]

7 habe *g* aus hab   8 man *g* über ich   15. 16 fehlt mit Ausnahme des (von John nachgetragenen) Datums
Vgl. Tageb. XI, 181, 18   283, 21 vgl. zu 178, 20; Zelter äussert sich sehr abfällig darüber im Briefe vom 7.—9. Februar (vgl. zu 278, 7)   285, 6. 7 vgl. zu 269, 5. 6 · 11 vgl. Tageb. XI, 179, 16. 17.

*210. Handschrift von John im Grossherzogl. Sächsischen Haus-Archiv, Abth. A XIX Carl August Nr. 44ᵃ   286, 16 ſuelter   23 Thorwaldſonſche   287, 3. 4 *g*   Dazu ein Concept von Schuchardts Hand, Abg. Br. 1828, 30ᵇ, woraus zu bemerken: 285, 23 den *g* über einen   24 welcher — Zuſammenkunft *g* über der in München   286, 2 Forſchungen *g* aus Naturforſchungen 2. 3 und Erfahrungen *g* üdZ   6 Königliche fehlt   12 Alt=Ochſen *g* aus Auer Ochſen   14 der nach dieſer des Auerochſen *g* üdZ   16 Dieſer *g* über Der Auerochſe ſuelter   18 Sumpfgeſchöpfe *g* aus Sumpfthiere   19—287, 5 von Johns Hand   286, 20 verſchafft *g* aus verſchaffte   22 Zunächſt — an *g* aus da ich benn beſcheidentlich anfrage   23 Thorwaldſonſche   25 mit nach nur [*g* gestr.]   26 das — Gebilde *g* über ſie   287, 3—5 fehlt mit Ausnahme des Datums

285, 20 Mit einem Schreiben vom 6. Februar 1828 hatte Nees von Esenbeck die für Goethe und den Grossherzog bestimmten Exemplare der zweiten Abtheilung des dreizehnten Bandes der „Acta" der Kaiserl. Leop.-Carol. Akademie der Naturforscher gesendet   22 Die von Nees v. Esenbeck „beigelegten Blätter" sind nicht mehr vorhanden   23. 24 vgl. zu 90, 9. 10   286, 7. 8 Der Grossherzog verlieh Nees v. Esenbeck den Falkenorden, vgl. Briefwechsel II, 312; Tageb. XI, 193, 23. 24   12 De uro nostrate eiusque sceleto commentatio. Scripsit et bovis primigenii sceleto auxit Lud. Hen. Bojanus; vgl. XXXVI Nr. 8   19 vgl. 277, 4; Carl August hatte am 16. Februar (vgl. zu 276, 16) um mündliche Aufklärung über die Grundbestandtheile der Opale gebeten   „gestern": vgl. Tageb. XI, 181, 28   21 vgl. Tageb. XI, 182, 25   23. 24 Ein Ganymed von Thorwaldsen, aufgestellt im Atelier des Hofbildhauers Kaufmann, vgl. zu 289, 8.

211. Handschrift von Schuchardt unbekannt   287, 21 *g*   Gedruckt: Greizer Zeitung. Nr. 257. Donnerstag, den 6. November 1873. 2. Jahrg. Dazu ein Concept von derselben

Hand, Abg. Br. 1828, 31, woraus zu bemerken: 287, 7 hiebey
s den nach und   10 14 über 6   21. 22 fehlt mit Ausnahme
des Datums

Vgl. Tageb. XI, 183, 24—26   287, 8 vgl. 290, 14; Tageb.
XI, 176, 8. 9. 181, 21—23. 182, 28—183, 1. 2   10 vgl. 212 d. B.;
Tageb. XI, 183, 4. 5; Börner bestätigt den Empfang des
Geldes und der Stiche und Zeichnungen am 22. März (Eing.
Br. 1828, 148)   17 vgl. Tageb. XI, 174, 23. 175, 20. 21. 176, 2. 3.

*212. Concept von Schuchardts Hand, Abg. Br. 1828, 31ᵇ
288, 4 14 über 6

Vgl. Tageb. XI, 183, 26. 27   288, 4 vgl. 287, 10.

213. Handschrift von Schuchardt, im Besitz von Prof.
Edmund Stengel in Greifswald, Februar 1902 zur Collation
dem Archiv eingesandt   289, 4 *g*   Gedruckt: G.-Jb. VII,
164.   Dazu ein Concept von derselben Hand, Abg. Br. 1828,
31ᵇ, woraus zu bemerken: 289, 2 freundlichen üdZ   3 erneuern
nach wieder   4. 5 fehlt mit Ausnahme des Datums

Vgl. Tageb. XI, 183, 22—24   288, 12 Voigt war am
23. Februar (an einem Sonnabend, vgl. 289, 3) in Weimar
gewesen   13 vgl. zu 282, 15   17 Voigt erwidert am 2. März
(bei den Briefen Carl Augusts an Goethe), er hoffe „in
wenigen Tagen mit seinem kleinen Aufsatze aufwarten zu
können", er übersendet die Arbeit ihn am 10. März (Eing.
Br. 1828, 214); Goethe hat VoigtsAusführungen mit geringen
stilistischen Änderungen und unter Auslassung zweier
weniger günstig klingender Sätze in seine Besprechung der
„Monatschrift" aufgenommen: Werke XLII, 1, 41, 18—42, 17.

*214. Handschrift (nach Strehlke II, 132) im Grossher-
zoglich Sächsischen Haus-Archiv, wo sie jedoch nicht zu
finden war.   Unserem Druck liegt das Concept zu Grunde,
Abg. Br. 1828, 32, 289, 6—16 von Friedrich Krauses Hand,
289, 17—290, 10 von der Johns   289, 6 dem *g*³ aus den
7 Mittagstunde *g*¹ aus Mittagsstunde   durfte *g*³ auf *g*¹ aus
dürfte   10 ihn *g*³ aus in   12 diesem *g*¹ aus diesen   Erzeugniß
*g*³ aus Bildniß   13 dasselbe *g*³ aus denselben   14 ihro *g*³ aus
ihre   Fürsorge *g*³ aus Vorsorge   nächstens *g*³ aus nächsten
Doppel-Bilbe *g*³ aus doppelt Bilde   17 Sollte nach Bey
kommendes Büchlein ist gerade von der gegengesetzten Art, es

führt uns gerade in den gemeinsten Tag hält uns da fest und in so fern es doch auch hier einiges inderessen zu finden ist läßt man es eben an sich auch wohl vorüber gehn.

Vgl. Tageb. XI, 183, 13. 14; Düntzer, Goethe und Karl August³ S. 892, wo ein Auszug des Briefes in Schlagworten abgedruckt ist, fälschlich vom 9. datirt 289, 8 vgl. zu 286, 23. 24; Tageb. XI, 183, 10. 11. 184, 9. 10; Carl August antwortet am 26. (gedruckt: Briefwechsel II, 309): „Es freut mich unendl. dass Paris Gnade vor deinen Augen gefunden hat" 23 Am 29. Mai 1824 hatte (nach Mittheilung des Königl. Geh. Staats-Archivs in Berlin) der englische Gesandte in Berlin Lord Clanwilliam auf der Küstriner Chaussee einen Zusammenstoss mit einer Abtheilung Artillerie, bei dem es seitens des Lords zu Übergriffen gekommen zu sein scheint. Über den Vorfall wurde dann später von Artillerieoffizieren an der Tafel des Prinzen August von Preussen gesprochen, und der Lord fühlte sich zu einer Beschwerde bei dem Minister des Äussern Grafen v. Bernstorff veranlasst, der die Angelegenheit wohl gütlich beigelegt hat. In den an das Geh. Staats-Archiv abgegebenen Acten des Auswärtigen Amts ist von einer Klage des diplomatischen Corps über den Verfasser eines Pasquills, das dieses Ereigniss berührt, nichts zu finden; vgl. aber Tageb. 182, 5. 6: Merkwürdige Aufsätze im *Spectateur Oriental*, welche dem Journalisten übel bekommen sind. Carl August am 26. Februar an Goethe: „Das sept. habe ich in seiner ersten Frische, so wie es heraus kam, gelesen. Clam William ist gestern hier durch und wieder nach Berlin" 290, 1 vgl. zu 106, 15. 16. 291, 17—19 6 vgl. Tageb. XI, 182, 9. 10. 15. 16. 186, 15—17.

215. Vgl. zu 4102 (Bd. 14). Schuchardts Hand 291, 24 Beym *g* aus Bey 292, 19 Schleißingen 293, 27 *g* Mit Zelters Notiz: „Angek. d. 1. März 1828." Gedruckt: Briefwechsel V, 21. Dazu ein Concept von derselben Hand, Abg. Br. 1828, 83, woraus zu bemerken: 290, 19—291, 6 fehlt, statt dessen nur: (*inseratur* die Stelle von Unsicherheit der Dilettanten.) 291, 11 unsern 24 Bey'm Nachforschen] Bey Nachforschung 292, 7 Stück 14 verdrießlich 15 keine Sperrung 19 Schleußingen 293, 4 darin] brinne 16 unsern 27. 28 fehlt mit Ausnahme des Datums

Vgl. Tageb. XI, 185, 6. 7   290, 11 Vom 10.—23. Februar (gedruckt: Briefwechsel V, 12)   14 vgl. zu 287, 8   19—291, 6 Aufgenommen in die „Maximen und Reflexionen" (Schriften der G.-G. XXI Nr. 447; Werke XLVIII, 187, 2—13)   291, 7 vgl. zu 202 d. B.   8 vgl. zu 277, 19   17—19 vgl. zu 290, 1   292, 2 vgl. 297, 13. 14   2—4 Vor allem die Beschäftigung mit der „Monatschrift", vgl. zu 282, 15   5 vgl. zu 201, 16. 17   9 Die dritte Lieferung, vgl. 49. 50 d. B.   11 vgl. zu 122, 19   13. 14 Zelter klagt, dass er die Mitglieder seiner Liedertafel „zu ihrem Vergnügen" treiben müsse   15 Zelter erzählt von einem Besuchenden, der Zelters Melodie zum Divan-Gedicht „Selige Sehnsucht" (Werke VI, 28) überschwänglich gepriesen, aber zugleich gestanden habe, dass er die letzte Strophe des Liedes und namentlich den Ausdruck „trüber Gast" nicht verstehe   18 vgl. Tageb. XI, 182, 21—23. 26. 27. 183, 12   27 Das von Coudray gezeichnete, von Schwerdgeburth gestochene „Pentazonium Vimariense"; vgl. „Kunst und Alterthum" VI, 2, 356; Zelter hatte die Darstellung von Coudray durch Vermittlung Krigars (vgl. zu 154, 16) erhalten und lobt sie enthusiastisch   293, 17. 18 vgl. Tageb. XI, 184, 11—13.

Ein Schreiben der Oberaufsicht vom 28. Februar 1828 an Heinr. Ludw. Friedr. Schrön, Concept, Rücksendung meteorologischer Beobachtungen, in dem Fascikel des Cultus-Departements „Die Sternwarte und meteorol. Anstalt zu Jena betr." Tit. 10 Nr. 5 Bd. 4 Bl. 9.

Ein Schreiben der Oberaufsicht vom 28. Februar 1828 an den Professor Friedr. Wilh. Ludw. Wahl in Jena, Concept, die Prüfung eines Theodoliten betreffend, in demselben Fascikel, Tit. 10 Nr. 5 Bd. 4 Bl. 9.

216. Vgl. zu 4102 (Bd. 14). Johns Hand   294, 5 ihm] ihn   7 einem] einen   22 g   Gedruckt: Briefwechsel V, 20. Dazu ein Concept von derselben Hand, Abg. Br. 1828, 36, woraus zu bemerken: 294, 5 würde.] würde; Freund und College meines Sohns, auch mir persönlich lieb und werth.   5 ihn   7 einen   10 das gefeyerte aus gefeyertes dieses nach das   11 durch nach 76? f[uß]   18 den] bem   22. 23 fehlt mit Ausnahme des Datums

Vgl. Tageb. XI, 185, 10—12   294, 2 Ottokar Thon (1792—1842), vgl. Tageb. XI, 174, 12. 13; Thon ging nach Berlin zu Berathungen über den Anschluss des Grossherzogthums an den preussischen Zollverein, vgl. Ottokar Thon. Ein Lebensbild. Weimar 1895. S. 223. 228   8 vgl. zu 272, 7.

217. Handschrift unbekannt. Hier nach dem Concept von Johns Hand, Abg. Br. 1828, 34 b, woraus zu bemerken: 295, 3 dem g^1 aus den   9 regen g^1 über hervorthut   10 in über uns   11 frische g^1 über neue   296, 1 unsern   5 übergaben g^1 aR für hatten   6 nach Amtmann folgt, g^1 gestrichen: übergeben   9 ihn   11 fremden   16 ihn g^1 üdZ   23 Jhnen sind g^1 aus Sind Jhnen   297, 4 dem] den   Gedruckt (nach dem verschollenen Original): Briefwechsel und mündlicher Verkehr zwischen Goethe und dem Rathe Grüner, Leipzig 1853, S. 232. Aus diesem Druck ist zu bemerken: 295, 1 Euer   3 sollte   7 Frühjahre   9 will fehlt   10 und fehlt   13 lieben fehlt   15 kein Absatz   20 kein Absatz   aber fehlt   22 Rehbeinischen Sohnes] Sohnes N. N's   23 machte des] seines   24 Verstorbenem   296, 2 ihn   4 mancherley] allerlei   5 Jhro Königliche] Se. königl.   darauf] hierauf   6 Amtmanne   8 thut] that   11 Eigenthume   13 denselben] ihn   15 kaiserlich] k. k.   17 Handlungsweise   19 kein Absatz   20 Euer   22 in wie ferne   25 diesem Extrem   26 nachdem] weil   27 mit Antheil fehlt   297, 2 lebte   3 Verhältnisse   4. 5 den Zuständen   6 kein Absatz   9 mich] mich denn   12 Jahre   13 wäre   auch fehlt   nach 14 folgt Unterschrift: ergebenst J. W. Goethe. sowie eine Nachschrift: N. S. Eigenhändig bemerke, daß der Bursche 17 bis 18 Jahre alt und von sehr kräftigem Körperbau sei. Goethe.

Vgl. Tageb. XI, 186, 2   295, 13 vgl. zu 2, 23   16 vgl. zu 282, 15   22 vgl. Tageb. XI, 184, 25. 26; Briefwechsel zwischen Goethe und Grüner S. 234   297, 13. 14 vgl. 292, 2.

Tagebuchnotizen.

1827.

August
1. C. W. Coudray, Weimar („ein Exemplar meiner Werke").
   Belvedere („die Stammbücher zurück").
   C. Mylius, Frankfurt a. M.
4. C. Mylius, Frankfurt a. M. („Bücher nach Mailand bestimmt").
8. Rector Müller, Friedberg („die Claudine abgesendet").
9. F. J. Soret, Genf [1].
10. Grossherzog Carl August, Weimar („Bericht wegen Buchhändler Wagner in Neustadt a. O.") [2].
12. S. T. v. Sömmerring, Frankfurt a. M. („weiter durchgedacht" 1. August) [3].
    A. L. Hirt, Berlin („weiter durchgedacht" 1. August) [4].
13. [Grossherzog Carl August, Weimar] Bericht („wegen der Bibliotheks-Angelegenheit mit den Akten") [5].

August
14. Kronprinz Friedrich Wilhelm von Preussen, Berlin („Abschrift" 18. August) [6].
    J. J. O. A. Rühle v. Lilienstern, Berlin („wegen der ägyptischen Sendung") („weiter durchgedacht" 1. August) [7].
    C. F. Zelter, Berlin („inliegende Karte für Mendelssohn Bartholdy [10]") [9].
15. A. F. C. Streckfuss, Berlin [12].
    J. J. Elkan, Weimar [13].
16. C. G. Börner, Leipzig („Kiste mit Kupfern, ist den 18. August abgegangen") [14].
    W. Reichel, Augsburg [15].
18. Grossherzog Carl August [?], Belvedere („Mejers deutsche Sprachlehre").
    C. G. Börner, Leipzig [18].
    G. W. F. Hegel, Berlin [19].
    C. F. Zelter, Berlin [20].

August
18. C. G. Carus, Dresden („weiter durchgedacht" 1. August) [16].
    J. J. v. Willemer, Frankfurt a. M. [21].
    J. J. Lechner, Nürnberg [22].
    J. C. G. Wagner, Neustadt a. O. [23].
19. F. C. F. v. Müffling, Weimar („Kunst und Alterthum").
21. J. C. Remde, Weimar („Operntext zurück") [27].
    A. F. C. Streckfuss, Berlin („Gli Sposi Promessi 2. Theil") [25].
    J. H. Meyer, Belvedere („Billet") [28].
23. A. J. Büssel, Amberg [31].
    J. H. Meyer, Belvedere („die Stammbücher").
27. C. F. A. v. Conta, Weimar („die mitgetheilten Publica").
    J. A. Völkel, Weimar („das Antwort-Schreiben wegen abgelehnter Dedication").

September
1. C. Begas, Berlin [35].
   C. F. Zelter, Berlin („ein Blättchen für Rösel; Beylage über sein Porträt") [36].

September
3. Grossherzog Carl August Weimar („Glückwunsch").
   Grossherzogin Louise, Weimar („Meldung der Kunstausstellung").
5. A. Huschke, Jena („Concept" 4. September) [36/7].
   C. E. F. Weller, Jena.
6. C. F. Zelter, Berlin [37].
   E. J. d'Alton, Bonn [38].
   J. S. M. D. Boisserée, Stuttgart („einiges zur Erwiderung dictirt" 26. August) [39].
7. A. T. C. v. Levetzow, Carlsbad [33].
9. C. E. Schubarth [Hirschberg] („Rücksendung besorgt") [43].
11. C. G. Börner, Leipzig [44].
    H. D. A. Ficinus, Dresden („eine Medaille in Bronze") [45].
15. C. E. F. Weller, Jena.
    J. M. C. Färber, Jena.
    C. W. Göttling, Jena („die Tagebücher zurück").
    Grossherzog Carl August, Weimar („wegen Urlaubsgesuchen") („Concept Berichts wegen des dreyfachen Urlaubsgesuches" 4. September) [47/8].

September
17. Cottaische Buchhandlung, Stuttgart [48].
18. W. Reichel, Augsburg [49].
    J. F. v. Cotta, Stuttgart [50].
    („Absendungen vorbereitet" 17. September).

    A. Nicolovius, Berlin [51].
    C. D. Rauch, Berlin [52].
    C. F. Zelter, Berlin [53].
    C. F. M. P. v. Brühl [54].
    („Beide an Herrn Wilhelm Zahn aus Nenndorf").
    Schenk und Gerstäcker, Berlin.
20. C. G. Frege und Comp., Leipzig.
    J. J. Elkan, Weimar („Assignation").
21. S. Boisserée, Stuttgart [55].
    J. F. v. Cotta, Stuttgart [56].
    W. Reichel, Augsburg („Packet enthaltend die letzten Bände der 3. Lieferung").
23. Frau Dreyssig, Tonndorf („Blumenstock und Medaille") [57].
    C. W. Göttling, Jena („wegen Wellers Urlaub").
25. S. Boisserée, Stuttgart [60].
27. C. J. L. Iken, Bremen [62].
    J. J. v. Willemer, Frankfurt a. M. [63].

September
29. C. F. Zelter, München [64].
30. J. H. Meyer, Zürich [65].
    Krigar, Berlin („geschrieben von Herrn Oberbaudirector Coudray").

October
2. A. Nicolovius, Berlin [66].
   J. L. Pyrker, Venedig („durch die Fürstin Scherbatoff") [67].
3. J. G. Lenz, Jena („Ankündigung der Mineralien von Graf Alexander Stroganoff") [69].
6. C. L. F. Schultz, Wetzlar [72].
   J. C. v. Loder, Moskau („eingeschlossen Serenissimi Schreiben und die goldne Medaille, von mir zwey silberne und eine bronzene") („vorbereitet" 4. October; „abgegeben an Herrn Hofrath Schwabe") [71].
   F. v. Müller, Weimar („sein Carlsbader Gedicht, mehrere Porträtblätter und drey bronzene Jubiläums-Medaillen").
9. J. W. Schneider, Frankfurt a. M. [73].
   J. J. Elkan, Weimar („49 rh. 18 gr.").
10. P. C. F. Dupin, Paris [75].
    S. Boisserée, Stuttgart [76].

October

10. H. L. F. Schrön, Jena („die wiedergefundenen meteorologischen Tabellen zurückgesendet").
15. N. Meyer, Minden [77].
    Doris Zelter, Berlin.
17. C. E. Schubarth, Hirschberg [78].
18. E. J. d'Alton, Bonn [80].
21. C. D. Rauch, Berlin [82].
22. C. D. v. Buttel, Jever („diktirt" 21. October) [83].
24. J. F. v. Cotta, Stuttgart [84].
    C. F. Zelter, Berlin [85].
25. [W. Reichel] Augsburg („Sendung vorbereitet") [90].
26. F. W. J. v. Schelling, München [87].
27. F. v. Müller, München [91].
    C. F. Zelter, Berlin („mit einem Packet und Einschluss an Herrn Geheimen Rath Streckfuss [93]") [92].
28. Grossherzog Carl August, Weimar („Rücksendung [der „Fragmente aus meinem Leben" von J. Wit] mit Promemoria").
30. Grossherzog Carl August, Weimar („Glückwunsch beantwortet").

October

30. Treuttel und Würtz, Paris („nebst 4 Medaillen. Baron Dupin") [97].
31. F. J. Frommann, Jena („Revision der kleinen Festgedichte") [98].
    C. E. Helbig, Weimar („die Zeichnung der Mondsfinsterniss und die Boisseréesche Rechnung") [99].

November

3. G. H. A. Wagner, Leipzig („Kästchen mit Kunstarbeiten in Metall Werth 10 Rthlr., inliegend ein Futteral mit Bronzemedaillen für Ernst Fleischer in Leipzig").
5. F. W. v. Kutzleben, Ober-Gebra.
6. C. F. Zelter, Berlin [103].
   J. J. Lechner, Nürnberg [104].
7. F. v. Müller, Nürnberg („poste restante") [105].
   C. A. Varnhagen v. Ense, Berlin [107].
   A. Nicolovius, Berlin [106].
9. C. C. v. Leonhard, Heidelberg [109].
   J. J. Elkan, Weimar [110].
10. C. G. Börner, Leipzig [108].
    A. Nicolovius, Berlin („Packet") [111].

November
11. F. J. Soret, Weimar („87 rh. 8 gr. C. für Bovysche Medaillen") [112].
S. Boisserée, Stuttgart („fortgesetztes Tagebuch und kleine Nota") [113].
C. C. v. Leonhard, Heidelberg.
14. C. L. v. Knebel, Jena [114].
16. Adele Schopenhauer, Cöln [117].
17. C. W. Göttling, Jena („Dank wegen Niebuhrs Römischer Geschichte, Divan zur Durchsicht") [118].
F. Carl, Jena [119].
20. C. G. Börner, Leipzig („Brief und Rücksendung der abgelehnten Zeichnungen") [121].
A. Poërio, Florenz [100].
21. C. F. Zelter, Berlin [122].
Alwine Döbereiner, Jena („Medaille")
22. C. W. Göttling, Jena („Verordnung").
A. Huschke, Jena („desgleichen wegen Urlaubsgesuch") [122/3].
23. [Herzog Friedrich von Sachsen-] Altenburg („Bericht") [120/1].
J. A. G. Weigel, Leipzig („Hofrath Meyerischer Brief").

November
24. W. Reichel, Augsburg [123].
F. J. Frommann, Jena („mit unterschriebenen Gedichten") [124].
A. F. C. Streckfuss, Berlin („italiänische Werke") [126].
26. A. F. C. Streckfuss, Berlin („ist den 27. abgegangen").
27. K. v. Sternberg, Brzezina („diktirt" 17. Nov.) [127].
L. D. v. Henning, Berlin (conc. 24. Nov.) [128].
28. C. E. F. Weller, Jena („Quittungen").

December
4. C. F. Zelter, Berlin [131].
J. J. Lechner, Nürnberg [132].
J. J. Elkan, Weimar [133].
5. J. H. F. Schütz, Berka („die bescheinigten Federn").
6. H. C. F. v. Heygendorf, Weimar („die englischen Taschenbücher").
J. H. Meyer, Weimar („Das Neuste von Plundersweilern") [136;7].
F. v. Müller, Weimar („die Verhandlungen wegen Schillers Resten") [136].
7. W. Reichel, Augsburg [137].

December
8. F. J. Frommann, Jena („das Gedicht zum 28. August") [138].
13. F. v. Müller, Weimar („mit einem Packet für München, enthaltend das Album für Herrn von Martius und 6 Medaillen") [139].
15. C. F. E. Frommann, Jena („das Göttlingische und Streckfussische Manuscript") [140].
J. A. G. Weigel, Leipzig („im Namen Hofrath Meyers") [141].
J. J. Elkan, Weimar („Auftrag nach Leipzig") [142].
16. C. W. v. Fritsch, Weimar („den Akademischen Bibliotheksbericht") [143].
F. C. A. v. Trützschler [? v. Braun?], Altenburg („desgleichen") [144].
17. F. J. v. Cotta, Stuttgart („besprochen" 15. Nov.) [145].

December
18. Gräfin Henckel, Merseburg („mit einer Rolle").
20. J. H. Meyer, Weimar („Brief des Grafen Cicognara [148] der Frau Erbgrossherzogin übergeben. Ein Exemplar Manzoni an die Frau Erbgrossherzogin") [147].
22. F. Baumann, Jena („neuer Calender").
25. Frau v. Mandelsloh, Weimar („Stammbuch").
J. H. Meyer, Weimar („das Amulett").
29. W. Reichel, Augsburg [151].
C. W. Göttling, Jena („mit Packet und einer Rolle") [152].
30. F. v. Müller, Weimar [153] ⎫
F. J. Frommann, Jena [154] ⎭ („Beyden Auszug aus einem Briefe Cattaneo's").
31. Grossherzog Carl August u. Grossherzogin Louise, Weimar („die zweyte Lieferung mit kleinen Gedichten").

1828.

Januar
1. Th. Carlyle [Edinburgh] („mundirt") [157].
Frau Obermedicinalrath v. Ringseis, München.

Januar
1. P. A. Skerl, Dresden [156].
F. J. Frommann, Jena.
K. F. P. v. Martius, München.

Januar
2. J. F. Röhr, Weimar („wegen Geh. Rath Schweitzers Übelbefinden") [158].
   L. W. Cramer, Wetzlar („dankende Erwiederung und Anfrage") [162].
4. J. Sckell, Belvedere [163].
6. Marianne v. Willemer, Frankfurt [161].
   Porträtmaler Macco, München.
   Oberconsistorium, Eisenach.
8. Grossherzogliche Cammer, Weimar [164/5].
   C. F. Hoffmann, Weimar.
9. F. J. Frommann, Jena („Revision des Bogens 16 und Manuscript") [165].
   J. C. A. Müller, Jena.
   H. L. F. Schrön, Jena („autorisirte Quittungen").
11. J. A. G. Weigel, Leipzig („mit 2 rh. Sächsisch").
12. F. J. Frommann, Jena („Einschaltung in das von Müllerische Gedicht") [168].
   A. Nicolovius, Berlin („Notizen und Bestellungen") [169].
   F. A. Schmid, Altenberg („Serenissimi Annahme der Dedication") [166].

Januar
12. C. C. v. Leonhard, Heidelberg [170].
16. Th. Renner, Jena („Verordnung wegen Marie Fiedlerin").
   F. E. Lange, Jena („Desgleichen wegen der akademischen Bibliotheksrechnung").
   Grossherzogliche Cammer, Weimar („Communikat, das grosse Jägerhaus betreffend").
19. C. F. M. P. Graf v. Brühl, Berlin [172].
   C. Semler, Berlin [173].
   F. J. Frommann, Jena („Gedicht an den König und Revision des 17. Bogens") [177].
   F. C. v. Stein, Breslau [178].
20. Parish und Comp., Hamburg („beygehend das Packet an Herrn Carlyle nach Edinburgh") [171].
   A. Pattberg, geb. v. Kettner, Heidelberg („ein Packet Druckschriften zurücksendend") [179].
   C. A. Graf v. Beust, Cöln [180].
   Th. Carlyle, Edinburgh [171].
   C. C. F. Glenck, Stotternheim [181].
   Direction des deutschamerikanischen Berg-

Januar
    werkvereins, Elberfeld [182].
21. Parish und Comp., Hamburg [183].
    F. J. Soret, Weimar („wegen Ponçon") [184].
    F. v. Müller, Weimar („Brief von der Frau von Ringseis zurück, auch einen Frommannischen wegen des Gedichts an den König") [185].
22. F. J. Frommann, Jena („nach gestriger Verabredung mit Herrn Canzler") [186].
25. K. v. Sternberg, Prag („mit der 2. Lieferung") [176].
    W. Reichel, Augsburg („Rolle mit dem 2. Theil von Faust Anfang").
    C. F. Zelter, Berlin („Aufmunterung zum Schreiben") [188].
    W. Reichel, Augsburg („Avisbrief wegen der Rolle und sonstigem") [187].
26. C. F. M. P. Graf v. Brühl, Berlin („mit dem Mundum des Prologs") [190].
    F. W. Riemer, Weimar („den 18. Bogen Kunst und Alterthum").
    Grossherzog Carl August, Weimar („Bericht wegen der Jenaischen von

Januar
    der Polizey verlassenen Zimmer")(Mundum: 25. Januar) [189/90].
28. F. J. Frommann, Jena („B[ogen] 18").
29. C. F. v. Reinhard, Frankfurt [191].
    C. F. A. v. Conta, Weimar („Neuigkeitspapiere zurück").
31. F. v. Müller, Weimar („Packet" [mit den Gedichten an König Ludwig]).

Februar
1. C. W. Göttling, Jena („Anmeldung meines Sohns auf Montag") [192].
2. F. J. Frommann, Jena („das Gedicht zum 30. Januar") [195].
6. C. W. v. Fritsch, Weimar („Bericht [196/7; concipirt: 2. 3. Februar; „durchgegangen":4. Februar; „gefördert": 5. Februar] mit einem Billet") [197].
12. C. W. Göttling, Jena [200].
13. C. W. Göttling, Jena („vorbereitet" 12. Februar) [an Cicognara, 199].
14. Grossherzog Carl August, Weimar („die Müllerischen Lithographien und anderes"). [201].

Februar
15. W. Reichel, Augsburg („eine Rolle, enthaltend die Novelle und eine Scene zu Faust").
C. v. Holtei, Weimar [202].
16. C. F. Zelter, Berlin [204].
F. J. Frommann, Jena [203].
W. Reichel, Augsburg [205].
18. J. L. Schmidmer, Nürnberg [206].
20. C. A. Varnhagen v. Ense, Berlin [207].
C. F. M. P. Graf v. Brühl, Berlin [208].
C. F. Zelter, Berlin [209].
[Grossherzog Carl August, Weimar] („Bericht wegen der Geldzuschüsse für die Akademische Bibliothek zu Jena").
24. C. G. Börner, Leipzig („Kupferstiche und

Februar
Handzeichnungen in zwey Packeten zurückgesendet").
26. Grossherzog Carl August, Weimar („Promemoria") [214].
v. Koller, Dresden („mit Autographen für Fürstin Palffy und ihn"; „besorgt": 25. Februar).
27. F. S. Voigt, Jena („die böhmische Zeitschrift") [213].
C. G. Börner, Leipzig („das Verzeichniss der Skizzen und Kupferstiche nebst Nachricht der Bezahlung") [211].
J. J. Elkan, Weimar [212].
28. C. F. Zelter, Berlin [215].
29. C. F. Zelter, Berlin („durch Herrn Cammerrath Thon") [216].